安 防
为数字企业创建军事级防御

［英］Jim Seaman 著

张延伟 屈若媛 祝名 译

电子工业出版社
Publishing House of Electronics Industry
北京·BEIJING

内 容 简 介

本书结合自传式研究和安防工业参考资料，探究"防护"和"安全"这两个词的起源，以便让读者明白"安防"更适合企业，并说明了"安防"为企业带来的潜在利益。本书通过引入军事例子、军事比较，对"安防"这一术语的起源、企业数据安防、网络/IT安全、信息系统安全、物理安全、工业系统安防、供应链安全、开发人类防火墙、建设复原力、制定安防策略等进行了详细论述，有助于读者及读者所在企业更有效地防御前所未有的威胁，创建军事级防御，保护企业的重要资产。

First published in English under the title
Protective Security: Creating Military-Grade Defenses for Your Digital Business
by James Seaman, edition: 1
Copyright © Jim Seaman, 2021

This edition has been translated and published under licence from APress Media, LLC, part of Springer Nature. APress Media, LLC, part of Springer Nature takes no responsibility and shall not be made liable for the accuracy of the translation.

本书中文简体字翻译版由 Springer Nature 授权电子工业出版社。未经出版者预先书面许可，不得以任何方式复制或抄袭本书的任何部分。

版权贸易合同登记号 图字：01-2024-0157

图书在版编目（CIP）数据

安防：为数字企业创建军事级防御 /（英）吉姆·沙曼（Jim Seaman）著；张延伟，屈若媛，祝名译. -- 北京：电子工业出版社，2025. 1. -- ISBN 978-7-121-48883-2

Ⅰ. F272.7

中国国家版本馆CIP数据核字第2024Z80U77号

责任编辑：米俊萍
印　　刷：三河市良远印务有限公司
装　　订：三河市良远印务有限公司
出版发行：电子工业出版社
　　　　　北京市海淀区万寿路173信箱　邮编：100036
开　　本：787×1 092　1/16　印张：22.5　字数：487.2千字
版　　次：2025年1月第1版
印　　次：2025年1月第1次印刷
定　　价：138.00元

凡所购买电子工业出版社图书有缺损问题，请向购买书店调换。若书店售缺，请与本社发行部联系，联系及邮购电话：（010）88254888，88258888。
质量投诉请发邮件至 zlts@phei.com.cn，盗版侵权举报请发邮件至 dbqq@phei.com.cn。
本书咨询联系方式：mijp@phei.com.cn。

译者序

在数字化时代，数据安全之于个人隐私至关重要，个人的身份信息、行为数据、财务信息等被广泛收集和使用，如果这些数据遭到泄露或滥用，将对个人隐私造成严重威胁。数据安全之于企业运营至关重要，企业数据是其核心资产之一，包括客户信息、业务数据、技术资料等，如果数据被非法获取或篡改，将直接影响企业的正常运营、商业利益甚至发展决策。数据安全之于国家安全更至关重要，在信息时代，数据已经成为国家基础性战略资源，关系到国家政治、经济、军事等各个领域的安全稳定，如果国家关键数据被窃取或破坏，将可能引发严重的政治动荡、经济损失乃至颠覆战争局势。

在此背景下，我和我的团队有幸在系统安全框架研究工作中，接触到 Jim Seaman 的这本《安防：为数字企业创建军事级防御》。本书以生动的案例从网络安全、IT 安全、信息系统安全、物理安全、工业系统安全、供应链安全等多维度、全面诠释构建安全防御的背景、需求、策略和效果。作者丰富的实践经验和深厚的理论功底，为我们全面认识安全防御知识体系提供了帮助。在翻译过程中，我们也力求用简洁明了的语言传递作者有力且犀利的安全防御观点。

"道高一尺，魔高一丈"也是值得的，相信通过大家共同的努力，一定能够构建一个更加安全、更加美好的网络空间。

张延伟
2024 年 8 月
北京

致谢

感谢劳拉过去几年的支持，感谢她耐心地倾听我的军营生活和安全故事。她或许觉得十分了解我的第一本书（《PCI DSS：综合数据安全标准指南》）及本书的内容，认为自己可以从心理学专业转型了。说实在的，她的专业知识为第十二章中的心理学观点提供了宝贵的建议。

目　录

第一章　引言 ··· 001
　　背景 ··· 002
　　　　Hackmageddon 网站统计数据 ··· 002
　　　　Fintech News 统计数据 ··· 005
　　　　2020 年最令人惊恐的 14 条网络安全统计数据 ······························ 005
　　本书的灵感来源 ··· 007
　　捍卫王权 ··· 009
　　　　第一卷——安防 ·· 010
　　当代安防 ·· 010
　　退伍转业 ·· 011
　　结语 ·· 014
　　重要启示 ·· 014

第二章　什么是安防？ ·· 016
　　引言 ·· 017
　　　　军事例子 ··· 018
　　传统的企业安全方法 ·· 021
　　安防 ·· 021
　　　　企业背景 ··· 022
　　　　军事例子 ··· 022
　　　　风险与复原力概况 ··· 024
　　　　军事比较 ··· 025
　　　　识别与隔绝 ··· 026
　　　　军事例子 ··· 027
　　　　探测异常情况 ··· 027
　　　　军事例子 ··· 029
　　　　治理过程 ··· 031
　　　　军事例子 ··· 032
　　　　评估安全控制措施 ··· 033

　　　　军事例子 ·· 034
　　　　砰！ ·· 035
　　　　生存和运营 ··· 035
　　　　军事例子 ·· 038
　　安防的十条关键原则 ··· 040
　　残酷的现实 ·· 041
　　重要启示 ··· 041

第三章　考虑数字企业法律和监管因素的安防 ·· 043

　　引言 ··· 044
　　　　军事例子 ·· 045
　　数字工作平台的优势 ·· 045
　　权力越大，责任越大 ·· 047
　　拥抱善良：声誉就是一切 ·· 047
　　安防的健康与安全方法 ··· 048
　　数据隐私和保护：设定您的道德导向 ·· 051
　　　　关注个人数据使用 ··· 054
　　权力归于人民 ··· 058
　　　　残酷的现实 ·· 059
　　重要启示 ··· 059

第四章　将合规性整合到安防工作中 ·· 060

　　引言 ··· 061
　　军事例子 ··· 063
　　标准化的价值 ··· 065
　　　　行业安全控制框架 ·· 065
　　构建 BRIDGES ·· 068
　　　　企业背景 ·· 069
　　　　风险与复原力概况 ·· 069
　　　　识别与隔绝 ·· 069
　　　　探测异常情况 ··· 069
　　　　治理过程 ·· 069
　　　　评估安全控制措施 ·· 069
　　　　生存和运营 ·· 069
　　标准化：澳大利亚历史上宝贵的教训 ·· 070
　　支持企业健康 ··· 071
　　供应链健康检查 ·· 073

供应链管理最佳实践	074
供应商的选择	075
安全健康检查在风险预测中的价值	077
场景	077
风险分析	078
残酷的现实	082
重要启示	082

第五章　制定安防策略 083

引言	084
富有成效的策略的组成部分	085
重点1：资产管理	087
重点2：风险管理	090
重点3：漏洞和影响管理	091
重点4：访问管理	094
重点5：安全信息和事件管理	094
重点6：事件管理	095
军事比较	095
构建BRIDGES	097
企业背景	097
风险与复原力概况	098
恐怖主义	098
间谍活动	099
蓄意破坏	099
颠覆	099
有组织犯罪	100
其他非传统威胁	100
加拿大销售办公室评估示例	101
识别与隔绝	106
探测异常情况	106
治理过程	106
评估安全控制措施	108
生存与运营	109
认证或不认证，这是一个问题？	110
残酷的现实	113
重要启示	115

第六章　网络安全和数字企业 ··· 116

- 引言 ··· 117
  - 网络安全的定义 ··· 117
  - 信息安全的定义 ··· 118
  - IT 安全的定义 ··· 118
  - 网络复原力的定义 ··· 118
  - 网络的定义 ··· 119
  - 安全的定义 ··· 119
- 军事比较 ··· 120
- 构建 BRIDGES ··· 125
  - 企业背景 ··· 125
  - 风险与复原力概况 ··· 127
  - 识别与隔绝 ··· 130
  - 探测异常情况 ··· 133
  - 治理过程 ··· 133
  - 评估安全控制措施 ··· 134
- 生存与运营 ··· 135
- 残酷的现实 ··· 136
- 重要启示 ··· 136

第七章　安防领域网络/IT 安全 ··· 138

- 引言 ··· 139
- 军事比较 ··· 141
- 设计安全网络架构 ··· 145
  - 无线网络 ··· 150
- 构建 BRIDGES ··· 150
  - 企业背景 ··· 151
  - 风险与复原力概况 ··· 151
  - 识别与隔绝 ··· 152
  - 探测异常情况 ··· 152
  - 端点保护 ··· 153
  - 网络保护 ··· 153
  - 治理过程 ··· 155
  - 评估安全控制措施 ··· 155
- 生存和运营 ··· 157
- 残酷的现实 ··· 158
- 重要启示 ··· 158

第八章　信息系统安全 ... 159

引言 ... 160
什么是信息系统？ ... 160
军事比较 ... 161
网络和信息系统的安全 ... 164
构建 BRIDGES ... 169
　企业背景 ... 170
　风险与复原力概况 ... 170
　识别与隔绝 ... 170
　探测异常情况 ... 171
　治理过程 ... 171
　评估安全控制措施 ... 173
　生存和运营 ... 173
残酷的现实 ... 174
　2019 年十大应用程序接口安全措施 ... 174
重要启示 ... 176

第九章　物理安全 ... 177

引言 ... 178
军事矩阵模型 ... 180
行动要求 ... 185
　行动要求的闭路电视模板 ... 186
军事比较 ... 187
　围栏线勘测 ... 187
　闭路电视安全性调查 ... 192
　防止杂散发射的远程通信电子材料（TEMPEST） ... 195
构建 BRIDGES ... 196
　企业背景 ... 196
　风险与复原力概况 ... 196
　识别与隔绝 ... 197
　探测异常情况 ... 198
　治理过程 ... 198
　评估安全控制措施 ... 199
　生存和运营 ... 199
残酷的现实 ... 199
重要启示 ... 200

第十章　工业系统安防······202

引言······203
工业革命······204
　　摩尔定律······205
军事比较······205
创造您的安全环境······208
　　确定基线······210
构建 BRIDGES······215
　　企业背景······215
　　风险与复原力概况······216
　　识别与隔绝······217
　　探测异常情况······217
　　治理过程······218
　　评估安全控制措施······219
　　生存和运营······219
残酷的现实······220
重要启示······221

第十一章　确保供应链的安全······223

引言······224
强化供应链环节······226
　　供应链攻击载体······228
　　评估供应链安全环节······231
构建 BRIDGES······234
　　企业背景······234
　　风险与复原力概况······235
探测异常情况······237
治理过程······237
评估安全控制措施······237
生存和运营······238
军事比较······239
残酷的现实······242
重要启示······244

第十二章　开发人类防火墙······245

引言······246
人类防火墙······247
　　安防心理学······248

　　　　配置"人类防火墙" 251
　　　　销售安防 252
　　军事比较 255
　　构建BRIDGES 258
　　　　企业背景 258
　　　　风险与复原力概况 259
　　　　识别与隔绝 259
　　　　探测异常情况 260
　　　　治理过程 260
　　　　评估安全控制措施 260
　　　　生存和运营 261
　　残酷的现实 261
　　重要启示 263

第十三章　严格的访问限制 264

　　引言 265
　　背景 265
　　抵御门口的敌人 268
　　　　确保后台操作安全 269
　　　　前台操作 271
　　双因素/多因素/强客户身份验证 274
　　军事比较 275
　　构建BRIDGES 279
　　　　企业背景 279
　　　　风险与复原力概况 279
　　　　识别与隔绝 280
　　　　探测异常情况 280
　　　　治理过程 280
　　　　评估安全控制措施 281
　　　　生存和运营 281
　　残酷的现实 281
　　重要启示 284

第十四章　建设复原力 285

　　引言 286
　　　　欧盟《通用数据保护条例》第32条 286
　　　　英国金融行为监管局 286
　　　　《网络与信息系统安全指令》（欧盟NIS指令）第13条 286

《欧盟网络安全法》第 4 条 287
美国安防顾问计划 287
澳大利亚安防政策框架：信息安全 287
新西兰安防要求 288
什么是复原力？ 288
建设复原力涉及哪些方面？ 289
复原力的基石 290
军事比较 298
从第二次世界大战中吸取的经验教训 306
构建 BRIDGES 308
企业背景 308
风险与复原力概况 309
识别与隔绝 309
探测异常情况 309
治理过程 309
评估安全控制措施 309
生存和运营 309
残酷的现实 310
重要启示 311

第十五章　安防投资回报率（ROI）展示 312

引言 314
创建商业案例 315
让无形变有形 317
军事比较 317
构建 BRIDGES 321
企业背景 321
风险与复原力概况 321
识别与隔绝 321
探测异常情况 322
治理过程 322
评估安全控制措施 323
生存和运营 323
残酷的现实 323
重要启示 324

缩略语中英文对照表 326

原书参考文献 337

第一章　引　言

英国皇家空军因其卓越的航空航天力量享有盛誉，并取得了成功。

这种声誉和成功虽然有飞行器、武器和支援单位的功劳，但个人、领导及团队成员才是最终成就英国皇家空军，赋予其竞争优势的关键。

一个人只有通过自己的努力，才能成为一名真正敏捷、适应能力强且合格的空军部队军人。

我们的工作环境充满挑战和危险。在这样的环境中，只有通过各军种卓越的领导力，激发个人的主动性、能力和自律，才能取得成功。

鉴于航空航天环境的特点，我们必须做到勇于创新、讲求实效、勇敢无畏、公平公正。

英国皇家空军参谋长迈克·威格斯顿

背景

毫无疑问，2020年对全球机构来说是具有挑战性的一年。为应对新冠疫情，很多企业不得不改变工作方式，力求最大限度地减少对业务运营的干扰。

同时，很多公司快速转向远程办公模式。在企业不得不适应这种工作模式的同时，犯罪分子借着企业正常工作受到干扰、进行变化的机会，从中获利。

由于员工不再借助公司的基础设施工作，传统的安防措施不再适用，一夜之间，这些公司不得不提高机动性和灵活性。

此外，我们还发现客户与企业的互动方式发生了变化，客户越来越依赖自己所认为的安全的虚拟环境。

我们看到了企业未做好应对疫情（自然灾害）的准备所遭受的巨大影响，也看到这些动态变化的环境和习惯产生的影响。这些让犯罪分子的攻击手段更加多样化并从中获利。

这些犯罪分子基本上就像"野生动物掠食者"，遵循弱肉强食的自然法则，寻找机会贪婪地享受。

在企业领导人努力应对疫情带来的挑战和影响时，网络攻击事件的数量却不断增加，犯罪分子似乎很少关心，甚至不在乎攻击是一种犯罪行为。

查看2020年新冠疫情期间的统计数据和趋势就能发现这一点。

Hackmageddon 网站统计数据

Hackmageddon 网站统计数据如图 1-1～图 1-7 所示。

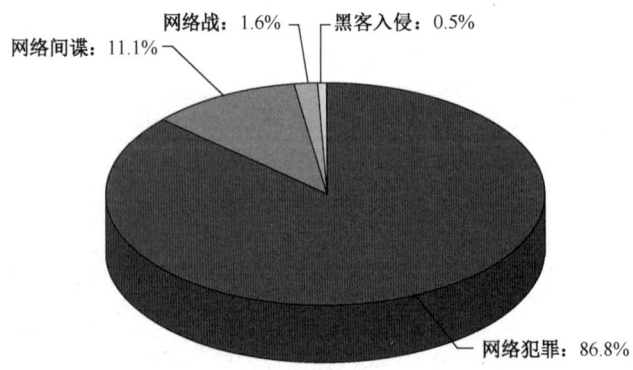

图 1-1　网络犯罪动机（2020 年 4 月）

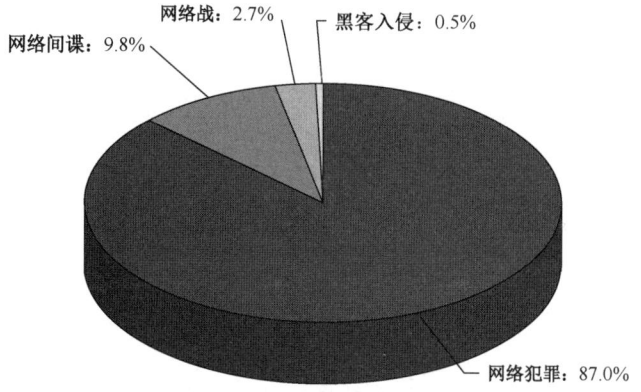

图 1-2 网络犯罪动机（2020 年 5 月）

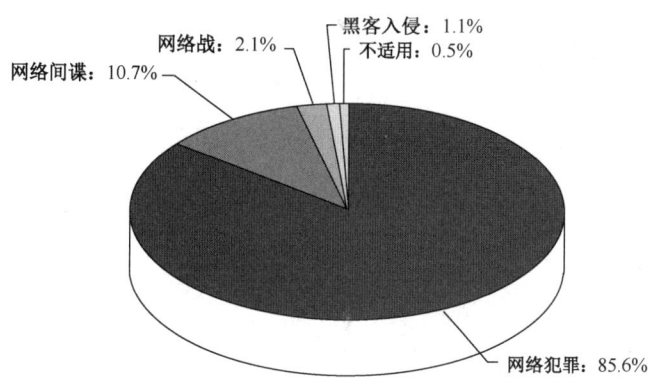

图 1-3 网络犯罪动机（2020 年 6 月）

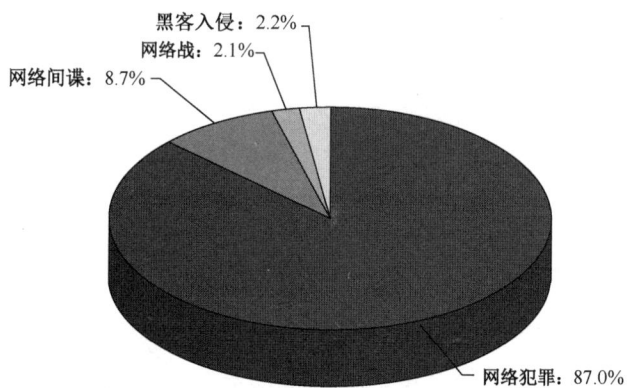

图 1-4 网络犯罪动机（2020 年 7 月）

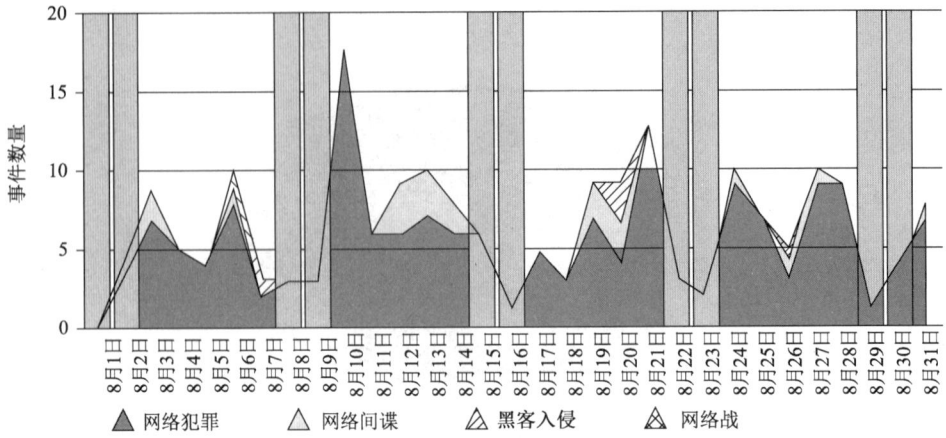

图 1-5　网络犯罪动机（2020 年 8 月）

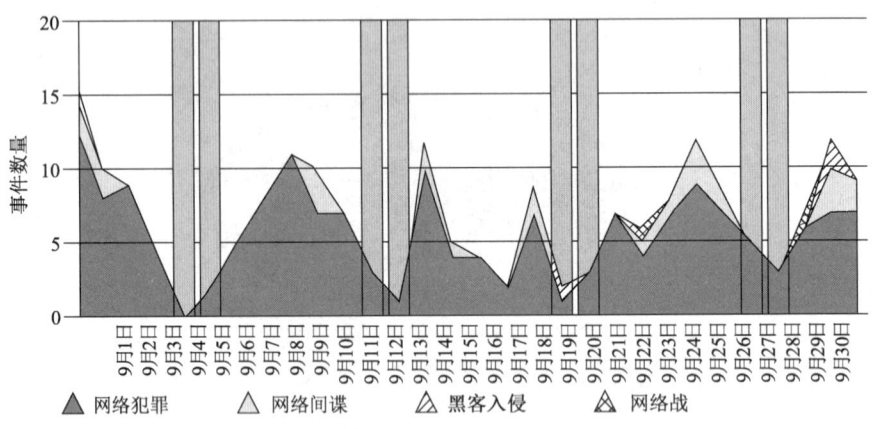

图 1-6　网络犯罪动机（2020 年 9 月）

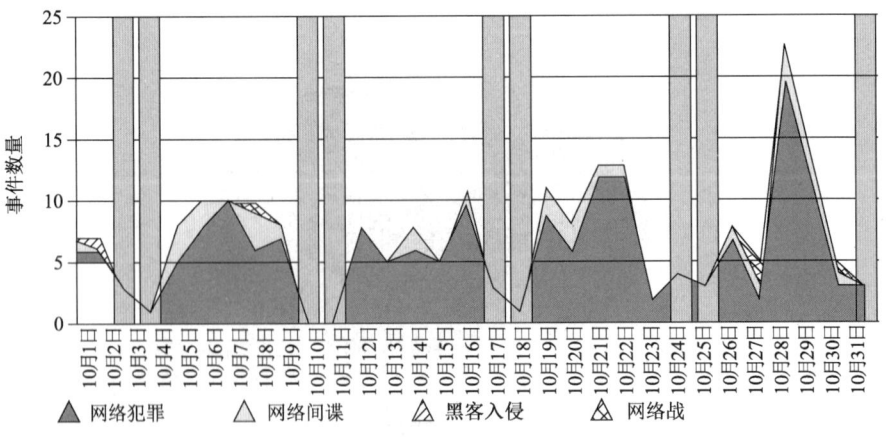

图 1-7　网络犯罪动机（2020 年 10 月）

Fintech News 统计数据

- **85%** 上传小狗照片的人都试图欺骗您。
- **43%** 的数据泄露都发生在基于云的网页应用中。
- **67%** 的数据泄露都是由凭证被盗、人为错误或社会攻击引起的。
- **5%** 的数据泄露都利用了系统缺陷。
- **70%** 的数据泄露都是由外部行为者发起的。
- **55%** 的网络攻击都是由有组织的犯罪团伙发起的。
- **37%** 的凭证偷盗都使用了被盗或易受攻击的凭证。
- **25%** 的网络犯罪均与网络钓鱼有关。
- 人为错误导致的网络攻击占 **22%**。
- **27%** 的恶意软件事件都与勒索软件有关——与 2019 年（24%）相比有所增加。
- **18%** 的组织都报告称曾遭到勒索软件攻击。
- **41%** 的消费者不会购买遭受勒索软件攻击的企业的产品。
- **900 万**个 EasyJet 客户的数据遭到了黑客攻击。
- 黑客泄露了来自 Wishbone 应用程序的 **4000 万条**用户记录。
- 每 **39 秒**就会发生一次网络攻击。
- **75%** 的网络攻击都是从电子邮件开始的。
- **21%** 的在线用户都遭受过黑客攻击。
- **11%** 的在线用户都曾遇到数据被窃取的事件。
- **72%** 的数据泄露的目标都是大型公司。
- **10%** 的组织机构都收到了数字加密货币挖矿恶意软件。
- **80%** 的黑客攻击都涉及暴力破解或凭证被盗。

2020 年最令人惊恐的 14 条网络安全统计数据

（1）相比于遭受暴力犯罪，美国人更害怕遭受网络犯罪。

具体来说，美国人害怕身份被盗和黑客攻击：

- **71%** 的美国人都担心个人信息或财务信息遭到黑客攻击。
- **67%** 的美国人都担心身份被盗。

相比之下：

- **24%** 的美国人都担心遭受恐怖主义袭击。
- **22%** 的美国人担心开车时被攻击，**20%** 担心被性骚扰，**17%** 担心被谋杀。
- **7%** 的美国人担心在工作场所被骚扰。

（2）仅 **2020 年 1 月**就有 **17.6 亿条**记录被泄露。

（3）2020年，企业和组织因勒索软件花费了 **115亿美元**。

（4）**微软办公软件扩展名**是电子邮件黑客使用最多的恶意文件扩展名。

（5）数据泄露的主要原因是恶意攻击或犯罪攻击，造成了 **48%** 的数据泄露事件。

（6）全球数据泄露的平均成本为 **360万美元**，并逐年增长。

（7）**2020年**，预计全球网络犯罪成本将**超过2万亿美元**。

（8）**手机恶意软件**正在增加，但**灰色软件**可能给手机用户带来更大的危险。

（9）**加密劫持**是2020年最受关注的最严重的网络威胁。

（10）2018年，毁灭性蠕虫病毒用户组的数量增长了 **25%**。

（11）大约 **7/10** 的企业都未做好应对网络攻击的准备。

（12）**91%** 的网络攻击都是钓鱼电子邮件造成的。

（13）**92%** 的恶意软件都是通过电子邮件发送的，这令人惊讶。

（14）**超过76%** 的网络攻击都是经济问题导致的。

总之，恰当地说，2020年明确表明，保护一家企业不仅是保护企业有限类型的资产安全，也应当重点确保采取适当的措施来保护那些被认定为对企业与客户十分宝贵的资产。

因此，我希望向企业介绍"安防"这个词及该词可能给企业带来的优势。探究"防护的"和"安全"这两个单词的起源，就能明白"安防"更适合企业。

> **防护的（protective）（形容词）：**
>
> "提供保护、掩蔽、防护的"，起源于17世纪60年代，自1875年起作为名词使用。
>
> 相关单词：防护地（protectively）；防护（protectiveness）。保护监管起源于1936年，翻译自德语 Schutzhaft，通常是纳粹人的嘲讽之词。该词语的意思是"采用或旨在提供保护措施"。
>
> **安全（security）（名词）：**
>
> 起源于15世纪中期，意为"安全的状态"，衍生自拉丁语 securitas，源自 securus（意为"不关心"）。从早期借用拉丁语后，逐渐取代 sikerte（15世纪初）；更早期源自 sikerhede（13世纪初）、sikernesse（13世纪）。
>
> 自16世纪80年代起，意为"提供可靠保护的东西"；自1941年起，意为"国家安全、人员安全等"。自16世纪起，衍生出法律意义上的"债券财产"的意思；自17世纪80年代起，意为"债权人持有的文件"。1966年，确认了"安全毯"一词的比喻意，原意是《花生》连环画中人物莱纳斯携带的婴儿床毯子（1956年）。

本书将为读者提供关于安防主题的宝贵见解及本人在22年英国皇家空军警察职业生涯中遇到的安防例子，包括：

- 警犬训练员；
- 特种武器保护；
- 安全和治安值班主管；
- 航空运输安全；

- 反情报；
- 计算机安全；
- 反恐怖主义；
- 海外安全部署。

本书的灵感来源

我记得退伍转业后发生了一件事。我刚入职一家安全咨询公司，担任支付卡行业合格安全评估员（QSA）。在接受短时入职培训后，我按工作安排去访问英格兰南部的一家大型零售商，对其支付卡业务进行差距评估。

那是 12 月的最后一周。周日傍晚，我踏上了长达 6 个小时的火车之旅，以便在周一上午抵达客户那里。我当时虽不熟悉《支付卡行业数据安全标准》（PCI DSS），但毕竟拥有超过 22 年的英国皇家空军任务关键资产保护经验。秉持 PCI DSS 是缓解安全控制措施的基准这一信念，我开始了自己的第一例客户项目。

在本周剩下的时间里，我一直在客户那里，与工作人员面谈，观察他们的工作流程，审核文档，以收集足够的信息，从而按照 PCI DSS 为客户提供支付卡业务情况及一份路线图，以帮助其改进。

这一周，偏偏天公不作美，下了整整一周的雨，因此，在完成现场参与工作后，我的返程之旅被迫中断。虽然这次的经历不太愉快，但对我未来生活态度的形成大有裨益。

离开那天，我登上了返程的火车。不幸的是，仅仅一小时的车程因整整一周的大雨（铁路被淹）被迫中断。中途我还被转移到巴士上，继续返程之旅。

洪水导致较早的几列火车被取消。因此，在开车后一小时内，火车拥挤不堪，只有站票（公共厕所外）。我找了一个小角落（挨着公共厕所的门），暂时将小行李箱作为座位，以便尽可能在这次旅程中舒服一些。

随即，一名年轻男子（与我刚加入英国皇家空军警局时年纪相仿）将背包扔在厕所门口的地板上，躺在上面，几乎瞬间入睡。人们要想上厕所，必须从他身上迈过去。

当火车停靠在一个村庄小站时，上厕所的乘客将这位年轻男子吵醒。他显然刚睡醒，有点茫然，背着大包小包下了火车，似乎完全迷失在这座偏远的小山村站台。

我冲着他喊道，"嘿，老兄，你要去哪里？""我要去特伦特河畔斯托克！"他回答道。

这座车站并非换乘站。事实上，还有 30 分钟的路程才能抵达正确的目的地。至少需要乘坐五小时的火车才能到达特伦特河畔斯托克。

我招手让他回来，焦急地喊道，"你下错站了，快点回来！"

火车开车前，他上了车，我将自己的小角落让给这位年轻男子，不让他再挡道，继续火车之旅。对于我的帮助，这名年轻男子表示感激。

大约一小时之后，我们到达了火车总站（爱赛特），并在这里登上了一辆正在等待发车的巴士，继续回家之旅。乘坐巴士是绕开火车无法通行的水淹路段的唯一方法，巴士也是连接两座火车总站（爱赛特和布里斯托尔）的唯一交通工具。在巴士抵达布里斯托尔后，乘客再次转乘火车，前往自己的目的地。

在爱赛特下车后，这名年轻男子显然迷失了方向，一脸迷茫，不知道做什么，也不知道去哪里。

我说道，"跟我走，我把你带到开往布里斯托尔的巴士上。"

他说，"好的，谢谢！"

在将他带到了巴士，确认他将背包放到行李架并找到座位后，我坐到了他旁边。

巴士之旅大约需要两小时。经过短暂的休息后，这位年轻男子醒来和我聊了起来。

他说："谢谢你帮我，我不敢百分百保证，也不确定自己怎么才能回家。"

我回答道，"不用谢，很乐于帮你。"

他又问，"你过来做什么呢？"我礼貌地回答道，"哦，只是忙一些工作，你呢？"

他的回答让我这位在英国皇家空军警局待了20年的井底之蛙感到震惊。

他说，"我要回家，我刚被当地的戒毒所赶出来！戒毒所有一个三次出局的规定。我和戒毒所的其他人员打架，有点失控，触发了警报。

我们都受到了责罚，但我之前已犯两次错，所以他们让我收拾行李，给了我一张单程车票，把我放在了当地火车站！

我感觉美沙酮的药效正在减退，这就是我为什么说不敢百分百确定，我真的很感谢你今天早上帮我。"

这让我开始反思现实。在经历了人生的起起落落后，我反思自己是如何到这一地步的。

他继续说道，"我真的错过了一个改变人生的机会。我担心自己回家后会再次误入歧途。

我哥哥因吸毒入狱。从某个点来说，我是一个糟糕的弟弟，因为以前我去学校前都会为他准备毒品。"

我说，"我觉得人生就是一条单行道，你无法回到过去。

有时，人生的道路会面临很多岔口，你必须做出决定（向左向右还是向前）。

如果做错了决定，就需要竭尽所能，吸取经验教训，保持警惕，在下一个路口回头。

周末回家后反思一下，周一给戒毒所写封信。

为自己的行为道歉，并说明自己很珍惜它们给的机会，真正地改变自己的人生。"

直到今日，我也不知道自己为何会想起这个比喻，但它是我自此之后一直秉承的价值观。

我们最终在布里斯托尔站分道扬镳。不过，我确信这位年轻男子搭上了前往特伦特河畔斯托克的火车，祝他未来可期，平平安安。随后，我登上了下一班回家的列车。

对我来说，早年在英国皇家空军警局的职业生涯促进了我的成长，让我经历了各种挑战，也遇到了诸多（职业和个人）成长机遇。

捍卫王权

本书结合自传式研究和安防工业参考资料，介绍了"安防"这一术语，说明了其为企业带来的潜在利益。

我第一次发现这个术语是在为期十周的英国皇家空军警局反情报培训课程上，当时老师讲了这个术语。

在加入英国皇家空军，成为一名英国皇家空军警犬训练员的大约 14 年后，我在英国皇家空军警局的任务关键资产保护方法的指导下，成功地执行了一次反情报（CI）行动。整整十周的培训和考试主要围绕《国防安全手册》《联合军种出版物第 440 刊》（JSP 440）中指南的应用情况展开。

过去十年（实际上，在我 22 年职业生涯中），安防工作的重点是确保安防工作与资产价值相称，为相关的任务声明提供支持。

近十年来，我不断提高自己的知识水平和技能，运用 JSP 440 的原则和指南，保护军队的任务关键资产。

值得注意的是，JSP 440 大约 2300 页的内容未提到"网络"或"网络安全"一词（截至 2011 年 10 月）。

> **网络（cyber）：**
> 词缀，由 cybernetics 演变而来；随着 20 世纪 90 年代互联网的兴起，该词的使用量呈爆炸式增长。

然而，即使未提到这些术语，军队仍可以参考 JSP 440 第一卷至第三卷（见图 1-8）中的内容保护任务关键资产。

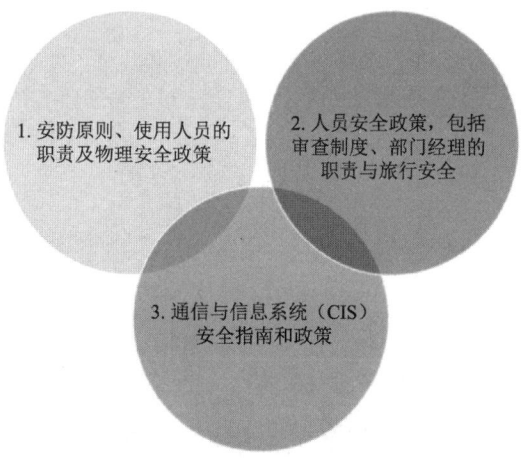

图 1-8　JSP 440 的组成部分

第一卷——安防

JSP 400 为机构保护其关键资产提供指导，而关键资产是任务声明的关键。其安防部分由 14 个子部分组成（见图 1-9）。

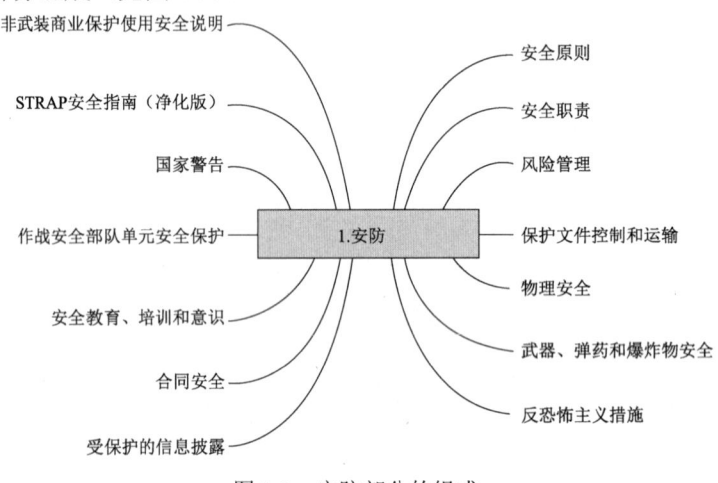

图 1-9　安防部分的组成

当代安防

随着技术的快速发展，安防也在不断演变。如果查看各种安防框架，就会发现如今的安防包含了 JSP 440 第二卷和第三卷的部分内容。

例如：

- 英国安防管理系统（见图 1-10）；
- 澳大利亚安防框架（见图 1-11）；
- 新西兰安防要求（见图 1-12）。

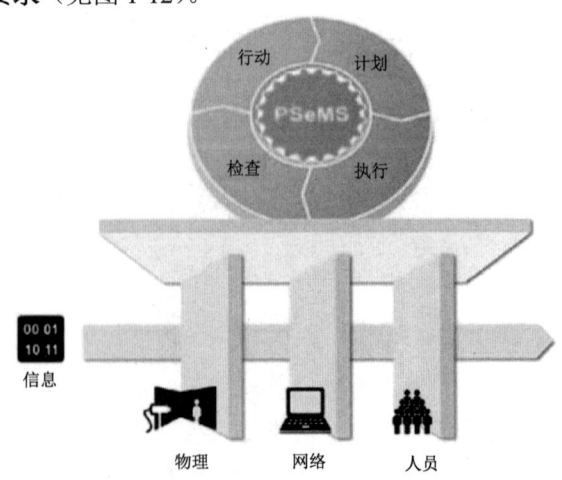

图 1-10　英国安防管理系统

治理
每家实体恰当、熟练地对安全风险进行管控,为积极的安全文化的发展提供支持,以确保:责任的明确性,规划、调查、响应、保证和审查过程的合理性,以及报告的相关性。

信息安全
每家实体保证所有官方信息的机密性、完整性和可用性。

人员安全
每家实体确保其雇员和承包商获得澳大利亚治理资源的合理的访问权,并遵守适当的诚信和诚实标准。

物理安全
每家实体为其员工、信息和资产提供安全的物理环境。

图 1-11　澳大利亚安防框架

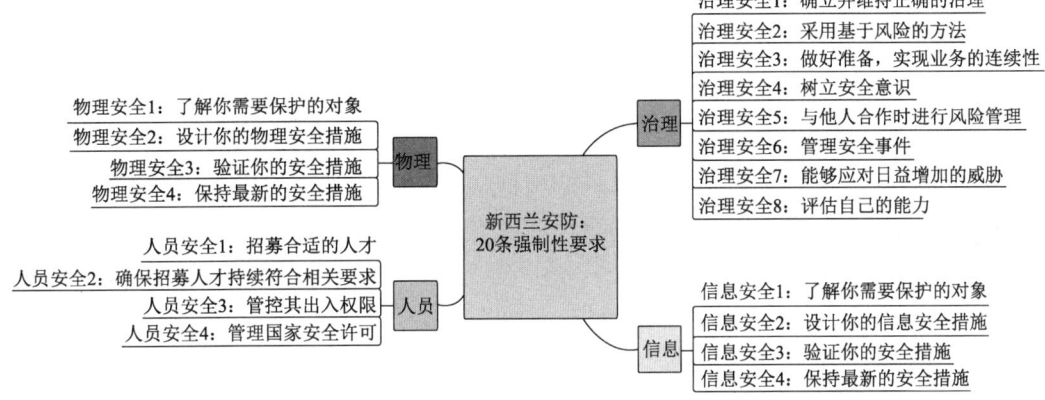

图 1-12　新西兰安防要求

综合本人的知识及安防原则应用经验,我坚信安防概念有助于读者及读者所在的企业更有效地防御前所未有的威胁。

退伍转业

我希望读者通过这本书更好地了解军营的生活,对退伍军人的价值观和技能有更深刻的印象。

常言道:你能从军队中带走任何一个人,但是绝对带不走他们骨子里的军队纪律。

那为何要消除这些只有通过服兵役才能获得的经验和技能呢?

退伍军人适应能力强,能够随机应变,可以为大多数企业带来更大的价值。他们拥有超强的学习能力,善于发现常人无法发现的机遇。即使退伍,他们在军队中接受的大量培训及累积的经验也能够直接应用到企业经营中。

他们的适应能力、复原力和领导技能在帮助建立公司的影响力及指引公司其他员工方面大有裨益。

因此，请大家不要将退伍军人看成"战争机器"，而是将他们视为一种资产，一种获得大量投资，能够给组织或企业带来竞争优势的资产。

我不得不承认，虽然我已做好迎接新挑战的准备，也做好了退役的准备，但退伍转业这种转变给我的人生造成了巨大的冲击，也是我一直努力克服的问题。

退役后的生活极具挑战性，让人有种孤立无援的感觉。如果您从未体验过军营生活，就无法理解军营生活的独特之处。

但是我懂！作为一名企业领导或资深经理，您是否了解退伍军人可能给企业带来的利益及如何将退伍军人的技能转让给企业？

回顾我的职业生涯，我对自己加入英国皇家空军后所取得的成就和发生的变化感到震惊。更令我惊讶的是，这 22 年职业生涯中获得的独特的经验和技能在我近十年的企业工作中发挥了巨大的作用。

您能想象到尝试在一份只有两页的简历中体现这些卓越的品质有多难吗？每位退伍军人都获得了与自己所担任的职责及可能面临的特殊情况相关的品质。

对我而言，我的军旅生涯与我成为一名英国皇家空军警局警犬训练员的初衷完全不同。然而，生活并不总是舒适的，有时，也十分艰难。我从未想象能面临只有在英国皇家空军警局才能经历的情况。

例如，您能想象退伍后会发生下列事情吗？

经过多年的飞机坠毁模拟演习，我已做好充分的准备来应对此类事件。然后，一个十月下旬的早上，我正在执行日常反情报任务，突然收到了一个我永远也不想接到的电话。

一架小型飞机遇到麻烦，需要紧急迫降到英国皇家空军警局的飞机场。然而，飞机即将在跑道上着陆、机轮触地时，截流阀卡在开关位置。结果，飞机冲出跑道，倾翻在附近的农田里（围墙外面）。

英国皇家空军基地的应急服务队随即展开了事件响应演习。消防人员和医护人员救治机上人员，而英国皇家空军警局清理了坠毁的飞机通道，设立了安全警戒线。在这次事件中，飞行员奇迹般脱险，只受了轻微的割伤和擦伤。

在我第一次外派阿富汗执行反情报外勤小组（CIFT）任务时，发生了一件意想不到的事情。刚执行正常工作不久，我和同事被部队保护指挥官叫去谈话。一到那里，指挥官就跟我们讲了前一晚发生的敏感事件，要求我们提供协助。

一名身份不明的当地居民被升级演习期间弹出去的警告射击弹意外击中不幸身亡。由于我们与当地居民建立了深厚的关系，指挥官希望我们处理这次事件，小心地将死者送回去。

然而，我们要做的第一件事就是确认这名死者的身份及他是否与叛乱分子或恐怖主义有关联。我们只能通过生物扫描辨认身份，因此便前往太平间，对死者进行视网膜和指纹扫描。

没有死者与叛乱分子或恐怖分子有关联的任何记录，所以我们必须根据个人物品确认他的身份。第二天，我们花了整整一天联系死者家属，确保将死者安全地送回家。

以上只是军人能够处理特殊情况及在企业领域难以转化的军人品质的几个例子。

尽管在漫长的英国皇家空军警局职业生涯中收获颇丰，但我也意识到自己需要不断地拓宽知识面。因此，我不断汲取同行经验，通过阅读，拓展自己的专业知识并参加各种学习课程，同时抓住机会，向企业成功人士学习。

其实，我遇到的很多人都无法理解我应用到企业中的这种独特的品质和经验。我记得有一个人十分不理解我，几乎拒绝了我提出的所有建议，并否定了我所有的观点。每天几乎都是一场唇枪舌战，我能做的就是不断改进，确保关键利益相关者充分了解相关风险。

> 注：尽管安全行业中大多数同行的目的都是保护所任职的公司，但是很多也面临我曾面临的问题。当报告链忽视了独立性（如 IT 主管报告）、公司策略与企业背景不符，或者企业价值观不受重视时，往往就会发生这种问题。

尽管遇到了这些障碍，我还是在这家公司工作了大约 18 个月。然后，在（与部门经理）吃完午餐回公司后，部门经理和人力资源部员工将我叫到人力资源办公室，称我将被裁员。

裁员信援引了《欧盟通用数据保护条例》（欧盟 GDPR）中的裁员理由。

我对公司给出的理由困惑不已，因为我是公司唯一的信息安全专员，主要负责公司安全、复原力和数据保护（相关描述见图 1-13）。但是，我也松了一口气，我与部门经理的口舌之战终于结束了。

第 5 条　个人数据处理原则

（f）处理过程中应确保个人数据的安全，采取合理的技术手段、组织措施，避免数据未经授权即被处理或遭到非法处理，避免数据发生意外毁损或丢失（"数据的完整性与保密性"）。

第 32 条　处理的安全

1. 在考虑了最新水平、实施成本、处理的性质、处理的范围、处理的语境与目的，以及处理给自然人权利与自由带来的伤害可能性和严重性之后，控制者和处理者应当采取包括但不限于如下的适当技术与组织措施，以便保证与风险相称的安全水平：

    (a) 个人数据的匿名化和加密；

    (b) 保持处理系统与服务的保密性、公正性、有效性及重新恢复的能力；

    (c) 在遭受物理性或技术性事件的情形中，有能力恢复对个人数据的获取与访问；

    (d) 具有为保证处理安全而常规性地测试、评估与评价技术性及组织性手段有效性的流程。

2. 在评估合适的安全级别时，应当特别考虑处理所带来的风险，特别是在个人数据传输、存储或处理过程中的意外或非法销毁、丢失、篡改、未经授权的披露或访问。

图 1-13　摘自《欧盟通用数据保护条例》

结语

本书采用自述式研究方法，因此，对我而言是一种个人研究。

本书立足于我服兵役的经历及这些经历对我的塑造。

此外，我希望这本书能够让那些企业关键利益相关者更深刻地理解具备军营生活经验的领导人能够为企业带来哪些独特的技能（企业应当给予支持，而非将其看作谜团）。

无论是否拥有军事背景，我都希望本书的内容和深刻见解有助于读者进一步了解"安防"这一术语。

刚开始写这本书时，我认为"安防"有各种解释，但在维基百科搜索时，只能找到"保镖""安防指挥部""安防单位""安防官"[注意：本词条将跳到社区服务警察（PCSO）参考词条（这是完全不同的两个词条）]的词条。

因此，在写这本书时，我还决定为维基百科写一份适当的参考资料。在本书的调查研究阶段，我编写了 BRIDGES 缩略语（见图 1-14），以说明安防的主要部分及各个部分之间的相关性。

重要启示

- 安全行业已成为热门术语，如网络安全、复原力等，而安防则成了总括词。
- "安防"是一个伞式术语，侧重于对企业重视的资产进行相应的保护，将风险维持在可接受的范围。
- "安防"涉及保护国家关键基础设施。
- "安防"通常与保镖服务有关。
- "安防"是军队用来相应地保护其所重视的资产的方法。
- "安防"包含公司部门使用的所有热门术语。
- 很多国家都出台了安防框架，以保护国家关键基础设施。然而，该原则也可用于公司，以确保实施相应的安防措施，保护企业的重要资产。
- 可通过 BRIDGES 这一缩略语来说明"安防"概念：
  - 企业背景；
  - 风险与复原力概况；
  - 识别与隔绝；
  - 探测异常情况；
  - 治理过程；

- 评估安全控制措施；
- 生存和运营。

图 1-14　BRIDGES 缩略语

第二章
什么是安防？

　　勇气是所有美德中最伟大的，如果没有勇气，就没有其他美德……谁都可以做到五分钟的勇敢。您不仅能比自己的领导更加勇敢，也能做到永远勇敢。

　　作为领导，您要在别人退缩时勇往直前；不仅要在危险中勇敢，也要在所有士兵忍受艰苦、孤独及长期没有行动无聊时勇敢。面对失败，您也要拿出自己的勇气。

　　当我们取得胜利时，总能做到英勇无畏。当大家欢呼雀跃、敌人溃不成军时，我就是一名上将。但是人不会总获胜。如果您在战争之初曾担任英国上将，那么您就能明白我说的话了。

　　您会发现，有一天，当情况变糟时，无论您是司令还是排长，都会突然停下脚步，您的部下会停下盯着您。没有人说话；他们只是盯着您默默地要求您做出领导指示。

　　他们的勇气正在消退，您必须让他们重拾勇气，这并不容易。您一生中从未感到如此孤独。

缅甸陆军元帅威廉·斯利姆子爵

1953年任澳大利亚总参谋长

引言

在引出安防主题时,引用与勇气有关的著名引言似乎有点奇怪。然而,勇气分两种:身体勇气和道德勇气。

道德勇气并不容易。

安防中的道德勇气(以及其在日常生活中的使用)要求迅速、坚决地遵守政策和程序,这是富有成效的安防计划的核心。

作为一家数字企业,要运用适当的技术,在业务模式、客户体验和内部能力方面建立新的价值观,为企业的核心业务提供支持。这包括单纯的数字企业及正试图通过创新数字技术实现转型的传统企业。

这样一来,企业就能获得更多对数字业务至关重要且需要获得充分保护的资产。这些资产可能是外部资产(如云资产)、内部资产(如经营场所中的资产)、虚拟资产或实物资产。现代数字企业日益受到机会主义犯罪分子的青睐,因此必须确保对所有的攻击途径给予充分的保护。

图 2-1 展示了犯罪分子为渗透企业运营/环境及实现敏感数据泄露可能利用的攻击途径。

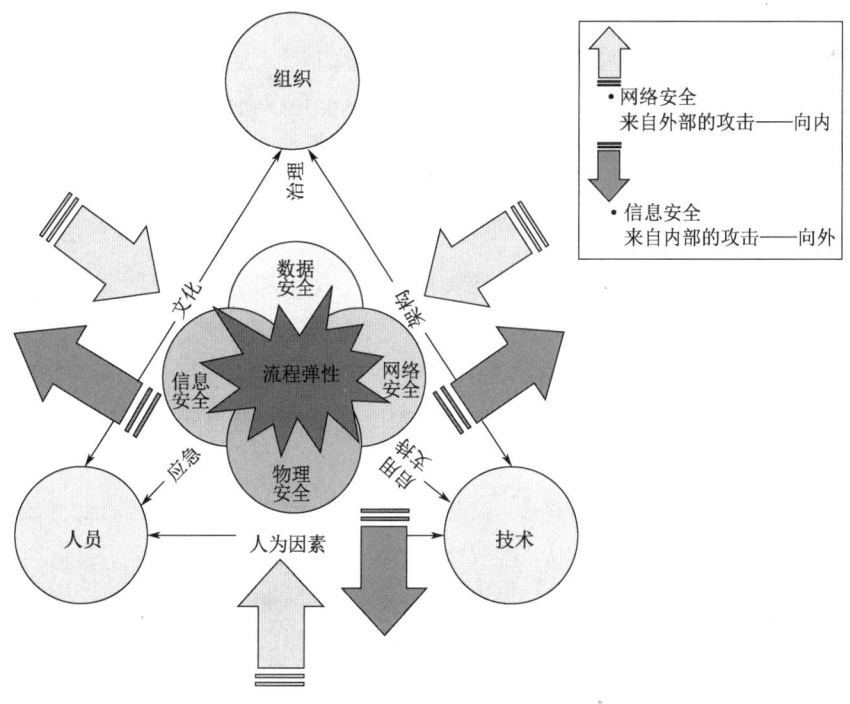

图 2-1 攻击途径

此外，图 2-1 还展示了有助于制定富有成效的安防策略的整体要素，同时包含安防行业中经常使用的多个常见热门术语。

犯罪分子会寻找某个机构集成安全程序中的漏洞或不一致的地方，从管理不善、技术配置错误或不良实践中寻找机会。

在我和所在团队被部署到阿曼皇家空军迈里特基地，为持久自由行动提供支持期间，就发生过这样一个真实的例子。

军事例子

2022 年 2 月初，在被派往阿曼皇家空军迈里特支队前约五周，我正在值中班（已值两天班），再有几个小时就是这组轮班中的第一个夜班。

大约 22:30，我一个人在英国皇家空军警局值班室内操纵英国皇家空军警局行动操作台。一切是那么平静，轮班同事忙着值守固定和移动岗位，当时并没有需要处理的问题。突然，这种平静被一阵巨大的敲门声打破。

我大喊着让他们进来；借着值班室的灯光，我看见一位身着飞行服的高级官员。出于对这位军官的尊重，我起身立正站好。这名军官自称是战术空运指挥单元（TALCE）的指挥官（OC），这让我放松下来。他显得焦急不安，我问他怎么能帮他。

我猜不到发生了什么。他告诉我，英国首相委托他提供四架大力神 C-130J 飞机，将数百名阿富汗国民从喀布尔运送到麦加，以支持他们的朝圣之旅。

在执行任务前，时任民航部长阿布杜尔·拉赫曼汗在喀布尔机场公共场所被殴打致死。最初，这起谋杀归咎于那些等待航班前往麦加的朝圣者。

记住，这次任务前不到六个月，基地组织劫持阿富汗国内航班，撞向美国世贸组织中心和五角大楼。

显然，这位战术空运指挥单元的指挥官极其担心飞机和机组人员的安全，所以要求英国皇家空军警局提供空运安防（ASTy）和空警支持。

英国皇家空军警局外派人员从未执行过这样的任务，也未受过这类培训。而且，英国皇家空军警局高级管理层刚刚大换血［现任空军上士恰好是我在英国（英国皇家空军乌斯河畔林顿基地）的空军上士］。

虽然不能保证这项任务一定顺利，但作为当晚值班的高级官员，我立即开始制定一项策略，尽可能地降低飞机、机组人员、英国皇家空军警局同事，当然还有自己的风险。

战术空运指挥单元的指挥官要求英国皇家空军警局为每架飞机安排两名空军护送，分别部署在两个机翼旁（两架航班从阿富汗喀布尔飞往阿曼锡卜，两架航班从阿曼锡卜飞往沙特阿拉伯麦加）。鉴于当时迈里特英国皇家空军警局支队只有 15 名士兵，而且还要为其他关键的军事资产提供安防服务，因此，指挥官的要求似乎很难满足。

我做好了所有的安排，包括征用了一台移动式 Rapiscan 安检机（当时正准备从迈里特装载到飞机上返回英国），重新布置到喀布尔机场。我将和另一人先乘坐飞机前往，准备乘客安检工作，并在乘客登上英国皇家空军大力神飞机前对每位乘客进行安检。

不同于标准军用航班乘客的安检工作，这次安检风险较大，因此必须对安检过程进行改进，以适应这次高水平的威胁。考虑英国皇家空军警察人数有限，我想抽调阿曼皇家空军迈里特支队一半的人，并借调锡卜阿曼皇家空军其他支队的成员。在制定该策略后，我向直接主管（空军上士）征求意见和批准，也需要他帮忙向锡卜支队寻求支持。

该策略最终获批，我和其他七名来自阿曼皇家空军迈里特支队的士兵负责执行这次任务（又称"死亡行动"）。在商定策略后，我完成最后一班夜班后回到值班帐篷，准备自己的行囊，等待出发。

正如您能想象到的，在夜班后，由于紧张，再加上期待，我辗转几个小时才入睡。然而，在睡了一两个小时后，我们收到消息说，这次任务获准通过。当天晚上，在夜幕下，我和其他七名成员即将登上第一架前往锡卜并继续前往喀布尔机场的大力神出境航班。一到达锡卜，我们就遇见了英国皇家空军警局支队负责执行该任务的其他成员。

我们都收到了任务概述。我们被分成两组，分别分配到 1 号至 4 号飞机上。第一架出境飞机搭载了两名负责前半段飞行（喀布尔至锡卜）的空军元帅，以及我和其他借调自锡卜支队的经验丰富的英国皇家空军警局空运安全人员。我所在的小组一直待在喀布尔，监督乘客安检设施布置事项，并负责将乘客安排到四架飞机上，确保没有潜在的危险品被带上飞机（无论是无意的还是蓄意的）。

在从锡卜飞往喀布尔的路上，越是接近目的地，我就越焦虑不安。除了飞机发动机持续发出的声音和震响，我确信我能听到机身旁飞过的不明物体的声音，甚至是小到修剪树枝的声音。

在快要进场着陆时，我们收到下机指示。后门一打开，我们就冲下装载坡道，与飞机保持一定的距离（避免从坚硬的地面跑过，因为其很可能埋有未爆炸的弹药），这是因为大型飞机容易成为机会主义者火箭榴弹（RPG）攻击的目标。

我们收到指示要求戴上头盔，穿上防护衣，紧接着眼前一片漆黑，飞机机头突然抬起，发动机发出轰隆隆的声音，之后飞机急速下降，然后加速，发动机声音越来越大。几秒过后，飞机突然平飞，发动机似乎也安静下来，随着一阵剧烈的颠簸，飞机在跑道着陆。机舱内瞬间光线昏暗，发动机轰鸣着，飞机减速，几乎一瞬间就停了下来。

接下来，尾门打开（这很容易让人想起赫尔曼·梅尔维尔写的《白鲸》的场景）。透过机舱内昏暗的灯光，我从黑暗中辨认出人们轻微移动的迹象。在尾门完全打开前，机组人员吩咐我们躲开。这时，我的肾上腺素开始上升，浑身肌肉充满了新鲜的血液。我觉得自己就像一匹赛马，等待着马厩的门打开。甚至在尾门完全打开前，我们就完全丧失了方向，由于长期处于黑暗中，几乎什么都看不见，我们冲出飞机，冲进了这片无边无际的黑暗。我们唯一希望的就是有人帮帮我们，告诉我们应该去哪里。一旦我们离开尾门，就像从高处水杯中掉落的大米——毫无规律可言，散落一地！幸运的是，地勤人员熟悉这种场景，把我们赶到了安全地带！几秒后，地面接机人员收集了飞机上溢出的所有物品，并吩咐我们前往安全地点。我记得，我的第一感受是喀布尔冬季空气带给人的截然不同的感受，当时是-5℃（23F），冰冷的寒意刺痛了我的脸。这与飞机内的温度及前五周在迈里特的感受截然相反。迈里特白天的平均温度为28℃（82F），晚上的温度为14℃（57F），气候宜人。

露天几乎仍是黑漆漆的，我们小心翼翼地按照当地地勤人员的指示做事。不久，我们进入附近一栋相对安全、舒适的大楼里。这里，我们立即开始安排乘客安检工作，确保将未安检（不信任）、正在安检及安检后（信任）的人员分开，不落下一个人。

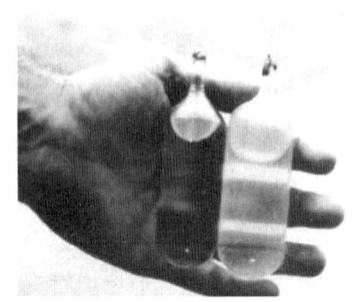

图 2-2　神秘的小玻璃瓶

在绘制了乘客安检拓扑图，饮用了几杯热气腾腾的浓黑咖啡后，我们开始对阿富汗乘客进行消毒，让他们做好登上第一架飞机的准备。当时虽然很多都是老年男性，但也有少数青年乘客，所以我们必须警惕飞机上是否存在给飞机和机组人员带来威胁的物品。此外，这些乘客中很多都未曾乘过飞机（尤其是非军用机），以前从未接受过安检。因此，这次没收了乘客很多的危险物品或疑似危险物品（如神秘的小玻璃瓶，见图 2-2）。

很快我们就检查完了所有乘客的随身行李和托运行李，并对乘客进行了搜查，确保他们未携带任何违禁物品，之后让乘客登上第一架起飞的 C-130J 飞机（由两名英国皇家空军警察陪同）。接下来的三架飞机也是这一操作流程。按照空军元帅的安排，我和同事将登上最后一架飞机。然而，时间紧迫，所有四架飞机都需要安检完才能在夜幕的掩护下起飞。

最终准备就绪后，我先于乘客登上最后一架飞机，坐在乘客和驾驶舱之间。我的同事尾随最后一名乘客登机，坐在飞机后部靠近尾门的位置，与我呈对角线。

很快，大家都安全登机，飞机准备起飞。起飞方向与我们抵达的方向截然相反，在一片漆黑的夜色中，经过短暂的跑道滑行，飞行员全速运转发动机，大力神 C-130J 飞机似乎要垂直起飞。

飞机刚起飞不久，很多乘客仍感到焦虑、坐立不安，这表明我必须保持高度戒备。然而，在机组人员分发完食物和饮品后，大家都睡了，在这种沉闷的机舱，连我自己都睁不开眼了。为了保持清醒，我决定站起来走走，但最终屈服于睡眠恶魔，意识开始恍惚。原来，机组人员为了安全起见，决定降低氧气浓度，增加舱内温度。

不管怎样，我们还是完成了航行任务，将飞机和乘客移交给下一个机组和英国皇家空军警局去开始第二段旅程。第二天，又重复了这样的演习，最终也取得成功，达成了政治目标和机组的目标，安全地将乘客送到目的地，并保证了这些任务关键资产能够返回，履行了自己的主要任务。

这次任务结束后，为表彰英国皇家空军警局团体的表现，英国皇家空军警局被授予宪兵司令奖章。

得益于这些经验，我了解了安防的价值，以及在今天的数字企业中，安防是如何转化应用的。

传统的企业安全方法

自 2005 年以来，每隔一个圣诞节，我都是在恶劣、炎热、风沙肆虐、布满灰尘的环境中度过的，因此在 2011 年 7 月（完成 22 年多的兵役），我决定翻过这一页，开始人生的新篇章，那就是转业。相信我，无论是从个人角度还是从专业角度来看，这都不像听起来那么容易。

在安防行业摸爬滚打 22 年以后，我跻身进入企业领导人和高级管理层的圈子，开始了解和重视这 22 年来取得的成就。时至今日，我敢确定，很多人都无法理解，也不重视其中的职责。正如杰森·麦克唐纳在其文章《平民生活：生存，然后茁壮成长》中所说，这显然是一种常见的经历。

然而，对我而言，早期最艰难的是企业领导人和高级管理层在了解了保护企业关键资产的价值后脸上不屑一顾的冷漠。

为企业最依赖的资产，以及妥协后可能给企业带来重大影响的资产提供充足的保护当然是十分合理的（这是常识）。然而，我的所见所闻却是这些领导人只想满足最低要求，即依赖"合规性"，注重安防的细微差别（如网络安全、信息安全、数据安全、网络复原力等）。

合规性的定义：
- 顺从的，尤其是指过分地顺从；默许的。
- 满足或依据规则或标准。

军队从不会将"合规性"与保护任务关键/重要资产结合使用。

因此，我想向企业领导人和高级管理层提供一份通常与保护国家基础设施相关联的替代方案。

安防

安防的定义如下：

> 在不同级别的指挥层面启动和维持的旨在实现及维护安全的、条理分明的防御措施体系。

该术语经常与保护国家基础设施连用；然而，我认为该原则也可用于加强企业保护。因此安防概念包含所有常用但存在细微差别的要素：

- 网络安全：保护或保卫网络空间免遭网络攻击的能力。
- 信息安全：保护信息和信息系统免遭未经授权访问、使用、披露、干扰、修改或销毁，保证其机密性、完整性和可用性。
- 网络复原力：预计、承受和适应所使用的或网络资源启用的系统遭受的不利状况、压力、攻击或妥协的能力，以及从中恢复的能力。

此外，我的军旅生涯和培训及多种重要的资源[如国家基础设施保护中心（CPNI）、MI5、国际标准化组织（ISO）、澳大利亚政府、新西兰政府等]都促进了我对该术语的了解。

安防概念重点关注对企业至关重要的资产，然后采取相应的保护措施，以确保风险与复原力处于企业可承受的范围。

为便于理解这一概念，我开发了 BRIDGES 缩略语（见图 1-14），解释说明了帮助企业运用充足的防御措施保护重要资产的各个要素。谨记，几乎没有两家企业是相同的，因此需要对该方法进行调整修改，以适应每个企业的具体情况。

企业背景

这是起点。利益相关者需要说明对企业最重要的资产，以及在发生蓄意或偶然事件而受到损害时对企业影响最大的流程。

在确认完对企业最重要的业务流程后，利益相关者应按照其重要性及共同的约定，确定这些业务流程的优先顺序。

军事例子

英国皇家空军是通过定义的任务声明，以及大队、基地和中队的角色传达企业背景的（见图 2-3）。

每个英国皇家空军分队均被分派相关任务和角色，为英国皇家空军的整体任务提供支持。

企业各部门之间也会开展相似的互动活动，每个部门都有自己的任务、价值和目标，为企业的成功提供支持。如果一个企业部门在实现这些目标的过程中受到影响，则会给企业的运营带来潜在风险。

第二章　什么是安防？ | 023

英国皇家空军

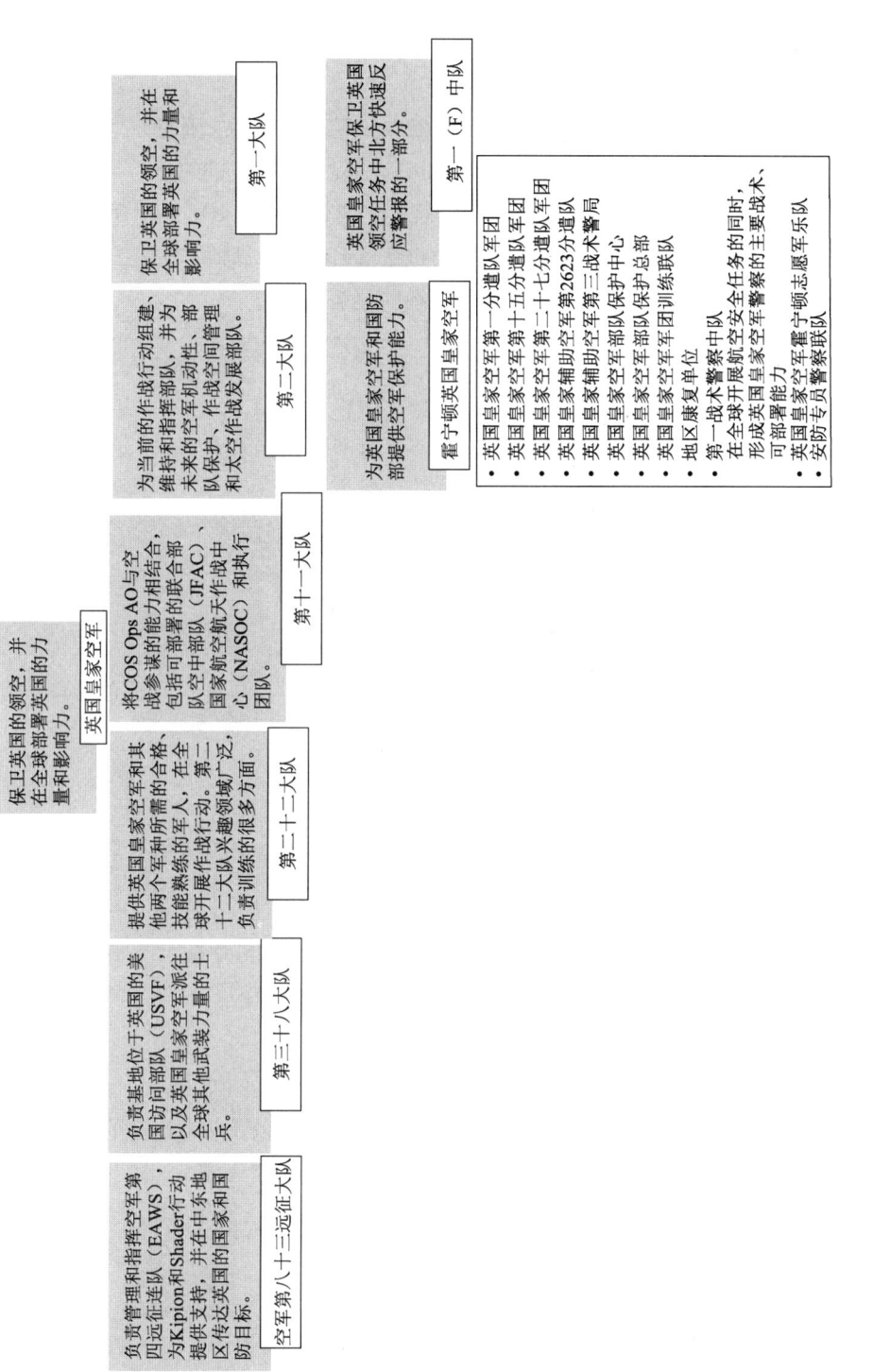

保卫英国的领空，并在全球部署英国的力量和影响力。

第八十三远征大队
负责管理和指挥空军第四远征队（EAWS），为Kipion和Shader行动提供支持，并在中东地区传达英国的国家和国防目标。

第三十八大队
负责基地位于英国的美国访问部队（USVF），以及英国皇家空军派往全球其他武装力量的士兵。

第二十二大队
提供英国皇家空军和其他两个军种所需的合格、技能熟练作战行动，在全球第二十二大队兴趣领域广泛，负责训练的很多方面。

第十一大队
将COS Ops AO与空战参谋的能力相结合，包括可部署的联合部队空中部队（JFAC）、国家航空航天作战中心（NASOC）和执行团队。

第二十大队
为当前的作战行动组建、维持和指挥部队，并为未来的空军机动性、部队保护、作战空间管理和太空作战发展能力。

第一大队
保卫英国的领空，并在全球部署英国的力量和影响力。

第二大队
英国皇家空军保卫英国领空任务中北方快速反应警报的一部分。

第一（F）中队
为英国皇家空军和国防部提供英空军保护能力。

霍宁顿英国皇家空军
- 英国皇家空军第一分遣队团
- 英国皇家空军第十五分遣队军团
- 英国皇家空军第二十七分遣队
- 英国皇家辅助空军第2623分遣木警局
- 英国皇家空军部队保护中心
- 英国皇家空军部队保护总部
- 英国皇家空军团训练联队
- 地区康复单位
- 第一战术警察中队
- 在全球开展空军安全任务的同时，形成英国皇家警察的主要战术，可部署能力
- 英国皇家空军霍宁顿志愿军联队
- 安防专员警察联队

图 2-3　英国皇家空军任务层次结构图

风险与复原力概况

本部分内容按优先顺序对每个过程进行解释说明,旨在为(固有)风险和复原力建立一个最初的基线。这是组织机构开始理解其风险和复原力概况的起点。

这些概况信息持续有效,并按照每个显著变化或事态发展重新进行评估。NIST SP800-37(《信息系统和组织风险管理框架:安全和隐私系统生命周期方法》)是为风险管理提供权威性指导的文件,并在附录 F 描述了当前的显著变化。

> 显著变化是指可能实质上影响某体系安全或隐私性的变化。系统发生的可能触发事件驱动型授权行动的显著变化包括但不限于:
> - 安装新版或升级操作系统、中间软件、组件或应用程序;
> - 修订系统端口、协议或服务;
> - 安装新版或升级后的硬件平台;
> - 修订信息处理方式(包括 PII);
> - 修订密码模块或服务;
> - 修订安全和隐私控件。

> 操作环境可能触发事件驱动型授权行动的显著变化包括但不限于:
> - 移动到新设施;
> - 添加新的核心任务或业务功能;
> - 确定具体可信的威胁信息,用以确定组织机构成为威胁来源的目标;
> - 制定新的/修订后的法律、指令、政策或条例。

在创建复原力文件时,必须根据 NIST 中的复原力定义,了解可能影响业务流程复原力或资产回升能力的各个因素:

面临困境时保持所需能力的能力;

应对和适应不断变化的情况,以及承受破坏和快速恢复的能力。

复原力包括承受蓄意攻击、事故、自然威胁或事件,以及从中恢复的能力。

如 CPNI 图所示(见图 2-4),安防的风险管理涉及八个步骤。

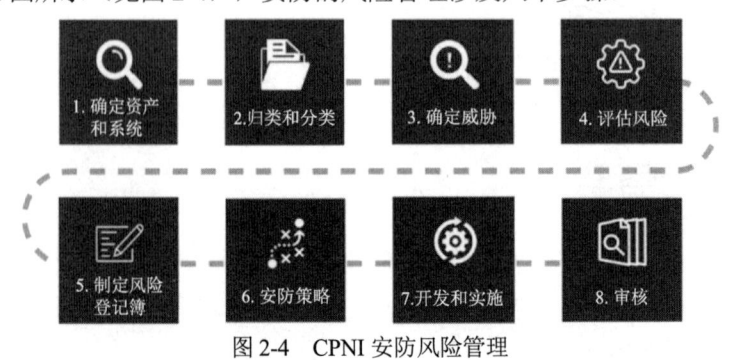

图 2-4　CPNI 安防风险管理

军事比较

英国皇家空军的 HAWK T1（见图 2-5）和 HAWK T2（见图 2-6）教练机在军队中并不那么重要。然而，根据教练机的作战环境，当部署到海外训练演习时，由于其他国家可能将这类教练机作为战斗机使用，其可能具有较高的风险。

图 2-5　英国皇家空军 HAWK T1

HAWK T2
有数据链接，飞行员可直接访问合成孔径雷达，进行拦截训练。

图 2-6　英国皇家空军 HAWK T2

因此，在海外，当地的环境因素可能会增加这些飞机面临的威胁。如果从商业资产的角度考虑该问题，则是当地是否存在可能影响某资产风险价值的因素。例如，在"平面网络"及联网资产可能影响您最敏感的商业资产的情况下，这些是否被视为高级别资产？

您考虑过叠加原则吗，即几个低级别资产位于同一地区/区域，在该地区/区域受到影响的情况下，其对业务目标的整体影响是否更大？这可能会导致当地因素成为低价值资产被视为高级别资产的因素。

识别与隔绝

每项资产对企业（或机会主义犯罪分子）都有价值，要么具有综合价值，要么能够影响更有价值的资产。因此，各部门必须了解自己的资产及其对企业的价值。如果做不到这一点，就无法正确地确定降低风险和复原力组合所需的防御措施。

以前线作战单元为例。它们必须能够保卫军事基地或攻击敌人，因此需要作战武器系统（见图 2-7），但是需要保护哪项资产呢？

- 武器系统本身？
- 弹药？
- 弹药弹匣？
- 光学瞄准系统？
- 备件？
- 合适的润滑油？
- 武器清洁套件（维护）？

图 2-7　L85A2 (SA80)

在这些物品中，每个物品被损坏都可能影响武器的操作效能。

一旦确认这类资产的重要性并对其进行分类，最好将一些高价值资产和流程与不太重要的资产分开。

NIST 对资产的定义如下：主要应用程序、通用支持系统、高影响力计划、实物产业、任务关键系统、工作人员、设备或逻辑相关系统组。

军事例子

在军队中,您会发现每个军事机构都构建了区段式架构来降低风险(见图 2-8),并限制低价值环境与高价值环境之间的流动。没有一个人因为自己军人的身份随意进出军械库和武器车间,或者接近任何一辆前线任务关键飞机。

图 2-8 巴斯顿军营区段式架构

这也应当应用到企业环境中,根据资产的角色和重要性,将各项资产分开,绝不依赖单一的周边防御。

- 您能预防未经授权的内部人员或犯罪分子突破权限,轻松获取您的宝贵资产吗?
- 这些内部人员或犯罪分子一旦进入您的保护范围,可能会给您的企业带来什么样的伤害?
- 您检验防御系统的有效性了吗?
- 这些风险是否超出了您的风险偏好?

谨记,安防是指拥有一个有条理的防御系统。

探测异常情况

在制定正常标准后,就需要开发一种安全工具包来快速识别可能提高企业风险的异常活动。从本质上来讲,企业希望对系统和用户进行监测,寻找未经授权或恶意活动的早期迹象,以便快速应对,确保最大限度地减少所造成的伤害。

未经授权的个人将长期待在企业环境中,寻找时机进行渗透和渗出[见卡尔翁·布莱克的"认知攻击循环"(图 2-9)和洛克希德·马丁的"网络杀伤链"(图 2-10)]。

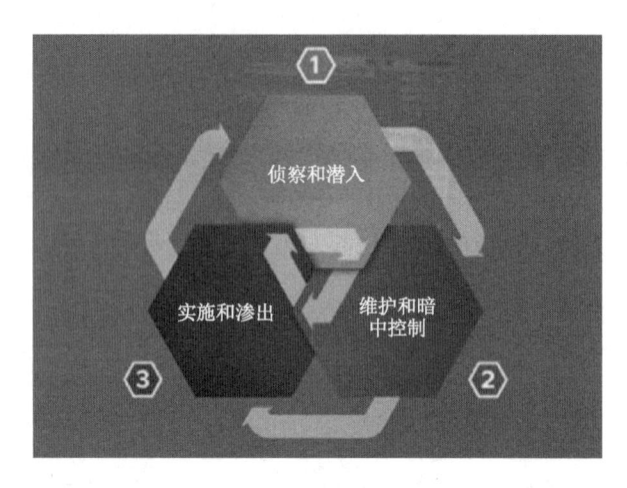

图 2-9　认知攻击循环

图 2-10　网络杀伤链

因此，企业应当根据所重视的资产的类别和重要性，制定一个流程，探测此类异常情况，以及恶意人士打算利用的新情况（如流氓设备、防火墙/路由规则集、系统设定错误、系统缺少更新、漏洞等）。

这并不是说要安排更多的安全工具，而是要充分利用身边已有的工具，在监控能力存在差距的情况下，通过其他工具，增强既定能力。

在军队中，监控资源都会反馈到统一管理的作战中心（见图2-11）。

图 2-11　阿富汗查德隆机场

考虑企业探测能力的有效性，谨记，探测能力不仅是一种技术解决方案。良好的安全文化有助于提高企业的"听力"和"眼力"，员工也会明白所谓安防就是携手共同保护企业。

军事例子

第一次被部署到反情报外勤小组时，我的任务是一个月里，在佛得角与葡萄牙陆军情报员（保罗）合作，为北约"坚定捍卫者"演习提供支持。在部署7500名士兵前两周，我们被派往位于圣牙哥地岛的佛得角首府、最大的城市普拉亚。

这是我在英国皇家空军职业生涯中参与过的最值得、最具挑战性的任务。在开始的两周内，我和保罗一直在熟悉当地的环境，在当地建立一个人脉网（如大使馆、警察、港口、教育机构、酒店经理、北约先遣队）。在演习开始及北约小组和高管到达时，我们已经建立了一个广泛的情报网。

所收集的任何情报都可视为拼图游戏中的一块拼图，记录在情报报告（IntRep）中，并通过安全的方式传输给情报管理者核实。

演习开始后，我们畅通无阻地收到了情报网提供的很多情报，提供了当地重要的信息。有一次，我们收到了来自美国大使馆的一通电话，询问我们能否与美国大使馆一同为保镖团队提供安全信息。我们当然乐于帮忙，便告诉其从机场出发的最佳路线及推荐的备选路线，并告知其需要注意的危险红色区。

使馆人员和保镖团队很感激我们提供的全面简报，邀请我们去当地披萨店吃午餐，记得当时有 15～20 个人围坐在一张长桌上。

于是，有趣的事情发生了。刚被部署到这里时，我便认识了保罗，并告诉他他可能不懂我的幽默感，当时他并不明白我的意思。这是他第一次被我的幽默感吓到。

这次聚会有 15～20 个人参加，我和保罗面对面坐着。前两周，在佛得角的时候，我向保罗提过有兴趣学一点葡萄牙语，他爽快地答应了。这是我梦寐以求的机会！

在尝试翻译菜单时，我让保罗解释某些词的含义。然后，就遇到了"Frango"这个词。

我问道，"保罗，这个单词（Frango）是什么意思？"保罗回答道，"啊，它是指小鸡！"

我看着他一脸茫然，问道，"小鸡？"保罗回答道，"是的，小鸡。"

我摇了摇头，铁青着脸，疑惑地说，"不懂！"

然后，保罗继续努力描述小鸡的样子，但我还是装聋作哑。保罗的挫败感越来越强，声音也越来越大，表情也更加丰富，然后起身开始模仿鸡叫。这时，我和其他人突然大笑起来，保罗突然意识到我在整蛊他，笑着用葡萄牙语骂我（一定是在骂我）。

令保罗诧异的是，我对一名葡萄牙海军军官（身穿白色制服）做了同样的恶作剧。为庆祝"坚定捍卫者"演习结束，葡萄牙大使邀请我和保罗以宾客的身份参加葡萄牙海军在一艘护卫舰上举办的正式活动。葡萄牙海军在起降甲板和机库尾部布置了一场奢华的宴会，让我流连忘返。

海军军官向我解释葡萄牙传统美食时，保罗正坐在起降甲板的一端，而我在另一端。海军军官先是给我倒了一杯桑格里亚酒（正如我想象的那样，源自西班牙），然后开始讲述其他美食。或许你们已经猜到，在他解释一盘名叫"烧鸭饭"的菜时，我的眼中闪过一丝狡猾，眼角瞥见起降甲板另一端的保罗使劲摇晃着脑袋，穿过起降甲板向我这边走来。

不过，太晚了！

保罗冲过去时，海军军官正开心地模仿鸭子。

在剩下的日子里，我们之间建立了密切的工作关系，这也为我们的人脉网奠定了基础。我们都是平易近人的人，感谢他们为我们提供的有用信息。

这样有用的信息是通过德国军事通信小组的高级成员传递的。在忙碌了一天后，我和保罗会在酒店的酒吧里聊天，同时来杯当地的烈性甜酒和双倍浓缩咖啡。有一次，我们与一位德国高级通信官进行了友好的交谈（主要是对我们的角色进行不敏感的讨论），他也经常光顾这家酒吧。

我们的办公室与德国军事通信小组位于同一地点。第二天早上，我和保罗正在办公室规划当天的活动，突然有人敲门，是那个德国人。前一天下午，他遇到了一些可能对我们的工作有用的事情。

他接着讲了前一天下午发生的事情。在酒店泳池边享受日光浴时，他和当地一名音乐节目主持人及其女友开始聊天。他当时并未当一回事。然而，回到酒店客房，躺在床上放松时，突然有人敲门。开门后，他发现是音乐节目主持人的女友，她似乎不太开心。

她进入房间，站在他面前说，她的男朋友需要钱买毒品。接下来，他还没有反应过来，宽松的裙子就从她的肩上滑落下来，裸露的身体呈现在他眼前。这时，她说，只要两百美元，他就能做任何事情。他毫不犹豫地拒绝了并把她赶出了客房，这就是那天晚上他出现在酒吧的原因。

我们将这件事记录在 IntRep，确保他能够看到信息并未被泄露，他亲眼看着 IntRep 通过电子邮件安全地发送了出去。做了正确的事情，他显然松了一口气；然而，我发现他的事情并未结束。因此，在发送 IntRep 后，我问他，"好了，到底发生了什么？她那么窘迫，又急需用钱，你是如何让她那么快离开的？"

他承认给了她一百美元才让她离开。这也是他感到尴尬的事情。显然，他并不希望将此记录在案。我们处理事情的方式获得了他的信任：事件既记录在案，他也不会感到尴尬——一举两得！

这两个故事证明了威胁情报的重要性，它为安全文化、相称原则和团队合作精神的培养提供了支持。

经过一段时间后，当地的安防工作卓有成效，当地警察对我们印象深刻，甚至写信给我们的指挥官表示感谢。

"人物"角色的有效展开通常是最难的，也一直是情景喜剧的主题，如《黑爵士四世》中最高戒备的速写。

然而，制定一项富有成效的安防策略与使用监控安全工具同样重要，这些工具可自动运行，达到提高效率的目的，例如：

- ExtraHop's RevealX
  - 资产与漏洞管理
- Titania's Nipper 与 PAWS
  - 自动安全配置管理
- Knogin's CyberEASY
  - 终端用户和系统监控

治理过程

国际信息系统审计协会对治理的定义如下：

企业确保利益相关者的需求、状况和选择权得到评估，以确定相关方法，达成企业平衡、约定的目标；

它涉及通过优先顺序和决策设定方向；按照约定的方向和目标，关注绩效与合规性。

国际信息系统审计协会对数据治理的定义如下：

一套确保数据资产在整个企业内得到正式管理的流程；

数据治理模型确定了与企业所产生或管理的数据相关的权威、管理和决策参数。

《剑桥英语词典》对治理的定义如下：

机构或国家最高层的管理体系。

因此，治理过程是 BRIDGES 不可分割的一部分，它将各个部分联系在一起，并且是对企业"良好实践"的管理和沟通。

这并不是制定一套政策和程序那么简单，而是形成一种综合方法，支持"自上而下"及"自下而上"紧密的行动循环，以确保强有力地保护对企业至关重要的业务。

为确保治理的有效性，需要团队合作，让每个人明确自己在安防工作中担负的职责和担任的角色，鼓励他们积极发挥自己的作用。

在军队内部，每个人都被教授所需的核心技能，以保持警惕，并接受安全入职培训和部门培训。各部门都将设立一名"安全冠军"，负责捍卫"良好实践"、加入安全指导委员会及定期向反情报部门提交安全报告以进行审批。这些"安全冠军"为单位安全官（UsyOs）或分部安全官（BSyOs），职责领域与自己的主要角色相关［在公司环境中，可能通常简称为"安全冠军"或"商业信息安全官"（BISOs）］。

然而，尽管这并非他们的主要职责，他们也接受了（英国皇家空军警局举办的）完整的安全专员培训，但我还是遇到了冷漠破坏治理效果的情况。

军事例子

在首次被任命为基地反情报员时，我特别担心分部安全官的行为。他总是缺席安全指导委员会会议，并漏交安全检查记录。在频繁提醒后，他总是一下提交好几份报告。

我提请英国皇家空军警局航班指挥官（警局指挥官）/基地安全官（SSyO）注意这些问题，并要求当局对分部安全官的安全申报单进行完整性检查。

当时的安全检查包括对极其敏感的资产样品进行独立的完整性检查，并签字确认。在审核完最新的安全申报单后，我发现他已签署月度申报单，称已完成完整性检查，一切就绪。

这份月度申报单已于五月完成，签名并注明了日期；然而，部分资产却于三月安全销毁/处置。因此，我的任务是代替他执行一次全面调查（包括对全部的敏感资产），并与申报单进行对比。

调查结果确认，分部安全官一直在剪切粘贴之前的申报单，在过去十二个月里从未完成一次申报。

他一直疏于履责（基地指挥官的委托角色），只是在达成标准要求。

英国皇家空军官员的正直品格无可厚非，而这只是一种严重的失职行为。因此，在安全调查接近尾声时，当所有证据（包括他不享有安全存储的权限，并且部分敏感资产的资产保管人从未见过分部安全官）呈现在分部安全官面前时，这位官员只有两个选择：

- 接受官方纪律处分（军事法庭）；
- 引咎辞职。

您可能已经猜到，在所有的证据面前，他选择辞职，结束了自己的英国皇家空军生涯。

评估安全控制措施

既然您已确定了重要资产和流程，划分了其优先顺序，并评估和选择了最适当的缓解安全控制措施。要将残余风险控制在风险承受范围内，就必须检测这些控制措施，确保其充分性，并根据损失超越曲线进行分析（见图 2-12）。

分析结果

风险

年度损失敞口（ALE），由这种情况下未来损失的可能频率和可能程度估算得到。

8.3百万英镑　　　　　34.7百万英镑　　　　　80.8百万英镑
最小值　　　　　　　　平均值　　　　　　　　最大值

损失超越曲线（对数坐标）

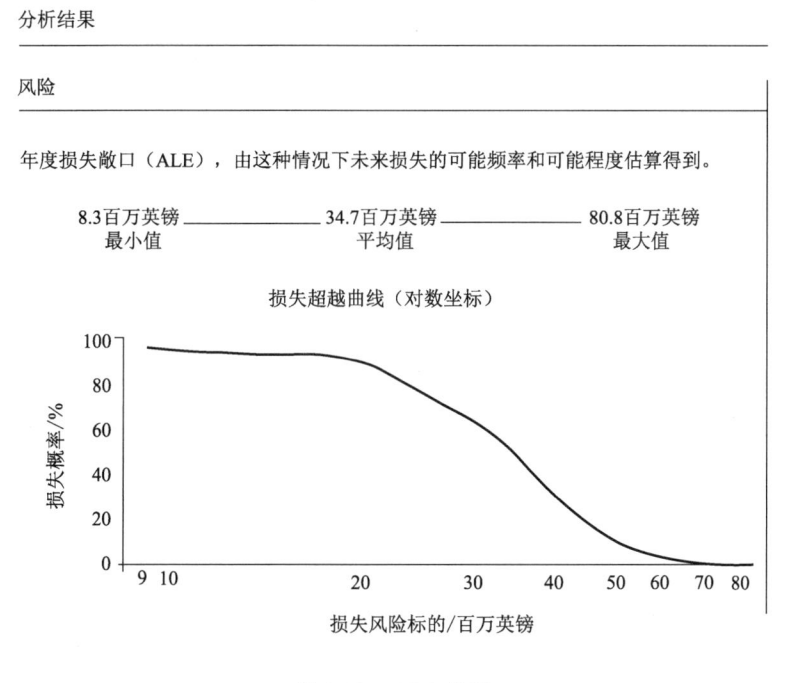

图 2-12　FAIR 分析

谨记，安防将人员、组织、流程和技术结合起来，具体如 ISACA 的信息安全商业模型（BMIS）所述（见图 2-13）。

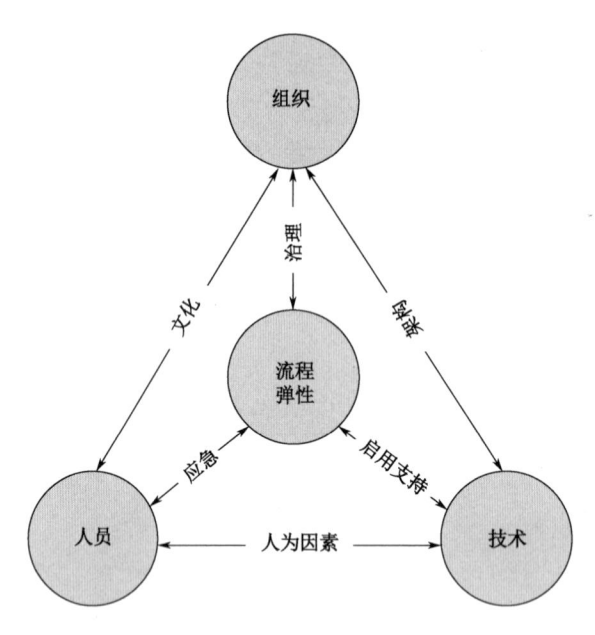

图 2-13　ISACA BMIS

ISACA BMIS 是一种全面、企业导向型模型，为企业治理和管理信息安全提供支持，并为信息安全专业人士和企业管理提供公共语言。

因此，必须将政策/流程定期审核、独立稽查、渗透测试、社会工程和网页应用检测编入年度安防中，并将所得结果用于更新风险和复原力信息。

军事例子

在两次担任基地反情报员期间，上级对我能否熟练地保护英国皇家空军机构极其敏感的资产展开了独立的审核。审核内容包括派遣两位经验丰富的反情报员，花费整整五天，通过观察、访谈和各种文件审查，评估我的业务是否熟练。

评估结束后，英国皇家空军机构（基地指挥官）和基地安全官会收到口头汇报及正式的报告。

您可能已经猜到，这是一次令人紧张的经历，但我也十分感谢这次经历。如果操作得当，评估有助于组织机构在同行评审的基础上完善自己的流程。例如，在我第二次安全风险审核期间（我只负责一项职责），我坚信事情准备妥当，审核结果应该没问题。正如我所料，安全风险审核进展顺利，直到他们问我，"如果您突然没有办法执行这些任务，也没有办法发送通知，您会怎么做？例如，被撞后陷入昏迷的情景！"

砰！

我并未按照标准操作规程（SOP）记录自己的做法，它们已牢牢刻在我的脑子里。不得不说，这是当今数字企业经常犯的一个错误，安全团队和 IT 运营团队要么空转，要么依赖一群"受信任"的人来履行自己的职责。因此，当他们不工作时，没有人能顶替他们的角色。

生存和运营

您需要做好准备，应对可能出现的问题或情况。勒索软件威胁的增加及新冠疫情对全球企业的影响就是最好的例子。

安全事件规划、业务连续性和灾难恢复都是必不可少的组成部分。最关键的是获得威胁情报，制定有效的策略，验证企业能否熟练地应对当前及未来可能影响企业的事件。

生存和运营包括下列主题：

- 事件处理

犯罪分子通常会设法长久隐藏在目标环境中（停留时间）。事件处理在很大程度上依赖有效的异常检测流程，以及时发现可能影响业务的潜在恶意事件。

FireEye 2020 M-Trends 报告表明，对自我检测到事件的主动型组织，犯罪分子的平均停留时间为 **30 天**；对通过第三方了解到事件的组织，犯罪分子的平均停留时间为 **141 天**。在这个时间段，他们对企业环境的侦察能力怎么样，能造成多大的破坏？

NIST 和 CERT 证明，有效地实施既定措施才能有效地处理事件（见图 2-14）。

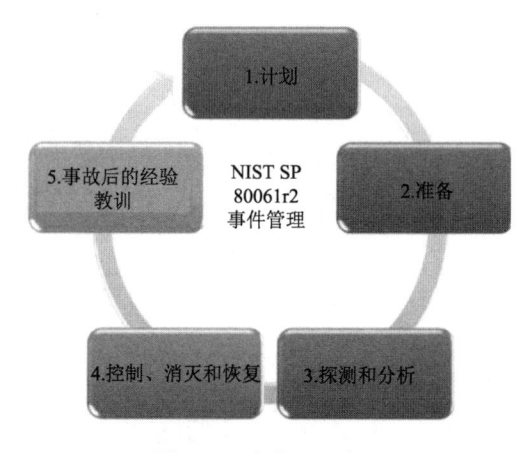

图 2-14 事件处理步骤

经验表明，这不应被视为可选的测验练习，而是企业的一个重要部分，事件团队应接受广泛的培训和练习，从而才能在遇到麻烦时，做到处事不惊，不会像无头苍蝇一样。应对和控制事件所浪费的时间将给企业造成极大的伤害。

- 业务连续性计划

不言而喻，这是大多数企业的生命线；在遇到不良事件时，企业如何做好计划以实现业务的连续性呢？

无论发生什么样的干扰或事件，应始终确保关键业务的连续性，并最大限度地减少其对企业造成的影响。

NIST 将业务连续性计划（BCP）定义为预先确定的一套用于描述重大干扰期间和之后如何维持组织的任务/业务流程的指示或程序文件。

诺金关于开发有效的业务连续性计划的指南确定了以下几个常见的要素。

- 相关公司、保险和供应商联系人清单。
- 参考资料。有用的信息可能包括相关的州和联邦监管机构的网站链接，如澳大利亚应急管理局。
- 计划必须符合的相关标准，如 ISO 22301。
- 组织目标和驱动原则。计划的主要目标是确保企业尽可能维持最高水平的服务。
- 评估企业风险的概率和影响也是需要记录的一个重要原则。
- 目标和原则部分可能属于业务连续性计划执行摘要、综合概述的一部分。
- 业务影响评估（BIA）的内容，包括潜在威胁清单，即建筑物损失、文件丢失、系统脱机、关键员工流失等。
- 所确定的风险情景规划。一旦列出风险，该计划将概述风险发生的概率和影响、最可能发生的情况、受影响的业务功能、应采取的行动和预防性缓解策略、员工职责及业务限制因素。

波耐蒙研究所（Ponemon Institute）对数据泄露成本进行的广泛研究表明，实施有效的业务连续性计划平均为企业节省约 27.7 万英镑。最新研究结果摘录内容如图 2-15～图 2-18 所示。

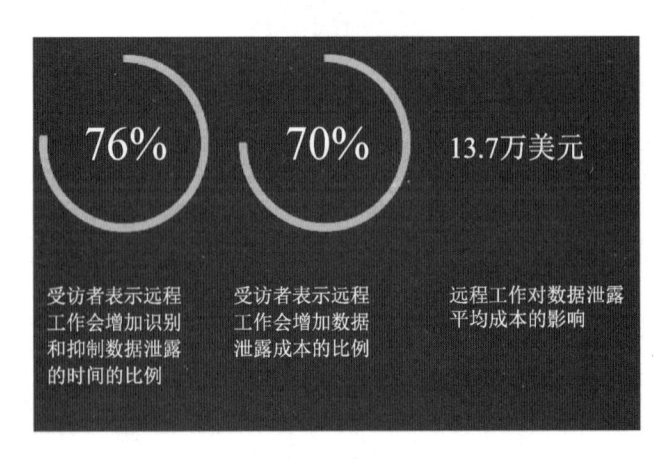

图 2-15 新冠疫情的影响

280天	1百万美元	39%
识别和抑制数据泄露的平均时间	在200天内以及在200天以上抑制数据泄露平均节省的费用	数据泄露一年多后数据泄露成本的平均比例

图 2-16 数据泄露生命周期

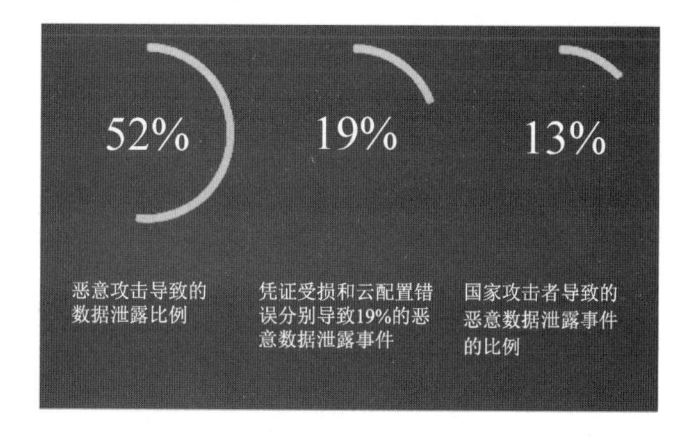

52%	19%	13%
恶意攻击导致的数据泄露比例	凭证受损和云配置错误分别导致19%的恶意数据泄露事件	国家攻击者导致的恶意数据泄露事件的比例

图 2-17 恶意攻击

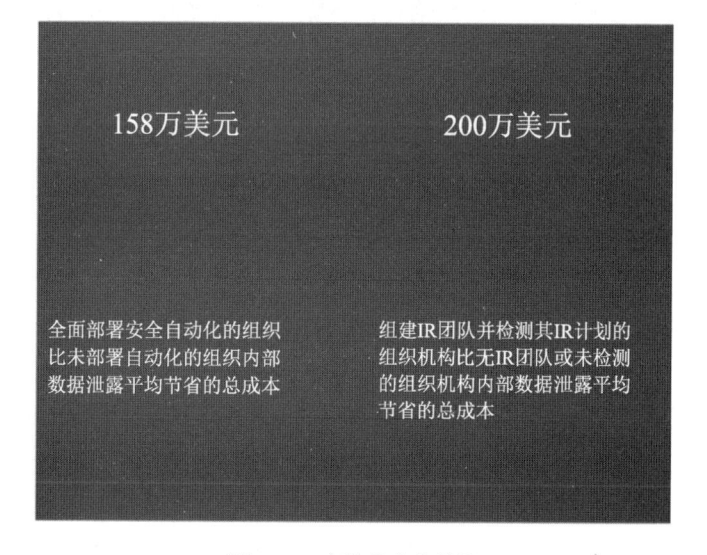

158万美元	200万美元
全面部署安全自动化的组织比未部署自动化的组织内部数据泄露平均节省的总成本	组建IR团队并检测其IR计划的组织机构比无IR团队或未检测的组织机构内部数据泄露平均节省的总成本

图 2-18 有效的安全措施

- 灾难恢复

希望企业诸事顺利，永远不需要这些东西。但是，"凡事预则立，不预则废。"TechTarget 将灾难恢复计划（DRP）定义为：

一种说明组织机构在发生意外事件后快速恢复工作的文件化、结构化方法。灾难恢复计划是业务连续性计划的一部分，可应用到组织机构内部依赖 IT 基础设施的各个方面。灾难恢复计划的目的是在事件发生（即使是最低水平的）后，帮助组织机构解决数据丢失问题，恢复系统功能。

分步骤实施的计划包括组织机构采取防范措施，最大限度地减少灾难的影响，让组织机构能够继续运营或快速恢复任务关键职能。灾难恢复计划通常包括对业务流程和连续性需求进行分析。在生成一份详细的计划之前，组织机构通常会执行一次业务影响分析（BIA）和风险分析（RA），并确立恢复目标。

军事例子

正如您想象的那样，在英国皇家空军警局的军旅生涯中，我受过各种训练，包括应对极端情况的训练。然而，这些只在发生罕见事件时才会进行。

例如，在派驻到阿尔蒂格罗弗英国皇家空军后，由于即将上任的岗位职责要求，我必须参加北爱尔兰再强化培训（NIRT）课程，包括大约五天的专业培训，以做好充分的准备来应对各种情况，并从中恢复。

这门课程首先是三天的课堂理论学习，时间非常长，然后是为期两天的实践培训。实践培训包括极其真实的事件，学员必须知道如何应对这些事件。我记得在一次恐怖主义劫持演习事件中，我和一名陆军士兵夜间在模拟的乡村环境中驾驶着一辆破败不堪的老式菲亚特汽车，这辆车只有前灯还发出微弱的灯光。前灯照射范围外一片漆黑，我们只能提高警惕。

我们沿着这条模拟的乡村小道行驶，等着事情发生，但在大约半夜后仍未发生任何事情。

我们驾驶的时间越长，就越放松警惕。在无边的黑暗中莽莽撞撞翻过一座山后，左侧突然冲出一辆深色厢货车，停在我们前方，阻挡了我们前进的道路。

当时，作为车上的高级军官，我充当着指挥官的角色，而那位年轻的士兵则负责开车。由于恐慌，他并没有猛踩刹车，而是使劲儿地踩油门，撞向厢货车的一侧。在混乱中，我冷静地命令士兵下车掩藏起来。而当我戴上面罩，配好 AK47 步枪掩蔽起来时，厢货车上的人从车上下来，将我们的车团团围住，冲我们大喊大叫。我快速弃车从车上跑了下来，然后按照交战规则（RoE）保护自己的生命，向敌人开火。

这次演习期间，我们肾上腺素飙升，心跳加速，一切都那么混乱。之后，教官简单地介绍了一下情况，让我们冷静，然后进入下一个场景。

如果说上一次的演习还算逼真的话，那么接下来的城市场景就太可怕了。这次，我担任车上的指挥官兼司机，目标是驾驶这辆车穿过这座模拟城镇。您可以想象一下这种场景：一座精准再现的城镇，共有三条主要的穿城路（见图 2-19），当我驶入市区，一切安静得可怕。我们沿着主街向前走，面前出现了三条岔路口。

- 我们要直行吗？
- 我们要左拐吗？
- 我们要右拐吗？

由于不想选择最明显的那条路线，我选择了最左侧的十字路口。沿着这条路继续行驶时，一切还是那么安静。然后，眼前的这条路却被路障挡住了。我们别无选择，只能回头选择右侧那条路，结果又被迫返回主街——直接撞上了一大群抗议者！

图 2-19　城市训练区

抗议者是由 NIRT 课程的其他学员扮演的。他们按照指示，愤怒地猛烈摇晃、捶打车辆。随即，我让士兵试着暗中下车，悄悄地摆脱人群。不知不觉中，人群的攻击性突然升级，我和士兵被迫分开。抗议者围着我，为了救命，我不得不掏出武器，大声喊"后退"，同时寻找一处开放空间，试图逃跑。

这座城镇的尽头是一个模拟警局，按照安排，如果我们走散，就在那里会合。到达警局后，漆黑中我看到士兵微笑露出的洁白牙齿。原来，他从副驾驶下车后，手枪掉到街上。正是这把手枪让人群认出我们的军人身份，这才导致了人群的攻击性升级。然而，由于最后只剩我一个人带着武器，所有的抗议者的焦点都转移到我的身上。当我引开他们时，这位年轻的士兵就捡起自己的手枪，悄悄地前往警局。

这些经历都让我更好地了解拥有精心设计、良好规划和切实可行的事件响应和业务连续性计划是多么重要。

- 您所在组织的战略手册是否包含各种场景，您对这些场景进行培训和演习的次数是多少？
- 您是否根据攻击者已知的战术和威胁情报资源，对场景进行了升级？
- 如果企业发生破坏性事件，您对企业充分应对和抑制该事件，最大限度地减少破坏和影响的把握有多大？
- 如果重视的企业资产、职能或流程因某个事件的发生而无法发挥作用，您能理解与其相关的潜在风险吗，企业对这些资产不可用时长的容忍度是多少？
- 您的应急计划是否与容忍度相符，或者您是否需要开展风险评估并创建一个商业案例，以确定合适的故障转移程序？

安防的十条关键原则

没有两个企业是相同的；但是，通过应用 BRIDGES 缩略语，并将下列十条关键原则纳入其中，所有的企业都能制定出一套合适的策略。

1. 业务一致性

安全是业务使能者。它支持实现服务的高效、有效交付。

2. 董事会驱动型风险

风险管理是重中之重，应从董事会层面抓起。评估能够确认潜在威胁、漏洞和适当的控制措施，将对人员、信息和基础设施造成的风险降至可接受的水平。该流程将充分考虑相关的法定义务和保护措施。

3. 风险责任

责任机构承担其实体的安全风险及该实体对共享风险的影响。

4. 恰当性

应按照评估后的风险水平，采取恰当的安全措施，保护实体的人员、信息和资产。

5. 安全文化

态度和行为是良好治安的基础。正确的安全文化、合理的期望及有效的培训都是必不可少的。

6. 团队精神

安全是每个人的职责。培养并促进一种积极的安全文化对安全成果至关重要。

7. 行动循环

行动循环、评估和学习是应对安全事件必不可少的。

8. 强有力的保护

安防应当反映企业最广泛的安全目标，确保企业最敏感的资产得到强有力的保护。

9. 透明度

安全是业务使能者，应当为公司实现透明、公开的目标提供支持，从而在适当的情况下，通过数字服务高效、有效地提供服务。

10. 政策和流程

应制定关于安全事件报告、管理和解决的相关政策和流程。如果系统出现故障或者个人行为不当，将采取相关措施。

残酷的现实

如果只关注外部数字足迹或特定的数据类型，就会忽视大局，导致内部流程出现漏洞，造成网络攻击、数据泄露、客户/雇员数据不当使用或传输等（甚至产生更大的影响）。

安防应重点关注企业最重视的资产所遭受的风险及如何保护这些资产。

请看下列事件给企业及受影响客户带来的影响。

花旗集团由于对一个管理贷款付款操作的小软件进行升级，误将9亿美元汇至对冲基金中。

- 无网络攻击。
- 个人数据未受损。
- 但是，这是一个本应接受风险评估的重要的软件资产。

重要启示

- 安防行业的重心变成使用"热门术语"（如网络安全、信息安全、网络复原力、业务复原力、合规性等），而不是采取有效的保护措施，保护那些受损后会导致严重损害的企业资产。
- 相反，很多企业要么无视其关键企业资产日常可能面临的风险，试图满足一切标准，要么目光短浅，只关注特定行业的安全控制标准［如 NIST 网络安全框架（CSF）、互联网安全中心二十大关键安全控制措施（CIS 20 CSC）、良好实践标准（SoGP）等］。

注：行业安全控制措施应当视为缓解所确认风险的参考安全控制措施。

- 我们能够从军事中吸取很多经验教训，将其应用到当今的数字企业中，能带来好处。一个常见的误解是，军队拥有无限的资金，因此一切就像在"诺克斯堡"一样受到保护。真实情况远非如此！

- 军队的安防原则不应仅限于保护国家基础设施（如英国政府、澳大利亚政府等），也可应用到数字企业中，确保企业的业务不易受到机会主义攻击的伤害和影响，且在面临不利事件时能够继续营业（或快速恢复）。
- 安防正在不断发展，企业和政府仍未意识到其为保护企业（和利益相关者）、客户及国家经济带来的广泛的好处。如果受机会主义威胁行为者影响的业务为主要损失，则可能给消费者和当地经济带来继发性损失。
- 然而，与工作场所卫生与安全的演变一样，一些实体由于开始意识到富有成效的安防的价值，开始坚持要采取有效的措施，我相信越来越多受影响的个人和政府会开始对企业和个人采取法律措施（如优步安全主管、莫里森超市、Equifax、英国航空公司等）。

第三章
考虑数字企业法律和监管因素的安防

美国每次参加战争和冲突都要制定自己的《交战规则》。即使在战争年代，美国军队也不享有致死许可，这与大多数人的想法相悖。

我们并不是一个残暴的国家，我们参加任何战争的目的也不是在沿途单方面杀死任何人。我们不遗余力地保护平民的生命，避免非战争人员卷入战争，甚至不惜牺牲我们战士的生命。

为此，我们制定了严格的规则，要求战士们严格遵守。这些规则规定了士兵何时开火、使用何种武器及如何应对特殊情况。

这其中的原因是战争瞬息万变，普通士兵需要简单的指导规则，以了解谁是敌人，何时能够杀死对方。

反恐战争副指挥官

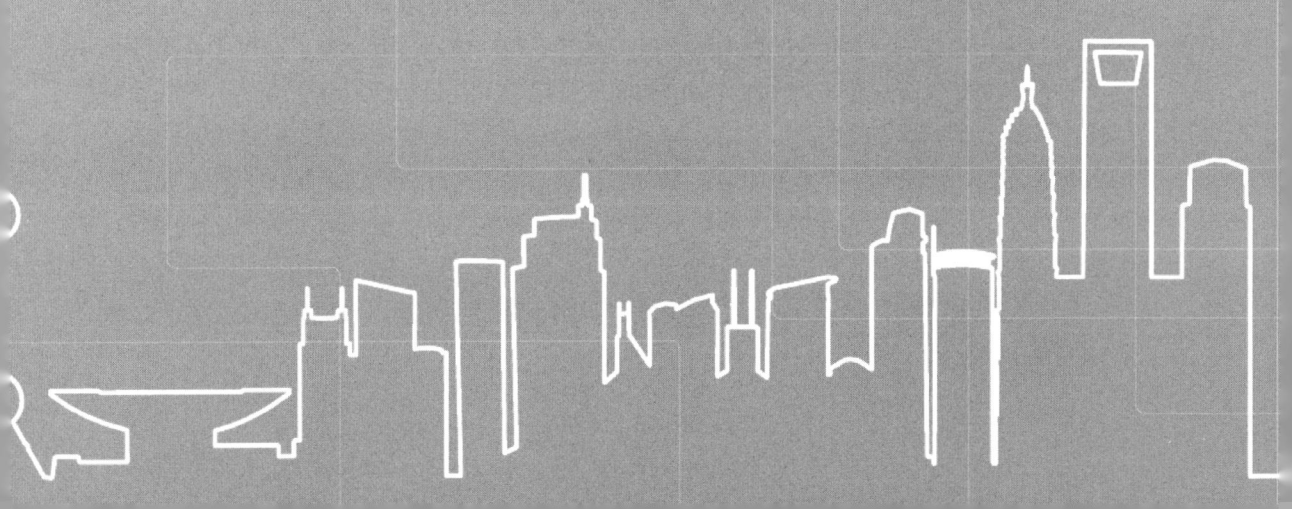

引言

目前，企业几乎目无法纪，不受任何约束。

> 法律是指监管机构颁布的具有法律约束力的行动或行为准则。公民必须服从和遵守，否则将受到制裁或承担法律后果。
>
> 法规是指起到规范作用的官方规则或行为。

然而，这种现象正在发生转变，我预计，法律和法规对数字企业的约束将日益严格。法律旨在保护市民的基本权利和自由，通常是合法与非法的分界线及分界线的划定依据。

随着世界数字化程度日益加深，我预计，企业保证客户和员工享受的服务得到持续、合理的保护及服务持续可用，从而确保业务连续性的法律先例将日益增多。

就像我们颁布法律规范商品、服务或有价之物交换，以及通过财产法界定人们对有形和无形财产的权利与义务一样，这样的规定（或同等法律）极有可能延伸到数字企业中。

全球政府已发生转变，对个人数据的保护力度日益增加，不断更新或颁布新的数据隐私方面的法律。

尽管数据隐私方面的法律不断完善，各国政府仍针对服务的复原力和可用性颁布了新的法律，监管力度不断加强。

- 《网络和信息系统安全指令》

《网络和信息系统安全指令》（NIS 指令）是欧盟（EU）通过的首部网络安全立法。该指令于 2016 年 7 月 6 日正式通过，并于 2016 年 8 月生效，目的是在所有欧盟成员国实现网络和信息安全的高标准统一。自生效日期起二十一个月内，欧盟成员国需要将该指令要求纳入本国法律中，并在之后的六个月内确认须遵守 NIS 指令的公司。

NIS 指令规定了一系列适用于基本服务运营商及数字服务提供商（DSP）的网络和信息安全要求。该法律提及的"基本服务运营商"包括能源、运输、银行、金融市场基础设施、卫生、饮用水供应和配送及数字基础设施领域的企业。NIS 指令规定，欧盟各成员国应汇总一份上述领域内其认为是基本服务运营商的组织机构清单。

NIS 指令规定，数字服务是指"经服务接收方单独申请后，通过电子方式远程提供的有偿服务"。该指令中概括了几种特定的数字服务提供商，包括云服务供应商、网络市场和搜索引擎。数字服务提供商应了解，NIS 指令也适用于总部位于欧盟外但在欧盟内部提供服务的公司。这些公司有义务派遣一名欧盟代表，代表其行事，以确保公司遵守 NIS 指令。然而，与指令中列出的"基本服务运营商"相比，数字服务提供商受的框架约束不太严格。

对于不遵守该指令的公司，将处以罚款，罚款金额参见欧盟《通用数据保护条例》第 83 条和第 84 条。

- 《安全保护法案》（2018:585）——瑞典
- 2007年《安防法》——南澳大利亚
- 《支付服务指令（第2版）》（PSD2）
- 《英国健康与安全法案》
- 美国联邦贸易委员会（FTC）网络安全方法转变

军事例子

即使军事行动所要承担的风险更高，也不能凌驾于法律之上。因此，士兵必须接受广泛的训练，确保自己全面了解如何合法（非法）地执行任务。

如果个人行为超出法律界限或可接受的范围，则可能成为犯罪调查的对象，并可能遭受纪律处分，甚至锒铛入狱。

曾发生这样一件让相关机构修改规则的事情，所有受影响的士兵不得不参加大量的、发人深省的入职培训。

我所说的这次事件发生在20世纪90年代的北爱尔兰，事件的主角是一位名叫李·克莱克的列兵。他称自己为了自卫才朝一辆飞速冲向检查站的车辆开火，这种行为符合《交战规则》（RoE）的规定。由于向上述车辆开火，车内驾驶人员丧生。

之后的犯罪调查结果表明，车辆与恐怖分子行为无关，而是由一些无辜的青少年驾驶的。调查结果认为，克莱克列兵的行为与《交战规则》不完全相符，被控谋杀罪。

然而，经过漫长的申诉过程，他的罪名改为故意伤人致人死亡罪。申诉结果表明《交战规则》包含灰色区域，既不保护无辜者，也不保护试图合法履行职责的军人。

无论是否正确，军队都更新了《交战规则》，确保最大限度地减少"灰色区域"。

除更新《交战规则》外，军队领导人还认识到向前线士兵提供理论和实践态势感知训练的重要性。当生命面临威胁时，仅仅告诉士兵规则已经改变并继续遵守远远不够。

为此，我们接受了理论培训课程，然后是实践课程。在实践课程中，我们站在枪械模拟器前，面对真实的情景，决定是否开火。

之后，真实的刑事诉讼辩护律师会根据我们所做的选择对我们进行盘问。相信我，这是最令人紧张的经历，要知道此时我们的瞬间决定可能致使自己、同事或潜在恐怖分子或无辜者死亡（或严重受伤）。

数字工作平台的优势

企业试图通过数字技术彻底改变工作场所，从数字技术带来的巨大优势中获利：

- 通过数字呈现提高知名度；
- 获得联系客户的新方法；
- 将客户置于企业的核心；
- 改进决策；
- 提高效率和生产力；
- 创新；
- 加强沟通和团队合作；
- 改善工作条件；
- 强化灵活性。

新冠疫情导致消费者习惯和企业经营模式发生了翻天覆地的变化。很多消费者开始关注网上购物（电子商务）的安全性，不少企业也加快了从传统现场工作方式向远程工作方式转变的步伐。

实际上，据报道，新冠疫情期间，英国和欧洲消费者的网上购物量增长了129%，而美国约1/3的员工和1/2的"信息工作者"都能居家工作。

此外，数字革命还给广告宣传和市场营销带来了影响。甚至，连寻找业务或服务供应商的传统方法也转移到了数字平台上，之前成功的业务或服务供应商模式都将被淘汰。

- "Argos"商品目录（英国48年的坚定支持者）和英国的杰西潘尼（JCPenney）商品目录（见图3-1）最终失败。

图3-1　Argos和杰西潘尼（JCPenney）的商品目录

- "黄页"打印目录终结——大约始于1886年（见图3-2）。

图3-2　黄页

显然，数字革命的力量是巨大的，对企业大有裨益。然而，企业应当注意到伏尔泰，甚至蜘蛛侠经常提及的明智建议。它源自法国国民大会于1793年5月8日制定的一系列法令中的一段话（1778年伏尔泰死亡后很久或1962年斯坦·李和史蒂夫·迪特科制作《蜘蛛侠》前很久）：

他们必须考虑到，权力越大，责任就越大！

权力越大，责任越大

1906年，当时的政治家温斯顿·丘吉尔曾在下议院的一次演讲中引用了这句话：

权力越大，责任越大；权力越小，责任就越小；而如果没有权力，我想，就无法承担责任了吧。

两年后，西奥多·罗斯福总统在致乔治·奥托·特雷维扬函中引用了来自法国大革命的类似的话：

我信任强大的执行官；我相信权力；但我也相信责任与权力同在，而且强大的执行官不一定是最年长的执行官。

这两位都是受人尊敬、伟大的领导者，都承认权力要实现平衡和相称。采用数字化业务能够产生巨大的好处，让组织机构变得更加强大。

然而，这样的商业领导人也需要注意新权力可能带来的危险。

最近，我们看到很多报道称企业的行为并未体现所赋予权力的责任，例如：

- Cambridge Analytica；
- 优步前首席安全官。

> 注：两家企业都与世界上最成功的数字企业（脸书）有关联。

我们发现，消费者和政治家越来越不信任数字企业对职责的履行。因此，未来可能会出台更多的法律法规。

本杰明·富兰克林曾说过这样一句话：好名声要日积月累，一朝作恶则全部都毁灭！企业采用有效的安防计划，为其道德和伦理提供必要的支持，具有重大的商业意义。

拥抱善良：声誉就是一切

企业不应等法律法规约束后才去制订一份有效的安防计划。**这才具有巨大的商业意义！**

想象您的企业是自己的家或机动车：

- 您会不锁门、不锁窗户，或让门窗半开，或不保养锁和铰链，让任何人不受限制地进出吗？
- 如果是这样，您还会在知晓一名机会主义威胁行动者沿街偷盗或破坏贵重物品和您喜欢的物品后感到惊讶吗？

企业与家/机动车的区别是企业规模较大，要保证企业的安全，就必须依赖更多的人。

就像引入健康与安全（H&S）是为了确保企业采取措施保护个人一样，我预测安防行业也将遵循类似的发展模式。

安防的健康与安全方法

如果您所就职的公司受到严格的健康与安全监管（如制造业），您不必提醒每个人遵守健康与安全规则及报告不安全实践来确保工作时人人安全的重要性（见图3-3）。

图3-3　工作安全

事实上，在大多数健康与安全监管严格的企业中，企业领导人应大力支持员工遵守安全操作实践，并确保其融入企业中。

1974年，英国出台了《工作健康与安全法案》，对工作场所的卫生、安全和福利进行监管，通过以下方式保护人们免受伤害或疾病风险：
- 在工作中，确保员工的卫生、安全和福利；
- 避免工作活动给非员工带来健康与安全风险；
- 管理爆炸物或高度易燃物或危险物的储存和使用；
- 1974年的《工作健康与安全法案》适用于工作场所的每个人（有几个例外情况）。

《工作健康与安全法案》列出了企业领导人对下列健康与安全职责承担的义务：
- 员工和公众；
- 员工对自己及对彼此之间承担的健康与安全职责；

- 某些个体经营者对自己和他人承担的健康与安全职责。

当然,企业应当了解保护员工、访客、承包商和公众的重要性。

从健康与安全所需的基本要素来看,其与安防之间显然有许多相似之处。

1. 任命一名合格人士

选择有助于企业健康与安全管理的人员。
- 任命一名安防(网络安全、信息安全、物理安全)专员。
- 任命一名数据保护官(DPO)。

2. 制定一项健康与安全政策

什么是政策,它如何帮您管理健康与安全?
- 实施一项信息安全政策。

3. 风险评估

如何识别和评估工作中的危害?
- 如何辨别能够影响机密性、完整性和可用性的异常情况与问题?

4. 征求员工的意见

让员工参与,并熟悉健康与安全信息。
- 成立一个安全指导委员会,对所出现的问题和风险展开讨论。
- 企业整体形成一种安全文化。

5. 提供信息和培训

让员工了解自己的健康与安全职责。
- 制定一套安全政策和程序。
- 制订一份安全意识计划。

6. 拥有合适的工作场所设施

拥有员工所需的厕所、洗脸盆和其他福利设施。
- 确保拥有充足的安全工具,以高效地探测异常情况或恶意行为。
- 确保采取富有成效的防御措施,以保护关键业务资产。

7. 工作急救

提供急救包、培训工人,并任命急救人员。
- 任命并培训事件响应团队。

8. 展示法律海报

您必须展示海报或向员工分发类似的宣传册。

- 定期开展安全活动（如电子邮件、海报等，见图 3-4 和图 3-5），辅以安全意识培训。

图 3-4　军事安全海报

图 3-5　企业安全海报

- 通过向安全意识提供商（如 KnowBe4）采购服务，可以经济、专业地实现这一目标。

9. 为企业购买保险

弄明白为何需要雇主责任险。
- 考虑网络安全保险带来的好处。

10. 法律

《工作健康与安全法案》、刑法和民法。
- 了解新出台的适用法律。
- 《欧盟网络安全法案》。
- 《1990 年计算机滥用法案》。
- 数据隐私方面的法律，如《通用数据保护条例》《个人信息保护和电子文件法》《加州消费者隐私法案》《个人信息保护法》等。

11. 事件和疾病上报

发生伤害、未遂事故和工伤的，企业必须向健康安全局（HSE）上报。
- 向所有员工提供事件响应和报告方法。

因此，如果企业能够按照法律规定的健康与安全要求，严肃地对待安防工作，那么传统的"满足标准"或"勾选"方法将发生显著的变化，每个人都能安全地工作。

数据隐私和保护：设定您的道德导向

多数人都知道影响数字企业运营的数据隐私革命。这最主要的促进因素就是于 2018 年 5 月 25 日将 1995 年颁布的《数据保护指令》替换为欧盟的《通用数据保护条例》。

欧盟认为，隐私是人类普遍的权利，《世界人权宣言》（第 12 条）、《欧洲人权公约》（第 8 条）和《欧盟基本权利宪章》（第 7 条）也对此做出了规定，但并未对数据保护做出任何规定。

一项对欧盟消费者的调查发现，消费者日益担心自己的隐私，对企业失去了信任。这反而会影响企业，使企业丧失潜在的发展机会和收入。

- **81%** 的欧洲人认为，在网上对个人数据不享有完全的控制权。
- 绝大多数欧洲人（**69%**）希望在自己给出明确的批准后，企业才能收集和处理自己的个人数据。
- 只有 **24%** 的欧洲人信任网上业务，如搜索引擎、社交网站和电子邮件服务。

必须鼓励企业尊重消费者的个人数据，减少帮助犯罪分子的机会，重新建立信任度。因此，现有的数据隐私/数据保护法规显然没有发挥应有的作用，辅助立法也需要进行大幅修改。

在这种情况下，欧盟《通用数据保护条例》应运而生；更多指导性文件可参见《欧洲数据保护法手册》（2018 年版）。

相称原则是"安防"和《欧洲数据保护法手册》的重要概念。

> **相称原则（proportionality）（名词）：**
> 意为"成比例的特点或状态"，16 世纪 60 年代源于法语 proportionalité（14 世纪），或直接源于中世纪的拉丁语 proportionalitas 或 proportio（比较关系、类比）一词［见 proportion（名词）含义］。该词语在中古英语中（proporcionalite）为数学术语，意为几何级数（16 世纪中期）。

相称原则旨在确保缓解安全控制措施与威胁相匹配。为此，您需要辨别资产，并给予重视。相称原则是现代风险管理的一个基本要素。

实际上，"相称原则"是《欧洲数据保护法手册》使用的一个主要术语（用了 31 次），例如：

- 遵守相称原则，是必要的。
- 相称原则要求对《欧洲人权公约》保护的权利的干预程序不得超过履行该公约所追求的法定目标所需的程度。
- 这意味着，如果限制过于宽泛、烦扰，从而剥夺了基本权利的基本内容，则这种限制便毫无道理可言。如果权利的本质受到损害，则这种限制必须被视为不合法，不必对其是否符合普遍利益及是否满足必要性和相称标准进行进一步评估。
- 《欧盟基本权利宪章》第 52（1）条规定，在遵守相称原则的前提下，仅在必要的情况下对《欧盟基本权利宪章》承认的基本权利和自由行使权利实施限制。
- 相称原则是指，在行使重要的基本权利方面，限制应当超过其坏处。为减少所享受的隐私和数据保护权的劣势与风险，必须保证限制包含适当的防范措施。
- 例如：在 Volker und Markus Schecke 中，CJEU 认为，要求享有特定农业资金补助的自然人按照相关标准不加区分地公布个人数据，如接受补助的时间、补助频率或性质和金额，理事会和委员会认为该义务超出了相称原则施加的限制。

欧盟《通用数据保护条例》被视为目前全球最健全的数据隐私和数据保护法规。然而，当您考虑欧盟《通用数据保护条例》试图实现的意图和目标时，无论您是否属于欧盟《通用数据保护条例》规定的范围（见图 3-6），作为一家负责任的企业，确保消费者和员工的个人数据受到适当的保护，难道不是很有意义吗？

本书后面将深入探讨信息安全系统对企业敏感数据（商业机密）和个人数据的保护相关的内容。

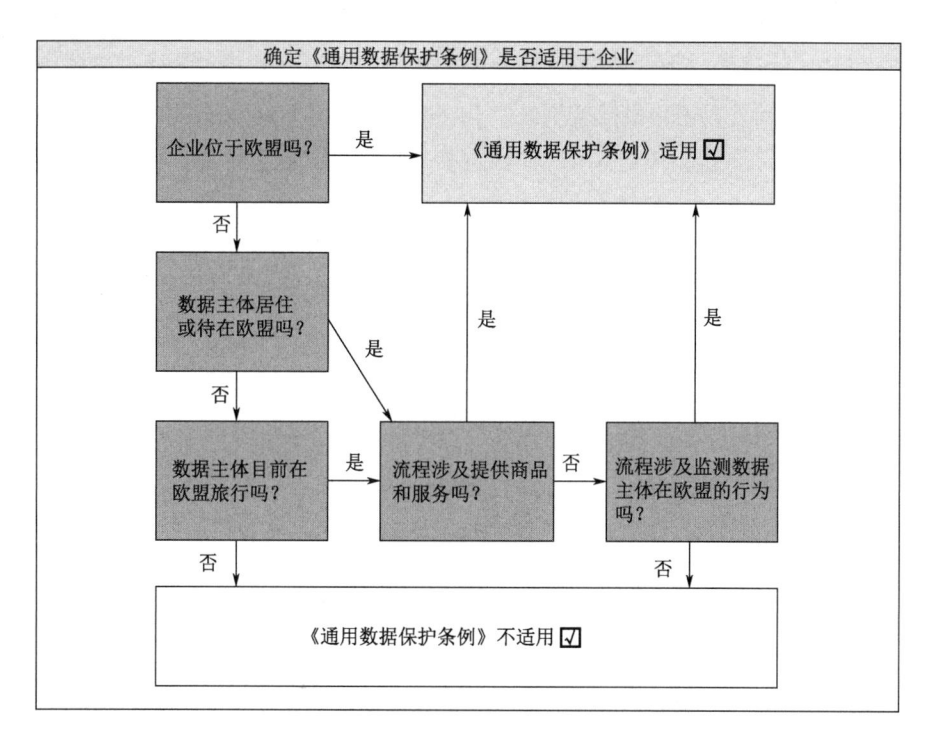

```
┌─────────────────────────────────────────────────┐
│        确定《通用数据保护条例》是否适用于企业        │
│                                                 │
│   ┌────────┐   是    ┌────────────────┐         │
│   │企业位于│────────→│《通用数据保护   │         │
│   │欧盟吗？│         │条例》适用  ☑   │         │
│   └────────┘         └────────────────┘         │
│       │否                   ↑  ↑                │
│   ┌────────┐               是  是               │
│   │数据主体│                │   │                │
│   │居住或待│─是─┐           │   │                │
│   │在欧盟吗│    │           │   │                │
│   └────────┘    │           │   │                │
│       │否       ↓           │   │                │
│   ┌────────┐ ┌────────┐ 否 ┌────────┐           │
│   │数据主体│ │流程涉及│───→│流程涉及│           │
│   │目前在欧│是│提供商品│    │监测数据│           │
│   │盟旅行吗│─→│和服务吗│    │主体在欧│           │
│   │   ？   │ │   ？   │    │盟的行为│           │
│   └────────┘ └────────┘    │  吗？  │           │
│       │否                  └────────┘           │
│       │                        │否              │
│       ↓                        ↓                │
│   ┌─────────────────────────────────┐           │
│   │《通用数据保护条例》不适用  ☑    │           │
│   └─────────────────────────────────┘           │
└─────────────────────────────────────────────────┘
```

图 3-6　《通用数据保护条例》适用范围

然而，必须承认，数据隐私也涉及需要企业负责任地使用个人数据，同时考虑法律要求、合法性或个人同意。

能够明白使用的数据和必须使用的数据之间的区别及充分保护数据是极其重要的。通常企业往往会过于重视其中一个方面，而忽视另一个方面。

例如，您是否遇到过只对数据使用感兴趣，但几乎甚至完全不了解其风险的数据保护官（DPO）？

2018 年，我们看到两则拟处以高额罚款的通知（英国航空公司和万豪集团）。在这两份通知中，信息专员办公室（ICO）提到了下列问题：

- 安保安排欠妥当；
- 在收购喜达屋时未能开展充分的尽职调查，也未采取措施确保系统的安全性。

这表明，监管机构显然要求企业在界定的生命周期内保护并适当地使用个人数据记录。

因此，如果您的企业设立了数据保护官与网络/信息安全经理的职位（在小型企业中，该职位可能是同一个职位），他们应当密切合作，将处理、存储或传输个人数据过程中资产遇到的风险及资产的状态上报。

例如，在英国航空公司安全事件中，在客户预订机票过程中出现阻止网页的漏洞。英国航空公司将支付卡处理职责交给符合《支付卡行业数据安全标准》的支付服务供应商，因此客户将所有的支付卡信息直接输入符合《支付卡行业数据安全标准》（安全）的支付服务供应商（PSP）界面。

然而，犯罪分子可以在客户行程的较早的网页中添加恶意代码，将它们重新定向到一个恶意网页——中间人攻击。虽然英国航空公司认为其电子商务操作比较安全（完全外包出去），并签字承认其符合《支付卡行业数据安全标准》，但忘记保护移交给第三方支付服务供应商的网页。

2020年4月5日至6月13日，线上零售商克莱尔配饰（Claire's Accessories）也遭到了同样的攻击，当时同一个犯罪团伙（Magecart）打算运用相同的战术，将克莱尔配饰的消费者重新定向到一个恶意网页（claires-**sets.com，域名信息见图3-7）。

域名信息	
域名：	claires-**sets.com
注册公司：	NameCheap, Inc.
注册时间：	2020-03-21
到期时间：	2021-03-21
更新时间：	2020-03-21
状态：	客户端禁止转移
域名服务器：	dns1.registrar-servers.com
	dns2.registrar-servers.com

图3-7 域名信息

其中就包括在结账单提交按钮上安装窃取器。客户一点击按钮，就会抓取完整的"Demandware结账单"，进行序列化和base64编码。然后，使用预加载标识符，临时向文档对象模型（DOM）添加图像。这时，攻击者进行控制，将图像放到服务器上。由于图像地址会随附消费者提交的所有数据，因此攻击者将收到完整的有效载荷。

这样一来，每位消费者从入侵的电子商务网站购物时，敏感的个人数据和支付卡数据就会被秘密窃取。

克莱尔配饰和另外200多万个电子商务网站继续忽视在线卡片窃取风险是否合理、适当？

时间会告诉我们一切。只有信息专员办公室完成对克莱尔配饰电子商务网站网络攻击事件的调查，我们才能知晓答案。

关注个人数据使用

如果回顾企业适用的众多一般公认的隐私原则，就会发现 **80%～90%**的原则都涉及如何使用个人数据。

- 7条隐私设计（PbD）原则

（1）主动预防，而非被动补救。

隐私设计方法的特点是主动预防而非被动补救。它能够在事件发生前预见并预防隐私入侵事件。

隐私设计不会等待隐私风险显现，也不会在发生隐私风险后提供补救措施，解决隐私违法事件。

它的目的是防止这类事件发生。简言之，隐私设计是事先预防而非事后补救。

（2）默认保护隐私。

我们都能确定的是——默认规则！隐私设计试图通过确保在指定 IT 系统或企业实践中自动保护个人数据，最大限度地保护消费者的隐私。如果个人不进行任何操作，其个人数据的隐私性仍旧完整。个人不必采取任何措施来保护自己的隐私——这种功能是系统内置的，默认的！

（3）隐私嵌入设计。

隐私设计嵌入 IT 系统的设计与架构及商业实践中。事实上，它不是作为附加组件固定的。

其结果就是隐私成为正在交付的核心功能的关键部分。

隐私是系统的一部分，不会降低其功能性。

（4）功能完整——正和而非零和。

隐私设计试图以正和双赢的方式，而非原来的零和方式（不必要的取舍），将所有的合法权利考虑在内，并适应所有的目标。

隐私设计避免了伪二分法的假象（如隐私和安全），证明了两者可同时存在，并且这种现象是可取的。

（5）端对端安全性——全生命周期的保护。

隐私设计在首个信息要素被收集之前就嵌入系统中，它能够安全地度过数据的整个生命周期——强有力的安全措施自始至终都是隐私必不可少的。

这确保所有数据都能得到安全保存，并在流程结束时得到及时妥善销毁。因此，隐私设计确保在全生命周期内自始至终端对端地对信息进行安全管理。

（6）可见性和透明性——保持开放。

隐私设计试图向所有的利益相关者保证，无论涉及什么样的商业惯例或技术，都会按照所述承诺和目标经营，并进行独立验证。

其组成部分和业务对用户与供应商是可见的且是透明的。

谨记，信任但要认证！

（7）尊重用户隐私——以用户为中心。

总之，隐私设计要求设计师和运营商将个人的利益放在首位，提供严格的隐私默认设置、适当的通知及用户友好型授权选项。始终以用户为中心！

- 2013 年经济合作与发展组织（OECD）隐私原则

（1）限制收集原则。

（2）数据质量原则。

（3）目的明确化原则。

（4）限制使用原则。

（5）安全保障原则。

（6）公开原则。

（7）个人参与原则。

（8）问责制原则。

- ISO/IEC 29100:2011 隐私原则

（1）同意与选择。

（2）目的合法性与明确化。

（3）限制收集。

（4）数据最小化。

（5）限制使用、保留和披露。

（6）准确性和质量。

（7）开放性、透明度和通知。

（8）个体参与和访问。

（9）问责制。

（10）信息安全。

（11）隐私合规性。

- 亚太经济合作组织隐私框架

（1）预防损害。

（2）通知。

（3）限制收集。

（4）个人信息的使用。

（5）选择。

（6）个人信息的完整性。

（7）安全防范措施。

（8）访问与纠正。

（9）问责制。

- 美国注册会计师协会（AICPA）/加拿大特许专业会计师协会（AICPA/CICA GAPP）隐私原则

（1）管理。

（2）通知。

（3）选择和同意。

（4）收集。

（5）使用、保留和处置。

（6）访问。

（7）向第三方披露。

（8）隐私安全。

（9）质量。

（10）监督和执行。

以上述隐私原则的共同点为基础，ISACA 制定了以下 14 条首要的隐私原则。

（1）选择和同意。

（2）合法目的与使用限制。

（3）个人信息与敏感信息生命周期。

（4）准确性和质量。

（5）开放性、透明度和通知。

（6）个体参与度。

（7）问责制。

（8）安全保护。

（9）检测、衡量和报告。

（10）预防损害。

（11）第三方/供应商管理。

（12）违约管理。

（13）安全和隐私设计。

（14）信息自由流动与合法限制。

正如您所见，这些隐私原则的共同准则是针对个人数据使用安全开发一个完整统一的方法。

个人数据是当今犯罪分子迫切需要的商品，他们可利用这些数据获得资金。2019 年，我们发现了几个令人担忧的趋势。犯罪分子将目标放在新技术或技术使用不当（内部或通过供应链）上：

- 供应链攻击增长 **78%**，PowerShell 恶意脚本增长 **1000%**，微软办公文件是 **48%** 的恶意电子邮件附件的来源。
- 网络犯罪分子攻击物联网设备的平均频率是**每月 5233 次**。
- Formjacking 增长 **117%**。
- 新账户欺诈增长 **13%**。
- 账户盗用增长 **79%**。

除这些攻击外，我们还发现攻击者能够利用数据泄露获利。丽兹酒店客户收到了声称来自丽兹酒店的欺诈电话（身份被盗）就是最显著的例子。通过使用被偷的预订数据，攻击者说服客户移交其支付卡信息。然后，攻击者使用该信息购买商品，在黑市转卖。

权力归于人民

因此，就像健康与安全程序失效可能会伤害或影响其他人一样（见图 3-8），如果在敏感数据或支持系统或流程的机密性、完整性、可用性受到损害时，您正在处理员工或客户的个人数据，或使用信用卡、借记卡付款（交换商品或服务），或向其他企业提供服务，或依赖 IT 系统自动完成工业过程（制造 4.0），那么您可能会被起诉。

英国化学品制造商Croda因在美国造成毒气泄露将面临罚款

CHRISTIAN FERNSBY ▪ June17,2019

美国职业安全与健康管理局（OSHA）称总部位于英国的化学品制造商Croda出现多次"严重"违法行为，未能阻止特拉华州Atlas Point工厂毒气泄漏。

图 3-8 化学品制造商被罚

除非法律强制要求企业证明自己能够持续维持合规性（如《支付卡行业数据安全标准》），否则合规性将成为业务致能者。

尽管有法律和监管要求，如果相关组织机构严重失职，针对企业提起的法律诉讼就会增多：

- IOOF 因网络安全故障被起诉；
- 万豪酒店因史上最大的数据泄露事件在伦敦遭到起诉；
- LifeLabs 因披露数据泄露报告而提起诉讼；

- Blackbaud 因为期三个月的勒索软件攻击产生数据泄露而遭到集体诉讼；
- 网络安全 202:Zoom 因加密保护虚假陈述遭到客户集体起诉；
- 网络违法行为导致法律事故索赔；
- Epiq Systems 面临恶意软件、勒索软件攻击诉讼；
- 阿勒格尼县机场当局因网络安全故障起诉 IT 公司。

残酷的现实

显然，监管机构日益致力于确保各个组织遵守隐私规则，确保企业贵重资产的机密性、完整性或可用性。

美国商品期货交易委员会发布三份命令，对加拿大丰业银行（BNS）（临时注册的掉期交易商）发起指控，以解决两起执法诉讼，就是最好的例证。除掉期交易商合规性、监督违约和其他虚假声明外，这三份命令还要求加拿大丰业银行就欺骗和虚假声明支付 1.274 亿美元。

重要启示

法律和监管环境发生了显著变化，但是各企业应做好准备，应对即将到来的必然变化。有效的安防工作应能够让各个企业遵守法律义务或监管义务，同时降低相应的风险。

您应当将安防视为自己的健康与安全义务，让大家了解其重要性并团结协作，共同降低相关风险。

安防不应当被视为不利于企业的工作，而应当被视为极其有利于企业的工作。

作为一家企业，如果您为另一个组织或个人提供服务，则应当拥护安防工作，帮助保障配套资产的运作效率。

做正确的事情反映了该组织的"道德导向"。

个人数据是另一个需要妥善保护的资产。不过，这也会产生额外的隐私影响，以确保任何个人数据得到妥善处理。

如果方法得当，可将合规性用作业务致能者。

第四章

将合规性整合到安防工作中

当士兵不再向你反映问题时,就是你不再领导他们的时候。他们要么对你的帮助失去信心,要么认为你不在乎。这两种情况都是领导力失败的表现。

美国陆军上将、前联合参谋长　科林·鲍威尔

引言

提到安全一词时，人们总是能想到合规性。如果回顾该词语的起源，就能发现遵循的原因是必须要做。

> **合规性（Compliance）（名词）：**
> 意为"遵从行为；性格顺从"，源自17世纪40年代，由comply + -ance衍生而来，相关词：Compliancy。

然而，不管我们喜欢与否，"遵从"或"遵循"是企业和安全行业广泛使用的词。

前美国陆军上将科林·鲍威尔的解释就证明了这一点。然而，我的多次经历表明，高级管理层或企业领导人都不乐意听到企业可能存在问题的言论。

因此，他们只想听好消息，也只会试图满足他们不得不满足的最低标准（合规性）。最终，他们无法充分享受安防措施为企业带来的好处，最易受影响的经营业务也会受到损害。

这就是"合规性"声誉不佳的原因。企业可能因为一年一次所谓的安全获得一种虚假的安心。他们很少将合规性的范围延伸到整个组织，而是仅限于极小的范围，然后对企业成功地保留合规证书感到慰藉。

我记得有一家公司只追求ISO/IEC 27001合规性，这是因为公司的首席信息官（CIO）不希望所在部门成为唯一未获得行业标准认证的部门。因此，信息安全主管的任务是选择最易达成合规性的范围，这最终落到几个IT运营员工的身上，他们单独管理着桌面、移动服务和支持功能。

这是一家入榜英国富时250指数的全球B2B（企业对企业）企业，业务遍及31个国家。其主要从事原材料制造（超过15家工厂）、销售（设立了超过30个销售办公室）和市场营销活动。从商业背景的角度来看，该企业可能将以下其他因素视为重要，甚至更重要的因素：

- 超5000名员工使用计算机桌面和移动设备，以及使用各种商业应用（超出范围）；
- 客户关系管理（CRM）中心数据库（超出范围）；
- 各种商业关键应用（超出范围）；
- 各种网站（超出范围）；
- 人力资源（超出范围）；
- 全球销售团队（超出范围）；
- 市场营销（超出范围）；
- 云服务（超出范围）；

- 各种服务器（超出范围）；
- 网络组件（超出范围）。

不过，即使将合规性局限于极小的范围，公司也未必将其传达给关键利益相关者和投资者（见图4-1）。

> 根据既定的全球政策，我们的信息安全专员负责监控IT服务和网络，监督计算机和移动设备保护情况，并在全球范围内提供网络意识教育。
>
> 定期开展渗透测试，并且外部稽查关键系统和位置是否符合ISO/IEC 27001，而内外部稽查员负责每年审查和报告所有的网络及系统控制操作。

图4-1 年度报告摘录内容

您认为，关键利益相关者和投资者会对其关键系统和位置持不同的看法吗？

如果他们打算弄明白黑客能够看到什么，他们可能会对从ISO/IEC 27001合规性中得到的保证持不同看法。

如果发生网络攻击或数据泄露，这些企业肯定会改变ISO/IEC 27001合规性带来的价值和保障。

对所有经确认的企业重视的流程及其辅助资产都应进行风险评估，并采取适当的控制措施来降低这些已确定的风险，这一点极其重要。

然而，这些不必通过外部资源来验证（认证）其合规性，而是应通过定期风险和性能指标报告［关键风险指标（KRI）及关键绩效指标（KPI）］。

说到合规性，应确保其范围具有相关性，能够为经营目标提供支持并使用最适当的行业控制框架，例如：

- 《支付卡行业数据安全标准》——保护支付卡数据和支持系统；
- ISO/IEC 27001——保护敏感数据和支持系统；
- 《健康保险携带和责任法案》（HIPAA）——保护健康记录；
- 美国国家标准与技术研究院出版物（编号800:82）（NIST SP 800:82）——保护行业控制系统；
- NERC关键基础设施保护（NERC CIP）标准——保护关键基础设施；
- 《儿童在线隐私保护法》（COPPA）——保护儿童在线个人数据；
- 《萨班斯-奥克斯利法案》（SOX）——安全存储和管理公司面临的电子财务记录，包括监查、记录和稽查特定活动；
- 《格雷姆-里奇-比利雷法》（GLBA）——收集、妥善保管和使用个人财务信息。

很多组织对合规性的体验比较差，认为其几乎无法给企业带来好处，也无法帮助企业降低违约风险。然而，这并不是行业安全标准框架造成的，而是在合规性方面不匹配或实施不当造成的，因此合规性可能给企业带来巨大的好处。

"合规性"的最佳替换词就是"验证"或"安全健康检查"。毕竟,合规性的目标是独立验证一套安全控制措施管理的有效性,为风险管理提供支持,对内部或外包业务操作提供保证。

军事例子

当我第一次进行反情报专员培训时,教官就介绍了风险管理5T原则:
(1)处理;
(2)终止;
(3)容忍;
(4)转移;
(5)抓住机遇。

在我职业生涯的后半段,第五个T已从英国皇家空军的风险管理战术、技术和程序(TTP)中删掉了。不过,在删掉之前,我有幸在合规性方面应用了第五个T。

每个军用机场都需遵守严格的规则。然而,当提到对乘客进行安检,尤其是在非军用飞机领域对乘客进行安检时,这种强制性规则变得更加严格、困难。

2005年6月,当英国皇家爱斯科赛马会活动搬迁到约克郡时,当地英国皇家空军基地就非军用飞机降落于军用机场的事项征求相关机构的同意,但被断然拒绝。

我认为风险决定永远不能视为简单的是或否的问题,而是应按级别从是过渡到否(见图4-2)。

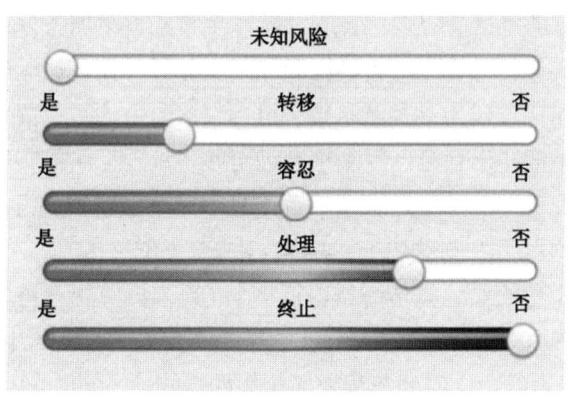

图4-2 决策风险评分表

总的来说,有很多种看待问题和降低风险的方法,可以让面临风险的人接受所遇到的问题和风险。如果风险高于基地指挥官能够处理的风险等级,则逐步升级,由总指挥决定。人们认为,针对该风险做出这样的决定超出了相关人员的职权范围,因此将逐步升级,由英国交通部决定。

在这种风险决策过程中,我们被告知英国皇家空军基地获批的可能性非常小。

幸运的是,他们并不知道我多年来在北爱尔兰获得的航空运输安全知识和经验。

因此,在 24 小时内,我设法在敌对环境中策划和建立了一个合适的乘客安检设施,并在阿曼皇家空军迈里特基地建立了一个乘客安检设施,这获得了英国交通部和民航局(CAA)的支持。此外,我还充分利用了四年的管理安防要求的经验[包括成功完成外部安全审核(安全风险检查)]。

在英国交通部检查员到达时,我将所制定的一套缓解控制措施提交给这名检查员。召开会议期间(在我的空军上士办公室),我借机向检查员介绍了我是如何将这一军事基地转变为一个符合民航当局规则的设施(见图4-3)的。

图 4-3 加强安全措施

这包括:
- 创建一个孤立的禁区(将访问控制权转移至常驻警卫服务);
- 利用现有的实体基础设施,将禁区和非禁区分开(在可接受的范围内);
- 将空侧飞机库(改建为乘客航站楼)改为禁区,并通过已界定的检查点,打造一个受控的进站流和出站流,限制乘客进出站(处理访问控制风险);
- 成立一个由受过训练并经过认证的英国皇家空军警局成员组成的民航安全小组,租赁金属探测器和 X 射线机。

此外,英国交通部检查员还需考虑给附近机场[距离约克郡赛马场 29 英里(1 英里≈1.6 千米),约一小时的车程]带来的次生风险和负担,以及使用英国皇家空军基地(距离约克郡赛马场 12 英里,约半小时的车程)所带来的影响。

因此,鉴于所实施的其他措施和当地的各种因素,检查员认为风险处于英国交通部的风险胃纳范围内,因此认定英国皇家空军基地(包括约克郡的英国皇家爱斯科赛马会)暂时符合英国交通部的标准。

标准化的价值

符合某一特定标准或某套标准,意味着所有的流程和系统应当在界定的范围内保持一致且能发挥一定的作用(标准化)(见图4-4)。

标准化是指使相同类型的事物具备相同的基本特征。

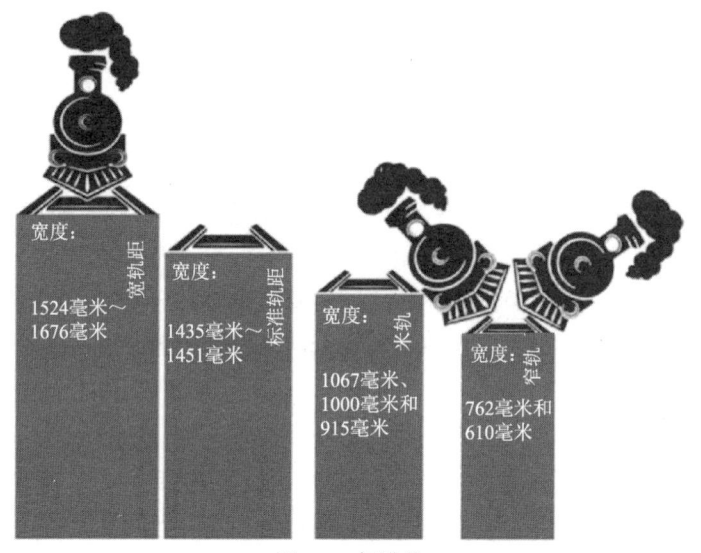

图4-4 标准化

此外,这也能确保流程符合稳健的行业安全控制措施,并且其设计和开发有助于降低已知风险。

谨记,行业安全标准是针对特定的目的或行业制定的。因此,必须确保企业了解这些标准/框架最初的目的。

然而,这并不会妨碍企业为了进一步降低风险,从可用的控制框架中选配最佳的控制措施。

行业安全控制框架

一般规定

- 刑事司法信息服务部(CJIS)安全政策

有助于确保信息保护连续性的最低安全要求标准。刑事司法信息服务部安全政策的重要前提是从创建到传播的整个过程采取适当的控制措施,对刑事司法信息进行保护,无论刑事司法信息是静止信息还是正在传输中。

- 网络安全能力成熟度模型（C2M2）

关注涉及信息技术（IT）和操作技术（OT）资产及其操作环境的网络安全实践实施与管理。

- 《控制系统安全目录：对标准开发人员的建议》（第 7 次修订）

各行各业机构都推荐的一套实践汇编，旨在增加控制系统的安全性，防止控制系统遭受物理攻击和网络攻击。这些建议按照侧重点分成 19 个组。

- NIST 特别出版物（刊号：800-171，第 1 次修订）

美国国防部所有供货商、承包商和供应商自 2016 年 9 月起必须遵守的标准。

- 《控制关联标识符（CCI）规范（第 2 版）》（第 0.1 次发行）

将 IA 控制或 IA 行业最佳实践拆分成单个可执行的声明。CCI 清单是 CCI 术语集，列出了常见的 IA 实践或控制措施。

化学品、石油和天然气

- 《化学设施反恐标准 基于风险的性能标准指南（第 8 版）》——网络

采用分层方法保护国家化学设施安全的风险性能标准（RBPS）。

- INGAA《天然气管道行业控制系统网络安全指南》

一套协助天然气管道运营商管理其控制系统网络安全要求的指南。

网络/信息安全

- 《互联网安全中心二十项主要安全控制措施》

一套对保护互联网商业运营至关重要的控制措施。

其由 20 条控制措施组成，旨在帮助各个组织保护自己的系统和数据，防止遭受已知的攻击。其对于未制定连贯安全计划的企业而言能够发挥积极的引导作用。

这些控制措施并非现有合规性方案的替代品，各组织可依据多个主要合规性框架（如《NIST 网络安全框架》）和法规（如《支付卡行业数据安全标准》和《健康保险携带和责任法案》）制定。这 20 条控制措施是基于最新的常见攻击信息制定的，汇集了商业取证专家、个体渗透检测员和美国政府机构发言人的智慧。

- ISO/IEC 27001:2013《信息技术 安全技术 信息安全管理体系 要求》（译者注：已废止）

详细规定了组织在内部建立、实施、维护及持续改进信息安全管理系统的要求。它还包括根据该组织需求制定的信息安全风险评估和处理要求。ISO/IEC 27001:2013 列出的要求为一般要求，适用于不同类型、规模或性质的所有组织。

- 《中小型企业基准网络安全控制措施》

一套适用于加拿大中小型企业的最低要求的安全控制措施，这些中小型企业希望获得相关建议，通过网络安全投资提高其复原力。

美国国防部指令（DODI）与国家安全系统委员会（CNSSI）

- 《国防部指示 8510.01》

美国国防部信息技术（IT）风险管理框架（RMF）。

- 《CNSSI 第 1253 号基准》（2014 年 3 月 27 日第 2 版）

适用于使用国家安全系统（NSS）的各组织的 NIST SP 800-53 关联文件。

它确立了对 NSS 及其处理信息进行分类的过程，以及从 NIST SP 800-53 中适当地选择 NSS 安全控制措施的过程。

电力

- NERC CIP-002 至 CIP-014（第 6 次修订）

协助北美地区的大容量供电系统利益相关者制定和实施网络安全计划。

- NIST IR 7628《智能电网网络安全指南：第 1 卷》（第 1 次修订）

适用于应对智能电网系统，以及硬件和软件组件子系统的网络安全问题的个体与组织。

财务

- 《网络安全自动检查工具箱（ACET）成熟度评估》

确立一个可重复、可衡量的透明过程，提高并规范所有国家保险信用证联合会的网络安全监督流程。

- 《支付卡行业数据安全标准》

旨在保护支付卡数据及其支持系统和流程。

将安全与隐私控制措施整合到一个类别，确认安全和隐私目标间的基本关系。

医疗保健

- 《健康保险携带和责任法案》（HIPAA）安全规则

确定了保护个体病历和其他个人健康信息的美国国家标准，适用于健康计划、医保结算中心及用电子方法开展特定医疗保健交易的医务人员。

信息技术

- NIST SP 800:53《信息系统和组织安全与隐私控制措施（第 5 版）》

技术和非技术安全与隐私控制措施综合目录。控制措施能够支持各种特种应用，包括用于开发系统、产品、组件和服务，以及保护组织、系统和个体的风险管理框架、网络安全框架与系统工程过程。

NIST 框架

- 《关键基础设施网络安全改进框架》（第 1.1 版）

一个基于风险的自发网络安全框架——一套行业标准和最佳实践，以帮助各组织管理网络安全风险。政府和私营部门合作创建的框架，采用共同语言，基于商业需求，经济有效地处理和管理网络安全风险，不必对各个企业施加额外的监管要求。

核能

- NEI 08-09《核反应堆网络安全计划》

根据《美国联邦法规》第 10 卷第 73.54 条的要求，协助核电站被许可人编制和实施网络安全计划许可证的提交文件。

- 《NRC 监管指南》5.71

适用于目前正在运营的且持有《美国联邦法规》第 10 卷第 50 条和《美国联邦法规》第 10 卷第 52 条规定的许可证的核反应堆。在根据《美国联邦法规》第 10 卷第 52 条规定准备合并营业执照申请时，被许可人和申请人应当考虑本指南。被许可人和申请人全权负责评估及管理对安全、保护与应急准备状态（SSEP）造成不利影响的可能性，以最高标准保证充分保护关键职能，防止遭受网络攻击。

过程控制和数据采集与监视控制系统（SCADA）

- 《NIST 特刊》（刊号：800-82，第 2 次修订）

指导建立完善的行业控制系统（ICS）。很多控制措施都是基于 SP 800-53 制定的，并做了小幅变动。

- 美国国家标准《工业自动化与控制系统安全》（ISA-62443-4-1-2018）

由多个部分组成的标准，它主要解决工业自动化和控制系统（IACS）安全问题。该标准是 ISA99 委员会 04 工作组和 06 任务组与 IEC TC65/WG10 共同编制的。该标准规定了对新制定或现有的工业自动化和控制系统进行安全风险评估所需的活动，以及将风险降低至可容忍限度所需的设计活动。

供应链

- NIST SP 800-161《供应链风险管理》

就识别、评估和缓解不同等级的组织所面临的 ICT 供应链风险，向各个联邦机构提供指南。该出版物采用多级供应链风险管理特定方法，将 ICT 供应链风险管理（SCRM）整合到联邦机构风险管理活动中，包括供应链风险评估指南及缓解活动应用指南。

交通

- 美国运输安全管理局《管道安全指南》（2018 年 3 月）

该指导文件适用于运转的天然气和有害液体输送管道系统、天然气配送管道系统及液化天然气设施运营商。此外，它还适用于有毒吸入危害（TIH）物质运输的运营管道系统。有毒吸入危害物质是指已知或在试验的基础上推定在运输期间释放后对人类有毒的气体或液体。

- 《有轨运输安全区架构和保护关键区定义》

确保有轨运输环境下控制和通信系统的安全。

构建 BRIDGES

无论您必须遵守还是自行遵守哪个行业安全标准，BRIDGES 缩略语都能帮您达成自己的目标。

本缩略语（见图 1-14）规定了一种确认和评估特定主题/话题领域的安防策略关键领域的方法。

企业背景

- 对企业至关重要的流程是什么？

风险与复原力概况

- 这些业务流程面临什么样的风险？

识别与隔绝

- 哪种控制集最适合确保这些业务流程的安全性，以及降低风险和保持其复原力？

探测异常情况

- 为有效地遵守选定的标准/控制框架，需要什么样的安全工具和资源？

治理过程

- 如何管理这些标准化流程的实施和维护过程？

评估安全控制措施

- 该稽查计划是什么样的？
- 多久验证该流程的有效性？

生存和运营

- 企业需要做什么来应对计划外的活动？
- 如何在不利的条件下继续运行这些业务流程，或者如何快速从事件中恢复过来？

标准化：澳大利亚历史上宝贵的教训

如果将组织的基本业务流程与澳大利亚各州和各地域的基本业务流程进行比较，并且各基本业务流程彼此独立，就不会出现问题。

然而，如果出现重叠，某些业务流程彼此依赖，您可能就会考虑实现合规性所选的标准的兼容性。

澳大利亚幅员辽阔，铁路系统的发展彼此独立。因此，各州和各地域之间互不兼容，从而导致跨州铁路行程效率低下。

- **维多利亚**：澳大利亚的第一条铁路线连接墨尔本菲林德街车站和墨尔本港口（当时名为桑德里奇），于 1854 年 9 月 12 日通车。铁轨最初的轨距为 **1600 毫米**，之后更改为轨距为 **1435 毫米**的电力轻轨，为墨尔本的有轨电车系统提供服务。
- **昆士兰**：昆士兰的第一条铁路从伊普斯威奇内陆延伸至格兰切斯特，采用轨距为 **1067 毫米**的窄轨。1875 年，该系统进一步延伸至达令山丘，通向布里斯班。
- **南澳大利亚州**：1854 年，南澳大利亚州在墨累河河口开通了一条马拉铁路；1856 年 4 月 21 日，在阿德莱德和阿德莱德港之间开通了第一条蒸汽火车线路。它是殖民地政府按照当时澳大利亚的 **1600 毫米**的"标准"轨距建造的。
- **西澳大利亚**：1871 年，连接罗克韦尔至珀斯南部的 Yoganup 私人木材运输铁路是西澳大利亚经营的第一条铁路。第一条政府铁路于 1879 年开通，连接杰拉尔顿和北安普敦。在 19 世纪，西澳大利亚西南部建设了一条轨距为 1067 毫米的铁路，但是在 20 世纪，东部各州与珀斯和埃斯佩兰斯互联互通，采用了标准轨距（**1435 毫米**）。
- **塔斯马尼亚**：一条于 1868 年开通的 72 千米长的铁路线，连接朗塞斯顿塔斯马尼亚北部小镇和德洛赖纳。这条铁路线采用 **1600 毫米**的轨距，运营商是朗塞斯顿西部铁路公司。塔斯马尼亚政府随即通过一份议会法案，将塔斯马尼亚干线铁路公司合并。该公司建造了朗塞斯顿和州府霍巴特之间的干线。
- **北部地区**：2004 年 1 月，爱丽丝泉至达尔文采用标准轨距（**1435 毫米**）的接驳铁路完工，从而形成了一条连接大陆各州和地域首府的国家铁路网。达尔文至松溪的铁路线（253 千米）于 1889 年 10 月 1 日开始通车。澳大利亚政府自 1911 年 1 月 1 日接管松溪铁路，并于 1918 年 7 月 1 日将该铁路线合并到联邦铁路后开始运营。昔日连接达尔文和伯德姆的北澳大利亚铁路于 1929 年建造而成，距离为 511 千米。这条铁路为非营利铁路，已关闭多年。
- **澳大利亚首都区**：1914 年，澳大利亚首都堪培拉开通了一条长 10 千米、轨距为 **1435 毫米**、直达新南威尔士昆比恩的铁路支线，并于 1923 年开始客运业务。

支持企业健康

在任英国皇家空军警察期间，尤其是参加反情报工作期间，我并不熟悉"遵守"（或达成最低标准）这个概念。

安防旨在确保采取相应的防御措施，为贵重资产提供适当的保护，保证其处于经理或部门的风险容忍度或企业的风险偏好范围内。

一个部门应界定不同的风险容忍度级别，并在《安全防卫手册》[联合军种出版物440（JSP 440）]的指导下，减少给重要资产带来的风险。如果在采取缓解控制措施后，风险仍超出容忍度级别，应将报告链进行升级。

我从未听过这样的回复：我怎么做才能达到最低标准？

这是我初涉合规性领域时最难理解的问题。很多企业都有严重依赖的关键资产，就像人体内的主要器官一样。

然而，它们的做法通常是将这些"主要器官"保持在最低的健康标准。

合规性是本书即将讨论的一个商业术语，因此我的建议是，如果您打算达成"合规性"，最好考虑其可能给企业带来的潜在利益。

在参与合规性计划时，请首先回答下列问题：
- 该范围是否包括支持基本的业务运营的"主要器官"？
- 合规性是否有助于降低给"主要器官"造成的风险？
- 拟定合规性计划是否有助于企业探测到可能影响"主要器官"健康的异常活动？
- 合规性是否有助于促进健康和流程的有效性？
- 如果发生可能影响"主要器官"健康的不利事件，企业能及时做出应对，避免给"主要器官"造成不必要的损害吗？
  - 急救

合规性计划是指企业认为对企业健康及其流程有益的计划。可以将它想象成一次体检或看保健医生。

您可能认为一切正常，或自我诊断，认为某些方面不太正常。

您的身体会在主要器官开始衰竭前发出信号或出现症状，从而让您寻求医学干预，这可能有助于防止主要器官完全恶化。

例如：
- 肝脏疾病（肝硬化）
  - **早期症状**
    - 通常感觉不舒服，或总感觉疲劳；
    - 没有食欲；

- 体重下降，肌肉萎缩；
- 恶心、头晕；
- 肝脏触痛/疼痛；
- 腰部以上皮肤出现蜘蛛样毛细血管（蜘蛛状血管）；
- 手掌红斑；
- 干扰睡眠模式。

- **晚期症状（肝脏功能受损）**
  - 皮肤极其瘙痒；
  - 眼白和皮肤发黄（黄疸）；
  - 指甲发白；
  - 指端变宽/厚（杵状指）；
  - 掉发；
  - 腿、脚踝、脚部浮肿（水肿）；
  - 腹胀（腹水肿）；
  - 尿赤；
  - 舌苔发白或发黑；
  - 经常流鼻血，牙龈出血；
  - 容易瘀伤，止血困难；
  - 吐血；
  - 经常肌肉痉挛；
  - 右肩痛；
  - 男性乳房变大和萎缩；
  - 女性月经不规律，或无月经；
  - 阳痿和性欲减退；
  - 头晕、极易疲乏（贫血）；
  - 呼吸困难；
  - 心跳加速（心博过速）；
  - 高温、寒战；
  - 遗忘、记忆力减退、混乱、嗜睡；
  - 性格轻微改变；
  - 手抖；
  - 书写困难、潦草、字迹小；
  - 步伐不稳，容易摔倒；
  - 药物和消遣性药物过敏；
  - 酒精过敏。

这也适用于安防与合规性。

通过咨询外部第三方专家，他们可能发现问题，专家可能建议改变生活方式，或确认自我诊断结果正确。

这也与合规性相同。企业的内部稽查过程应当被视为一种自我诊断的过程，而合规性是对"主要器官"进行的医学检查/体检。在成功地完成合规性稽查后，您将收到一些建议（如适用）和一个"健康证"。

谨记，"健康证"是一种时间戳，只是验证在检查时资产状况良好。这就像进行心电图（ECG），只能确认在评估期间心率和脑电活动位于可接受的参数范围内。

这并不意味着身体主要器官的其他部分是健康的！

供应链健康检查

如图 4-5 所示，您是否强大取决于链条中最弱的一环，而供应链在您的许多链条中都是关键的链条。

图 4-5　供应链管理

对待外包供应商时必须要确保它们能够按照您的标准对待您的业务，这一点至关重要。有些企业或许由于资源有限、专业服务或预算有限而通过第三方提供服务，为企业的"主要器官"提供支持，这是一种推诿的行为，但这无法消除第三方继续保持"主要器官"健康（或影响企业"主要器官"健康）的风险或责任。

因此，在考虑外包服务时，获得独立体检的证据十分有益，但谨记，这并非您应当考虑的唯一事情。

您是否思考过供应链遭受的风险如何影响您的企业（见图 4-6）？

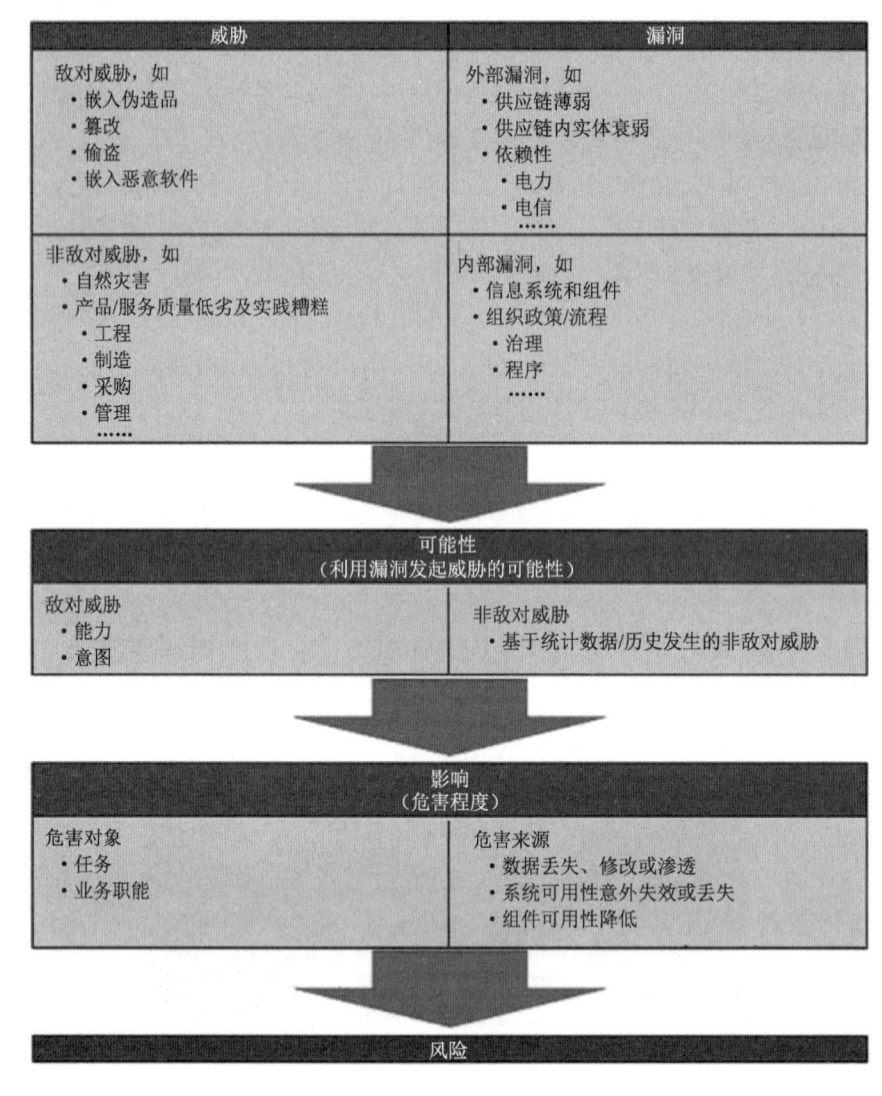

```
┌─────────────────────────┬──────────────────────────┐
│         威胁            │          漏洞            │
├─────────────────────────┼──────────────────────────┤
│ 敌对威胁,如             │ 外部漏洞,如              │
│  • 嵌入伪造品           │  • 供应链薄弱            │
│  • 篡改                 │  • 供应链内实体衰弱      │
│  • 偷盗                 │  • 依赖性                │
│  • 嵌入恶意软件         │  • 电力                  │
│                         │  • 电信                  │
│                         │  ……                      │
├─────────────────────────┼──────────────────────────┤
│ 非敌对威胁,如           │ 内部漏洞,如              │
│  • 自然灾害             │  • 信息系统和组件        │
│  • 产品/服务质量低劣    │  • 组织政策/流程         │
│    及实践糟糕           │     • 治理               │
│     • 工程              │     • 程序               │
│     • 制造              │     ……                   │
│     • 采购              │                          │
│     • 管理              │                          │
│     ……                  │                          │
└─────────────────────────┴──────────────────────────┘
                            ↓
┌─────────────────────────────────────────────────────┐
│                    可能性                           │
│        (利用漏洞发起威胁的可能性)                   │
├─────────────────────────┬──────────────────────────┤
│ 敌对威胁                │ 非敌对威胁               │
│  • 能力                 │  • 基于统计数据/历史发生 │
│  • 意图                 │    的非敌对威胁          │
└─────────────────────────┴──────────────────────────┘
                            ↓
┌─────────────────────────────────────────────────────┐
│                    影响                             │
│               (危害程度)                            │
├─────────────────────────┬──────────────────────────┤
│ 危害对象                │ 危害来源                 │
│  • 任务                 │  • 数据丢失、修改或渗透  │
│  • 业务职能             │  • 系统可用性意外失效或丢失 │
│                         │  • 组件可用性降低        │
└─────────────────────────┴──────────────────────────┘
                            ↓
┌─────────────────────────────────────────────────────┐
│                    风险                             │
└─────────────────────────────────────────────────────┘
```

图 4-6 供应链风险

供应链管理最佳实践

应逐步开展几项基本实践,促进企业充分制定供应链管理流程,并降低风险。NIST 建议将下列实践作为基准实施。

- 实施风险管理层次体系和风险管理流程。
- 构建一个组织治理结构,整合供应链风险管理(SCRM)要求,并将这些要求纳入组织政策中。
- 建立连贯、记录详尽的可重复流程,以确定影响的水平。

- 在确定影响水平后，使用风险评估过程，包括关键性分析、威胁分析和弱点分析。
- 实施一个质量与可靠性计划，将质量保证和质量控制过程与实践囊括其中。
- 确立供应链风险管理的角色和职责，确保更多的利益相关者参与决策过程，包括有权采取行动的人员、某个行动或结果的负责人及咨询人员和/或公告人（如法务部、风险执行官、人力资源部、财务部、企业 IT 部、计算管理/系统工程部、信息安全部、采购部、供应链物流部等）。
- 确保向信息安全和供应链风险管理分配充足的资源，确保妥当实施指南和控制措施。
- 实施连贯、记录详尽、可重复的系统工程、安全实践和收购流程。
- 实施适当、客制化的基本信息安全控制措施。
- 确立内部检查和平衡措施，保证对安全和质量要求的合规性。
- 制定一个供应商管理计划，包括直接向合格的原始设备制造商（OEM）或其授权分销商和转售商采购的指南。
- 实施一项经验证、可重复的应急计划，该计划整合了供应链风险因素，以确保供应链的完整性与可靠性，包括不利事件（如飓风等自然灾害，或罢工等经济动荡）期间。
- 实施一项强大的事件管理计划，以成功地识别、应对和减少安全事件。该计划应当能够识别安全事件的原因，包括 ICT 供应链造成的事件。

供应商的选择

在确定首选供应商前，应根据具有法律约束力的文件（合同）中可能包含的内容，评估供应商的服务交付能力（警惕可以提供但尚未确定范围的服务）。

在确定首选供应商后，与法律团队合作，确保合同考虑了"稽查权"日程，并列出了预期容限。谨记，即使是外包服务，这也是您花钱享受的服务，因此供应商必须将其容限记录在案，为企业的风险偏好阈值提供支持。如果未向供应商明确列出这一点，则可以合理推定供应商与它自己的容忍度或它的其他客户的容忍度保持一致，但这可能与您所在企业的风险容忍度不一致。

在选定供应商后，确保您保留了一份供应商分类清单，从而可以轻易地找到那些为企业提供最主要服务的供应商。然后，将其用于企业风险与复原力概况中。

接下来，为了实现持续的供应商管理，应根据供应商类别，制定一份有效的供应商管理保证计划。

该计划主要有四大好处：

（1）建立供应商关系（合作伙伴关系）；

（2）确认它们仍能够根据合同提供服务；

（3）为风险管理流程提供意见；

（4）提供安全保障。

在该计划期间，如果发现有担心的事情，企业需要开展风险评估，并将其记录到风险登记簿中。

此外，企业可能会发现计划外的事件，需要对计划实施额外的安全保证审核。例如，企业收到威胁情报，称威胁行动者正对供应商（如您的一级供应商）使用特定战术、技术和程序（TTP）[如对云服务提供商发起远程访问木马（RAT）攻击]。

虽然企业能够通过各种文件、数据表等对供应商开展尽职调查，但这一过程耗时耗力。我强烈建议企业考虑使用第三方提供的软件解决方案。

- 安全评分板——ATLAS（见图4-7）。

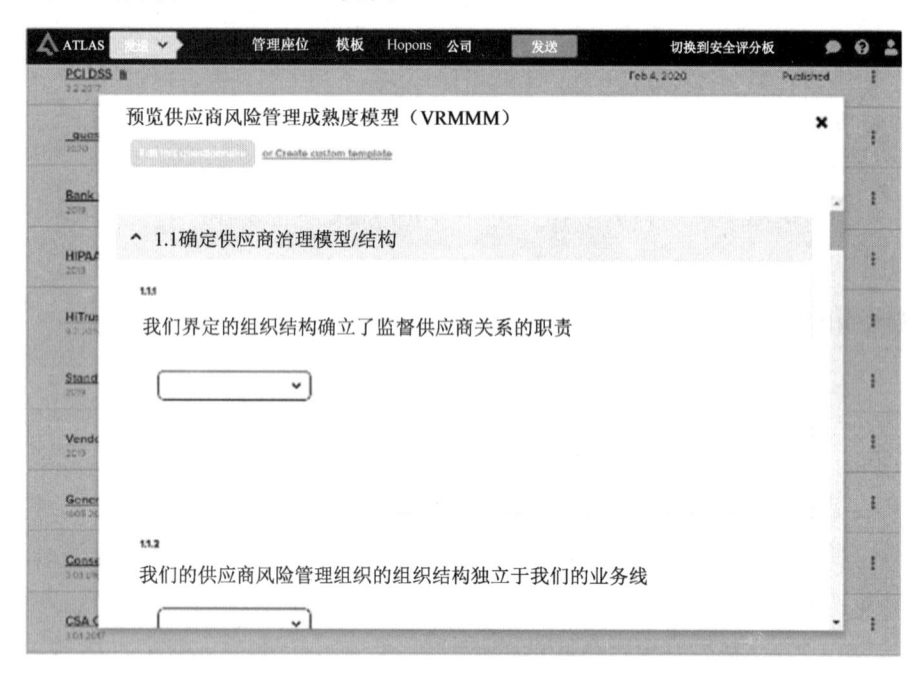

图4-7 VRMMM 调查问卷

- 网络安全评估工具——CSET（见图4-8）。

图 4-8　NIST SP 800:161 调查问卷

安全健康检查在风险预测中的价值

无论企业的重要资产是由内部团队管理的还是企业已经将职责转让给第三方（当然，已完成广泛的尽职调查），在查看了独立评估的结果后，您能更好地了解企业的关键资产和流程获得了多少支持。

接下来让我们看几个例子。

场景

ABC 银行（一家知名银行）将大型计算机维护工作外包给第三方。大型计算机是处理大量交易所需的，因此是一种关键资产。

大型计算机为主要业务提供支持，主要涉及信用卡交易、ATM 取款和在线账户更新。因此，大型计算机能够让银行大规模处理这种数据，这是廉价服务器无法实现的。

供应商合规性审查结果表明，供应商的网络安全、DNS 健康和补丁修复存在问题（见图 4-9）。

F 56	网络安全 探测不安全的网络设置	100个问题	●●●●● ⌄
D 63	DNS 健康 探测DNS配置和漏洞	43个问题	●●◐○○ ⌄
F 58	补丁修复 过期的公司资产可能包含漏洞或风险	3.4万个问题	●●●◐○ ⌄
C 72	端点安全 衡量雇员工作台的安全级别	944个问题	●●◐○○ ⌄
B 85	IP声誉 探测公司网络内的可疑活动，如恶意软件或垃圾邮件	992个问题	●●●●◐ ⌄

图 4-9　主要供应商风险与复原力概况

在供应商的风险与复原力概况中，虽然其评分较低，但位于该行的风险偏好范围内。然而，（全球疫情导致）正常工作方法发生改变，之后供应商的风险与复原力评分显著增长。由于担心补丁降级可能影响关键的大型计算机，因此开展了一次潜在风险分析。

风险分析

损失事件频率（LEF）分析（见图 4-10）

分析目的		预测长期停电给该行大型计算机造成的定量风险
资产		第三方管理的大型计算机
威胁行动者		关键供应商（修补过程）
威胁的影响		可用性
威胁事件频率	接下来的一年，可能会发生多少次威胁事件？ 该资产面临了多少次威胁行动？	
	最少	4
	最可能	6
	最多	12
	置信度	高
漏洞	这些威胁事件在损失事件中所占百分比是多少？	
	最小	50%
	最可能	70%
	最大	90%
	置信度	高
	理由	大型计算机集中为关键数据处理提供支持

图 4-10　LEF

损失幅度分析
- **主要损失幅度**（见图 4-11）

主要损失		每发生一个损失事件我们可能会失去多少钱？
生产能力	最少	68000 欧元
	最可能	136000 欧元
	最多	204000 欧元
	置信度	高
	理由	基于下列公式：$C \times H \times A \times N$。其中，$C$ 为员工平均小时费用；H 为停电时数；A 为停工期间员工的生产能力（在正常生产能力中的占比，以分数表示）；N 为受影响人数
响应	最少	8000 欧元
	最可能	15000 欧元
	最多	20000 欧元
	置信度	中
	理由	大型计算机集中为关键数据处理提供支持
替换	最少	190000 欧元
	最可能	375000 欧元
	最多	563000 欧元
	置信度	高
	理由	通过供应链验证成本
竞争优势	最少	10000 欧元
	最可能	40000 欧元
	最多	100000 欧元
	置信度	低
	理由	通过供应链验证成本
罚款和判决	最少	1000000 欧元
	最可能	3000000 欧元
	最多	5000000 欧元
	置信度	高
	理由	基于监管机构发布的停电罚款
声誉	最少	20900000 欧元
	最可能	31350000 欧元
	最多	47000000 欧元
	置信度	高
	理由	客户保留率减少 10%~30%

图 4-11 主要损失幅度

次要风险分析

- 次要 LEF（见图 4-12）

次要 LEF		
	主要损失事件比例达到多少时会导致次级利益相关者在做出反应后仍遭受损失？	
	最小	60%
	最可能	80%
	最大	100%
	置信度	中
	理由	停电非常有可能影响客户体验，而长期停电可能导致监管机构知晓停电事件

图 4-12 次要 LEF

- 次要损失幅度（见图 4-13）

次要损失幅度		
	次级利益相关者对主要损失事件做出反应后，组织面临的损失可能为多少？	
生产能力	最少	10000000 欧元
	最可能	5000000 欧元
	最多	10000000 欧元
	置信度	中
	理由	利益相关者确定了对客户体验的影响，并打算撤资
响应	最少	0
	最可能	0
	最多	0
	置信度	低
	理由	不适用
替换	最少	0
	最可能	0
	最多	0
	置信度	低
	理由	不适用
竞争优势	最少	0
	最可能	0
	最多	0
	置信度	低
	理由	不适用
罚款和判决	最少	0
	最可能	0
	最多	0
	置信度	低
	理由	不适用
声誉	最少	0
	最可能	0
	最多	0
	置信度	低
	理由	不适用

图 4-13 次要损失幅度

分析结果

我通过 FAIR-U 工具，可视化了预测的年度损失敞口（ALE），它是由大型计算机连续停电 7 天的可能概率及未来损失的可能幅度导致的（见图 4-14）。

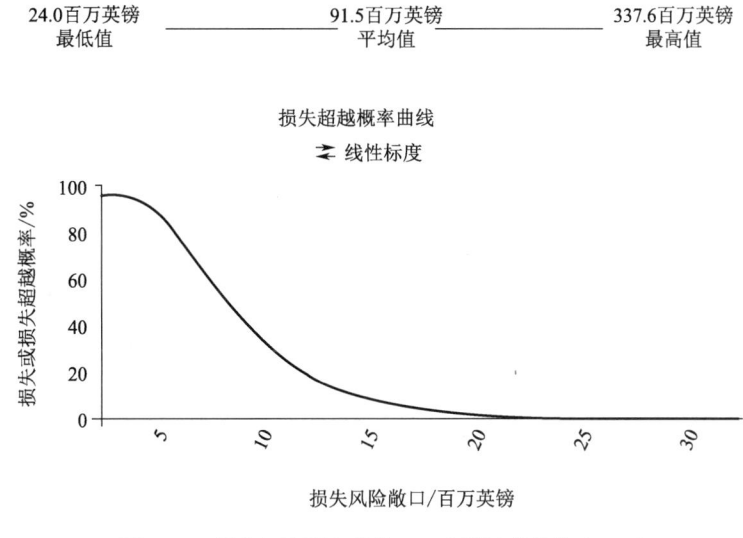

24.0 百万英镑 最低值　　　91.5 百万英镑 平均值　　　337.6 百万英镑 最高值

损失超越概率曲线
线性标度

图 4-14　损失超载概率曲线——大型计算机停电 7 天

模拟结果汇总

汇总的模拟结果如表 4-1 所示。

表 4-1　汇总的模拟结果

	项目	最低值	平均值	最高值
主要结果	每年的损失事件/件	3	5.05	9
	损失幅度/百万英镑	5.1	14.0	44.3
次要结果	每年的损失事件/件	0	4.05	8
	损失幅度/百万英镑	1.1	15.1	9.9
漏洞	78.72%			

从上述内容可以看出，停电的大型计算机不一定是外部（网络安全）资产，但能够影响外部资产；不一定是信息（信息安全）系统，但能够影响信息系统。

然而，大型计算机停电给该行带来的潜在影响可能与网络攻击或数据泄露的影响相同或费用更高，因此需加以预防。

合规性工作必须嵌入安防工作中，确保它们不可分割并能够支持整体策略。

残酷的现实

尽管很多电子商务企业将涉及客户敏感数据的责任完全外包出去，以减少支付卡合规性负担，则该职责仍属于这些企业。

犯罪分子通过使用嵌入式 iFrame 或重新定向到第三方、PCI-DSS 认证的支付服务提供商（PSP），能够实现绕路操作。据报道，Magecart 黑客等团队每十六分钟就能攻击很多不同的网站。

攻击者将恶意代码注入未受保护的网页，允许这些代码通过基础设施重新定向客户的操作。因此，在数据输入到第三方 PSP 支付卡网页界面时，攻击者能够暗中收集客户的个人数据和支付卡数据。

一些著名的数据泄露事件就是用的中间人攻击（MITM）类型。

重要启示

- 企业应当避免"勾选"或"满足最低要求"的合规性做法。
- 应基于对企业重要的资产，实施合规性计划。
- 应采用最相关的行业安全标准作为合规性参考基准。
- 各组织应当将合规性视为一种独立验证或体检，确保内部或外包业务仍"符合目的"。
- 必须了解合规性计划的范围，确保其满足公司的期望。
- 如果发现了不利事件，必须与内部/外部运营商合作，验证可能给企业带来的潜在影响。
- 企业不得过于依赖年度合规性证书，而是应当与关键供应商建立合作关系，定期监测其有效性。
- 应根据对企业的价值，确认和列出所有的内部/外包业务并对其进行分类。
- 服务外包只是将风险转移出去，因此需要相应地管理所有的第三方供应商，确保其风险容忍度符合企业的风险偏好水平。
- 任何第三方供应商对所交付的服务拥有一定的责任；然而，这些服务仍由企业负责。

第五章

制定安防策略

海豹突击队……团队作战，只有在团队作战中，人们才完全依赖彼此做正确的事情。

这就是我们的工作，4个人一组，或许10个人甚至20个人一组，但我们始终是一个单位，想法相同，策略一样。

我们总是本能地倒退、掩护、填补空缺或铺路。

这才是我们伟大的地方。

美国海军海豹突击队　马库斯·鲁特埃勒

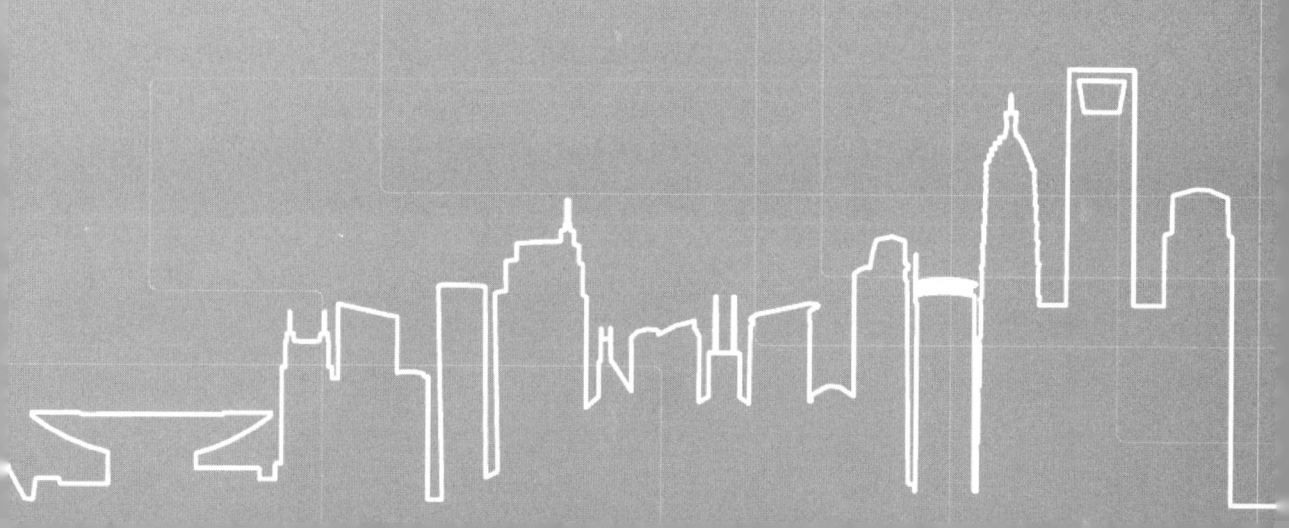

引言

"策略"的起源可追溯到 1810 年,意指"将军的艺术",源自古希腊的"strategia",即"将军办公室或司令部",是从 strategos,即"军队的将军、指挥官",以及各种文官和治安法官头衔和"群众、军队、远征队、驻军"演变而来的。该词自 1887 年成为一个非军事术语。

"保护的"(Protective)(保护某物或某人免于受到伤害)的起源可追溯到 17 世纪 60 年代,而"安全"(Security)一词可追溯到 16 世纪中期,意思是"提供一种安全的条件"。

因此,当提到富有成效的安防策略规划时,企业需要制定一项指挥控制计划,确保企业的重要资产得到充分的保护,免于遭受伤害,从而让企业安心。

然而,在企业环境中,安防通常涉及各个机构,如英国 MI5 或美国国土安全部、网络安全与基础设施安全局(CISA)、基础设施安全部或美国联邦保护安全局。

- MI5

安防是 MI5 的主要活动之一,其致力于确保英国国家基础设施的关键部分得到充分的保护。国家基础设施保护中心(CPNI)负责执行这项工作,并对 MI5 局长负责。

国家基础设施保护中心旨在减少国家基础设施遭受恐怖主义和其他威胁的伤害。国家基础设施包括对能源、通信、交通和水等基本服务的持续提供及完整性至关重要的物理和电子关键资产。

国家基础设施面临着国内外恐怖主义、间谍活动和外国其他敌对活动的威胁。

为对抗这些威胁,国家基础设施保护中心为国家基础设施内的各组织机构提供关于物理和人员安防的权威性专家意见。所有意见均是通过访问与威胁相关的情报和信息获得的。国家基础设施保护中心与国家网络安全中心密切合作,为网络安全提供相关意见。

- 网络安全与基础设施安全局安防顾问

美国国土安全部、网络安全与基础设施安全局(CISA)、基础设施安全部负责管理安防顾问(PSA)项目。

安防顾问项目是经过训练的关键基础设施保护与危害缓解主题专家和美国国土安全部其他办公室合作推进当地野外活动的一项计划。

其也为州、地方官员和私营部门高管,以及关键基础设施所有者和运营商提供意见与帮助。

- 美国联邦保护安全局

预防、保护并应对恐怖主义、犯罪行为,以及其他威胁美国政府基础设施、服务和提供或接收这些服务的人员的危害,并从中恢复过来。

正如制定一个有效的策略计划来保护国家的关键基础设施很重要一样，制定一个有效的策略计划来保护企业的关键资产和流程同样重要。

因此，通过理解安防策略开发概念，您能更好地为数字企业制定一个更加富有成效的保护计划。

富有成效的策略的组成部分

除帮助读者了解富有成效的策略的价值和组成部分外，本节还旨在澄清安全行业中一些关于军事防御的误解。

在进入公司安全环境后，我想起曾经的同事发表的评论，觉得他对军事防御策略的了解很浅显（英国陆军伞兵团前成员理应有更好的理解）。

作为一名支付卡行业合格安全评判员（PCI QSA），我的职责是在查明风险和不合规性事件后，对数据中心现场的客户进行人身安全搜查。所有三个数据中心都配备了电子自动出入管制系统（EAACS），这就要求授权人员出示门禁卡/吊牌，并输入个人识别号（PIN）。

从表面看，它们符合《支付卡行业数据安全标准》（PCI DSS）的要求（见图5-1），且在过去几年里，其他的支付卡行业合格安全评判员对这些设施出入控制的评估结果为合格。

要求9：限制物理访问持卡人数据

对包含持卡人数据的数据或系统的任何物理访问都为个人访问设备或数据，以及删除系统或硬复制提供了机会，因此应给予适当的限制。在要求9中，"现场人员"是指能够亲自出现在公司经营场所的全职和兼职员工、临时工、承包商和顾问。"访客"是指供应商、现场人员的宾客、服务工作人员或需要进入设施短暂停留（通常不超过一天）的任何人。"媒介"是指包含持卡人数据的所有纸质和电子数据。

《支付卡行业数据安全标准》要求	测试程序	指导
9.1 通过适当的设施出入管控措施，限制并监测在持卡人数据环境下物理访问系统的情况	9.1 验证持卡人数据环境下各计算机室、数据中心和其他包含系统的实体区域是否实施了物理安全控制措施。 • 认证访问权限通过标记阅读器或其他设备进行控制，包括授权标记和锁钥 • 观察系统管理员是否试图在持卡人数据环境下登录控制台以进入随机选择的系统，并认证它们是否已"锁定"，防止未经授权使用	如果没有物理访问控制措施（如标记系统和门禁），未经授权人士可能获得设施的访问权限，盗窃、禁用、干扰或销毁关键系统和持卡人数据。 锁定控制台登录屏幕，阻止未经授权人员获得敏感数据访问权限，更改系统配置，将漏洞引入网络或销毁记录

图 5-1 《支付卡行业数据安全标准》物理安全——9.1

现在，在英国皇家空军警察反情报课程的安防培训阶段，教官要求我们从风险的角度评估人身安全对抗措施，并从攻击者的角度看待评估结果。

在检查电子自动出入管制系统的锁定装置安装情况时，我发现它安装在门框外，安装位置不对。固定锁定装置的螺丝暴露在外，攻击者只需要一个螺丝刀就能拆开固定装置。这样，在锁定装置固定的情况下就能打开门。

我给出的建议是，将电子自动出入管制系统的锁定装置移到门框内（见图 5-2），这样才能被视为"适当的设施门禁系统"。

图 5-2　电子自动出入管制系统的锁定装置

客户不记得之前的物理安全审查中发现过这样的问题，因此向我的老板表达了他们的不满。

就在这个时候，老板的一句话彻底破坏了他在我心目中的形象，成为我六个月之后从公司辞职的导火索。

他怎么能说那么刻薄的话呢？

"吉姆，你的要求太苛刻了！

客户不需要'炮台'等军事级别的防御来满足《支付卡行业数据安全标准》规定的义务！"

尽管当时的雇主是退伍军人，现在转业到企业安全行业，但他似乎并未听说过"相称原则"和"风险"。

如果看看《支付卡行业数据安全标准》中第 9.1 条右侧一列的内容，就会发现支付卡行业安全标准委员会明确了攻击者未经授权访问带来的威胁（风险），以及要解决该威胁需要采取适当（相称）的物理访问控制措施。

此外，这些数据中心是客户支付卡业务的枢纽，具有综合价值，因此需要有效的访问控制措施，授权人士只能有限地访问。

结果，在与设施经理交谈后，设施经理讲述了之前发生的物理安全事件，这充分证明了我的观点。具体内容是，一名授权员工拧开电子自动出入管制系统锁定装置的螺丝，进入了其中一个数据中心（尽管他们只是忘记带门禁卡）。

因此，按照国家基础设施保护中心的建议，在制定企业策略时，需要做到连贯、全面、以风险为基础且相称，避免临时、独立和毫无章法的提议，否则会导致资源浪费，对降低所查明的安全风险的作用微乎其微。

企业不应当尝试艰难或不可能的任务，也不要想着尝试一切事物，而应将重心放在我分类的六大重点上。

重点 1：资产管理

积极主动的方法应始终以识别、分类、按重要顺序排列企业资产及其相关业务流程和所识别的风险的价值为出发点。富有成效的安防策略的目的是确保所采取的任何防御措施与企业资产的价值相匹配（或大于企业资产的价值），且将所识别的风险降至可接受的参数范围内（资产所有者和资深管理人员都认可的参数）。

资产的范围较广，不仅指宝贵的数据，以及支持此类数据资产进行处理、传输和存储的技术，而且在处理重要的电子/数字数据资产时，必须确保对它们进行充分的保护。

您的首要考虑因素是引用 **KISS**（保持简单的解决方案）模型，确保数据最小化。

可通过以下数据混淆技术，避免在不必要的情况下使用和保留数据资产：

- 数据屏蔽
- 数据混淆
- 标记化（如 Zortrex）
- 双音多频（DTMF）技术［如 GCI Com（Nasstar）AgentPay］

按照对待硬复制数据资产的方式对待电子/数字数据资产。应定期收集硬复制数据资产，以避免不必要的存储操作（需要物理安全容器内的空间）。不同于电子/数字数据资产，硬复制存储占用的空间极大。

当必须要存储高价值或集合价值的硬复制数据资产时，可以考虑将其存储在安全性较高的容器中（见图5-3）。

图 5-3　永久存储容器

这种容器应当仅允许授权人士访问，还要采取其他级别的保护措施（如放置在访问受限、上锁的房间或访问受限、上锁的建筑物内等）。

如果您需要保护移动硬复制数据资产，可以考虑采用一种能够为运输中的资产（如在途现金）提供保护的存储容器。数据资产从一个安全地点（A 点）转移到另一个安全地点（B 点）时应提供适当的保护措施。例如，应将硬复制数据资产记录下来，存储在一个安全文件盒中（见图 5-4），并由两个安全地点之间移动硬复制数据资产的负责人签字确认。运输期间，应对该移动情况进行跟踪，并且安全文件盒应位于安全的车辆中。一到达目的地，即签收硬复制数据资产，并保存在一个合适的永久存储容器内（类似于图 5-3）。

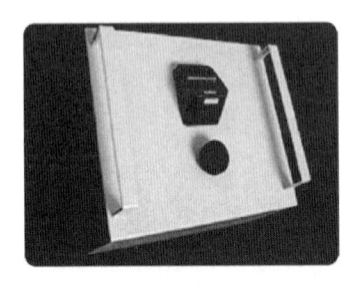

图 5-4　安全文件盒

在存储和传输电子/数字数据期间（无法避免，必须要），企业须保证采取适当的加密措施（如网络分段、安全系统配置、访问控制、监测、入侵监测/预防、防毒等），确保这些数据资产得到合理的保护（不包括现有的保护级别）。

如果企业网络（场所）、分段网络（建筑）和数据库（房间）受到损害，应向数据资产施加适当的保护措施。

加密（encryption）一词源自动词"encrypt"：

- 源自 1968 年的通信行业，encryption 的逆构词法（1964 年），或源自 en-(1)+crypt(n.)，意为"隐藏的地点"。

NIST 将加密定义为对数据进行加密转换以产生密文。

实质上，对您重要的电子/数字数据资产进行加密，便能把这些数据隐藏和锁定起来。

正如安全容器有不同的类别一样（见图 5-5），加密也是如此（见图 5-6）。

四级容器
- 高度抵御使用暴力及配备手动和电动工具的攻击者
- 抵御有助于钓鱼或探查攻击的门、抽屉或盖子

三级容器
- 抵御使用暴力及范围有限的手动工具的攻击者
- 抵御弯曲、扭曲或摇晃，防止动物尸体扭曲变形，允许插入探头或设备，以便访问容器

二级容器
- 设计和建造坚固；
- 抵御偶然或机会主义攻击者，其尚未做好攻击准备，只能使用手头的物品

一级容器
- 通用容器，无特殊安全设计特点，但可以锁定并能提供一定的隐私程度

图 5-5　安全容器类别

三重数据加密标准（TripleDES）

- 三重数据加密标准是一种计算机密码学，对每个数据块施加三次分组密码算法。三重数据加密标准中的密钥大小已增加，目的是确保通过加密能力提高其安全性。每个数据块都包含64比特数据。三个密钥简称捆绑密钥，每个密钥56比特。在数据加密标准中有以下三种锁定方案：
  (1) 所有的密钥都是独立的；
  (2) 密钥1和密钥2是独立的密钥；
  (3) 所有三个密钥都是相同的。
- 第三种密钥方案称为三种数据加密标准，其密钥的长度为168比特，但密钥安全性属于112比特的水平。

Blowfish加密算法

- Blowfish是一种免授权的密码区块算法，将32比特各种长度的密钥驱动到448比特。最初设计用于替代老旧的、不太先进的公共域访问的数据加密标准（DES）。其基本功能使用了S密钥，比较依赖密钥。

Twofish加密算法

- Twofish是由布鲁斯·施耐尔设计的一种加密算法。它是一种采用128比特区块的对称分组加密方法。它与高级加密标准及早期的Blowfish区块密码相关。Twofish实际上入选了行业加密标准，但是最终被现行高级加密标准打败。

高级加密标准（AES）

- 高级加密标准（AES）是一种对称分组密码算法，也是美国政府安全分级数据加密和解密标准。
- 2001年12月，美国国家标准与技术研究院（NIST）批准将高级加密标准作为第197号联邦信息处理标准出版物（FIPS PUB）的主题，其中详细规定了将Rijindael算法应用到所有的敏感分类数据中的情况。
- 高级加密标准最初称为Rijindael。

国际数据加密算法（IDEA）

- 简化版的国际数据加密算法是一种分组密码算法。
- 它使用了固定长度的16比特纯文本。
- 用4个区块（每个4比特）进行加密。
- 能够产生16比特密文。
- 所使用的密钥长度是32比特。
- 密钥也拆分为8个区块，每个区块4比特。

信息摘要5（MD5）加密算法

- MD5又称为密码散列算法。它能产生十六进制的散列数值。这种算法与散列功能采用特定数据段进行更改后，提供用于替代原值的密钥或数值的其他设计。

散列消息认证码（HMAC）加密算法

- 散列消息认证码（HMAC）是一种利用加密密钥和散列功能的消息认证码。散列消息认证码后的实际算法比较复杂，散列功能需要操作两次。这有助于帮助某种形式的加密分析。散列消息认证码比其他类似的消息认证码更安全，这是因为所传输的数据和所使用的密钥单独散列。

Ron Rivest, Adi Shamir and Leonard Adleman（RSA）安全

- RSA加密是由RSA Data Security开发的公钥加密技术。RSA算法是基于难以将非常大的数字化为因数这一事实得出的。基于这一原则，RSA加密算法将素因子分解用作加密暗门。因此，推演一个RSA密钥需要花费大量的时间和处理能力。RSA是重要数据的标准加密方法，尤其是通过互联网传输的数据。

图 5-6 加密类别

AES 采用 256 比特加密方式，通常称为"军事级"加密。因此，对于您最宝贵的电子/数字资产数据，这已成为首选标准。然而，对于级别较低的资产，企业可能希望考虑替代的加密标准。

如果企业的数据被认定为企业、客户、员工或机会主义攻击者宝贵的数据，企业的策略应当包括选择最合适的加密方法，对这些数据资产（包括任何综合价值）进行适度保护。

可通过下列比喻思考该问题。

- 银行业
  - 当您将辛辛苦苦赚来的钱存入银行时，希望银行出纳员/收银员受过相关培训，知道如何安全地处理现金存款，并希望银行拥有安全的存储设施，如安全的现金抽屉、保险箱、金库等（随着现金量的增加，现金会从安全的现金抽屉转移到保险箱和金库）。
  - 当现金从银行分行转移时，在人员护送下，在一个安全的钱柜中，现金被装入装甲车中。
  - 当现金存入自动取款机（ATM）时，将根据自动取款机感知到的总价值，按比例为机器提供安全级别。
- 珠宝店
  - 当走进一家珠宝店时，您希望最贵重的资产获得最安全的保护措施。
  - 您不希望最昂贵的物品在展示期间不安全。
  - 在经营场所之间移动贵重资产时，应采取适当的安防措施。

如果任何企业不考虑对重要的数据资产实施适当的加密措施或数据保护措施，就相当于将"皇冠珠宝"摆在明面上，而非安全地锁起来。

重点 2：风险管理

在确定您的资产并按重要性排列后，您需要了解对这些资产的潜在威胁。要做到这一点，就必须熟悉针对此类资产的战术、技术和程序（TTP）。

您可以考虑根据以下几点对企业资产进行估值和排序：

- 企业资产受到损害后（如拒绝服务、勒索软件等）的潜在影响；
- 它们对处理、传输或存储敏感数据资产（如支付卡、个人信息、财务信息、知识产权等）的参与度；
- 环境因素（如面向公众、与更多宝贵资产的联系）。

熟悉 MITRE ATT&CK 框架是开始了解威胁的重要资源。其他可用资源包括各种威胁信息源或购买威胁情报服务，以便将信息处理成与组织相关的可操作情报（见图 5-7）。

图 5-7 信息处理

部分可用资源如下：
- OSINT 资源框架；
- OSINT 框架；
- Blueliv Threat Compass；
- Digital Shadows；
- 网络信息共享和协作计划（CISCP）；
- 网络安全与基础设施安全局（CISA）预警；
- 网络安全信息共享合作关系（CiSP）；
- Maltiverse；
- A10 DDoS 威胁情报；
- Recorded Future；
- QRadar；
- Pktintel。

需要对原始数据进行分析和背景化处理，以确保其始终与企业相关。

重点 3：漏洞和影响管理

在了解企业的宝贵资产及面临的威胁之后，有效管理现有的和新出现的漏洞就显得尤为重要，因为这些漏洞可能会被利用以危害企业的资产。

因此，必须对资产进行安全配置和扫描，以确保在环境中不会引入新的漏洞。

在确信企业没有可利用的现有漏洞后，企业需要制订一个正式计划，以便及时发现和修复任何新出现的漏洞。

这可通过对关键业务运营和资产进行定期及事件（威胁情报）驱动的扫描和审查实现。在识别任何新出现的漏洞后，必须根据此类事件发生的概率及受损害资产的潜在影响，对这些漏洞进行情境分析。

谨记，安防包含几个安全行业术语（如网络安全、信息安全、复原力、物理安全、人员安全等），可从以下各种媒介中寻找漏洞情报：
- Exploit Database；
- 常见的漏洞和风险（CVE）数据源；
- 美国国家漏洞数据库（NVD）数据源；
- 安全内容自动化协议（SCAP）验证产品和模块；
- 数字足迹漏洞扫描仪；
- 物理安全系统评估。

无论企业使用的是内部资源还是采购的服务，都必须在企业背景下考虑各种信息来源，以便了解这些威胁、漏洞和潜在影响给企业带来的风险。

这主要通过采用"痛苦金字塔"（见图5-8）进行评估来实现。这有助于企业确定，一旦攻击者的某类攻击指标为人所知，其可能感受到的潜在痛苦。这有助于企业更好地预测攻击者利用此类方法攻击企业防御系统的可能性。并非所有的攻击指标都是相同的。因此，金字塔表明了敌方所面临的各种困难及在哪些方面实施防御措施来识别和应对这些指标，企业可借助这些金字塔降低敌方成功的可能性。

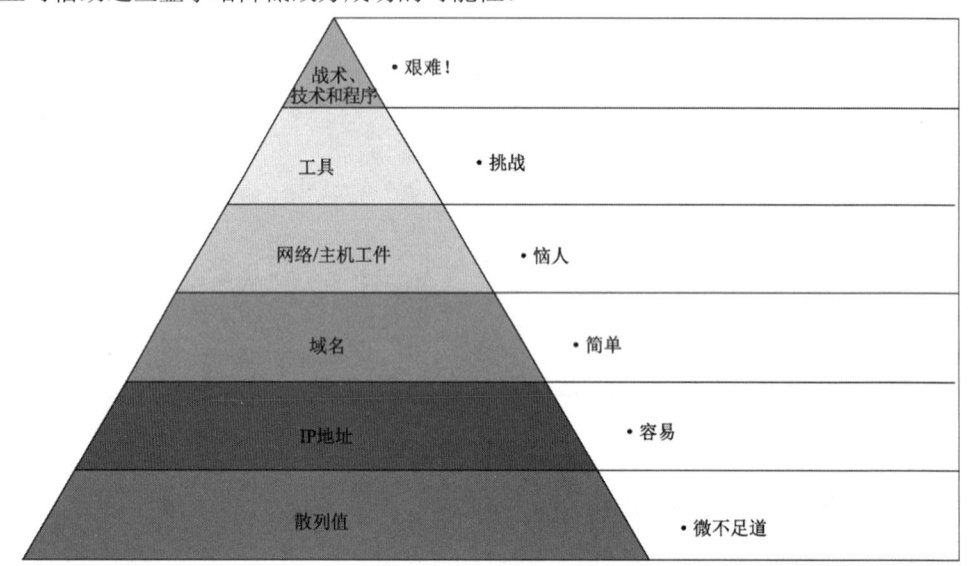

图 5-8　痛苦金字塔

上述三个重点是采取行动前制定策略的基础。

在确定这些基础后，企业可识别企业关键资产和业务流程的控制措施与对策，从而减少所识别的威胁。

在这方面，企业可基于最适当的行业安全控制标准/框架，建立一个基准，按比例减少所识别的威胁和漏洞，使其处于可接受的风险容忍度范围内。选定的安全控制措施不仅限于单个安全控制标准/框架，还可以整合各种标准/框架中的安全控制措施来实现以下目标：

- 将风险降至可接受的容忍度范围内；
- 减少企业的攻击面；
- 减少攻击者的机会窗口。

只有在奠定了坚实的基础并了解了保护对象和风险后，才能制定一项富有成效的安防策略。

在设计和实施富有成效的安防策略后，企业需要确保安防策略包含以下内容。

1. 绘制安防策略的真实愿景

这是一份具有远见卓识的声明，提供了未来的缩影，明确了该策略希望达成的抱负。

2. 确定优势

该策略如何为内部客户（如企业、关键利益相关者、雇员、股东等）和/或外部客户（如监管机构、消费者、客户等）提供独一无二的价值？

3. 定义企业的目标

在策略目标的明确指导下，企业能创建一个安防综合方法，确认现有防御工作的补充措施。

4. 关注系统发展情况

合理的安防模型必须抓住机遇投资适当的新技术、人才、培训和安全工具，以巩固该模型。策略计划应当能够识别可被新技术（如机器学习、人工智能、云等）代替且更富有成效的老旧技术。

5. 基于事实做出的决策

富有成效的安防策略有助于确立可见的风险和性能指标，显示综合解决方案如何有效地帮助缓解已知风险。

投资需要产生量化的结果，显示给保护企业带来的好处。

6. 长远目光

对于富有成效的安防策略，企业可能无法一蹴而就。然而，了解并记录长期策略的内容，能够确保企业按照重要性将愿望清单拆分为更易于消化的业务块。

7. 灵活性

由于策略的有效性受所感知的风险的影响，因此，企业需要确保自身能够快速应对并适应本年度策略计划中即将包含的事件导致的（企业或外部）变化。

8. 包罗万象

灵活的安防服务需要各部门的支持和包容。这样能够提供更大的透明度，并得到值得信赖和具有策略思维的关键利益相关者的支持。

9. 准备

如果企业希望关键利益相关者能够认真对待企业的策略，企业需要做好充分的准备，确保在策略相关的会议上，关键利益相关者能够看到这种需求及其潜在价值。

10. 衡量结果

人们对安防的常见误区是未能确保实现明确界定的 SMART（具体性、可衡量性、可行性、现实性和时限性）目标。

我们很容易被供应商的"推销"和"光鲜亮丽"的用户界面所迷惑，但在采购新的解决方案/服务/产品之前，企业是否考虑过它如何与企业策略的其他要素相整合，它将为企业的组织带来哪些额外的好处和可见性？

企业是否会定期审查和衡量支持企业安防策略的要素是否有效？企业应定期审查支持安防策略计划的安全资产的有效性。

策略审查应找出不足之处，以及未能实现其目标或可以用更具成本效益或更好的产品取而代之的任何要素。

- 在更换工具箱中的现有安全工具时，不应该犹豫不决，而应选择更新、改进或成本效益更高的工具。
- 如果最初选择的产品未能满足期望，或未能提供适当的投资回报，就应该毫不犹豫地用替代品（或选择替代选项）取代昂贵的安全解决方案，如用人工智能/机器学习安全信息和事件管理（SIEM）和安全运营中心（SOC）服务（如 CyberEasy）取代每年 47.5 万美元的外包网络监控解决方案。

重点 4：访问管理

必须实行相称的访问控制措施，确保只有明确授权人士能够访问这些企业的贵重资产。这就需要后台操作（管理锁定机制）和前台操作（密钥的用户）密切协作。因此，双方需要明确各自在防止未经授权访问这些已查明资产方面所发挥的作用，并需要定期提醒，定期接受品格审查（稽查）。

重点 5：安全信息和事件管理

在确定了重点 1 至重点 4 后，富有成效的监测工具和支持流程是确保及时从正常现象中发现不正常现象所必需的。

谨记，安全信息和事件管理（SIEM）解决方案能够审核各种安全信息事件通知。之后，需调查确定是否应当将这些异常事件升级为安全事件。在 NCSC 认证的网络事件规划和响应课程期间，与网络管理联盟一起，其通过入室偷盗这一场景为我详细解释了这一概念的意义（见图 5-9）。

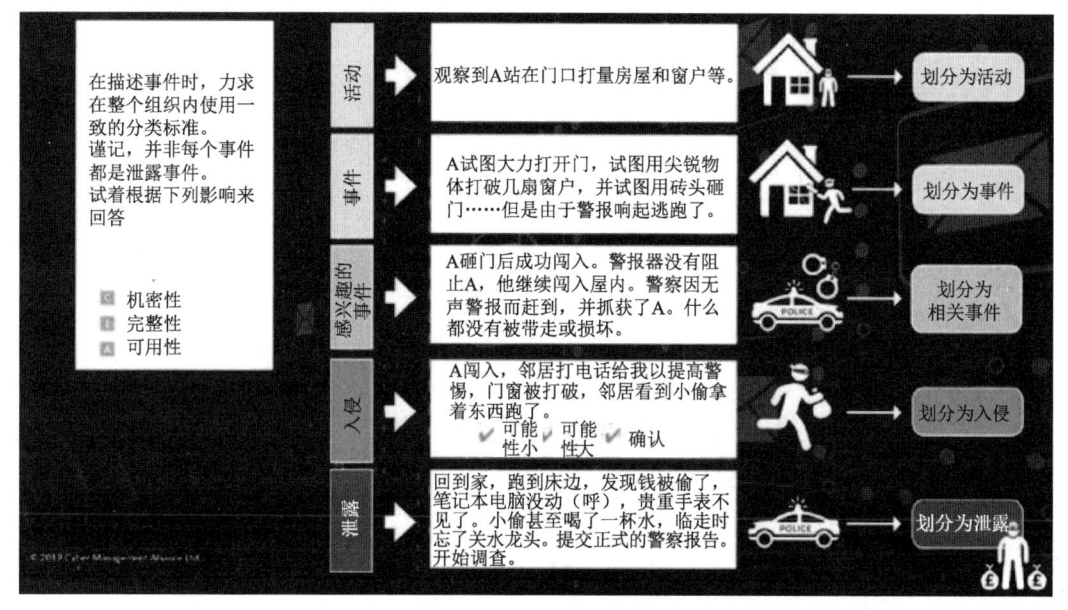

图 5-9　确定违约事件

重点 6：事件管理

人难免会犯错，因此企业必须建立一个富有成效的事件管理过程。这样，通过快速识别、应对、抑制该事件并从中恢复，企业能够最大限度地减少此类事件带来的潜在影响。

如您所见，富有成效的策略需要灵活，以风险为导向。因此，在基础阶段，必须由合适的平台提供支持，以便为您确定的、有优先级的、有价值的企业资产提供集中的风险视图。

军事比较

正如您所想象的那样，英国皇家空军正在不断改进并逐步发展其策略。在我二十二年的军旅生涯中，很多策略由于外部因素的影响而发生改变。

看看我们为减少反恐怖主义威胁所做的调整就知道了。

在我英国皇家空军警察生涯的前十年中，我的工作重点是抵御国内恐怖主义威胁。这与"基地"组织等国际恐怖组织采用的战术、技术和程序（TTP）截然不同。

尽管拉米兹·尤素福于 1993 年 2 月 26 日袭击了世贸中心，"基地"组织在 20 世纪 90 年代还实施了其他各种恐怖袭击，但在 2001 年 9 月 11 日其第二次袭击世贸中心后，反恐形势发生了重大转变。

支持不断变化的策略所需的设备需要能够持续应对不断变化的业务。然而，在更新设备以履行任务声明时遇到了采购流程这个大问题。

正如您能想象到的那样，研发（R&D）时间可能十分漫长，因此在新设备投入使用时，任务可能已经发生变化。

为了取代老旧的鹞式战斗机、海盗战斗机和旋风式飞机而研发、采购台风战斗机的过程就是例证。

通过试验飞机计划（EAP）生产原型机的合同最初于1983年签订。这就是鹞式战斗机的来源（见图5-10）。

图 5-10　EAP 与鹞式战斗机

当时发生的冲突（如冷战、福克兰群岛冲突）意味着飞机需要具备近距离空战的能力。然而，该飞机直到2003年才投入使用，而上一次要求英国皇家空军参加航空战役（近距离空战）还是在1982年7月8日福克兰群岛冲突期间。

英国皇家空军不得不将这些新飞机改造成战斗轰炸机——一种完全不同于最初设计和研发的飞机。

伊拉克和阿富汗的部队部署向国防部（MOD）清楚地表明，其需要一个更快速、更灵活的研发和采购流程，以快速适应不同环境的需求和任务要求。

例如，L85A1［20世纪80年代的轻武器（SA80）］于1985年首次引入到英国军队，但在"沙漠风暴"使用期间（并非设计用于多沙、炎热的环境下）产生了各种问题，需由德国黑克勒和科赫有限责任公司进行改造。之后，L85A2变体开始投入使用（见图5-11）。

图 5-11　L85A2 变体

在后来的伊拉克和阿富汗行动中，叛乱分子快速调整战术、技术和程序，因此英国军队需要一个能够满足这些需求的研发和采购过程。

在我最后部署到海外的行动中，我发现支持海外作战的训练和设备类型发生了一些显著变化。

构建 BRIDGES

如上所述，企业的安防策略需要各部分密切配合、相称并受企业面临的风险的影响。因此，我将为一家大型企业展示如何围绕过去使用的风险管理平台（Acuity STREAM）制定有效的策略。

下面将采用 BRIDGES 缩略语进行展示。

企业背景

下面以一家大型制造企业（ABC 公司）为例，其可能不会把自己看作当今犯罪分子的目标。

这家公司总部位于英国，正打算接受新的数字技术，其制造和销售业务，以及数字足迹遍及全球。

除主要数字足迹外，ABC 公司还有许多补充的数字足迹档案（见图 5-12），并且支持的 IT 基础设施由第三方管理的广域网组成，连接多个局域网。

安全评分	公司
95	ABC-Personal
95	ABC-Coatings
97	ABC-Lubricants
95	ABC-Homecare
95	ABC-Polymer
95	ABC-OilandGas
95	ABC-Industrial
79	ABC-Company

图 5-12 补充的数字足迹档案

作为一家 B2B 制造公司，其重点是保护下列内容：
- 品牌名（声誉）；
- 作为一家公开上市的英国公司，遵守《吉百利规则》；
- 遵守数据隐私条例；
- 客户名单；
- 账户/支付数据；
- 知识产权；
- 化学配方；
- 销售职能；
- 制造厂 IT 系统；
- 雇员数据。

风险与复原力概况

通过使用恐怖主义、间谍活动、蓄意破坏、颠覆、有组织犯罪（TESSOC）缩略语来评估潜在的传统和非传统威胁，我们能够快速评估这些威胁如何成为 ABC 公司的考虑因素。

恐怖主义

作为化学品制造商和入选《金融时报》（FTSE）100 指数的上市公司，可能成为恐怖分子的目标，因为恐怖分子会寻找机会实施符合恐怖主义法律定义的行为。

恐怖主义是指使用下列行为或威胁：

（1）包括针对人的严重暴力、严重损害财产、危及人的生命（不包括实施该犯罪行为的人）、给公众或公众阶层的健康和安全造成严重风险、严重干预或干扰电子系统；

（2）影响政府或国际政府机构，或恐吓公众或公众阶层；

（3）为了促进政治、宗教、种族或意识形态而制造的。

因此，大型化工厂很容易成为目标，尤其是在新冠疫情期间，其要转型，以帮助应对新冠疫苗所需材料的大规模生产所面临的挑战。

此时 ABC 公司需要考虑：
- 是否评估了恐怖威胁（或由于角色变化进行了重新评估）？

- 是否实施了与英国政府反恐怖主义（CONTEST）策略相匹配的物理安全控制措施？

间谍活动

作为《金融时报》100 指数上市公司，ABC 公司不断寻找新的盈利经营项目和创新想法，这使得它成为工业或内部间谍活动，甚至敌对国家间谍活动的目标。

间谍活动对敌对竞争者的价值在于，其可以窃取和使用任何知识产权，而无须支付初步开发费用。

此外，竞争对手能够接触到 ABC 公司销售团队的主要成员，为他们在组织内部提供待遇优厚的职位，而这个人可能希望通过为竞争对手提供客户名单而留下良好的第一印象。

这种行为可能让竞争对手在市场处于绝对的优势地位。

此时 ABC 公司需要考虑：
- 是否实施了充足的防御措施，或者唯一的防御措施是否建立在信任基础上？
- 能够探测到未经授权或意外输出敏感数据的情况吗？

蓄意破坏

蓄意破坏旨在让"企业信任"的员工不再对企业抱有幻想，对这些员工进行敲诈勒索，或者敌对实体给予员工报酬，让员工实施一些恶意行为，给企业的关键业务造成严重影响。

谨记，蓄意破坏可能来自企业外部。例如，乡村叛乱能够给企业带来损害或妨碍员工工作。

此时 ABC 公司需要考虑：
- 是否对可能造成蓄意破坏的角色进行了评估？
- 将实施什么应急措施？
- 这是否符合可接受的风险容忍度？

颠覆

在数字时代，随着社交媒体成为传播颠覆性消息的平台，颠覆的威胁日益增加。

制造业和化工业更是如此，其可能成为全球变暖或动物权利抗议活动关注的焦点。

此时 ABC 公司需要考虑：
- 是否对颠覆活动风险进行了风险评估？
- 这是否符合可接受的风险容忍度？

有组织犯罪

ABC 公司有很多宝贵且具有吸引力（V&A）的资产，窃贼对这些资产十分感兴趣，而网络犯罪分子感兴趣的是财务数据资产或何时能够发动恶意软件攻击（增长 156%）。如果发生这类攻击，ABC 公司估计要向攻击者支付一笔费用（通常，攻击者知道目标的净值），以求对宝贵数据和处理系统解除锁定。

此时 ABC 公司需要考虑：
- 对于持续寻找机遇利用 ABC 公司等企业的有组织犯罪群体，ABC 公司是否评估了这些群体带来的威胁？
- 是否开发了此类场景及是否针对此类场景进行了风险评估？
- 要多快识别、应对和抑制恶意行为才能快速恢复到正常经营状态？
- 如果发生恶意软件攻击，快速恢复的能力都有什么，应急计划是什么？
- 是否充分地备份了保持企业经营所需的全部基本数据资产？
- 这些是否符合可接受的风险容忍度？

其他非传统威胁

企业的非传统威胁集中于员工的非恶意偶然行为：
- 不当使用个人数据
- 粗心回复恶意信函
  - 网络钓鱼
  - 鱼叉式网络钓鱼
  - 捕鲸
  - 钓鱼短信
  - 语音钓鱼（电话钓鱼）
- "孤狼"黑客/脚本小子的行为
- 自然灾害
  - 地震
  - 火灾
  - 洪水
  - 流行病
- V&A 企业资产被盗
  - 移动 IT
  - 重金属

加拿大销售办公室评估示例

通过 MITRE ATT&CK 框架，企业可识别可能带来风险的其他威胁。例如，在 ABC 公司的加拿大销售办公室，企业可识别与众多攻击表面有关的风险。

随后，将企业背景信息及风险与复原力概况输入 STREAM 平台，生成综合视图（见图 5-13～图 5-25）。

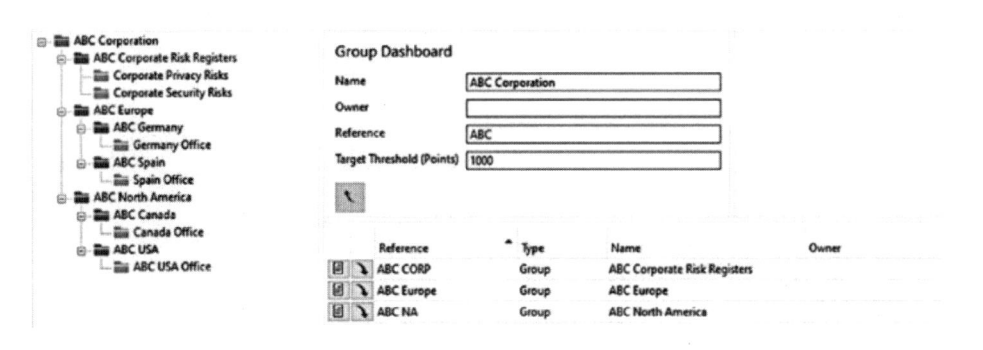

图 5-13　企业树层次结构

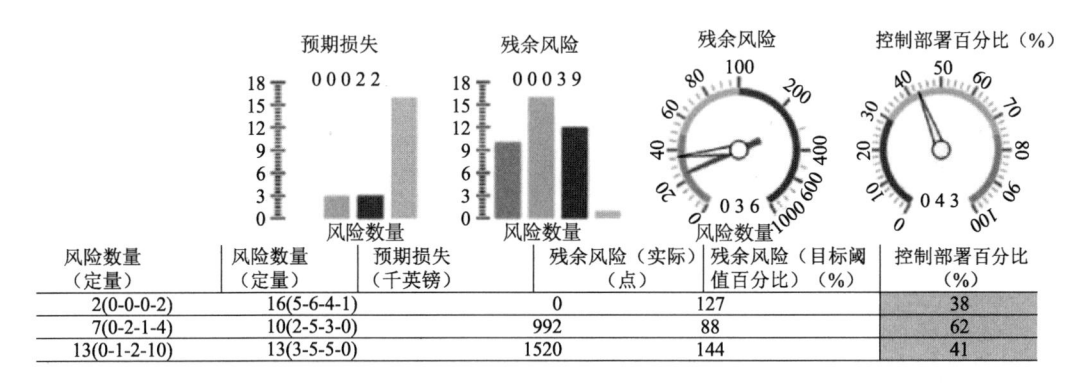

风险数量（定量）	风险数量（定量）	预期损失（千英镑）	残余风险（点）	残余风险（目标阈值百分比）（%）	控制部署百分比（%）
2(0-0-0-2)	16(5-6-4-1)	0	127		38
7(0-2-1-4)	10(2-5-3-0)	992	88		62
13(0-1-2-10)	13(3-5-5-0)	1520	144		41

图 5-14　企业树风险

图 5-15　北美树层次结构

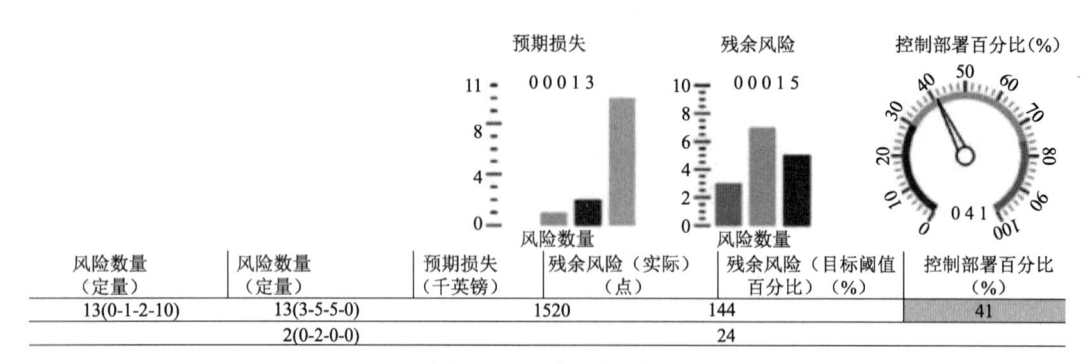

风险数量 （定量）	风险数量 （定量）	预期损失 （千英镑）	残余风险（实际） （点）	残余风险（目标阈值 百分比）（%）	控制部署百分比 （%）
13(0-1-2-10)	13(3-5-5-0)	1520	144		41
	2(0-2-0-0)		24		

图 5-16 北美风险视角

图 5-17 加拿大办公室层次结构

参考号	威胁	资产
CSA-01:A013	数据泄露	ABC销售队伍
CSA-02:A013	身份、凭证和访问管理不适当	ABC销售队伍
CSA-03:A013	接口和API不安全	ABC销售队伍
CSA-04:A013	系统和应用程序漏洞	ABC销售队伍
CSA-05:A013	账户劫持	ABC销售队伍
CSA-06:A013	恶意内部人	ABC销售队伍
CSA-07:A013	高级持续性威胁	ABC销售队伍
CSA-08:A013	数据丢失	ABC销售队伍
CSA-09:A013	尽职调查不充分	ABC销售队伍
CSA-10:A013	滥用或以不道德的方式使用云服务	ABC销售队伍
CSA-11:A013	拒绝服务	ABC销售队伍
CSA-12:A013	共享技术问题	ABC销售队伍
T201:A013	拒绝服务攻击	ABC销售队伍

图 5-18 加拿大办公室威胁

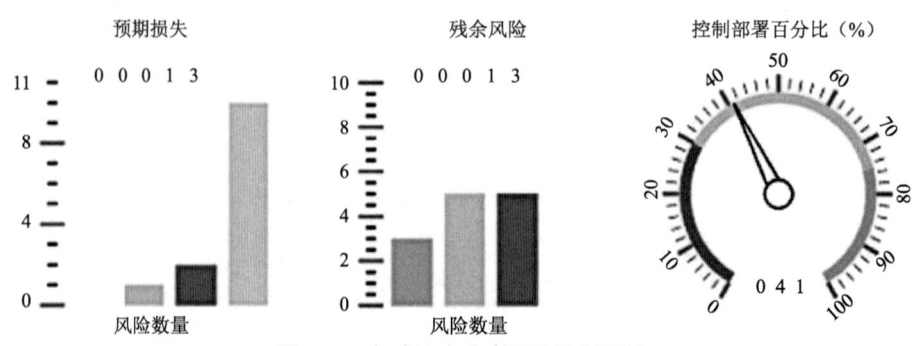

图 5-19 加拿大办公室风险控制面板

33	23	929	17	过期	✕
54	19	0	12	不认可	✕
46	4	0	1	过期	✕
30	9	573	4	未设置	✕
50	8	0	13	过期	✕
44	18	0	14	过期	✕
44	12	17	6	未设置	✕
44	4	0	15	过期	✕
16	8 (29)	0	14	过期	✕
45	11	0	14	过期	✕
44	2 (4)	0	20	过期	✕

图 5-20　加拿大办公室控制措施评估记录

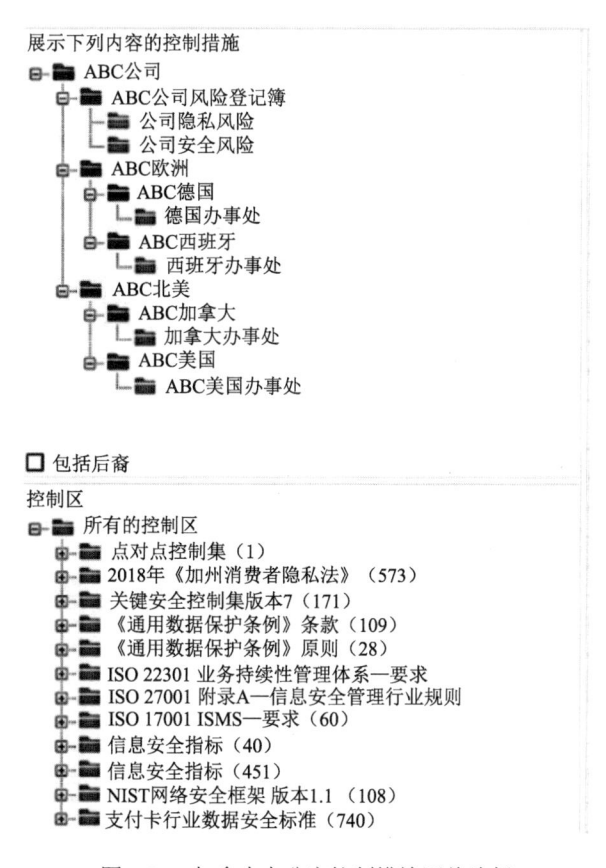

```
展示下列内容的控制措施
⊟─📁 ABC公司
       ⊟─📁 ABC公司风险登记簿
              ├─📁 公司隐私风险
              └─📁 公司安全风险
       ⊟─📁 ABC欧洲
              ⊟─📁 ABC德国
                     └─📁 德国办事处
              ⊟─📁 ABC西班牙
                     └─📁 西班牙办事处
       ⊟─📁 ABC北美
              ⊟─📁 ABC加拿大
                     └─📁 加拿大办事处
              ⊟─📁 ABC美国
                     └─📁 ABC美国办事处

☐ 包括后裔

控制区
⊟─📁 所有的控制区
       ⊞─📁 点对点控制集（1）
       ⊞─📁 2018年《加州消费者隐私法》（573）
       ⊞─📁 关键安全控制集版本7（171）
       ⊞─📁 《通用数据保护条例》条款（109）
       ⊞─📁 《通用数据保护条例》原则（28）
       ⊞─📁 ISO 22301 业务持续性管理体系—要求
       ⊞─📁 ISO 27001 附录A—信息安全管理行业规则
       ⊞─📁 ISO 17001 ISMS—要求（60）
       ⊞─📁 信息安全指标（40）
       ⊞─📁 信息安全指标（451）
       ⊞─📁 NIST网络安全框架 版本1.1（108）
       ⊞─📁 支付卡行业数据安全标准（740）
```

图 5-21　加拿大办公室控制措施评估选择

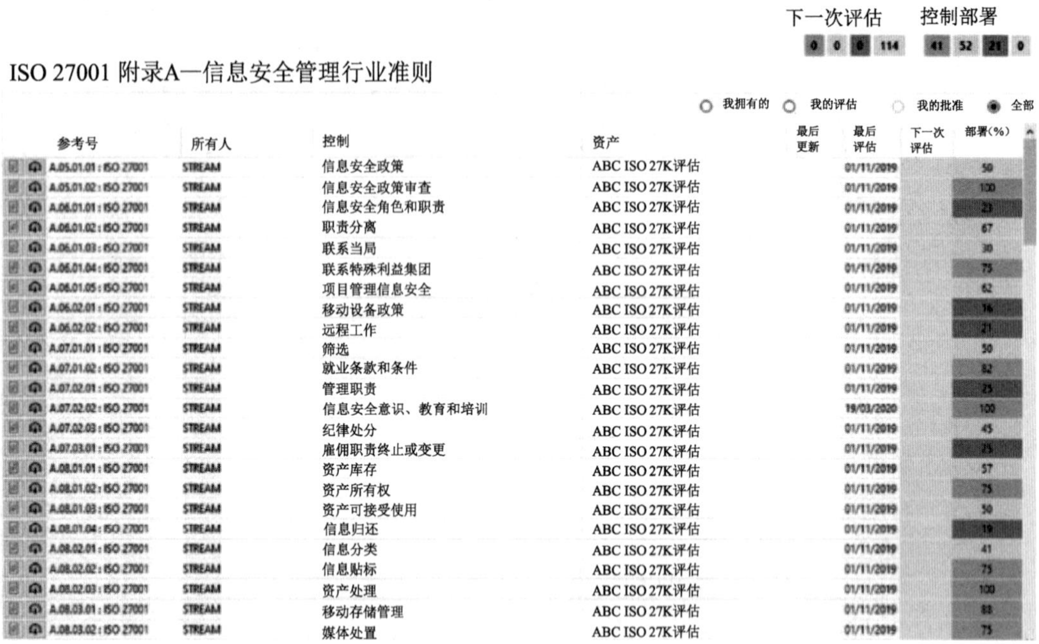

下一次评估 0 0 0 114　控制部署 41 52 21 0

ISO 27001 附录A—信息安全管理行业准则

○ 我拥有的　○ 我的评估　○ 我的批准　◉ 全部

参考号	所有人	控制	资产	最后更新	最后评估	下一次评估	部署(%)
A.05.01.01 : ISO 27001	STREAM	信息安全政策	ABC ISO 27K评估		01/11/2019		50
A.05.01.02 : ISO 27001	STREAM	信息安全政策审查	ABC ISO 27K评估		01/11/2019		100
A.06.01.01 : ISO 27001	STREAM	信息安全角色和职责	ABC ISO 27K评估		01/11/2019		23
A.06.01.02 : ISO 27001	STREAM	职责分离	ABC ISO 27K评估		01/11/2019		67
A.06.01.03 : ISO 27001	STREAM	联系当局	ABC ISO 27K评估		01/11/2019		30
A.06.01.04 : ISO 27001	STREAM	联系特殊利益集团	ABC ISO 27K评估		01/11/2019		75
A.06.01.05 : ISO 27001	STREAM	项目管理信息安全	ABC ISO 27K评估		01/11/2019		62
A.06.02.01 : ISO 27001	STREAM	移动设备政策	ABC ISO 27K评估		01/11/2019		16
A.06.02.02 : ISO 27001	STREAM	远程工作	ABC ISO 27K评估		01/11/2019		21
A.07.01.01 : ISO 27001	STREAM	筛选	ABC ISO 27K评估		01/11/2019		50
A.07.01.02 : ISO 27001	STREAM	就业条款和条件	ABC ISO 27K评估		01/11/2019		82
A.07.02.01 : ISO 27001	STREAM	管理职责	ABC ISO 27K评估		01/11/2019		25
A.07.02.02 : ISO 27001	STREAM	信息安全意识、教育和培训	ABC ISO 27K评估		19/03/2020		100
A.07.02.03 : ISO 27001	STREAM	纪律处分	ABC ISO 27K评估		01/11/2019		45
A.07.03.01 : ISO 27001	STREAM	雇佣职责终止或变更	ABC ISO 27K评估		01/11/2019		25
A.08.01.01 : ISO 27001	STREAM	资产库存	ABC ISO 27K评估		01/11/2019		57
A.08.01.02 : ISO 27001	STREAM	资产所有权	ABC ISO 27K评估		01/11/2019		75
A.08.01.03 : ISO 27001	STREAM	资产可接受使用	ABC ISO 27K评估		01/11/2019		50
A.08.01.04 : ISO 27001	STREAM	信息归还	ABC ISO 27K评估		01/11/2019		19
A.08.02.01 : ISO 27001	STREAM	信息分类	ABC ISO 27K评估		01/11/2019		41
A.08.02.02 : ISO 27001	STREAM	信息贴标	ABC ISO 27K评估		01/11/2019		75
A.08.02.03 : ISO 27001	STREAM	资产处理	ABC ISO 27K评估		01/11/2019		100
A.08.03.01 : ISO 27001	STREAM	移动存储管理	ABC ISO 27K评估		01/11/2019		83
A.08.03.02 : ISO 27001	STREAM	媒体处置	ABC ISO 27K评估		01/11/2019		75

图 5-22　加拿大办公室控制措施评估概述

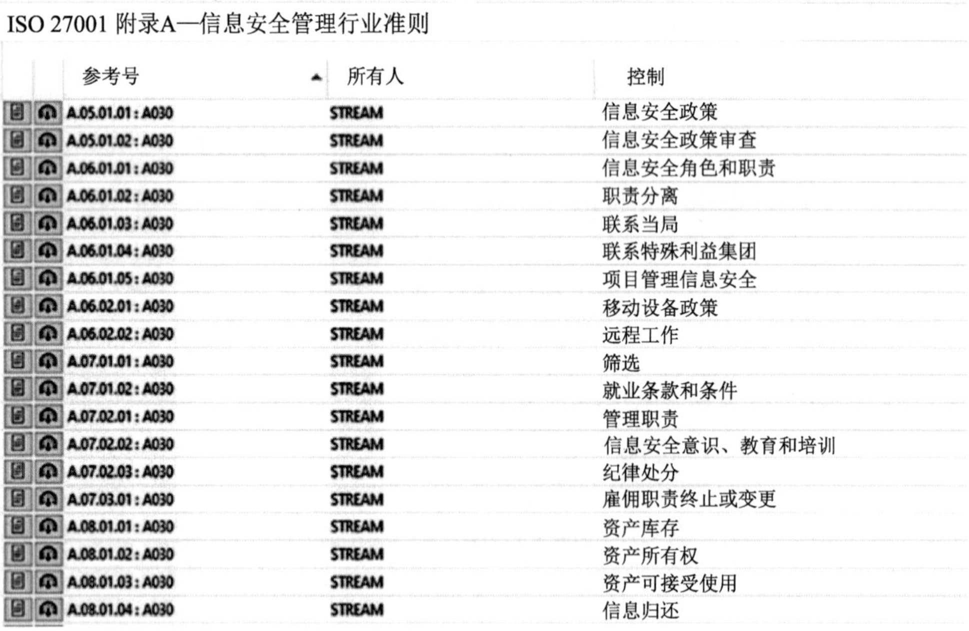

ISO 27001 附录A—信息安全管理行业准则

参考号	所有人	控制
A.05.01.01 : A030	STREAM	信息安全政策
A.05.01.02 : A030	STREAM	信息安全政策审查
A.06.01.01 : A030	STREAM	信息安全角色和职责
A.06.01.02 : A030	STREAM	职责分离
A.06.01.03 : A030	STREAM	联系当局
A.06.01.04 : A030	STREAM	联系特殊利益集团
A.06.01.05 : A030	STREAM	项目管理信息安全
A.06.02.01 : A030	STREAM	移动设备政策
A.06.02.02 : A030	STREAM	远程工作
A.07.01.01 : A030	STREAM	筛选
A.07.01.02 : A030	STREAM	就业条款和条件
A.07.02.01 : A030	STREAM	管理职责
A.07.02.02 : A030	STREAM	信息安全意识、教育和培训
A.07.02.03 : A030	STREAM	纪律处分
A.07.03.01 : A030	STREAM	雇佣职责终止或变更
A.08.01.01 : A030	STREAM	资产库存
A.08.01.02 : A030	STREAM	资产所有权
A.08.01.03 : A030	STREAM	资产可接受使用
A.08.01.04 : A030	STREAM	信息归还

图 5-23　加拿大办公室控制措施状态（左侧）

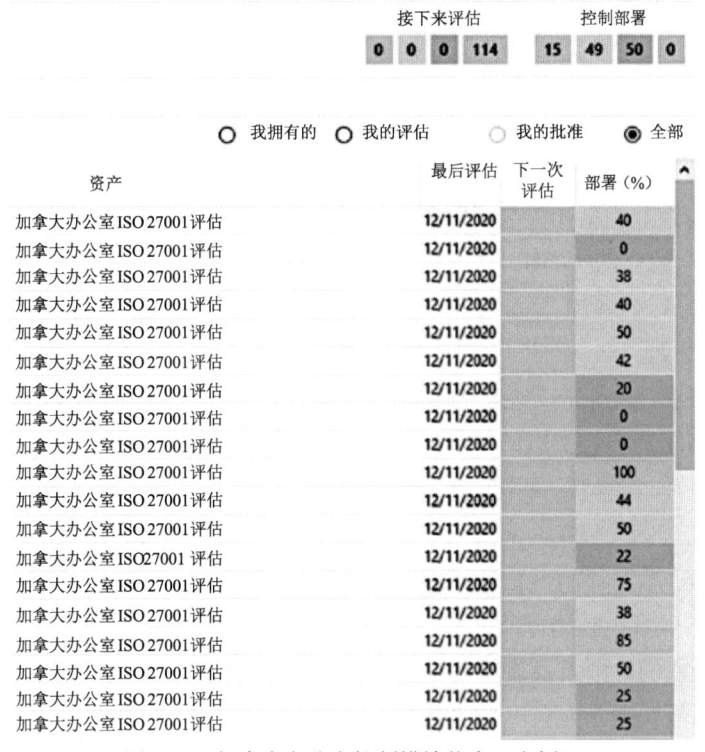

		接下来评估			控制部署		
		0 0 114			15 49 50 0		

○ 我拥有的   ○ 我的评估   ○ 我的批准   ● 全部

资产	最后评估	下一次评估	部署（%）
加拿大办公室 ISO 27001 评估	12/11/2020		40
加拿大办公室 ISO 27001 评估	12/11/2020		0
加拿大办公室 ISO 27001 评估	12/11/2020		38
加拿大办公室 ISO 27001 评估	12/11/2020		40
加拿大办公室 ISO 27001 评估	12/11/2020		50
加拿大办公室 ISO 27001 评估	12/11/2020		42
加拿大办公室 ISO 27001 评估	12/11/2020		20
加拿大办公室 ISO 27001 评估	12/11/2020		0
加拿大办公室 ISO 27001 评估	12/11/2020		0
加拿大办公室 ISO 27001 评估	12/11/2020		100
加拿大办公室 ISO 27001 评估	12/11/2020		44
加拿大办公室 ISO 27001 评估	12/11/2020		50
加拿大办公室 ISO27001 评估	12/11/2020		22
加拿大办公室 ISO 27001 评估	12/11/2020		75
加拿大办公室 ISO 27001 评估	12/11/2020		38
加拿大办公室 ISO 27001 评估	12/11/2020		85
加拿大办公室 ISO 27001 评估	12/11/2020		50
加拿大办公室 ISO 27001 评估	12/11/2020		25
加拿大办公室 ISO 27001 评估	12/11/2020		25

图 5-24　加拿大办公室控制措施状态（右侧）

初始风险评估
初始风险（分数）：25
业务影响（分数）评分：5
可能性：5.00

残余风险（自动）
残余风险（自动）：15
残余风险（自动）评分：5
可能性：2.96

定量风险评估
下限（千英镑）：2
上限（千英镑）：5,000
置信度：90%
频率（每年）：0.036
每年预计损失（千英镑）：62

风险接受：Overdue
设置人：STREAM　　日期：13/11/2019

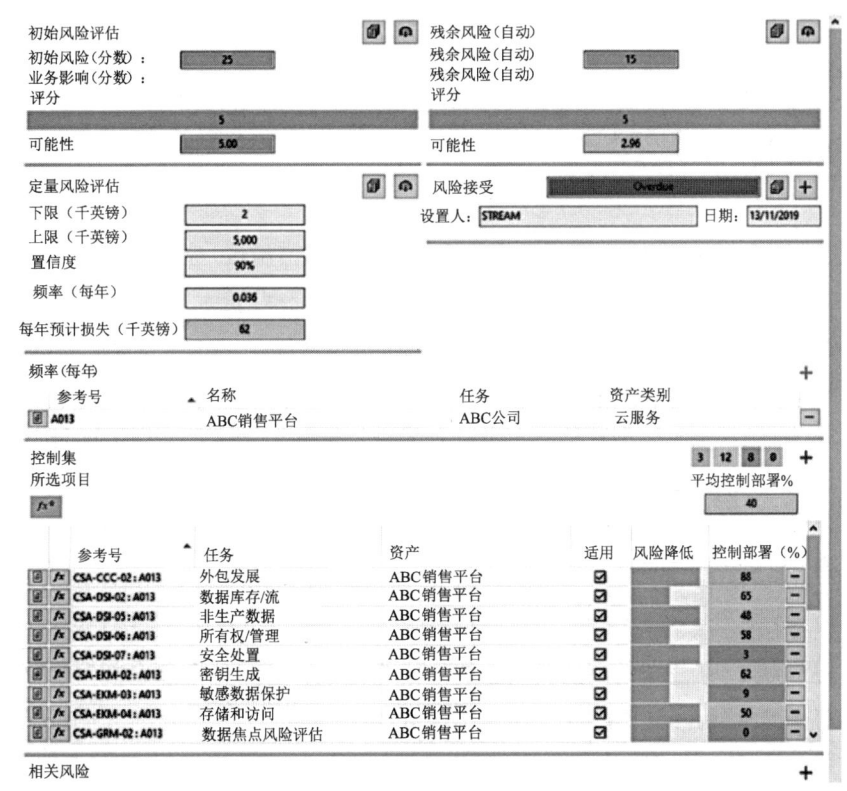

频率(每年)

参考号	名称	任务	资产类别
A013	ABC销售平台	ABC公司	云服务

控制集　所选项目　　　　　　　　　3 12 8 0
平均控制部署%　40

参考号	任务	资产	适用	风险降低	控制部署（%）
CSA-CCC-02 : A013	外包发展	ABC 销售平台	☑		88
CSA-DSI-02 : A013	数据库存/流	ABC 销售平台	☑		65
CSA-DSI-05 : A013	非生产数据	ABC 销售平台	☑		48
CSA-DSI-06 : A013	所有权/管理	ABC 销售平台	☑		58
CSA-DSI-07 : A013	安全处置	ABC 销售平台	☑		3
CSA-EKM-02 : A013	密钥生成	ABC 销售平台	☑		62
CSA-EKM-03 : A013	敏感数据保护	ABC 销售平台	☑		9
CSA-EKM-04 : A013	存储和访问	ABC 销售平台	☑		50
CSA-GRM-02 : A013	数据焦点风险评估	ABC 销售平台	☑		0

相关风险

图 5-25　加拿大办公室风险视角（右侧）

识别与隔绝

充分了解与企业类型相关的威胁和风险后,企业需要识别企业资产,并按照资产对企业的价值/重要性划分资产类别。

另外,要理解这些资产是如何整合、联系在一起的,以及哪个第三方供应商给企业带来的担忧/风险最大。

在识别和评估了企业资产后,您应将其记录在档,并据此绘制风险情况。

在识别企业资产和相关风险后,企业需要针对超出企业容忍度水平的风险来选择一些缓解控制措施,将这些风险降至可接受的水平。

缓解控制措施的选择不必局限于单一控制框架,可以是各种行业安全控制标准/框架的组合(见图 5-26)。

企业在评估缓解控制措施时,应当从攻击者的角度看待资产。例如,企业应当自问:

- 如果企业的外围设备被攻破,攻击者能轻易在企业穿行吗?
- 攻击者能在企业内自由行动吗?
- 这些风险是否处于可接受的容忍度范围内?
- 企业需要采取额外的缓解控制措施吗?

探测异常情况

在确定保护对象、其价值、相关风险及选定缓解控制措施后,企业需要识别异常活动。企业应当自问:

- 企业能轻易、快速地识别可能危害企业的活动吗?
- 企业能从正常环境中分辨出异常情况吗?
- 如果探测到异常或潜在的恶意活动,企业能快速启动事件响应协议吗?

治理过程

ABC 公司是一家公开上市的英国企业,治理是该公司业务模型中极为重要的一个方面。"治理"一词可追溯到 14 世纪,是指治理的行为或方式,而治理研究提供了治理的下列工作定义:

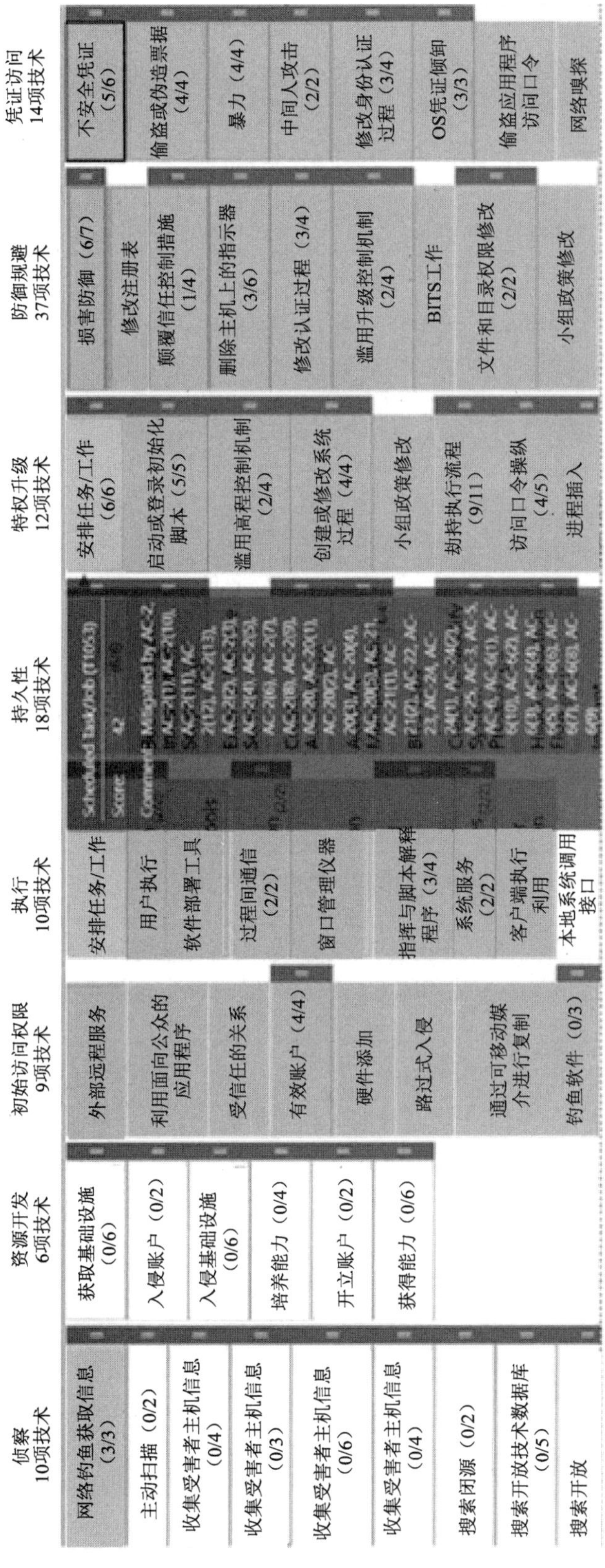

图 5-26 NIST SP 800-53 安全控制措施

治理是指社团或社团组织做出决定的过程。

该定义体现了以下三个维度：

（1）权威；

（2）决策；

（3）责任。

因此，为了有效地实施和管理治理过程，必须建立一个既定的指挥控制结构。

美国国防部军事及相关术语字典将指挥控制定义为：

妥当任命的指挥官在完成任务期间对所分派的附属部队行使权威及发布指示，又称C2。

从本质上讲，这就是明确的层级结构支持下的"高层基调"，它能够使命令和指示按照"角色和责任链"逐级下达，并将业务情报上传至"指挥链"（见图5-27），从而确保及时做出知情决策。

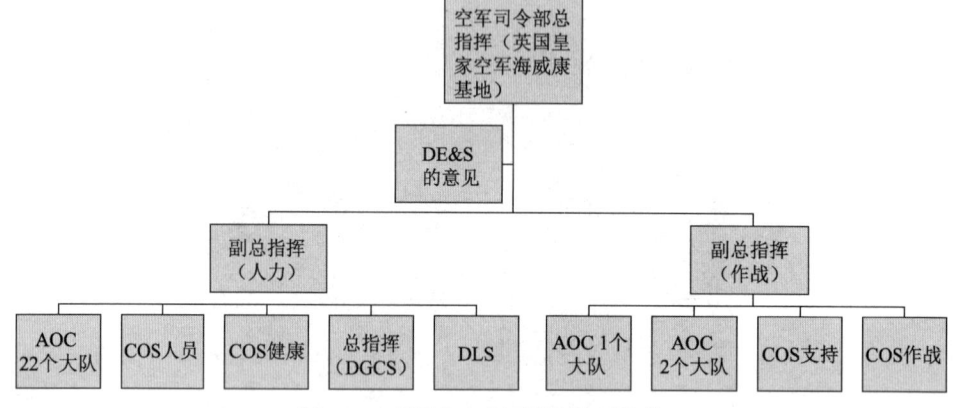

图 5-27 英国皇家空军指挥控制结构

ABC公司安防指挥控制结构内的每个人都要熟知自己的行为准则（通过政策与程序及定期安全意识培训提供）、角色和职责，以及对保护企业的重要性。

企业应当自问：

- 高层领导是否支持安防策略？
- 高层领导是否设定了一个有效的"高层基调"？
- 行为准则是否从高层领导逐级下达？
- 企业层次结构是否根据安防职责确立了部门管理层的角色？
- 是否实施了双向（向下和向上）沟通渠道？

评估安全控制措施

富有成效的安防策略应当被视为一种照常营业（BAU）活动，是企业日常活动的一部分（像呼吸一样自然）。

安防应当被视为另一种业务流程，目的是为保护企业的贵重资产提供支持，并且将风险降至可接受的风险容忍度范围内。

正如业务流程一样，安防工作只有得到有效的管理，才能确保持续提供定性结果，以及持续成为一种商业优势。

因此，很多企业通过"戴明循环"（PDCA 循环，见图 5-28）方法来阐述这种持续循环的过程。该方法已纳入 BRIDGES 缩略语中。

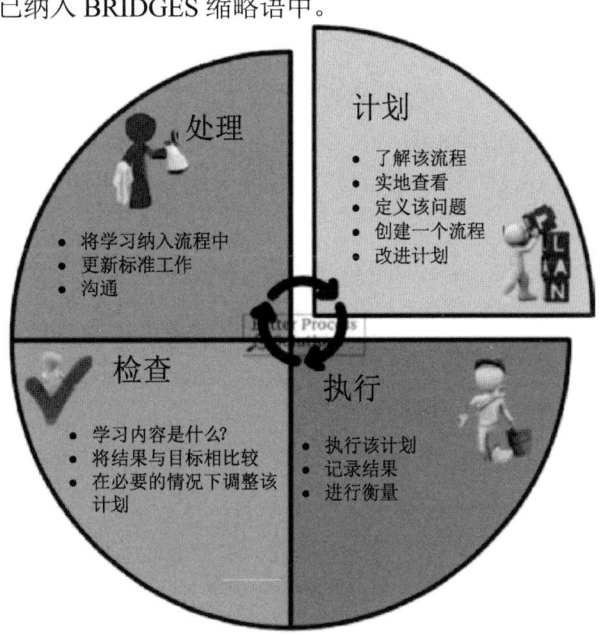

图 5-28　戴明循环

戴明循环方法规定，"检查"阶段决定了是否需要评估所选缓解控制措施的有效性。因此，应制订一项相称的正式计划，评估安全控制措施在帮助适当降低所识别的风险方面是否有效。

评估应独立、公开、公正，确保评估结果客观地阐述了相关风险，并将审查结果记录在档，按照"指挥链"逐级上报。

如果选定的控制措施被认定无法有效地降低所识别的风险，或者威胁情况发生变化，这就需要再进行一次风险评估，并充分告知关键利益相关者该情形，确保他们能够就即将采取的最佳行动做出明智决策。

生存与运营

即使是最完善的安防策略，也需要做好应对问题的准备。该策略必须包括事件和事故应对计划。所设计和制定的策略应确保企业能够最大限度地降低网络攻击的潜在影响，或能够从干扰重要业务运营的事件或活动中快速、高效地恢复过来。

应以企业背景（企业认为保护至关重要的物品）和所感知的风险为核心来设计"生存与运营"。

以 ABC 公司为例，其可能希望为下列业务资产/运营制定事件响应（如 NIST SP 800-61）、业务连续性（如 ISO 22301:2019）和灾难恢复（如 FEMA、NIST SP 1190GB-16 等）计划：

- 制造业务；
- 人力资源；
- 销售；
- 客户关系管理角色访问权限；
- 市场营销；
- 高级执行官/领导；
- 知识产权。

认证或不认证，这是一个问题？

您可能疑惑：是否应当考虑将独立认证纳入安防策略中？

答案是"视具体情况而定"！

该问题又可归结为下列问题：

- 企业的背景是什么？
- 保护资产对企业有哪些重要性？
- 企业尝试保护哪种资产？
- 这些资产面临的威胁是什么？
- 认证的目的是什么？

我总是看到企业采取错误的认证方法，将认证看作一种不情愿的"合规性"义务或"荣誉奖章"。

另一种错误是，选择一个与企业目的不匹配或无法促进企业达成目标的范围。

在安防、信息安全、数据隐私、网络安全等领域，我不太喜欢"合规性"这个词。如果您搜索 17 世纪 40 年代该术语的起源：

符合性；屈服于他人的倾向。

就会发现它是"comply"与"-ance"相结合形成的一个词，是一个过程或事实或状态或质量的抽象名词。

这是企业应当感到自豪的方面吗？

在决定对企业安防策略的某个要素进行认证时，最好看它能为企业带来哪些额外的质量保证和安全保证。

> 保证（Assurance）（14 世纪末）：
>
> "正式或庄严的保证、承诺"，还指"确定性、十足的信心"，源于古法语 asseurance，意为"保证、承诺；休战；确定性、安全、保障"（11 世纪，现代法语为 assurance），又源于 asseurer，意为"保证，确定"。
>
> 质量（Quality）（13 世纪）：
>
> "气质、性格、性情"，源于古法语 qualite，意为"品质、性质、特征"（12 世纪，现代法语为 qualité），又源于拉丁语 qualitatem（名词为 qualitas）。
>
> "质量、属性；性质、状态、状况"〔（Tucker 等人）表示该词是西塞罗为翻译希腊文 poiotes 而创造的〕，源于 qualis，"哪种类型"，又源于 PIE 词根及相对代词和疑问代词的词干*kwo-。意指"善良美德"。
>
> 安全（Security）（15 世纪中期）：
>
> "安全的条件"，源于拉丁语 securitas 及 securus，是指"无忧无虑"。取代早先从拉丁语借用而来的"sikerte"（公元 15 世纪早期）；更早的"安全"一词是"sikerhede"（公元 13 世纪早期）、"sikernesse"（约 1200 年）。
>
> 意思是指"使安全的东西"，源自 16 世纪 80 年代；"国家、个人等的安全"，源自 1941 年。"债券财产"的法律意义，源自 15 世纪中期；"债权人持有的文件"，源自 17 世纪 80 年代。"Security Blanket"的比喻义"安全保障"于 1966 年进行认证，是《花生》连环漫画（1956 年）中莱纳斯携带的粗毯。

并非所有的认证方案都是相同的，每个认证方案给企业带来的优势截然不同。例如，基于《支付卡行业数据安全标准》的认证能够为企业的支付卡数据业务提供额外保证，以降低支付卡数据风险。然而，所获得的保障水平严重依赖审核的质量和独立性。

如果企业需要遵守增强型数据隐私条例，如欧盟《通用数据保护条例》（欧盟 GDPR），获得国际标准化组织（ISO）的下列适当标准认证可能会让企业受益颇多：

- ISO/IEC 27001:2013《信息技术 安全技术 信息安全管理体系 要求》（译者注：已废止）；
- ISO/IEC 27007:2020《信息安全、网络安全和隐私保护 信息安全管理系统审计指南》；
- ISO 22316:2017(en)《安全与韧性 组织韧性 原则和属性》；
- ISO 22301:2019《安全和恢复力 业务连续性管理系统 要求》；
- ISO/IEC 28001:2007(en)《供应链安全管理体系 实现供应链安全的最佳实践、评估和计划 要求和指南》；
- ISO 9001:2015《质量管理体系 要求》。

虽然北美国家并未广泛使用 ISO，但该全球标准纳入了一种通过管理体系来提供保证的独特方法（见图 5-29 和图 5-30）。

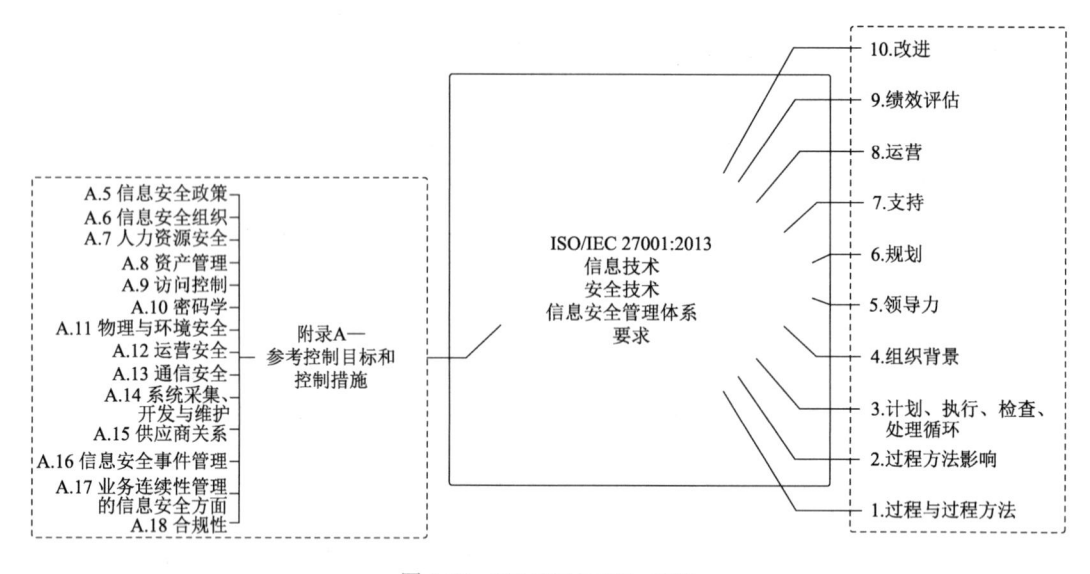

图 5-29　ISO/IEC 27001: 2013

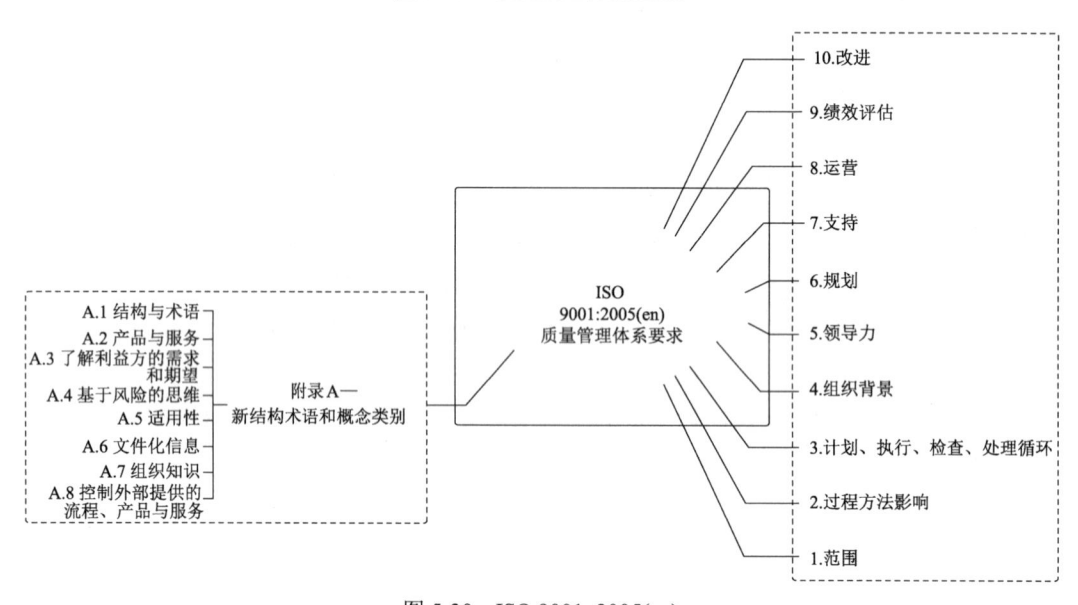

图 5-30　ISO 9001: 2005(en)

　　欧盟《通用数据保护条例》第 42 条规定，"鼓励建立数据保护认证机制和数据保护印章与标记，以证明控制人员和处理人员的处理操作符合本条例规定。"

　　因此，如果某组织希望个人数据的质量、安全性和复原力得到更大的保证，应选择实施 ISO/IEC 27001:2013 或 ISO/IEC 27007:2020 标准的管理体系（系统），同时采取适当的缓解控制措施，并进行单独认证。

　　此外，《支付卡行业数据安全标准》规定，企业有义务选择是实施 ISO/IEC 27001:2013 标准的管理体系还是 ISO/IEC 27007:2020 标准的管理系统，但应当替换掉支付卡行业数据安全标准控制框架附录 A 中的控制措施。

然后，可以独立认证《支付卡行业数据安全标准》和 ISO/IEC 27001。

考虑到 ISO/IEC 认证价值，可通过认证机构的认证获得附加价值。

认证如得到正确的理解和实施，便能够为企业的安防策略助力。但是，如果企业正在研究认证途径，确保获得经验丰富、知识渊博的专家指导，才能确保努力得到最大的回报。

谨记，认证（如 ISO/IEC）如果运用得当并能被企业接受，那么其所带来的好处远远超过裱起来挂在办公室墙上的"荣誉奖章"。

但也不要听信我的一面之词；也可以听听业内专业人士（Sandy Domingos-Shipley、CQP、MCQI）的看法。这些专业人士曾帮助企业认识到 ISO/IEC 认证给企业带来的真正价值，并改进调整富有成效的管理体系的实施情况，确保企业获得更大的自信和安全。

很多企业只关注认证要素，即写着"您已勾选所有文本框"的那张纸，这是当前的主要问题。

但这就是全部——一张纸！

真正的价值来自利用该框架带来的好处。注意，我说的是利用而非实施。这是因为如果您无法充分利用框架的潜力，那制定一个神奇的框架还有什么意义呢？

残酷的现实

2020 年，有报道称，知名安全公司（SolarWinds 和 FireEye）成为所谓的国家赞助的网络攻击的受害者。在 SolarWinds 发生的事件中，攻击者似乎能够绕开多重要素验证（Duo-sid）措施。

很少有人争论称，这类组织早就有"网络安全"或"信息安全"策略，但这类策略是建立在保护对企业最有价值的资产上，还是建立在损害后最具有影响力的资产上？

在这种情况下，策略类的"安防"方法可以成为游戏规则改变者，保护企业免遭机会主义攻击者的攻击。

如今的网络犯罪分子就像入室窃贼一样，不断寻找不安全的门窗或授权人士的过失，从而实现未经授权进入企业内部的目的。

因此，企业必须改变自己对待防御工作的看法，从网络犯罪分子的角度看待环境。

历史上就有许多这样的记载。敌人只要意志坚定，就能成功突破最坚固的防御工事，例如：

- 特洛伊（见图 5-31）之战。经过十年的持续攻击，防御工事岿然不动。然而，这座城市却因一批木马被攻破占领。木马进入这座城市内部后，（隐藏在木马内的）恶意人员就能够从内部攻击这座城市了。

这就是"木马病毒"的起源。

图 5-31 特洛伊市

- 君士坦丁堡（见图 5-32）之围。有人认为，君士坦丁堡的命运是有人在打败攻击者返回后忘记锁城门造成的。

这就证明了对防火墙进行严格变更控制和安全配置检查的重要性。

图 5-32 君士坦丁堡市

因此，无论企业的规模多大或企业是什么类型，必须要有"兵临城下"的危机感，确保对企业资产进行合理的设防，进而快速探测并应对潜在危险或恶意活动。

此外，企业的每位员工都应明白自己是防御措施中的一环。

重要启示

- 安防是保护企业重要资产的总括术语。
- 永远不能将企业的安防工作看作一个部门（IT 运营部）或一个人（信息安全经理）的责任。
- 企业内的每个角色都应承担起安全责任。
- 富有成效的安全策略应当是团队合作的成果。
- 任何策略都应被视为照常营业活动，能够为持续保护企业提供支持。
- 企业必须弄明白对自己及客户至关重要的资产。
- 关键利益相关者也应当理解企业面临的风险和危险。
- 关键利益相关者能够对这些资产的风险感到放心。
- 防御措施应当与风险相称。
- 安防策略应定期接受审查，并包含企业关键利益相关者的意见。
- 安防策略应提供全面、灵活的方法，确保安防的方方面面相互配合，同时能够进行快速调整（基于新的影响力）。
- 应当评估风险缓解控制措施的有效性，并将结果上报，提供双重保证。
- 任何认证的范围都应涵盖那些需要获得双重保证的资产。
- 永远不能将保护看作"复选框"或"勾选"的过程。
- 威胁无时无刻不在，攻击者也会采用各种伪装，擅用各种技能和能力。
- 任何一家企业都无法躲避机会主义网络攻击的入侵。

第六章

网络安全和数字企业

下午我们巡逻时就遇到了中队缺乏领导力造成的严重后果。

南海岸上空有几个 109 小编队，时不时地会有一两个小编队冲着我们俯冲过来，但我总是掉头迎击，这时其就会中断攻击。

不知为何，德国飞行员似乎极不喜欢迎面攻击，如果有飞机掉头冲着他们飞来，他们总是逃离。之后，他们克服了这一问题，大胆地迎击，尤其是对美国轰炸机编队。

这次，几次飞行失败后，我发现几个飞行员已经脱离编队，正在返航。这显然是一种所谓的"109"情况。显然，这些飞行员已完全丧失信心，无法应对德国战机了。我知道必须尽快恢复战士们的信心，而恢复信心的地方在战场而非休息时间。

返回机场后，我集合了所有飞行员，训诫了一番，告诫他们如果再有人脱队，自己和中队的其他人都受到攻击——我不会等着德国人来击落肇事者，而会亲自动手。

所有人都有点闷闷不乐，显然，他们很讨厌我，但我不在乎，因为我觉得需要有人对他们直言不讳。

即使他们不喜欢我，也开始感激我，毕竟我是第一个战争经验丰富的指挥官。

第二次世界大战第 92 中队指挥官乔尼·A. 肯特

引言

谨记，网络安全（目前非常流行的术语，最早记录的使用时间为 1989 年）只是安防的一个领域，侧重于保护面向外部且容易成为企业外部攻击目标的企业重要资产。

一旦网络安全的外缘遭到破坏，其他术语（如信息安全、IT 安全、网络复原力等）都会更加合适。

网络安全经常与其他术语相混淆，如信息安全、IT 安全或网络复原力。更让人疑惑的是，该术语没有通用的定义，这些术语的定义十分相近。

网络安全的定义

剑桥辞典

网络安全指为保护个人、组织或国家及其计算机信息免受利用互联网实施的犯罪或攻击而采取的措施。

NIST

网络安全指防止损害、保护和恢复计算机、电子通信系统、电子通信服务、有线通信和电子通信（包括其中包含的信息），确保其可用性、完整性、真实性、机密性和不可否认性。

TechTarget

网络安全指保护互联网互联系统（如硬件、软件和数据）免遭网络威胁。该做法是个人和企业防止未经授权访问数据中心和其他计算机系统的过程。

NCSC

网络安全是个人和企业降低网络攻击风险的一种方法。

网络安全的核心作用是保护我们使用的设备（智能手机、笔记本电脑、平板电脑和计算机）和所访问的服务（上网和工作）免于被盗或损坏。

它还旨在防止未经授权访问这些设备及在线存储的大量个人信息。

Cybrary

网络安全是用来保护和保障携带企业信息的资产不被窃取或攻击的过程。

这就需要广泛地了解可能受到的威胁，如病毒或其他恶意对象。身份管理、风险管理和事件管理是企业网络安全战略的核心。

CISCO

网络安全是保护系统、网络和程序免遭数字攻击的做法。这些网络攻击通常旨在评估、改变或销毁敏感信息，敲诈用户，或干扰正常的业务流程。

Digital Guardian

网络安全是旨在保护网络、设备、程序和数据免遭攻击、损害或未经授权访问的技术、工艺和实践，还可能指信息技术安全。

信息安全的定义

NIST

信息安全指防止信息和信息系统遭受未经授权访问、使用、披露、干扰、修改或销毁，以保证其机密性、完整性和可用性。

TechTarget

信息安全是一整套政策，对防止、探测、记录和对抗数字与非数字信息威胁必要的流程、工具和政策进行管理。

信息安全职责包括确立一套保护信息资产的业务流程，无论该信息采用什么格式，是正在传输中，或正在处理还是存储完毕。

IT 安全的定义

NIST

IT 安全是旨在确保信息技术系统按预期运行的技术；为信息提供充分的机密性保护措施；保持系统、数据和软件的完整性；保护信息和系统资源，防止处理过程意外中断，从而严重影响任务的完成。

IT 安全是自动化信息系统安全、计算机安全和信息系统安全的同义词。

TechTarget

IT 安全旨在保护数字信息和 IT 资产免遭内外部威胁，以及恶意和意外威胁。其保护措施包括使用安全政策、软件工具和 IT 服务来探测、预防和应对威胁。

CISCO

IT 安全是一套网络安全策略，防止未经授权访问企业的资产，如计算机、网络和数据。它保护了敏感数据的完整性和机密性，防止成熟黑客访问。

网络复原力的定义

NIST

预测、承受、恢复和适应不利条件、压力、攻击或使用网络资源或由网络资源支持的系统损害的能力。

TechTarget

网络复原力是计算系统遇到不利条件后快速恢复的能力。

这就需要企业的持续努力,并涉及信息安全的很多方面,包括灾难恢复(DR)、业务连续性(BC)和计算机取证。

Digital Guardian

简言之,网络复原力是衡量企业在继续有效运营业务的同时,管理网络攻击或数据泄露的能力。

IT 安全基础设施可能根据政策采取保护措施,抵御攻击,或在发现威胁时发出警报。但是,在发生安全漏洞期间,能否执行关键业务流程,如记账、客户服务和履行订单等,这就是网络复原力的作用。网络复原力旨在确保业务运营受到保护,防止企业因威胁或漏洞而破产。威胁可能是故意的(恶意黑客)或无意的(软件上传失败)。

这些有关各种安全术语的说法可能会造成混乱,模糊企业内部界线。如果企业征聘网络安全专员,这是否意味着他们只用关注外部资产和外部威胁的行为者?

因此,当我审视网络安全这一领域时,我认为,有必要了解构成该术语的两个单词的背景。

网络的定义

TechTarget

网络是用于描述计算机和信息时代下的人们、事情或想法的前缀。

该词源于希腊语 kybernetes,意为"舵手"或"管理者",最早用于控制论中,该词由诺伯特·维纳及其同事创造(于 1992 年创造)。

安全的定义

NIST

安全指通过建立和维护保护措施,使组织能够履行其使命或主要职能,即使威胁会给系统的使用带来风险。

保护措施可能涉及威慑、回避、预防、探测、恢复和纠正活动,是企业风险管理方法的一部分。

因此,我认为网络安全是一个安防领域,在这个领域,您能识别互联网面临的所有资产,并确保充分保护资产免遭外部威胁行为者的侵害。

其他术语是安防术语的补充,目的是确保宝贵的内部资产得到充分保护,免受内部威胁行为者的侵害。(一旦攻击者突破企业界限,长久待在企业环境中,那么他们还是外部威胁行为者吗?据报道,平均停留时间大约是 56 天)。

考虑一下高德纳给出的数字企业的定义：

通过模糊数字世界和真实世界之间的界线，创造了一个新的商业设计。

对于试图拥护数字改革的任何企业，界定企业的界线将变得日益重要。

正如英国在第二次世界大战期间为对抗德国实施的保护措施，如果您将企业视为一座岛屿，网络安全可比作抵抗岛外发起的敌对和恶意活动的过程。

第二次世界大战期间，英国利用海陆空三军力量防御来袭（网络安全），也有常驻地方军（信息安全）保卫岛屿。

企业的保护措施必须能够区分这些不同的术语和环境，并能够在保卫自己的领域时相互融合、彼此互补。

为此，企业必须能够创建一个富有成效的纵深防御模型。

军事比较

在我 22 年的英国皇家空军警察服役期间，一个角色让我印象深刻，可与"网络安全"相媲美。

2005 年，我收到通知，让我两周后前往基地担任警犬训练员，我已有八年未从事这个职业了。这次的任务并不在英国，而是在海外敌对环境中。

为做好充分的准备，我要在英国皇家空军霍宁顿基地英国皇家空军军团接受为期两周的前期部署训练，然后飞往英国皇家空军阿科罗提利基地，在两周内与名为"斯内普"的比利时马利诺斯警犬（42 齿多毛 Exocet）相互配合（见图 6-1）。

图 6-1 警犬斯内普

与上次被派往英国皇家空军阿曼迈里特基地相比，这次的压力和责任增加。我承认，对于即将到来的部署，我极为忐忑。因此，在接下来的两周，我专心地接受广泛的前期部署训练。

- 这次训练包括了解当地的环境，叛乱分子的战术、技术和程序（TTP）及如何保护自己。其包含很多课堂理论学习，而且在经过多个小时的实际训练后，要考验自己能否有效地应对已知的叛乱活动。

周四晚上训练完成后，我驱车三小时回家，卸下"绿色用品"，收拾好"沙漠用品"，经过四小时的车程，到达了英国皇家空军布莱兹诺顿基地，之后飞往塞浦路斯。

开始前期部署训练前，我抓住机会致电中士，他负责监督英国皇家空军阿克罗蒂里基地的英国皇家空军警察警犬分队。当我询问"斯内普"的情况及为何通常五天的配合工作延长至两周时，他告诉我"斯内普"是一只绝对的"战斗机"，并让我阅读英国媒体的新闻报道（见图6-2）。

他们称"斯内普"为"巴斯克维尔的猎犬"，因为它是伊拉克英国武装力量中最难以攻破的警犬。"斯内普"相当于15名警卫列兵，能在一英里外嗅到叛乱分子的气味，在崎岖地形上追击叛乱分子的速度比吉普车还快。

它曾以35英里的时速将人撞倒，如果被他抓住，这只五岁的比利时牧羊犬会咬断你的手臂。

它非常热爱自己的工作，在巴士拉基地周围值夜班12小时，只有在喝水的时候才会停下来。

驯犬员说，在多年反恐前线使用警犬的经历中，它的咬合力是最强的。

它体重35千克。"斯内普"肌肉结实，侵略性强。

它下巴能承受每平方英寸1000磅的压力，对训练员的命令能立即做出反应。

在巴士拉，士兵们看到叛军一看到狗就吓得瑟瑟发抖——尽管狗在该国被视为最低贱的生命。昨天，"斯内普"的教官凯文·布朗下士给了我一个特制的麻布橡胶套筒，上面装有一根铁棍，让我看看被咆哮的警犬抓住是什么滋味。

如果你看到它的獠牙向你扑来还嫌不够，那么当它把牙齿咬进保护套时，它的咬合力也会让你感到震撼。

当它扭来扭去要把你拉下来时，你几乎感觉到自己的胳膊被拧了出来。感觉它在极力锯掉你的手臂，直到训练员叫停它，它才肯罢休。布朗下士说，"斯内普"是一只很特殊的狗。它异常强壮，具有攻击性。它的咬合力闻所未闻。

如果有人看到狗被绳子拴得紧紧的，还在不停地跑，坦白说，它一定是疯了。在英国领导的巴士拉郊外的沙尔巴后勤基地，攻击犬和嗅探犬备受宠爱。

它们会定期洗澡，狗窝安装有空调，由于环境紧张，晚上还为它们播放背景音乐。

图6-2 媒体文章——"斯内普"

之所以延长重新组队的时间，是为了便于我和"斯内普"有充足的时间建立关系，然后将"斯内普"作为行动防御资产，送往部署的巴士拉作战基地（DOB）。

在重新归队的第一天，我就带着好几袋狗饼干和点心，开始与"斯内普"建立牢固的工作关系。

坦白地说，这确实是一台很棒的"机器"，能够百分之百地保护我。我再也找不到比这更有效的武器来保卫军队部署的关键资产了。

这只狗能够敏锐地捕捉恐惧和紧张的气息，而且它擅长全力攻击，这进一步提升了这种恐惧水平。

请相信我，"斯内普"的陪伴比部队六辆车陪同巡逻还要让我感到安心。

"斯内普"能够在我察觉到危险之前就对危险做出反应，任何敌人看到这只警犬龇牙咧嘴，使劲儿拽着绳子，蓄势待发或挣脱绳索时都会三思而后行。

到达巴士拉作战基地后，我发现我主要负责为机场侧围提供保护，并且为两队轮班（见图6-3）。

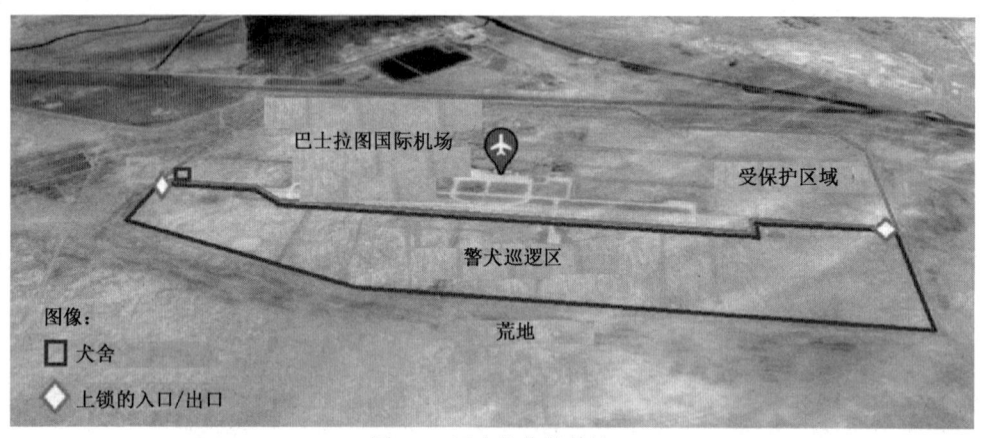

图6-3 巴士拉作战基地

巡逻区为一片黑暗的禁区，两扇上锁的机场大门，只允许授权人士进出。机场大门之间是一条道路，长约10千米。道路右侧是一道铁链围栏（将空军基地与荒地隔离开来），左侧是一道6英尺（1英尺等于30.48厘米）高的陡峭堤坝，地形逐渐降低。

这是我夜班的主要职责。

轮班工作包括两个夜班的轮班巡逻，中间休息一个晚上（在恢复期间，警犬队必须在白天进行6小时的高调巡逻）。

在无尽的黑暗中，两支警犬队（一支徒步支援，一支机动支援）帮助防御、探测、延迟、干扰或扣留未经授权试图通过机场外围进入机场的侵入者。考虑到这一性质和高风险环境，机动支援车辆需要在黑暗中行驶[不得打开车灯，并避免踩刹车（后制动灯会亮）]，避免我们成为机会主义攻击者的目标。

当徒步支援和机动支援轮换时，驾驶员需要沿着众多滑道进入地势较低的地方，在陡坡路堤的掩护下，安全地完成轮换工作。

在徒步巡逻期间，警犬训练员需要充分利用警犬卓越的嗅觉及灵敏的视觉和听觉，提前探测叛乱情况。（一旦接管后）如果警犬对机场外围表现出浓厚的兴趣，我们会暂时使用"降落伞照明弹"照亮这片区域。

如果任何一支警犬队遭到敌方炮火袭击，我们就必须按照交战规则，通过无线电请求英国皇家空军军团快速反应部队（QRF）提供武装支援，并在他们到达之前（大约8千米，需要10分钟）努力保命。

巡逻旨在保护机场外围及快速识别可能入侵警犬巡逻区的行为，从而在任何敌对或恶意的威胁行为者未经授权访问禁区、影响任务关键资产或导致严重伤害或夺去机场内服役人员的生命之前予以阻止。

有一次夜班，我和"斯内普"正在徒步巡逻，我带着与当班同事通信的唯一工具——个人管理电台（PMR），为我们提供机动支援。同事叫菲儿，他的警犬名叫"英雄"（也是一只马利诺斯犬）。巡逻期间，突然天空闪过一道亮光，紧接着是一阵巨大的呼呼声！随即菲儿通过无线电命令我快速回到警犬车上。

我快速跑到警犬车旁，菲儿告诉我指挥中心召集我们回去。

将"斯内普"安全放到警犬车后部后，我们加速驶回指挥中心，然后便收到了部队保护联队指挥官的简报。基地遭到了107毫米火箭弹的间接攻击（见图6-4）。

图6-4　107毫米火箭弹攻击

英国皇家空军军团的秘密观察小组发现了"火箭手"，向他发起挑战，但他消失了。我和菲儿被派去与英国皇家空军军团一同巡逻，试着找到这名"火箭手"的位置，并消灭他。但是，我们需要乘坐由雪佛兰 Suburban 警犬车改装的软皮车，在没有任何电子对抗措施（ECM）的情况下"越线"行驶。最后，为最大限度地降低风险，我们驶入巡逻车队中间，由前方和后方的英国皇家空军军团第51中队的车辆通过电子对抗措施提供保护。

不知不觉中，我们就巡逻到了可能的敌对、未知地形，英国皇家空军军团火力小组在后方跟着。菲儿和"英雄"负责一侧，我和"斯内普"负责另一侧。经过几个小时的起起伏伏，并走过一条条灌溉沟渠后，我们终于在当地一间房屋中找到了这名"火箭手"。于是，我们决定召回主要巡逻队，并在第二天天亮之前继续观察这间房屋。天一亮，菲儿和"英雄"在另一支英国皇家空军军团巡逻队的陪同下返回逮捕了这名"火箭手"。

在白天巡逻期间，警犬队需要在禁区内进行高调徒步巡逻，或陪同英国皇家空军军团部队保护小组进行铁丝网外巡逻。

我记得好几次"斯内普"都证明了自己作为有效的防御武器的价值。第一次是我在巴士拉作战基地主要通道值班的时候。

我正站在英国皇家空军警察同事旁边，突然一位本地人从我们左边的队列中走出来。我们还没反应过来，"斯内普"就已经做出反应，全力向即将到来的潜在威胁发起攻击。紧接着就看见这位本地人愤怒地胡乱摆动着自己的手脚（就像跳霹雳舞一样），试着躲开"斯内普"。

我在巴士拉作战基地的最后一个故事是在白天国内区域巡逻时发生的一件事。在讲述故事细节之前，我最好还是解释一下曾服过兵役，尤其是部署到敌对环境中的人们的独特的性格特点。

在部署前培训阶段和部署期间，我们都会努力与战友建立牢固的关系，但在部署结束后，这种关系就断了。然而，如果在未来的某一天又遇到这些人，我们之间牢固的连接会立即重新建立。

在部署前训练期间及各种模拟演习期间，我曾担任过非英国皇家空军警察队的指挥官，这反过来又让我们之间建立了这种牢固的关系。我与"斯内普"徒步巡逻经过远征军研究所（EFI）的福利设施时［在大约36摄氏度的高温下穿着整套巡逻装备（约15千克）］，一名前期部署人员坐在外面的大木桌/凳上，他把我叫过去，给我买了一杯不含酒精的冷饮。这是我们最喜欢的时刻，能够让我们在徒步巡逻期间短暂地休息一下。

由于和"斯内普"在一起，我远离同事，坐到他的左侧（保持社交距离）。这时，巡逻警犬会变得极为敏感，能够探测到别人是否是威胁。在大约10分钟后，"斯内普"意识到这位同事并不会带来任何威胁，于是变得极其放松，允许同事抚摸它。不久之后，"斯内普"就爬到这位同事的身上，前爪放在他的大腿上，头靠在同事的肩膀上。

即使"斯内普"看起来十分放松，也十分享受这一时刻，但它永远不会失去警觉。突然，"斯内普"做出了愤怒的表情，从同事肩膀下来（见图6-5），朝着一名正在走来的陌生人猛扑过去。

图 6-5　马利诺斯犬猛扑向前

这位陌生人认为自己刚刚出现，于是轻轻拍了一下"斯内普"。然而，"斯内普"显然是一只有主见的狗，一切只能按照它的要求来。

最后，这位陌生人变得脸色苍白，僵在原地，而我的同事几乎忘记呼吸，像雕塑一样杵在那里。

如果您经历过可怕的敏捷反应或者面对过全面进攻，就能够认识到英国皇家空军警犬提供的富有成效的防御安全措施的价值。

对于那些并不幸运的人而言，我希望这有助于您增加对这些资产的钦佩之情，如果您遇到这样的敌人，您不会是第一个，也不会是最后一个怕得僵住的人。

"斯内普"是因无处不在的新兴威胁而实施的各种防御措施中的一个。事实上，间接火力攻击的威胁变得十分普遍，因此巴士拉作战基地必须使用（略有改动的）C-RAM 排炮（对抗火箭、火炮和迫击炮），即 Phalanx（见图 6-6）来加强防御能力。

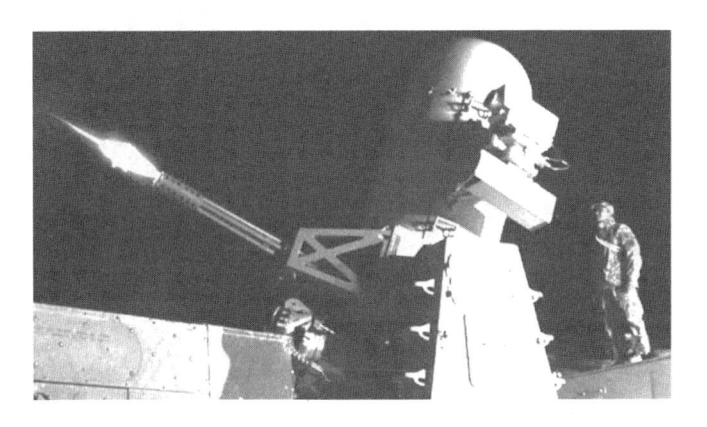

图 6-6　Phalanx

可惜，即便是最令人敬佩的防御措施也不会始终百分之百有效，即使有 Phalanx 的自动能力，也无法成功地阻挡某些火箭。

巴士拉作战基地成为持续火箭攻击目标后，造成三名英国皇家空军人员死亡就证明了这一点。

构建 BRIDGES

在审视企业的电子商务或数字化操作后，就会发现 BRIDGES 缩略语是制定一项富有成效的策略的重要依据。

企业背景

蒂姆·伯纳斯·李发明万维网（WWW）时可能从未想过它会成为如今的一头猛兽（见图 6-7），于是他后来公布了拯救互联网的计划。

互联网的不断发展，加上公司面向公众的数字足迹不断增加（无论是通过越来越多的网站，还是通过互联网连接设备），使得互联网已成为对数字敌人极具吸引力、值得一搏的战场。

当根据事物价值对企业的重要性确定优先顺序并分类变得日益重要时，这种增长可能需要的转变就越来越多。

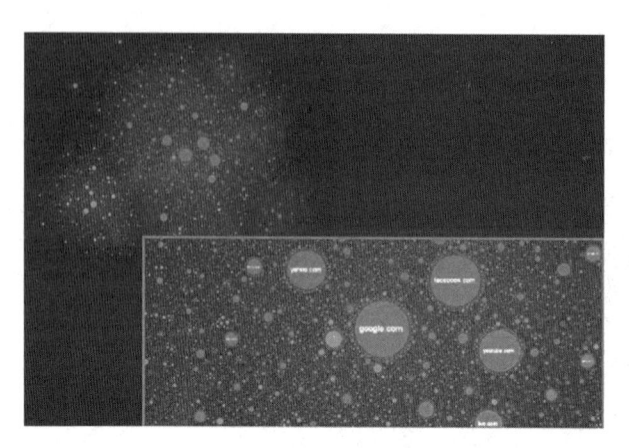

图 6-7　互联网地图

谨记，您无法保护未知的事物，保护水平也需要与事物对企业的价值相称。因此，您应当镜像攻击者所运用的战术、技术和程序（TTP）（见图 2-9 和图 2-10）。

就像犯罪分子能够确认并绘制出企业面向公众的资产，并（基于价值）对所发现的结果进行分类一样，企业应当弄明白企业的哪个流程是面向公众的，哪个对企业和犯罪分子最有价值。

因此［谨记"客户"包括内部客户（如员工）和外部客户］，它有助于企业和安防行业了解"客户旅程"（客户旅程图）。

例如，市场营销团队可能借此机会增强客户旅程，而在安防部门，这可能有助于其识别潜在的攻击面。

图 6-8 为客户旅程图示例。

为了更好地了解网络安全和数字风险，最好了解开放式系统互联（OSI）模型的七层架构是如何在电信或计算机系统中实现通信功能的。

最恰当的例子就是通过开放式系统互联模型跟踪电子邮件的过程。

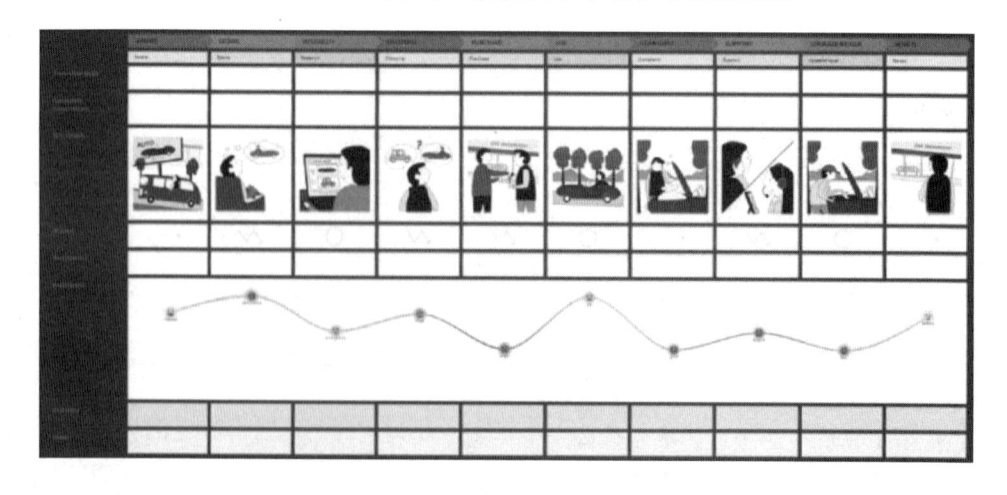

图 6-8　客户旅程图示例——汽车电子商务

基于此，钓鱼攻击已成为当今网络犯罪分子利用开放式系统互联模型用户层（见图 6-9）的漏洞来突破外围防御的一种有力手段。

层级	分类
政府 / 组织 / 个人	用户层
应用 / 表示	服务层
会话 / 传输	中间件层
网络 / 数据链路	操作系统层
物理	硬件层

图 6-9　用户层

然后，可利用企业背景审查结果，为风险与复原力图提供相关信息。

风险与复原力概况

谨记，风险涉及以下几个方面：

$$资产价值 \times 漏洞 \times 威胁 \times 影响$$

因此，确定潜在风险的一个重要方面是根据企业的重大利益，确定最初的风险，并确认这些风险是否位于风险容忍度范围内。

为了解企业面临的风险，企业首先应了解潜在的攻击面及攻击者可能使用的战术、技术和程序。

- 网络的哪个层面（见图 6-10）最易受到损害？
- 根据开放式系统互联模型，攻击者是损害企业的防火墙（第三层）还是会穿过人机互动层（第七层）还是两者皆有？
- 您理解每一层中企业面临的威胁吗？
- 您是否构建了合适的树状结构（示例见图 6-11），帮助您进行威胁建模？

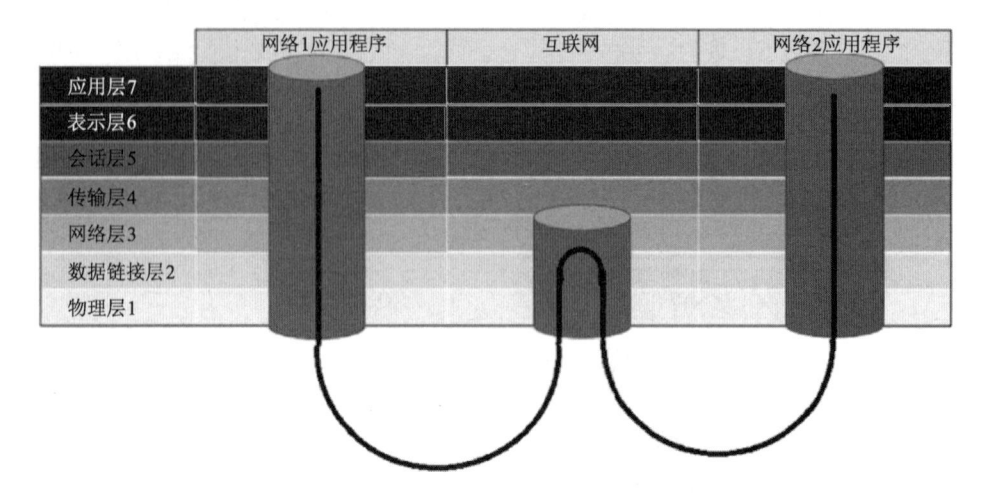

图 6-10 七层开放式系统互联模型

通过攻击树进行的银行恶意软件攻击分析

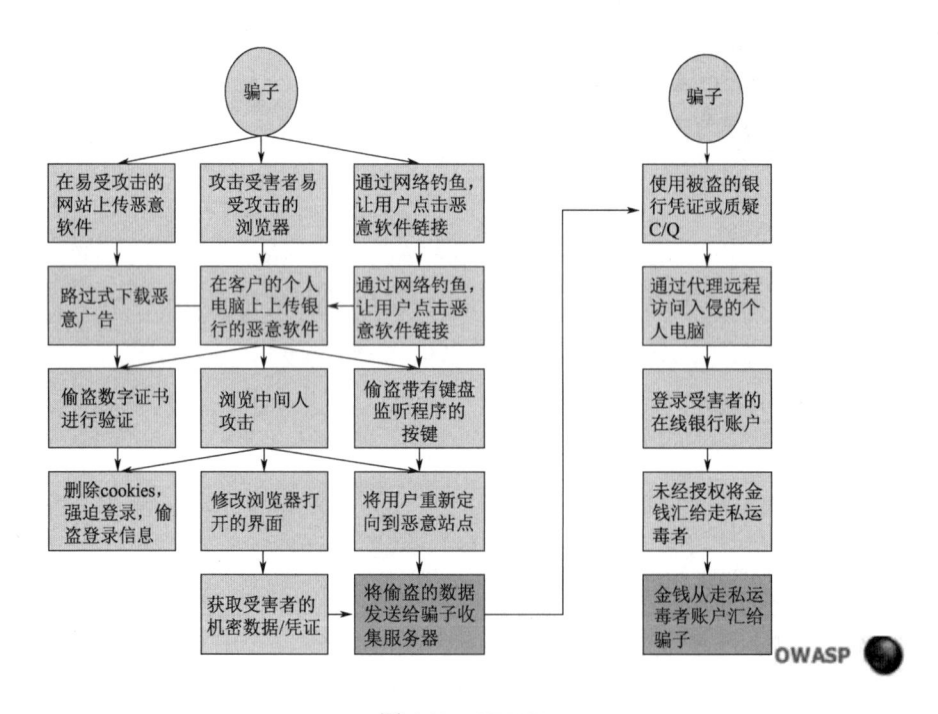

图 6-11 OWASP

- 您是否对企业的电子商务和数字业务运营（示例见图 6-12 和图 6-13）进行了威胁建模？

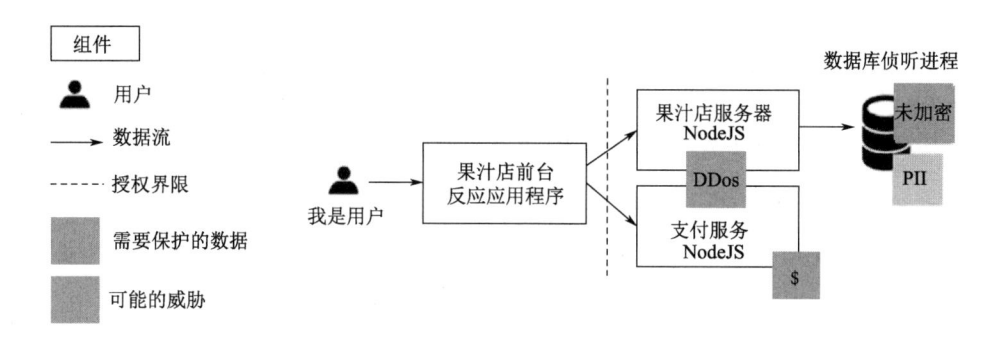

图 6-12 DDoS 威胁模型

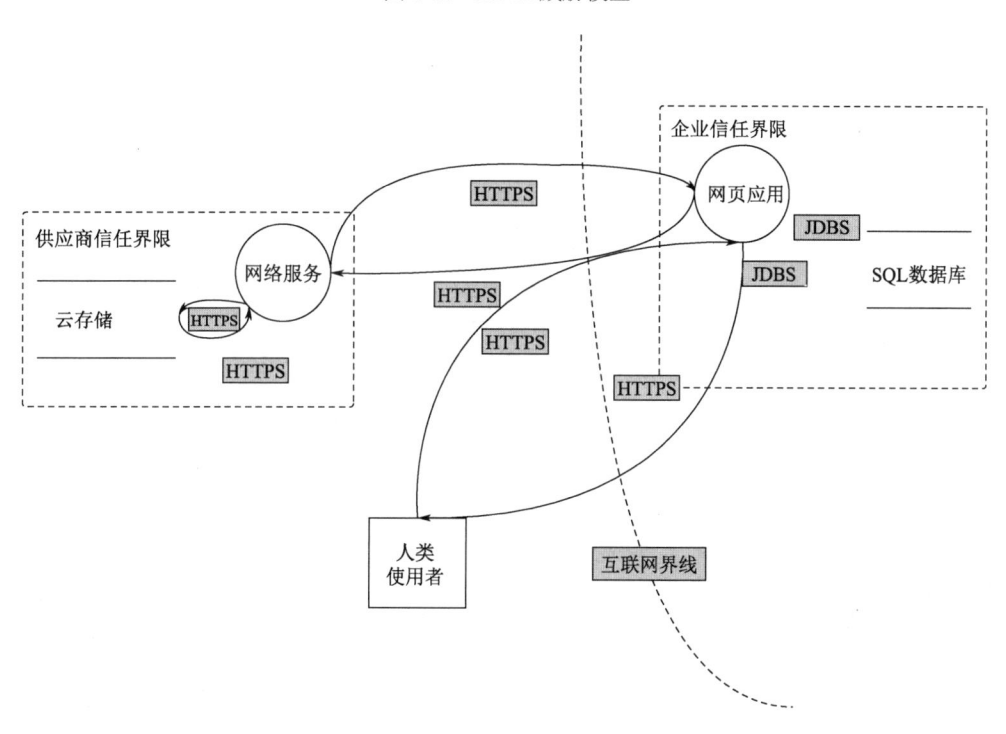

图 6-13 STRIDE 威胁模型

在审视企业电子商务和数字业务运营时，您需要回答下列四个问题。
（1）目前或计划的面向互联网的业务运营是什么？
（2）什么可能会发生错误？
（3）什么能让我们做得更好？
（4）我们对现状满意吗？
将每个业务运营看作一个单独的流程，并将分析过程拆分为下列四个阶段。
（1）拆解该应用或基础设施。
（2）确定威胁。
（3）确定对策和缓解措施。
（4）对威胁进行排名。

当创建企业的威胁模型时，Exploit DB、漏洞数据库和 MITRE ATT&CK 都是极其有用的资源。

正如您所见，威胁建模严重依赖 BRIDGES 缩略语的下一个阶段。

识别与隔绝

- 对于面向公众的基础设施，您多久进行一次侦察？
- 您能快速探测到流氓网站或网络连接资产吗？
- 您是否了解什么应该支持（或不支持）您的电子商务和数字业务运营？

正如您从快速侦察看到的（见图 6-14～图 6-18），广阔世界中的可见内容对于机会主义攻击者十分有用。

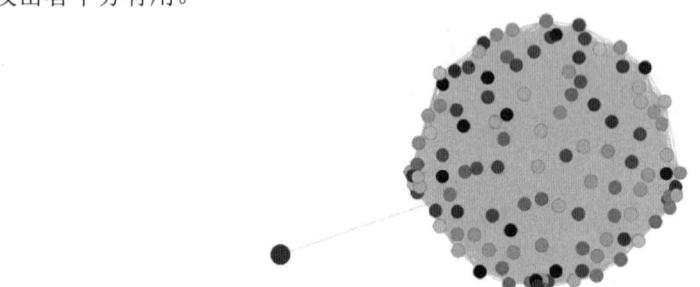

图 6-14　缅因大学网站拓扑

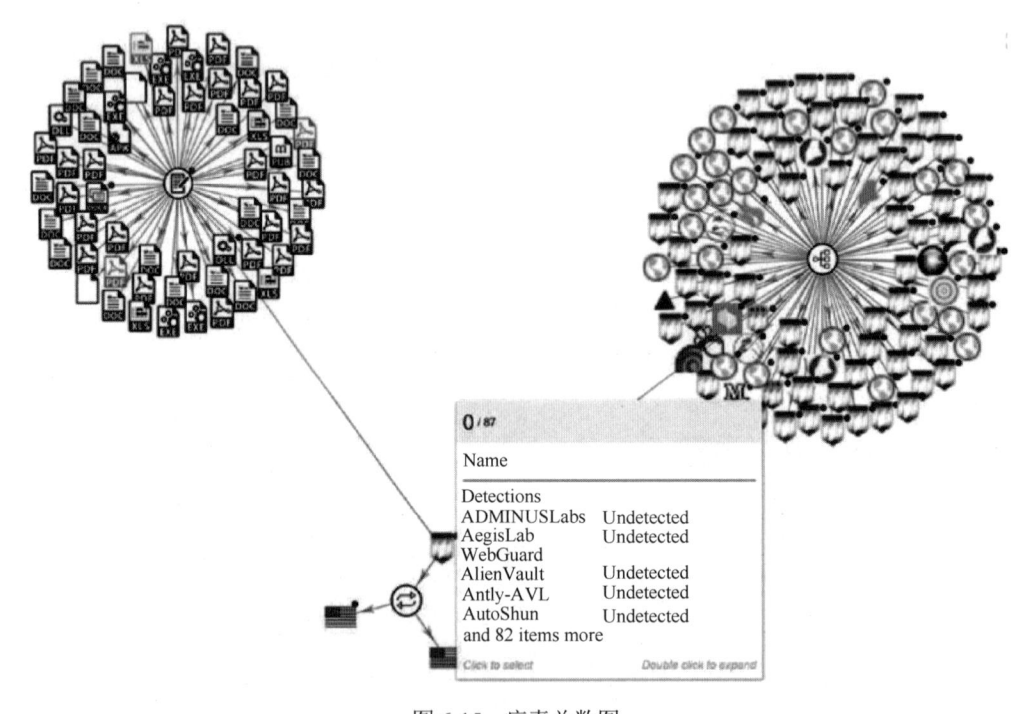

图 6-15　病毒总数图

主页 / 技术概况

UMAINE.EDU

| 技术概况 | 技术概况信息 | 元数据概况 | 关系概况 | 重定向概况 |

误导技术概况警告
UMAINE.EDU位于我们的误导概况站点列表。这表明umaine.edu的各个页面及其子域名使得我们难以告诉您站点建立方法。

概况信息
本页面链接：本概况将于2020年9月10日更新

分析和跟踪

Monsido
Monsido使用统计数据—使用Monsido下载所有网站列表
网站管理的网站治理工具套件

社会管理

谷歌分析
谷歌分析使用统计数据—使用谷歌分析下载所有网站列表
谷歌分析提供具备各种强大功能的主机，对高级执行官、广告宣传和营销专业人士以及站点所有人和内容开发商有好处。
应用程序性能—观众衡量—访客数目跟踪

图 6-16　BuiltWith

安全标头 Sponsored by Probely　　主页　关于　捐款

现在扫描您的站点

www.×××××.edu　扫描

□ 隐藏结果　□ 遵循重新定向

安全报告摘要

F
站点　　https://×××××.edu/
IP地址　130.111.46.127
报告时间　2020年9月3日16:03:47
标头　✗ Strict-Transport-Security ✗ Content-Security-Policy ✗ X-Frame-Options ✗ X-Content-Type-Options ✗ Referrer-Policy ✗ Feature-Policy

图 6-17　安全标头

SSL报告： umaine.edu (130.111.46.127)
Assessed on: Thu, 03 Sep 2020 16:16:17 UTC | Hide | Clear cache　　　　　　　　　　Scan Another »

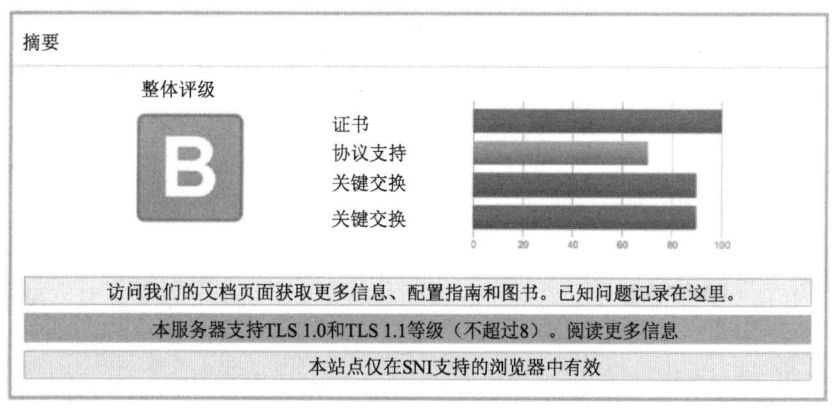

摘要

整体评级

B
证书
协议支持
关键交换
关键交换

访问我们的文档页面获取更多信息、配置指南和图书。已知问题记录在这里。
本服务器支持TLS 1.0和TLS 1.1等级（不超过8）。阅读更多信息。
本站点仅在SNI支持的浏览器中有效

图 6-18　SSL 报告

企业和机会主义犯罪分子都能获得全部的这种信息。遗憾的是，犯罪分子有大把的时间去获取这种信息（或者他们已写入一个自动获取程序），而现代电子商务或数字企业几乎没有这样的时间。

然而，有一种方法却能实现公平竞争。供应商服务能够实现过程的自动化，给企业带来好处，企业需要做的就是审核一个仪表盘（见图6-19）。

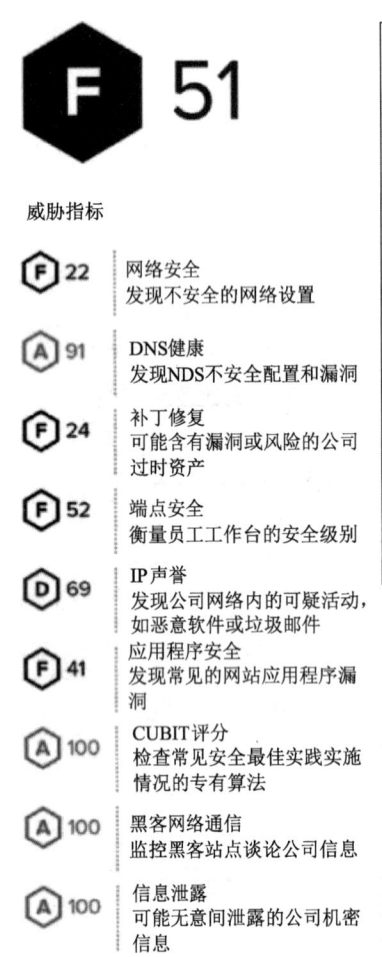

F 51

威胁指标

- **F 22** 网络安全
  发现不安全的网络设置
- **A 91** DNS健康
  发现NDS不安全配置和漏洞
- **F 24** 补丁修复
  可能含有漏洞或风险的公司过时资产
- **F 52** 端点安全
  衡量员工工作台的安全级别
- **D 69** IP声誉
  发现公司网络内的可疑活动，如恶意软件或垃圾邮件
- **F 41** 应用程序安全
  发现常见的网站应用程序漏洞
- **A 100** CUBIT评分
  检查常见安全最佳实践实施情况的专有算法
- **A 100** 黑客网络通信
  监控黑客站点谈论公司信息
- **A 100** 信息泄露
  可能无意间泄露的公司机密信息
- **A 100** 社会工程
  衡量公司对社会工程或钓鱼攻击意识

行业比较：教育
● umaine.edu
● 产业平均

（雷达图：网络安全、DNS健康、补丁修复、端点安全、IP声誉、应用程序安全、CUBIT评分、黑客网络通信、信息泄露、社会工程）

漏洞	衡量方法
开放端口	46
站点漏洞	119
已发现的恶意软件	4
泄露信息	0

本文件内容中与安全相关的分析（包括评级）和声明均为表述当日对各实体未来相对安全风险的意见陈述，而非关于与任何实体进行交易的安全性的当前或历史事实陈述、关于与任何实体开展业务的决策建议、对任何数据或结论准确性的认可或对任何实体的安全措施进行独立评估或担保的尝试。

安全记分卡各方不作任何及所有明示或暗示的保证，包括但不限于①任何适销性保证或特定目的或用途的适用性保证；②准确性、结果、及时性和完整性；③无错误、软件错误和缺陷；④内容运行不会中断；⑤内容可与任何软件或硬件配置一起运行。

图 6-19 风险和复原力汇总

所有这些信息对于确保企业有一个既定的基线（初始风险）至关重要。根据该基线，您能开始确定和应用适当的缓解控制措施，确保风险位于风险容忍度范围内。

一旦达到该基线标准，您最好能够从正常情况中探测到异常情况。这些异常情况可能表明授权人士的过失或偶然行为，或恶意行为者的行为。

探测异常情况

在确定了企业最有价值的业务运营、必要的支持资产、资产的位置（及其相互关联性），以及访问权限审批人（基于合法的业务需求）后，您便能更好地确认异常情况了。

您能认出经验证的业务活动及经批准的数据和网络流量吗？

谨记，员工会养成习惯，并确立日常活动，而侵入者并不熟悉企业环境，会悄悄努力在企业内部建立存在感，以便他们秘密侦察，为发动成功的攻击做准备。

企业通常无法完全了解拓扑结构与业务运营之间的关系，因此十分依赖隐晦式安全的概念！

正是由于业务运营及其辅助基础设施晦涩难懂，企业了解不透彻，才为犯罪分子提供了所需的优势。

一旦犯罪分子突破外围（注：这可能贯穿企业的整个供应链），他们通常可以无限制地访问企业内部网络，横向移动。

企业应该自问：

- 企业网络内探测恶意或未经授权的活动有多容易？
- 在给企业贵重资产造成损害前，您能快速发现攻击者正在执行的内部侦察和攻击规划吗？

正如 IBM 所指出的，企业不应关注安全工具，而是应当将企业的安全工具集整合起来，确保企业能够探测到资产内的入侵者。

治理过程

人为错误是造成网络安全的最大因素，因此有效管理内部流程（内部进行的和外包的）对于确保企业面向外部的业务流程和系统的有效性至关重要。

- 95%的网络安全漏洞都是人为错误导致的。
- 2019 年，90%的英国网络漏洞都是人为错误导致的。
- 83%的已报道的漏洞都是人为错误或不了解《通用数据保护条例》导致的。
- 超过 70%的数据中心和服务中断都是人为错误导致的。
- 新的研究结果表明，人为错误是停工的主要原因。
- 人为错误是美国和加拿大 IT 故障的第一大原因。

1992 年发布的《公司治理财务问题报告》（又名《吉百利报告》）将治理定义为公司指示和控制的系统。

本报告中还包含一套规则（吉百利规则）。虽然在英国做生意不是必须要求遵守《吉百利规则》，但任何公开交易的公司都将遵循《吉百利规则》，否则就需要向股东解释。

嵌入良好实践并将其作为正常营业活动必不可少的一部分是至关重要的。因此，企业需要制定一套正式的政策和程序，辅以正式的员工意识计划。

该计划需要根据确定整个企业面临的风险，以及每个高风险业务部门或运营面临的风险而制订。这应当包括使用整个企业的总体计划，并辅以相关业务单元的强化训练。这也可以由部门经理负责。部门经理在接受网络安全培训后，可接受委托，负责定期开展在职意识培训，并开展定期审查。然后，将结果报告给网络安全主管。

人们往往缺乏安全意识授权，并错误地认为，即使是小的安全部门也能提供适用于所有部门和角色的富有成效的培训。

当然，也可以通过购买第三方供应商管理的安全意识软件来进行整体业务培训（如 KnowBe4、Phishing T@ckle 等）。

进一步验证需要以各种安全测试结果为基础；然后，将漏洞管理计划纳入定期绩效评估报告中。

例如：

- 如果新的或升级后的信息系统未配置要求的信息安全设置和补丁，则表明企业的配置管理习惯较差；
- 如果信息系统和信息安全架构会导致信息系统更加脆弱，则表明安全架构实践存在缺陷。

随后，将该结果反馈到风险与复原力概况中，通过适当的稽查计划进行补充。

评估安全控制措施

在谈到评估企业已实施且起保护作用的缓解控制措施的有效性时，我对资深领导层脸上的冷漠迷惑不解：

- 这是否表明他们不想听到企业有问题？
- 他们是否满足于依赖年度合规性计划？
- 他们这么做的原因是有人告诉他们必须这么做？
- 部门经理是否不想感到尴尬或受到批评？
- 它是否被视为资源浪费？

各国领导层认识到了规则和法律的必要性，并认识到需要遵守这些规则和法律。在商界这有何不同？

您是愿意通过评估确认无效的控制措施（或加强和降低风险的建议），还是愿意等待网络攻击后确定可利用的漏洞，从而让攻击者有机会秘密渗透和外泄敏感数据？

当您将执行一次精心设计、事先规划的评估（审计）的潜在成本与数据泄露成本比较时，评估计划就会变得更有吸引力。

评估计划应当与风险相称，评估结果应添加到风险与复原力概况及治理计划中。

NISTIR 草案 NISTIR 8183（第 1 次修订）：网络安全框架（1.1 版）——制造概况（见图 6-20）展示了如何根据其潜在影响对制造概况进行优先排序。

功能	类别	子类别	制造概述	参考文件
识别	资产管理（ID.AM）	ID,AM-1	**低** 记录反映当前系统的制造系统组件清单。制造系统组件包括可编辑控制器、传感器、执行器、机器人、机床、固件、网络交换机、路由器、电源和其他联网组件或设备。按照组织的规定审查和更新系统组件清单。对制造系统组件进行有效问责所需的信息，包括硬件库存规格、组件所有者、联网组件或设备、机器名称和网络地址等。库存规格包括制造商、设备类型、型号、序列号和物理位置等信息。	62443-2-1-2000 4.2.3.4 62443-3-3-2013 SR 7.8 CM-8
			适度 确定哪些人员负责管理制造系统的各个组成并对其负责。	
			高 确定在哪些地方实施自动机制是安全可行的，可检测制造系统中是否存在未经授权的硬件和固件组件。	CM-8(1×4×5) CM-8(2×3)
		ID,AM-2	**低** 记录一份反映当前系统的制造系统软件组件清单。制造系统软件组件包括软件许可证信息、软件版本号、人机界面和其他ICS组件应用程序、软件、操作系统等。按照组织的规定审查和更新系统软件清单。	62443-2-1:2-0 4.2.3.4 62443-3-3:2013 SR 7.8 CM-8
			适度 更新制造系统软件库存，作为组件安装、拆卸和系统更新的组成部分。确定管理制造系统软件的责任人和问责人。	CM-8(1×4×5)
			高 确定在哪些地方实施自动机制是安全可行的，以检测制造系统中是否存在未经授权的软件。	CM8(2×3)

图 6-20　摘自 NISTIR 8183（第 1 次修订）

正如《吉百利报告》所述，一份正式的评估计划即推荐的最佳实践。

生存与运营

网络安全世界是动态变化、不断演变的。您必须针对容易出错的方面制订好计划并做好培训，因此，针对各种可能的网络安全相关事件制定各种有效手册，对保护您的业务至关重要。

例如，您是否考虑过培养并练习自己对事件的反应，如遇到下列攻击类型？

初始访问权限：

- 路过式入侵；
- 利用面向公众的应用程序；
- 外部远程服务；
- 网络钓鱼；
- 通过可移动媒介复制；

- 供应链受损；
- 信任关系。

如果企业外部发起攻击（如恶意软件攻击），您能有效地应对（危机和事件管理）、继续运营业务（业务连续性）并恢复（灾难恢复）过来吗？

您能有效地限制该类事件带来的损害吗？

残酷的现实

巴尔的摩市政府的计算机系统遭到网络攻击，涉及使用 RobbinHood 勒索恶意软件。5 月 7 日攻击发生期间，攻击者成功地破解了该市的服务器，阻止了政府电子邮件账户并禁用了其在线支付系统。

这是该市这么多年来第二次遭受恶意软件攻击，这次的需求是价值 10 万美元的比特币。两周内，市政府系统都处于瘫痪状态。这次攻击的根本原因是黑客非法侵入远程桌面协议（RDP）服务。

据估计，这次攻击导致政府损失了 1800 万美元，首席信息官因这次攻击受到严格审查，随后引咎辞职。

重要启示

- 企业不得被网络安全一词所迷惑，而应当将该术语看作提供相称的保护措施，防止外部攻击的过程，这一点对于企业至关重要。
- 这样能够保护企业面向外部的数字足迹免受机会主义攻击者的攻击。
- 网络安全是安防策略必不可少的一部分，与其他防御计划互为补充、支持（如 IT 安全、信息安全、网络复原力、合规性等）。
- 由于其外围层（硬件和软件）易于识别，因此设计和开发支持网络很重要，它能够为企业提供一个安全的基础。
- 富有成效的安防策略将重点放在外围资产上。外围资产如"前线"一样，但同时获得了其他防线的支持。这是一种常见的防御策略，历经几个世纪不断使用和完善，它曾出现在高加米拉战役中（见图 6-21）。

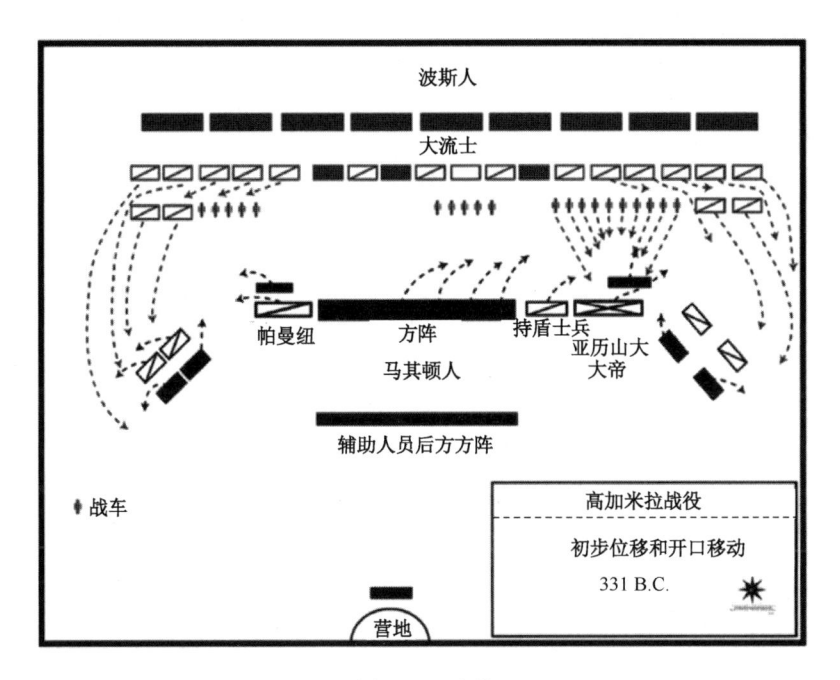

图 6-21 防线

第七章

安防领域网络/IT 安全

1941 年 5 月，德国占领克里特岛，经历一场暴风雨后，英国首相温斯顿·丘吉尔爵士向空军大臣和空军参谋长发出了一份言辞激烈的备忘录。丘吉尔要求：

"所有飞行员都应配备武器——步枪、汤普森冲锋枪、手枪、长矛或狼牙棒"并接受训练，"为保卫机场而战，流血牺牲；……每个机场都应是陆空作战员的据点，而不是士兵分遣队保护的身强力壮的平民的住所。"

为回应丘吉尔的要求，1942 年 2 月，英国皇家空军军团成立，鼎盛时期该军团的军官和士兵人数达到 85000。

《空军基地地面防御：训练争议》（胡佛，1991 年）

引言

通常，企业设计和开发网络架构的唯一目的是通过提供企业间联系、数据存储及内部/外部客户接口，为业务运营提供支持。

于是问题便出现了，网络互联带来的便利为攻击者提供了可乘之机。一旦攻击者突破外围，往往就能不受限制地访问企业网络架构的内部连接。

他们通常会在企业环境中寻求存在感，秘密行动，避免被发现。因此，当大多数企业意识到有入侵者时，这些入侵者早已做好侦察工作，制订好攻击计划，即使被发现，也往往为时已晚，无法阻止任何危害。

现在，如果企业对待支撑架构就像对待基地发展一样，就会将安全融入架构的设计和开发过程中。

为成功地实施富有成效的模型，必须确保首先了解基地防御的基本要素（见图7-1）。

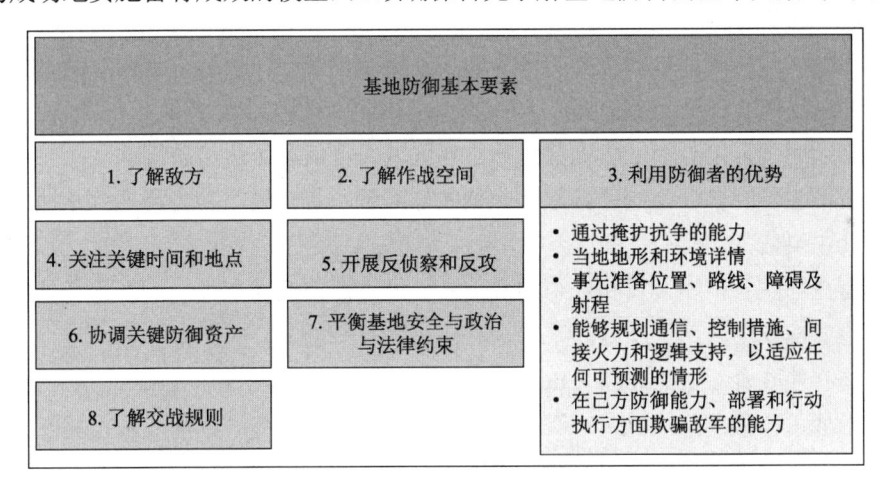

图 7-1 基地防御的基本要素

原则是支持以下能力。

- 探测：尽早发现任何敌方侦察或攻击基地或干预基地功能运行的企图。
- 警告：必须警告基地攻击在即或正在发生。
- 拒绝：防御部队必须阻止敌方对基地进行评估，以及将基地的主要功能降级。
- 摧毁：如有可能，防御部队必须消除进攻敌方威胁基地的能力。
- 延迟：如果基地部队缺乏击败进攻敌方的战斗力，防御部队必须中断进攻，努力为反应部队或战术作战部队创造条件，让反应部队或战术作战部队做出反应，并摧毁敌方部队，或清除、剥夺敌方的基地资源。

一个基本要素是必须实施公认的富有成效的情报职能：
（1）向防御部队提供信息和情报，并维护当前的威胁数据库。
（2）与适用区域、分区、上级和邻近指挥部之间建立情报联系。
（3）指导防御部队的侦察和观察工作，并安排这些防御部队指挥官执行侦察和观察工作。协调情报收集工作是一个持续的过程，基地指挥官和情报人员必须积极参与。
（4）收集目标信息，并传达给基地群或其他上级总部，以及向基地提供火力支持的分队。
（5）采购非标准地图、海图和图像。
（6）制定并实施当地反情报措施。
（7）请求情报专家增援或支持。
（8）与本国警察和情报机构建立并保持联系。

此外，希望基地指挥官能够制订几份富有成效的防御计划，包括
（1）基地防守区部队：成功的防御取决于综合、富有攻击性、全面、深入的措施。

- 作战区：基地内分配的所有区域应当涵盖所有可能的通道和其他关键地形。
- 纵深防御。
- 安全区从防御部队的主要防御阵地向外延伸至基地作战区（AO）的界线，可能包括观察哨（OP）、监听哨（LP）及乘车巡逻队和徒步巡逻队。
- 必须明确界定各基地防御部队的边界区域，将信息传达给防御部队。
- 基地主要防御阵地的防御部队必须做好准备，防止敌对势力渗透到基地内及干扰其主要任务。
- 有些部队（扩编人员和选中的武装人员）可能被派往基地内对基地任务执行至关重要的安全区或设施处。
- 与其他联合后方防守区（JRA）防御部队建立联系。
- 当战术作战部队（TCF）牵涉其中时，表明当前形势具备向战术作战部队指挥官分配包含大片后方区的作战区的条件。

（2）机动储备队：基地的机动储备队可用于增援基地外围受到威胁的区域，防止敌方渗透到主要防御阵地或进行反击，夺回丢失的防御阵地或摧毁敌方攻击部队。
（3）反装甲武器：通常，后方部队很少有反装甲武器。基地防御部队可用的反装甲武器（包括坦克）将部署到相互支援的阵地，以涵盖最有可能的高速通道。
（4）间接火力系统：迫击炮、野战炮和舰炮火力都能为基地防御工作提供支持。

- 火力支持规划。
- 火力支持协作措施。
- 观察员。
- 空中火力支持。

（5）其他空中支持。

（6）障碍物和地雷：应慎重考虑在后方区使用反坦克地雷和伤人地雷。

（7）通信对策。

（8）安全措施。

（9）工作重点：指挥官必须确定基地防御中涉及的很多任务的优先级别。

（10）反击计划：基地机动储备队通常开展反击任务，以封堵渗透活动或夺回攻击者占领的阵地。

（11）区域破坏控制措施：区域破坏控制（ADC）包括在敌对行动或自然灾害或意外灾害之前、期间和之后，为降低损害的可能性及最大限度地降低其影响而采取的措施。

（12）防空导弹防御措施：防空导弹防御措施能够取消敌机的攻击、监视和导弹升空后的攻击，或者减少其影响。

（13）核生化武器防御措施。

（14）威胁响应应急计划：威胁响应应急计划概述了打击恐怖主义的具体职责和责任。

（15）物理设施：指挥官必须着重强调不断升级基地物理安全。

- 入侵监测：防御者可在主要通道安装传感器，在作战区内部或外部确定攻击者的位置（如与附近的指挥官协调）。
- 观察：为提高观察力，防御者应清理树叶或喷洒落叶剂，清理阵地前方和周边围栏附近的地面。
- 通信：防御者应在所有的警卫地点安装可靠、安全、多余的通信系统。
- 入口：基地应当尽可能设置较少的入口。
- 工作和生活区：工作人员和敏感设备所在建筑物应当远离以外部围墙为中心的手榴弹投掷范围。
- 内部和外部区域：防御者必须保住或否认某些地形、设施和活动，并保卫对基地职能至关重要的部队，同时最大限度地降低安全工作给当地人带来的影响。
- 医疗设施：如果战术指挥官有所指示，应将医疗设施做好标记，并远离可能获利的目标。

其中很多原则都能运用到安全的企业网络架构的设计和开发活动中。这样，企业就能够实现高效的业务运营，同时通过精心设计和建模良好的网络架构，将安全因素纳入设计中，保持防御计划的有效性。

这样，企业能够更好地确认并有效地应对可能的入侵活动，在外围被突破后，防止或限制伤害的产生。

军事比较

一个很好的例子是，军队为了给阿富汗南部空中行动提供支持，对坎大哈机场进行了改造。

坎大哈机场（KAF）成为坚固的基地（见图7-2）。

图 7-2　KAF——非典型机场

在自 2001 年以来，坎大哈机场遭受的火箭弹袭击次数、以第二中队士兵为目标的蓄意简易爆炸装置增长 200%，在坎大哈机场的叛乱活动最猖獗的背景下，第二中队扰乱了叛乱分子的工作计划，让这座容纳 26000 名人员的坎大哈机场的安全性大幅提高。

我部署到坎大哈机场时是我第一次为驻地部队保护联队提供反情报外勤小组（CIFT）服务。

反情报外勤小组工作时身着平民服装，而在基地进行基地外巡逻时则身穿制服。其主要负责拼凑信息碎片，绘制情报图（见图 7-3）。

这主要是通过与坎大哈机场范围内部居住的人员和外部居住的当地人互动实现的。

阿富汗反情报活动

2010年10月，在阿富汗赫尔曼德省，英国皇家空军反情报外勤小组在堡垒营作战，为部队保护作战提供支持。在筛查当地一名受雇员工时，有消息称，一家平民承包商公司未经授权持有自动武器。

因此，需要进行反情报调查。其与基地总参谋及阿富汗当局联络后确认该承包商无权持有枪支，也不允许他们在阿富汗携带枪支。其收集了关于该承包商的情报，并确认了控制武器的个人的姓名及武器的所在地。在进一步联络后确定该承包商也在坎大哈机场有业务，所收集的情报分享给了坎大哈的英国皇家空军警察CIFT。

2020年10月英国皇家空军警察反情报外勤小组在坎大哈机场没收的武器和弹药

持有武器违反了阿富汗的法律，存在武器被盗或用于对抗联盟部队的风险。在英国皇家空军警察小组领导人发出指示后，两位基地指挥官同意采取干预计划。

与此同时，两个基地开始配合搜查工作，最终没收了TECHINT和FABINT 使用的众多未受管控的自动武器与弹药。由此还发现了黑市提供武器的情报信息。

图 7-3　摘自《联合准则出版物》（2-00）

如今，我敢承认，这与我之前的部署工作有很大的区别。为做好准备迎接反情报外勤小组成员这一角色，我开始了为期十周的一揽子训练（与之前的部署前培训相比强度大幅增加），培训内容包括：

- 队医；
- 越野驾驶；
- 野外无线电；
- 近距离战斗；
- 实地演练；
- 情报来源处理；
- 打击恐怖主义；
- 熟悉口译员的工作；
- 战斗摄影；
- 武器实弹射击资格。

这段时间的训练强度极大，对体力和脑力的要求非常高，当时在部署前五天，我的妻子宣布要结束长达十年的婚姻，当时我的心态不足以担任这么高强度的工作。

因此，我被派往坎大哈机场，当时我并不知道接下来会遇到什么情况，会面临什么样的危险或者回来后又会发生什么。然而，在回到英国（担任反情报外勤小组成员前三个月结束后）享受为期两周的休整与复原（R&R）假期后，这三个月对几起事件的访谈和调查提高了我读懂肢体语言的能力及嗅觉。这导致我发现了不属于我的男性用品及寄给另一名未知男性的圣诞节礼物。

我返回坎大哈机场完成剩下三个月的任务，因为我知道前妻已经找到了另一半。

幸运的是，高压、快节奏的反情报外勤小组工作让我几乎没有时间纠结回国后可能（或不可能）发生的事情。

此外（请想象一下当时的情景），我们正在英国皇家空军布莱兹诺顿基地的候机室等待登机，这时航站楼大厅的电视里播放了英国广播公司（BBC）的新闻，称英国皇家空军军团高级航空兵因所乘坐车辆撞上简易爆炸装置（IED）而丧生。

他曾是我们飞去接替的驻地部队保护联队的一员。

如果说之前这一切似乎都不真实的话，那么那天早上的事件无疑改变了当时航站楼里每个人的命运。

很快，气氛变得十分沉闷！

想象一下，当时的坎大哈机场是一个标准客运航班起降并可停机过夜的典型民用机场。当时的防御措施适合其当时的用途，但离部署的军事基地的要求还差很多。因此，除了沿外围战略部署的几座瞭望塔，还采取了重型防御措施（见图7-4），扩大了非军事区（DMZ）的面积。

图 7-4 坎大哈机场外围

机场内部结构（见图 7-5）也进行了大量改造，形成了一个由内部分割区组成的迷宫。这样可以提供额外的间接火力防御服务，以及出入管控和屏障功能，有助于防止敌方自由横向进入任务关键区域。这是因为一个人获得机场外围的访问权限，但并不会自动允许他进入围栏内的任何地方。

图 7-5 坎大哈机场架构

此外，内部架构中价值高的资产或任务关键资产将放在安全堡垒中，安全堡垒几乎就像基地中一个孤立的基地（见图 7-6）。

图 7-6 安全的内部机箱

在就职于反情报外勤小组期间，我负责应对和调查所有的事件及事故，同时建立内外部资源网，及时提供所需信息，将信息进行分析并转化为有用的情报。所收到的信息，无论看起来多么小或多么零碎，都会被录入 i2 数据库中，帮助创建易于解释的链接图。

事实证明，这是了解坎大哈机场复杂形势的宝贵资源。有一次，内部情报小组寻找一位嫌疑犯时，需要确保嫌疑犯不会进入坎大哈机场的任何地方，此时就可以证明该数据库的价值。

所有其他机构都报告称，它们没有此人与坎大哈机场联系的记录。然而，我们审核反情报外勤小组情报数据库时，证实他并不是获准进入坎大哈机场定期执行工作任务的当地居民。

不过，我们确实收到了一份参考资料，讲述了之前在周六上午集市发生的一起事件。这起事件中，一个符合上述描述的人获准以摊主的身份进入集市。事实证明，这个人正是我们要找的人，他每周六上午都能随意出入基地集市。

但奇怪的是，在我们确认该人此前是坎大哈机场周六集市的常客后，我们再也没见他来过。

或许，叛乱分子的情报行动和我们的一样高效。这一点我永远不会知道！

这起事件证明了安全架构的重要性，该架构由强有力的访问控制措施和主动防御措施支撑，这样才能确保任务关键区域得到充分保护和访问限制。虽然该人是一名嫌疑犯，但他还是设法进入了坎大哈机场主要区域外非军事区附近的集市。

设计安全网络架构

就像军事基地的设计和布局一样，网络架构的设计也应支持业务需求，同时确保将最宝贵的企业资产与不太重要的资产隔离开来。

在 NIST SP 1800-5：IT 资产管理中，安全工程师面临的最大挑战是识别和跟踪整个组织中 IT 资产的状态及配置（包括硬件与软件）。这就是精心设计和管理安全架构的最大好处，因为您需要了解自己的宝贵资产是什么、在什么位置，从而有效地设计架构。

美国国家标准与技术研究院指出，富有成效的 IT 资产管理有下列好处。

- 识别设备的位置、配置和所有者，更快速地响应安全警报。
- 增强网络安全复原力：企业可将注意力放在最宝贵的资产上。
- 向稽查员提供详细的系统信息。
- 确定实际使用的软件许可证的数量与已支付的软件许可证的数量之间的关系。
- 缩短服务台响应时间：员工将了解安装了什么软件及最新的相关错误和警报。
- 确保软件得到了正确升级，以减少设备的攻击面。

因此，如果企业已构建了一个企业网络，就需要实现如图 7-7 所示的几个阶段。

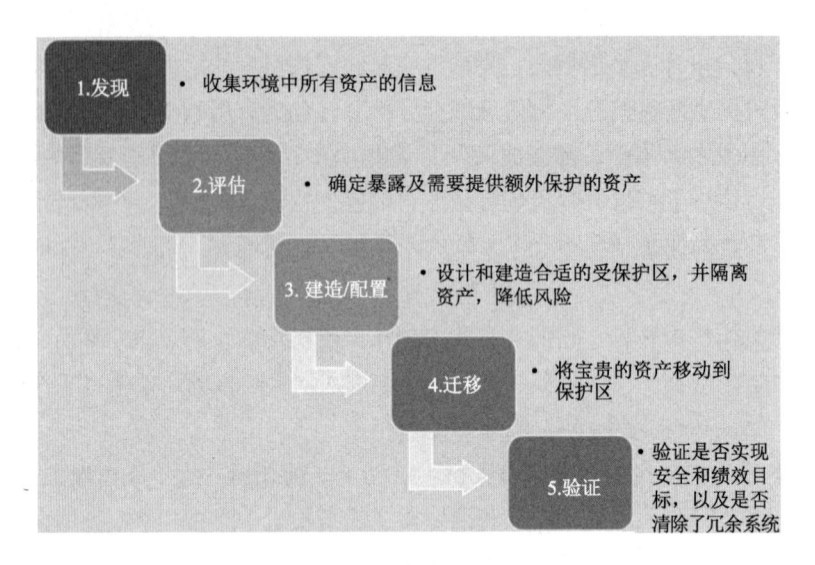

图 7-7 筹备阶段

第一阶段可通过手动、半自动和全自动的流程实现。
- 手动：利用配置管理数据库、数据表和管理控制台查清现有的系统。
- 半自动：通过一些资产发现扫描工具（Tenable.io、Qualys、Open-AudIT、Nmap 等）验证手动流程。
- 全自动：通过合适的解决方案［如 ExtraHop Reveal(x)］，自动识别和分类网络连接 IT 资产及其连接的系统。

就像军队明确规定了基地的设计组件一样，企业网络设计也可以采用同样的设计组件。此外，网络设计可用如下多种设计模式。
- **Bell-LaPadula**（见图 7-8）：这种状态机模型的目的是在政府和军事应用程序中实施访问控制。该模型主要侧重于数据的机密性及对机密信息的受控访问。

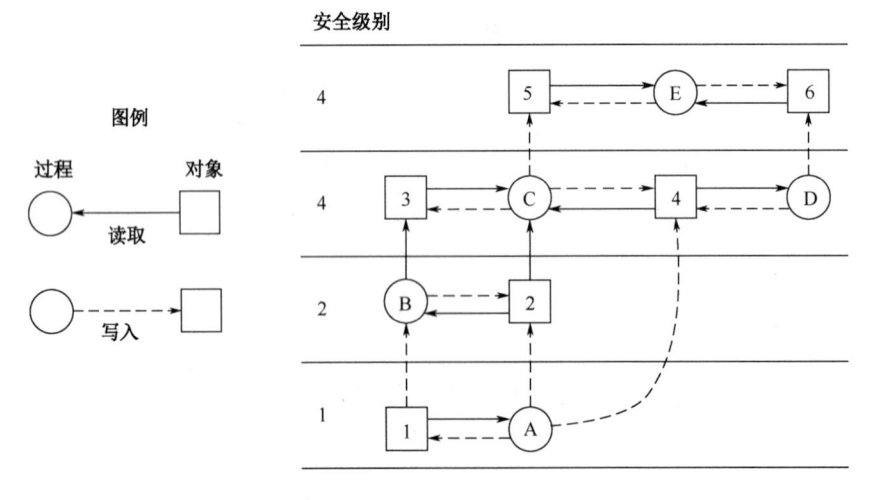

图 7-8 Bell-LaPadula

- **Biba 模型**（见图 7-9）：这种基于网格的模型主要侧重于数据的完整性。数据和主体按照完整性等级分组。该模型的设计保证主题不会被写入更高层次的对象。

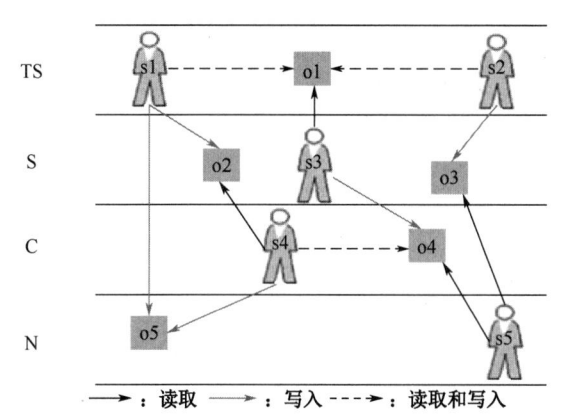

	o1	o2	o3	o4	o5
s1	读写	写入			写入
s2	读写		写入		
s3	读取			写入	
s4		读取		读取	写入
s5			读取	读取	

图 7-9　Biba 模型

- **Clark-Wilson 模型**：该模型是为了解决商业活动的完整性问题而开发的（而前两个模型用于政府和军事应用程序）。该模型使用了一个关系系统，该系统包含三个部分，即三重关系，包括主体、程序和对象。在这种关系中，主体只能通过程序访问客体。
- **基于网格的模型**（见图 7-10）：这种基于强制访问控制（MAC）的模型通过网格方法界定主体和对象的安全等级。主体只能访问安全级别等于或低于自身安全级别的对象。

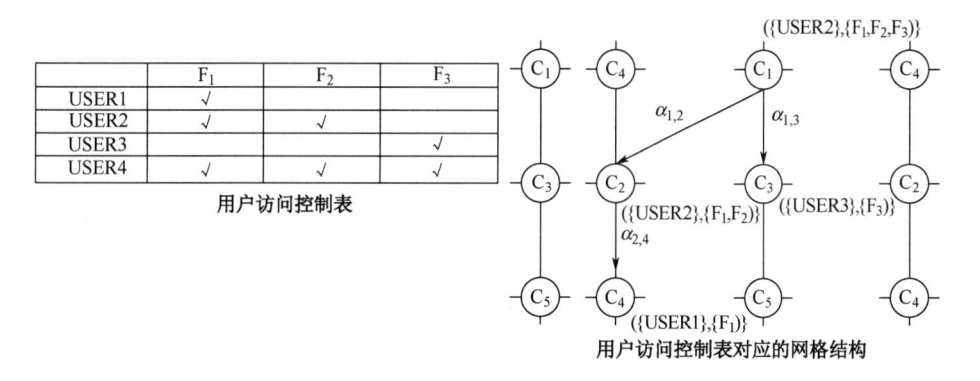

	F_1	F_2	F_3
USER1	√		
USER2	√	√	
USER3			√
USER4	√	√	√

用户访问控制表

用户访问控制表对应的网格结构

图 7-10　基于网络的模型

- **Cisco SAFE**（见图 **7-11**）：该模型提供了一种分析整个组织面临的威胁、风险和策略并实施控制措施的方法。它考虑所有组织都不尽相同，因此提供了一个模块化结构，可根据组织的类型和规模进行定制。
- **零信任**（见图 7-12）：零信任模型并不假设企业防火墙保卫的一切都是安全的，而是假设存在漏洞，并对每个请求进行验证，好像请求来自开放网络一样。

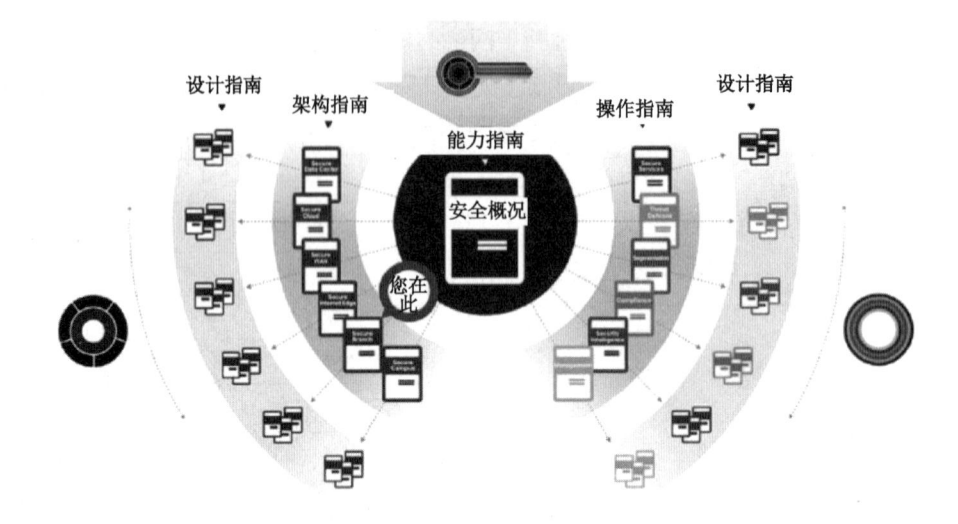

图 7-11　Cisco SAFE 指导层次结构

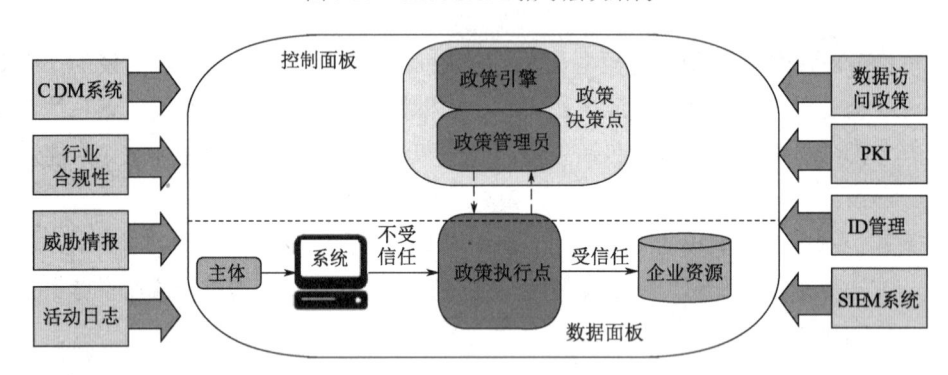

图 7-12　零信任核心逻辑组件

无论请求从哪里发起，也无论其访问的是什么资源，零信任都教会我们"永远不要信任，要永远进行验证"。

每次访问请求都要进行全面验证、授权和加密才能授予访问权限。为最大限度地减少横向移动，应采用微分段和最低特权访问原则。应利用丰富的情报和分析技术实时探测及应对异常情况。

所有这些安全网络建模的共同要素是限制整个架构内自由流的访问。您的网络架构能阻止横向移动吗（见图 7-13）？

就像在军事基地一样，不能因为有人进入基地外围（无论是合法还是不合法），就自动允许他们进入基地更敏感、任务关键或有价值的区域。内部防御措施通常是相称的，以确保最宝贵的资产受到层层防御的保护，并且访问权限严格限于有合法需求的人员（见图 7-14）。

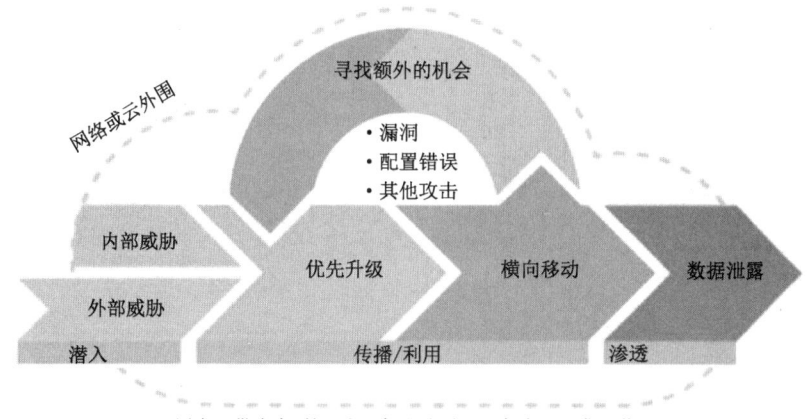

图 7-13 网络攻击链

图 7-14 安全存储设施

如您所见，这些就像主要基地内的小基地一样。只要进入主要基地，基地架构的设计就会限制人们在基地内横向移动，防止他们访问更敏感的资产。这是因为架构是以资产的关键性为基础设计的。

军事网络配置的设计也采用了相同的方法，即秘密和以上级别的网络为红色网络，而较低级别的网络为黑色网络。

日常工作中，我通常在黑色网络进行操作。不过，当我需要使用安全键盘、视频和鼠标（KVM）操作更敏感的项目时，会转向使用更安全的红色网络（见图 7-15）。这有助于严格区分角色和严格访问控制。

该流程明确划分了不敏感网络和敏感网络间的界线。因此，如果不太敏感的网络被入侵（如钓鱼邮件、恶意软件发送等导致），则此次入侵影响更敏感网络的风险应尽量保持在容忍度范围内，甚至终止。

谨记，防御措施需要与资产/业务运营的感知价值和风险相称。

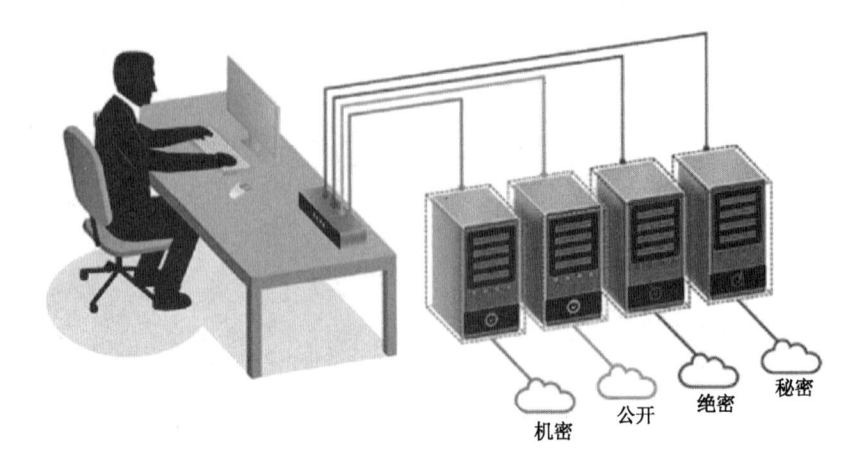

图 7-15　网络隔离

无线网络

无论网络采用有线模式还是无线模式，适用的原则都是一样的，即必须符合规定标准（如 IEEE 802.11、Cisco、零信任等），并执行以下一整套技术安全控制要求：

- 政策和程序；
- 无线网络一般要求；
- 接入点（AP）；
- 认证服务器（AS）；
- 企业网络；
- 合作伙伴用户；
- 稽查和监测；
- 访问控制；
- 行政管理；
- 事件管理。

企业的有线网络和无线网络需要支持业务通信，同时确保只有经批准的传输工具才能访问敏感区域。

网络运行正常并不意味着它能根据严格的业务需求安全地过滤网络流量。

构建 BRIDGES

将 BRIDGES 缩略语应用到安全网络架构，就能清楚地看到该要素在支持安防方面的潜在重要性变得日益重要。

企业背景

任何安全网络设计的首要因素就是在设计/默认的情况下确保每个必要或贵重企业资产的安全。因此，网络工程师和关键利益相关者（以及潜在的安全员工）必须确认企业的重要资产，这样才能在设计时充分考虑这些资产的安全性。

以欧洲战斗机"台风"为例（见图 7-16），这架战斗机是吸取 1982 年福克兰群岛冲突的教训，为满足"缠斗"的能力要求而研发的。因此，新战斗机的设计需要将灵活性纳入其中。为此，飞机的设计在很大程度上依赖机载计算机来实现这种灵活性。

图 7-16 战斗机"台风"

然而，机载计算机系统的敏感元件可以拆卸，因此在远离基地的地方部署，更易于确保这些元件的安全性。

讽刺的是，福克兰群岛冲突是英国皇家空军最后一次被要求参与"缠斗"，因此需要将"台风"战斗机改装为"战斗机/轰炸机"。

风险与复原力概况

在确定了企业的重要流程和宝贵资产后，就必须了解这些流程在受到威胁或不可用的情况下，会给企业带来什么影响。

该过程最重要的部分就是随时了解可能影响这些业务流程的新兴或现有威胁。

例如：

- 当基本业务流程的相关功能需要使用电子邮件时，企业是否考虑过网络钓鱼攻击的潜在风险？
- 如果企业设有一个重要、昂贵的 IT 系统（如主机，约 75000 美元），企业是否考虑过供应商不再支持该项目时的潜在影响和应急措施？

识别与隔绝

在明确了企业的重要资产后,您是否了解支持系统是如何相互作用的呢?您是否弄清楚下列问题?

- 是否存在可影响更宝贵资产的相关资产?
- 您能在网上将支持最宝贵资产的资产与不太宝贵/关键的系统分开吗?
- 您的资产是否支持"平面网络"中最宝贵的业务流程?
- 如何确定对这些网络连接资产的授权访问?
- 是否根据严格的"需要知道"原则对访问权限进行了严格限制?
- 如果外围被突破或发现未经授权用户,他们能否访问可以为重要的业务运营提供支持的资产?

每个与网络相连的资产必须予以确认、分类(基于其重要性)并分配到一个资产组中。然后,将这些资产保留到库存中,通过富有成效的网络和数据流图,对其进行可视化操作,以显示连接情况并确认直接与敏感数据互动的系统。

机动车的某些组件相较于其他组件更重要,正如机动车复杂的工作原理一样(见图 7-17),现代企业网络由于部门众多,运营更加复杂,有些部门在保持企业安全运营方面更有价值。

图 7-17 机动车复杂的内部结构

探测异常情况

网络的架构设计是确保安全工具和测试以最有效的方式得到应用的重要组成部分。

就像军事基地的设计一样,企业的一整套探测措施必须适于探测未经授权和恶意的活动或漏洞,这些活动或漏洞可能影响企业最敏感、最宝贵的资产,从而无法为企业的关键业务流程提供支持。

例如,在坎大哈机场,通过强大的访问控制措施和无数个布置合理的瞭望塔(见图 7-18)提供保护。

在网络使能环境中,几台移动网络连接设备及若干终端用户会向跃跃欲试的犯罪分子提供更大面积的攻击面,因此企业外围可能异常敏感,难以监测。

图 7-18 坎大哈机场外围防御措施

因此，每个端点（如服务器、桌面、笔记本电脑、手机、平板电脑等）都需要获得相应的保护措施。

端点保护

- 移动设备管理（MDM）；
- 电子邮件保护；
- 频繁更新防病毒保护程序；
- 安全系统配置：Titania Nipper、Nipper PAWS、CIS 配置评估工具（CAT）；
- 配置管理数据库（CMDB）；
- 主机入侵检测系统（HIDS）/主机入侵预防系统；
- 文件完整性检查（FIC）；
- 主机网络防火墙；
- 网络浏览器防火墙；
- 地址空间布局随机化（ASLR）；
- 数据执行保护（DEP）；
- 容器化、虚拟化和沙盒化；
- 数字证书监测：认证、代码签名、证书吊销列表（CRL）。

网络保护

- 防火墙
    - 网络防火墙：外围、内部
        - 网页应用防火墙
        - 数据库防火墙

- 网络入侵预防系统（NIPS）
- 恶意软件预防系统（MPS）
- 电子邮件安全
- Internet 代理
- 特权访问工作台或跳转服务器
- 有效更新程序或自动更新解决方案

我并不是说您应当购买所有这些安全工具，而是说，这些起到了警告的作用，有助于企业发现未经授权活动或恶意活动，确保及时展开调查和干预，防止给企业带来过度影响。

因此，配置完善、位置适当的安全工具能够在入侵者暗中打入企业内部，成功地发动攻击之前，帮助企业探测到网络中的异常情况。

一旦确定了重要资产、资产的位置及最适当的工具（位于网络的正确位置），就能够制定一个富有成效的探测计划。

在坎大哈机场，防御措施被纳入中央指挥与控制中心，并通过内外部定期安全巡逻和检查予以加强（见图 7-19 和图 7-20）。

图 7-19　坎大哈机场内部安全巡逻　　　　图 7-20　外围安全巡逻

企业的警报、漏洞扫描及安全信息和事件管理（SIEM）应当作为探测能力的一部分。

此外，应当考虑通过下列解决方法对所有的网络活动进行监测和分析，例如：

- 域名服务器（DNS）监测；
- 防止数据丢失；
- 匿名者网络监测；
- 蜜罐技术。

富有成效的漏洞管理极其重要，这是因为长期未修复的漏洞会给攻击者提供更多的机会来损害网络连接的系统和数据资产。

将企业漏洞管理流程视为内外部安全巡逻，寻求识别和报告新形成的或长期存在的漏洞。然后，（基于受影响资产的感知价值）对每个所识别的漏洞进行风险评估，及时采取补救措施。

此外，漏洞管理计划必须包括对已成功应用的更新进行验证，尤其是当企业的宝贵/关键资产使用的是自动更新软件，但未能成功地实施自动更新时。

因此，企业的安全感可能是假的，这些宝贵/关键资产中仍有一个长期存在的漏洞，日后可能会被攻击者利用。

漏洞管理流程的一个重要附加功能应当是关键补丁报告流程，例如：
- Qualys 补丁报告；
- Tenable 卓越的补丁跟踪。

据报道，犯罪分子已发现机器学习有助于他们制造高度先进的威胁，因此，企业也应当思考如何通过机器学习更好地分辨正常情况和异常情况。

谨记，机器学习的优势在于它能极其有效地识别重复的模式。目前，企业员工都是人类，因此会养成一定的习惯（如在特定时间，从特定设备，在特定地点登录，以及携带和建立固定的工作模式）。

攻击者或恶意内部人员可能并不熟悉企业的内部环境和机器学习算法，但很容易将这些异常行为与正常的工作模式区分开来。

不少安全工具已开始具备机器学习能力，实现了与其他安全解决方案/工具的集成，例如：
- CyberEasy；
- ExtraHop Reveal(x)；
- Faraday Security。

治理过程

企业的网络架构实质上是发展变化的，因此需要进行严格控制。所有使用或支持网络连接设备的工作人员都要了解相关规则（政策）和程序，保持系统的安全性。

因此，应定期对人员进行培训，提醒他们遵守这些规则和程序，并说明遵守的原因。因意外未能遵守本要求的人员需接受一段时间的再教育，甚至需要接受密切监测。与此同时，该人员应确信任何蓄意行为都会导致纪律处分。

治理过程应当包括"自上而下"（高级管理层支持）和"自下而上"的方法（人员能够说出正式规则和程序与角色需求之间的不一致）。

评估安全控制措施

部署到快节奏的敌对环境中后，对测试嵌入式安全控件有效性的要求极其有限，这是这种部署的优势之一。

为什么会这样呢？

很简单，这是叛乱分子很乐意做的事情，他们频繁的攻击提醒着我们威胁永远存在，威胁是真实存在的！

物理叛乱攻击与对企业网络架构的攻击的共性在于，主要是"人为错误"导致了这些攻击。

这两种威胁行为者都会借机行事，（据 IBM 报道）95%的网络安全漏洞都是"人为错误"造成的。

我要说的是，在叛乱分子在坎大哈机场成功发动的攻击中，90%~95%都是"人为错误"造成的，叛乱分子正是抓住了这样的机会。然而，唯一的区别是，机场每个人都接受过最起码的训练，能够有效地应对和降低潜在的影响/导致的损害。

检测安全控制措施的有效性变得日益重要，它能提醒我们这是实实在在发生的事情，有助于我们识别坏习惯、危险的程序捷径或过时的规则和程序。

因此，制定富有成效的稽查计划极其重要，如果没有叛乱分子帮助企业测试，企业可以聘用一个享有盛誉的第三方供应商充当叛乱分子，如 Northramp、OnSecurity、Pen Test Partners。

企业考虑渗透测试业务时，必须思考想要测试哪些宝贵的业务运营（及其支持系统），并评估业务范围带来的相关风险。

企业购买的模拟叛乱攻击工具不能是那些只会报告通过内部/外部安全巡逻（漏洞扫描）就能发现的问题的工具。因此，应当将渗透测试视为对漏洞管理程序的改进。

为何不使用 CREST 的简单成熟度评估工具（见图 7-21～图 7-24）来评估渗透测试流程的成熟度呢？

- 谨记，企业安全测试人员必须要技术娴熟、经验丰富且购买了充足保险，才能有效地测试企业的业务运营，不让这些服务遭受不必要的风险。因此，测试类型必须与风险相称，如黑盒、灰盒、白盒。

人人都会犯错。企业要想继续做到高效运作，并最大限度地降低影响，就必须做好"生存和运营"准备，这种心态极其重要。

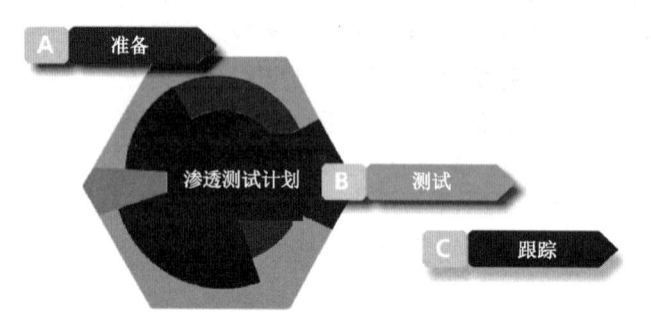

图 7-21　渗透测试计划的关键步骤

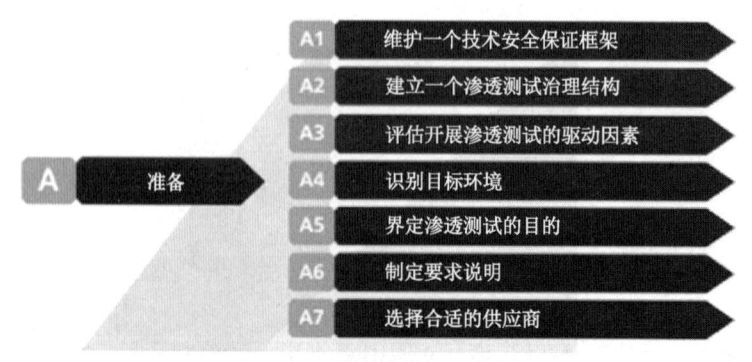

图 7-22　第一阶段——准备

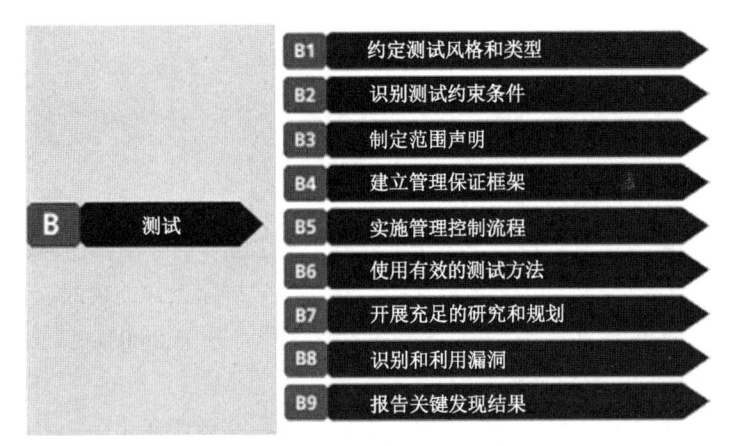

```
B ─ 测试
   B1  约定测试风格和类型
   B2  识别测试约束条件
   B3  制定范围声明
   B4  建立管理保证框架
   B5  实施管理控制流程
   B6  使用有效的测试方法
   B7  开展充足的研究和规划
   B8  识别和利用漏洞
   B9  报告关键发现结果
```

图 7-23　第二阶段——测试

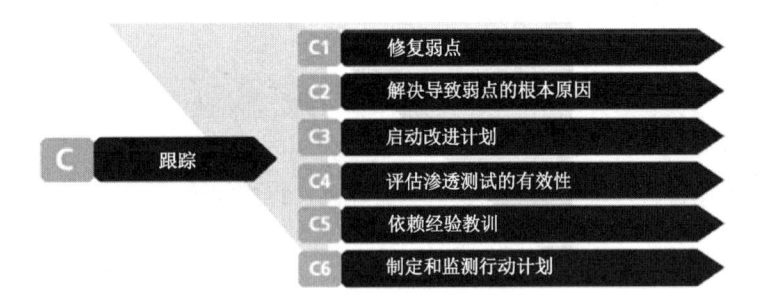

```
C ─ 跟踪
   C1  修复弱点
   C2  解决导致弱点的根本原因
   C3  启动改进计划
   C4  评估渗透测试的有效性
   C5  依赖经验教训
   C6  制定和监测行动计划
```

图 7-24　第三阶段——跟踪

生存和运营

威尔·史密斯曾说：如果您时刻准备着，就不需要准备，这就是我的生活方式！

从来没有这样贴切的话语。对于一个企业来说，要做好出错的准备。企业员工也是人，除蓄意行为外，他们也会犯错。

企业员工必须做好充分的准备，才能识别及高效地解决具有影响力的事件或事故。

在军队中，我们学会了下面的口诀：

事先规划可防止（P***）业绩不佳！［Prior Planning Prevents (P***) Poor Performance！］

我具备丰富的一手经验，熟知有效地处理各种事件和事故是多么重要。即使接受了一定的演练训练，但是一旦发生事情，人们还是会做出不同的反应：

- 战斗；
- 飞行；
- 冻结。

通过参考最新的威胁情报，企业就能开发一套逼真的网络架构操作手册，并借助广泛的演练，做好充分的准备，从而更有效地处理这些事件。

然而，谨记，发生的事件或事故可能未列入操作手册，因此企业必须要做到灵活。

残酷的现实

在英国，新冠疫情导致企业员工无法前往办公室工作，面对这样的问题，企业必须安全可靠地重新配置支持网络架构，才能让员工快速适应居家工作的模式。

据报道，新冠疫情期间，**46.6%** 的员工都居家工作，其中 **86.0%** 的员工居家工作的直接原因是新冠疫情。

英国很多企业都未做好准备来应对疫情导致的生存和运营变化：

- **25%** 的企业未制订危机计划；
- **58%** 的企业提供居家办公方案；
- **41%** 的企业未制定此类政策。

疫情封锁导致员工必须采用灵活的远程工作方式，而企业并未做好相关准备，这样除必要的工作人员外，所有工作人员均无法进入工作场所，造成了额外的业务损失。

由于事先发出警告，很多国家都进入封锁状态，以应对疫情。

但为何有如此多的企业未做好准备？

重要启示

- 了解每个网络连接资产的价值对于设计适当的网络架构至关重要。
- 网络的设计和开发应当最大限度地减少网络外围受损后的潜在影响。
- 网络的设计和开发应当将安全因素放在首位。
- 网络的设计和开发应当包含富有成效的安全架构模型概念。
- 为确保得到充分的保护，重要/宝贵的业务资产和运营应当得到相应的保护。
- 应当安全配置、隔离和监测与支持网络相连的资产，以最大限度地减少攻击面和攻击者的机会。
- 对企业宝贵资产/流程的访问应严格限于有合法访问需要的人员。网络的设计和开发应当执行这种严格的访问控制。
- 必须制定和实施富有成效的治理策略，确保持续维护网络架构的安全性。
- 这并不是说要使用更多的安全测试和监测工具/解决方案，而是要更有效地使用这些工具。
- 安全工具和解决方案的机器学习与自动化有助于显著提高企业的探测、响应能力。
- 企业应做好准备，应对出现的问题。

第八章

信息系统安全

我习惯思考三四个月后的事情,计算最坏的情况。

在战争中,除了计算,您什么也做不成。凡事没有周密的计划,就不会有结果。我习惯于不放过任何一次机会,因此便采取了很多预防措施。

拿破仑·波拿巴

引言

您可能会问，为何我在介绍"信息系统安全"这一主题时要引用拿破仑的话。拿破仑是一位著名的战术家和领导者，但其成功的核心是依赖"信息系统"（大脑）进行成功的分析和计算。

如今，企业日益依赖信息系统。然而，很多企业并不知道信息系统相关的信息。

企业大多数侧重于保护负有法律或监管义务的信息资产（如 PCI DSS、GDPR、PIPEDA、CCPA 等），显然忽视了其他信息系统为企业提供的潜在价值和影响。

很多企业只有在这些系统无法使用或受到损害（如拒绝服务、勒索软件或人为错误）时才能发现它们的真正价值。

因此，在调查企业背景时，必须确定可能对业务产生影响的其他信息系统。然而，要做到这一点，我们需要了解和认识什么是信息系统。

什么是信息系统？

在美国 NIST SP 800-128：信息系统安全配置管理指南中，信息系统被定义为：为收集、处理、维护、使用、共享、传播或处理信息而组织的一套离散的信息资源。

> 注：信息系统还包括工业/流程控制系统、电话交换和专用分支交换机（PBX）系统及环境控制系统等专业系统。

让我们看看以呼叫中心为基础，接听大量客户来电（包括接受电话付款）的特定场景。

企业决定实施符合 PCI DSS 标准的双音多频（DTMF）解决方案［如 GCI Com（Nasstar）的 IVR 呼叫中心解决方案］，以消除 PCI DSS 合规性负担，降低处理客户支付卡数据的风险。

因此，其将风险转移给第三方，不再需要任何系统或人员与客户的支付卡信息进行交互。

但是，客户仍需要与呼叫代理通话，因此，基于 IP 的语音传输（VoIP）系统依然是企业的一个关键系统。

或许，企业可以选择以 NIST SP 800-58：网络协议通话技术安全指南为基准，防范已知的风险、威胁和漏洞：

- 机密性和隐私性；
- 完整性问题；
- 可用性和拒绝服务（DoS）。

试想一下，如果呼叫代理无法长期使用 VoIP 系统，将会给客服中心带来什么样的潜在影响？

VoIP 系统对企业的重要性和价值与日俱增。因此，应当确保对这一宝贵的企业信息系统提供相应的保护，使其快速成为一项值得投资的项目。

军事比较

2008 年夏季，我被派往英国皇家空军利明基地担任计算机安全（CompSy）员，主要负责：

- 对所有的计算机系统进行登记和认证，并对所有的记录进行汇编；
- 安排制定和监测所有的安全操作程序（SyOps）；
- 向单位安全官（USyO）和安装管理人员提供计算机安全方面的建议与指导；
- 针对计算机系统对机密或以上级别的保护性标记（PM）信息的处理，为 TEMPEST 威胁评估提供建议，并监测报告中提出的建议；
- 安排定期编制计算机安全教育材料，并进行传阅；
- 针对防病毒（AV）的维护问题，与 IT 运营部进行协调，使其达到机构许可证的限额，并按需管理 AV 软件更新事项；
- 按照英国皇家空军警局飞行队指挥官（OC Police）或副指挥官的详细要求，开展计算机安全调查，并跟进专业警察飞行队调查确定的计算机安全行动；
- 在信息技术协调委员会（ITCC）会议上担任计算机安全代表；
- 对拟定计算机安装内容进行安全调查；
- 保留记录并控制对计算机系统的删除情况；
- 就机构安装和引进的计算机，与 IT 运营部展开密切联络；
- 组织和监测计算机安装管理人员（CIM）课程；
- 确保机构所有的通信系统遵守其条例；
- 执行技术安全报告强调的建议，并与总部、打击司令部和情报系统（英国皇家空军）保持密切联系。

为完成这项任务，我必须参加英国皇家空军警局计算机安全一级和二级课程（见图 8-1 和图 8-2）。

仅仅六个月之后，我就经历了严重的计算机安全事件，为此我承受了巨大的压力。由于基地开始意识到其对 IT 系统的依赖性，系统恢复到正常运行的时间越长，我和 IT 运营部承受的压力就越大。

第 7 章概述了军事网络架构如何被隔离成两个独立的环境，即红色（关键任务）和黑色（标准运营），以及我如何使用 KVM 交换机在两个环境之间切换。

学科

计算机原则和概念
计算机工作原理
操作系统
文字处理（MS文字）
硬件架构
输入、输出和处理
数据库管理和安全
英国皇家空军计算机系统管理
计算机威胁
数据通信和批准线路
人员安全
物理安全
硬件安全
软件安全
管理指挥与控制及电子办公系统
计算机显示（TEMPEST）
计算机登录与认证流程
个人计算机安全
便携式IT系统的安全
应急规划 待机程序和备份
个人计算机的使用
机载计算机及其地面支持设施
风险分析
IT安全稽查
安全操作程序
计算机政策

学科

网络操作原则
网络架构组成
磁盘存储器
磁盘诊断/工具与公用事业
数据恢复技术
数据传输
内联网/互联网
计算机项目安全投资
安全操作程序
受信任的计算机基础
信息技术安全评估标准（ITSEC）
安全处理默示
信息技术安全稽查
安全泄露调查
恶意软件
IT取证

图 8-1　英国皇家空军警局计算机安全一级课程　　图 8-2　英国皇家空军警局计算机安全二级课程

2009 年 1 月，英国皇家空军整个黑色网络感染了 Conficker 病毒。Conficker 病毒是一种传播迅速的蠕虫病毒，以 Windows 操作系统中的漏洞（MS08-067）为目标（见图 8-3）。

搜索：MS08-067

日期	D	A	V	标题	类型	平台	作者
2016-02-26	↓		×	微软窗口——'NetAPi31.dll'代码执行（Python）（MS08-067）	远程	Windows	ohnozzy
2011-01-21	↓		✓	微软窗口服务器——服务相对路径堆栈溢出（MS08-067）（Metasploit）	远程	Windows	Metasploit

图 8-3　MS08-067 详情（来自 Exploit 数据库）

处理这种蠕虫病毒的唯一办法是断开每个站点网络与其他站点的连接，然后断开每个网络连接设备与局域网（LAN）的连接。只有断开后，我们才能从核心系统开始，有条不紊地对各系统进行清理，但这是一件耗时耗力的事情。在确认每台设备已清理完毕，并可完全重新连接到局域网后，站点才能恢复正常运行。

人们直到系统无法使用时才开始意识到系统的价值及其漏洞给日常运营带来的影响。

- 例如：网络电子自动访问控制（EAAC）系统通过近程遥测卡（以电子方式记录所有进入该设施的人员），允许人们全天候访问体育馆，但该系统已停止使用。因此，出于消防、健康和安全考虑，人们只能在正常营业时间（周一至周五，上午8时至下午6时）进入该设施。
- 甚至，一些IP连接的闭路电视（CCTV）摄像头也无法运行，导致风险增加，因此需要对无法远程监控的区域进行额外的安全检查。

最初，工作人员还能忍受这种情况。然而，一两天后，由于无法访问桌面系统开展工作，他们便开始感到沮丧。没过多久，他们就开始抱怨，有些人甚至开始大喊大叫，称自己的角色多么重要，IT和信息系统重新投入运行对他们多么重要。

奇怪的是，约12年前，我也曾驻扎在警局飞行队，当时工作人员能够使用的唯一的信息系统是数量有限的基本文字处理器。我记得，这些系统的界面不是蓝屏就是绿屏。在这12年里，人们越来越依赖技术，没有信息系统，就不知道该如何工作。

但是，我们必须要做到有条不紊，并确定修复工作的优先顺序，最大限度地减少对基地的潜在影响。如果不认真管理，不严格控制修复顺序，就可能酿成大错。

幸运的是，我背后是给予我支持的英国皇家空军警局飞行队指挥官。他们帮我调整了修复工作的优先顺序，缓冲了我的需求并提供了一个资源团队，确保经过漫长的一个星期，网络得到清理和恢复。

其他大型机构则截然不同，它们面临的病毒要大得多。其中有一家大型机构花了两周时间对Conficker病毒进行修复。原因是一名高管休假回来后，擅自重新连接了自己的台式计算机系统（该系统原计划是要清理的），结果重新感染了所有重新连接到局域网的已清理设备。最后，其不得不重新启动修复过程。

此刻，您一定在想2009年以后情况有所变化，今天的企业永远不会犯这样的错误。我知道，这对于英国皇家空军来说是一个宝贵的教训，但除非自己亲身经历，否则就会认为病毒有一点点神秘，认为AV软件会自动阻止病毒。

现在，Conficker病毒仍然存在，而制造业已成为该蠕虫病毒的传播目标。根据NTT 2020年全球威胁情报报告：在制造业中，Conficker病毒是最常检测到的恶意软件变体（占所有探测到的恶意软件的11%），这表明这些机构的系统已过时或未修复补丁，密码级别较低，因此易于受到感染或易于受到其他恶意软件变体的攻击。

这样的威胁载体本应埋没在历史的垃圾箱中，怎么会一直存在呢？帕洛阿托的"Unit 42物联网威胁报告"及ZDNet的"物联网和移动世界网络安全报告"称，Conficker感染又死灰复燃——大约有50万次感染记录。

制造业对制造信息系统（MIS）的依赖度极高，而根据其定义（为公司管理人员提供生产流程信息的计算机系统），制造信息系统应该被视为一种宝贵的资产。

其他类型的企业可能会有如下不同的信息系统。只有充分保护这些信息系统，才能保证企业不会受到影响这些资产的事件/事故的不利影响。

- 管理信息系统（MgtIS）怎么样？它是否应当被视为宝贵的企业系统？

管理信息系统是为企业员工（尤其是管理人员）提供有用的信息，便于开展工作的计算机系统。

- 战略信息系统（SIS）怎么样？

战略信息系统是企业用于检查市场和竞争者信息，以帮助企业规划如何取得成功的计算机系统。

- 执行信息系统（EIS）怎么样？

执行信息系统是旨在帮助公司或组织的重要管理人员做决定的计算机管理信息系统。

- 或许，您的企业依赖地理信息系统（GIS）？

地理信息系统是一种用于存储、组织和研究与事物位置、面积或大小相关的数据的计算机系统。

由于这些信息系统对当今的企业十分重要，因此确保它们得到充分的保护，不会因网络攻击、恶意设备或人为错误而受到损害，变得比以往任何时候都更加重要。

您的信息系统是否强大，取决于上一次病毒是否更新、上一次系统是否成功地更新，以及它们所连接的系统是否完整。

网络和信息系统的安全

2018 年 7 月 6 日，欧洲议会通过了一项关于网络和逆袭系统安全的指令（NIS 指令）。该指令于 2016 年 8 月开始生效，于 2018 年 5 月 9 日升级为国家法律，并于 2018 年 11 月 9 日前确定了所有的基本服务运营商。

NIS 指令适用于所有欧盟组织，旨在应对网络和信息系统遭受的威胁，从而改善数字经济的运作情况。

本指令旨在帮助减少"事件"的破坏性影响，并提高"网络安全"。虽然罚金与欧盟《通用数据保护条例》中规定的罚金相同，但 NIS 指令侧重于服务损失，而非数据损失（《通用数据保护条例》涵盖的范围）：

如果企业未能按照 NIS 指令实施有效的网络安全措施，则可能被处以高达 1700 万英镑的罚款，还会触发"一罪不二审"的规则，即如果事件还涉及个人隐私泄露，则还会根据《通用数据保护条例》处以罚款（最高罚款额为企业全球营业额的 4%或 2000 万英镑，以金额大的为准）。

如果您是数字服务提供商企业，且适用于该指令，则企业必须遵守以下几项安全要求。

- 采取适当、适度的技术和组织措施，对企业系统风险进行管理。这些措施必须确保安全级别与所产生的风险相称。

- 企业必须采取的措施包括系统和设施安全，事件处理，业务连续性管理，监测、稽查和测试，以及遵守国际标准。
- 这些要求中很多都与《通用数据保护条例》的安全规定一致。如果您是数据控制人员，则《通用数据保护条例》适用。
- 必须对所实施的措施保留书面记录，这也符合《通用数据保护条例》的问责原则及文件归档规定。
- 如果发生事件，监管人员可在调查或检查期间要求查看这些记录。

然而，即使企业不需要遵守该指令，采用该指令规定的高级别安全原则（见图 8-4 和表 8-1）也极具商业意义。

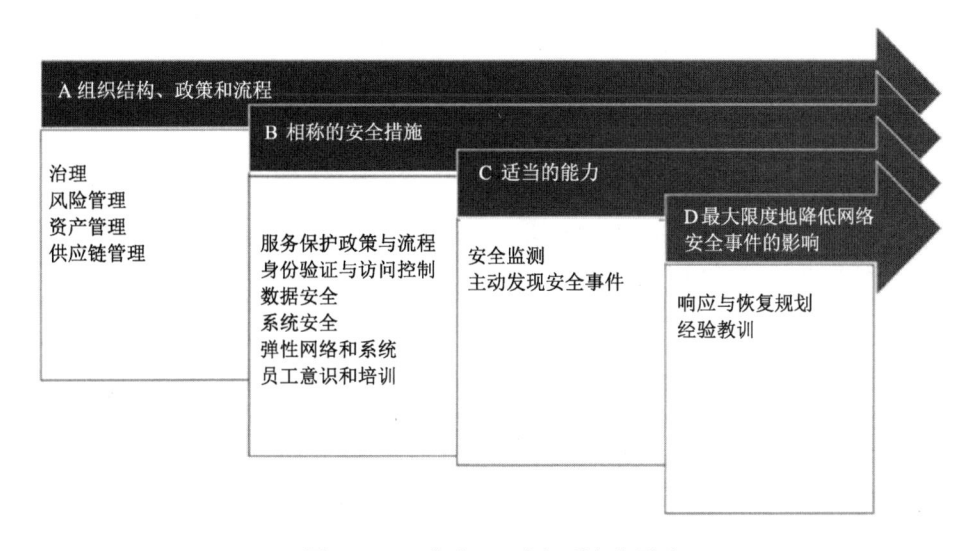

```
A 组织结构、政策和流程
    治理
    风险管理
    资产管理
    供应链管理

B 相称的安全措施
    服务保护政策与流程
    身份验证与访问控制
    数据安全
    系统安全
    弹性网络和系统
    员工意识和培训

C 适当的能力
    安全监测
    主动发现安全事件

D 最大限度地降低网络安全事件的影响
    响应与恢复规划
    经验教训
```

图 8-4 NIS 指令——高级别安全原则

表 8-1 NIS 指令——高级别安全原则详情

A）制定适当的组织结构、政策和流程，以了解、评估和系统管理支持基本服务的网络与信息系统的安全风险	
A.1 治理	组织制定适当的管理政策和流程，以规范其网络和信息系统安全的方法
A.2 风险管理	组织制定适当的管理政策和流程，以规范其网络和信息系统安全的方法
A.3 资产管理	确定并了解交付、维护或支持基本服务网络和信息系统所需的一切，包括数据、人员、系统及支持基础设施（如电源或冷却系统）
A.4 供应链管理	组织了解由于依赖外部供应商而给网络和信息系统带来的安全风险，并对这些风险进行管控，而这些网络和信息系统为基本服务交付提供支持。 这包括确保在使用第三方服务的情况下采取适当的措施
说明： 治理： • 网络和信息系统的安全应由组织管理与相应的政策、实践来推动。 • 应制定清晰的治理结构，明确对网络和信息系统安全的责任与问责制。	

续表

A）制定适当的组织结构、政策和流程，以了解、评估和系统管理支持基本服务的网络与信息系统的安全风险	
<ul><li>高级管理层应当明确阐述给企业带来的不可接受的影响（通常称为风险偏好），其中应当考虑该组织在提供基本服务方面的角色，这样各级决策者都能做出关于风险的知情决策，不必不断地将决策上报治理链。</li><li>应当分派一个或几个人对安全承担总体责任并接受问责。其有权就如何保护服务做出决定，并对此负责。</li><li>对于小型组织，治理结构可以十分简单。</li></ul> 风险管理：<ul><li>网络安全没有统一的蓝图，因此各组织必须采取适当的措施，确定可能影响基本服务交付的安全风险，并采取措施，对这些风险进行适当的管控。</li><li>威胁可能来自组织内外的许多方面。深入了解威胁概况和可能被利用的漏洞，对于有效地识别和管理风险至关重要。这类信息可能来自 NCSC、组织所在领域相关的信息交流中心，以及声誉良好的政府、商业和公开来源，所有这些来源都能够提供组织的风险评估流程。</li><li>各组织可参与相关的信息交流，并在适当的情况下与当局联络，为了解所在领域的威胁和漏洞做出贡献。</li><li>组织应当确立一个系统性流程，确保所识别的风险得到管理，并且相信缓解措施能够有效地发挥作用。</li><li>这种自信心可通过产品保证、监测、漏洞测试、稽查和供应链安全获得。</li></ul> 资产管理：<ul><li>要管理基本服务企业的网络和信息系统遭受的安全风险，必须要明确了解服务依赖关系。</li><li>这可能包括物理资产、软件、数据、基本人员和公用设施。</li><li>所有这些都应明确识别并记录在案，以便了解对交付基本服务至关重要的事情及原因。</li></ul> 供应链管理：<ul><li>如果组织依赖第三方（如外包或基于云的技术服务），则该组织仍负责保护每个基本服务。</li><li>这表明，不管是组织还是第三方提供该服务，都应满足所有相关的安全要求。</li><li>很多组织使用第三方技术服务才是明智之举。</li><li>如果使用第三方技术服务，必须达成合同协议，规定对基本服务所依赖的事物提供保护</li></ul>	
B）采取相称的安全措施，保护基本服务和系统免受网络攻击或系统故障	
B.1 服务保护政策与流程	组织定义、实施、沟通和执行适当的政策和流程，为其总体方法提供指导，确保支持基本服务交付工作的系统和数据的安全
B.2 身份验证与访问控制	组织了解、记录和管理对支持基本服务交付的系统和功能的访问权限。 可以获得数据或服务的用户应当经过适当的验证、认证和授权
B.3 数据安全	应对以电子方式存储或传输的数据进行保护，防止其遭受未经授权访问、修改或删除等可能给基本服务带来干扰的行为。 这种保护应当扩大到授权用户、设备和系统如何访问提供基本服务所需的关键数据。 它还包括协助攻击者的信息，如网络和信息系统的设计信息
B.4 系统安全	保护对提供基本服务至关重要的网络和信息系统及技术免受网络攻击。 深入了解基本服务面临的风险，为采取强大、可靠的安防措施提供依据，从而有效地限制攻击者损害网络和系统的机会
B.5 弹性网络和系统	组织在支持提供基本服务的系统的设计、实施、操作和管理中建立了抵御网络攻击和系统故障的能力
B.6 员工意识和培训	员工具备适当的意识、知识和技能，能够在支持提供基本服务的网络和信息系统安全方面，有效地履行组织职责

续表

B）采取相称的安全措施，保护基本服务和系统免受网络攻击或系统故障
说明： 服务保护政策与流程： • 组织应当在一套全面的安全政策与相关流程中界定确保支持基本服务的网络和信息系统安全的方法。 • 这些政策与流程不仅是一个纸面练习，必须采取措施确保政策与流程得到充分的说明、沟通及有效实施。 • 在制定政策与流程期间应当考虑预期的接受者群体。 • 例如，传达给 IT 员工的信息或指示不同于传达给高级管理人员的信息或指示。如果基本服务的安全依赖这些政策与流程，应建立相关机制，验证政策与流程的实施情况及有效性。该机制还应当支持组织有能力在必要下强制遵守政策与流程。 • 服务保护政策与流程必须切合实际才能做到行之有效，即对工作场所人们的行为方式和决策方式有清晰的了解，尤其是与安全相关的方面。如果在制定政策与流程时缺乏这种认识，那么人们便会使用变通方法和捷径实现工作目标，从而在日常工作中规避服务保护政策与流程。 身份验证与访问控制： • 组织必须明确谁（或者在自动职能的情况下，什么）有权与提供基本服务的网络和信息系统互动或访问相关的敏感数据。 • 应谨慎管控所授予的权利，尤其是当这些权利能够对提供基本服务产生不利影响时。 • 应定期审查所授予的权利，并在不需要的时候，如个人角色改变或辞职时，从技术方面取消这些权利。 • 在允许访问数据或服务之前，应当对用户、设备和系统进行适当的认证、验证和授权。验证用户身份（他们是他们所说的人）是发放凭证、进行身份验证和访问管理的前提条件。 • 对于特权较高的访问权限，可能采用双因素或硬件身份验证等方法。 • 应防止未经授权的个人在系统内各点访问数据或服务。这包括无适当权限的系统用户、未经授权而试图与在线服务演示进行交互的个人，或未经授权访问用户设备的个人（如用户设备丢失或被盗）。 数据安全： • 对支持提供基本服务的数据的保护必须与数据相关的风险匹配。 • 应至少防止未经授权访问敏感信息（保护数据机密性）。例如，这可能意味着要保护存储在移动设备上的可能丢失或被盗的数据。 • 数据保护可能还包括对数据存储设备和/或媒介进行清除后送去进行维护或处置等措施。 • 根据数据完整性和/或可用性受损给基本服务带来的风险，对数据进行保护。除有效的数据访问控制措施外，其他相关的安全措施可能包括维护最新的数据备份副本，以及在必要时检测数据完整性故障的能力。 • 访问关键数据所使用的软件和/或硬件也可能需要保护。 • 必须确保在传输过程中对支持提供基本服务的数据提供保护。具体可通过物理保护网络基础设施或使用加密方法来确保数据不会被不当查看或受到干扰。 • 复制网络基础设施，防止数据流被轻易阻断，从而提供数据可用性。 • OES 管理的某些类型的信息，如果被攻击者获得，将大幅促进攻击者规划和执行破坏性攻击。例如，此信息可能是详细的网络和系统设计、安全措施或特定的员工详情等信息。因此，应适当地识别和保护这些信息。 （注：必须根据 A.3 资产管理，识别支持提供基本服务的数据。） 系统安全： • 组织可采取一系列安防措施，最大限度地减少攻击者破坏支持提供基本服务的网络和信息系统安全的机会。 • 并非所有的此类措施在所有情况下都适用——各组织应当确定和实施最有效的安防措施，以限制与基本服务最大风险相关的攻击者的机会。 • 攻击者损害网络和信息系统的机会（也称为漏洞）主要源自缺陷、功能和用户错误。

续表

B）采取相称的安全措施，保护基本服务和系统免受网络攻击或系统故障	
• 各组织应当在选择和实施安防措施时考虑这三种漏洞。 • 各组织应当保护网络和信息系统免受试图利用软件漏洞（软件缺陷）的攻击。例如，软件应支持并应用最新的安全补丁。如果无法做到这一点，应当采取其他安全措施，充分地降低软件漏洞风险。 • 功能受限（如禁用不需要的服务）和谨慎配置有助于管控硬件与软件功能引起的漏洞。 • 一些常见的用户错误，如将组织配发的笔记本电脑放在公共场所，无人看管，无意中向攻击者透露与安全相关的信息（可能是社会工程学导致的）都会给攻击者带来可乘之机。 • 应当安排员工进行网络安全培训，以最大限度地减少此类事件的发生（参见 B.6 员工意识和培训）。	
弹性网络和系统：	
• 组织提供的服务应当能抵御网络攻击。 • 在 B.4（系统安全）的基础上，各组织应当确保不仅要妥善构建和维护技术，还要考虑在技术故障或损害的情况下如何继续提供基本服务。 • 除技术手段外，这可能包括额外的应急能力，如提供人工流程来确保服务持续性。 • 各组织应当确保系统在整个生命周期内得到良好的维护和管理。管理所用的设备和界面通常是攻击的目标，因此应当妥善保护。 • 鱼叉式网络钓鱼仍是入侵管理账户的常用方法。 • 防止将管理账户用于电子邮件和网络浏览等日常活动，这样能够显著限制黑客入侵该类账户的能力。	
员工意识和培训：	
• 员工对组织安全运营至关重要。因此，基本服务运营商应当确保其员工具有所需的信息、知识和技能，为网络和信息系统的安全提供支持。 • 在创建积极的安全文化的过程中，每种安全意识和培训计划都需要识别组织内人们处理安全问题的真实方式，并根据这种方式进行调整，这样才能取得成效	
C）具备适当的能力，确保网络和信息系统安全防御保持有效，并探测影响或可能影响基本服务的网络安全事件	
C.1 安全监测	组织对支持提供基本服务的网络和信息系统的安全状态进行监测，以探测潜在的安全问题并跟踪安防措施的持续有效性
C.2 主动发现安全事件	组织探测到网络和信息系统内影响或可能影响提供基本服务的恶意活动，即使该活动躲过了基于签名的标准安全预防/探测解决方案（或未部署标准解决方案）
说明：	
安全监测：	
• 需要制定富有成效的策略，以便发现实际或可能的安全漏洞，并制定适当的响应流程。 • 妥善的监测不仅是收集日志，还需要使用适当的工具和娴熟的分析方法来及时发现入侵迹象，以便采取纠正措施。 • 这一原则还表明需要提供富有成效、持续的运行安全。 • 随着时间推移，将发现新的漏洞，软件和服务的支持安排会发生变化，技术的功能需求和用途也会发生变化。 • 安全是一项持续性活动，应当在某个系统或服务的整个交付和运行周期内审查及维护安全措施的有效性。	
主动发现安全事件：	
• 某些网络攻击者会竭尽全力，避免被防病毒软件等标准安全监测工具或签名入侵检测系统检测到。这些工具会直接显示入侵情况。 • 其他不太直接的安全事件指标可为检测可能导致基本服务中断的攻击提供更多机会。	

续表

C）具备适当的能力，确保网络和信息系统安全防御保持有效，并探测影响或可能影响基本服务的网络安全事件	
	以下是不太直接的指标： ○ 偏离与系统的正常交互（如正常工作时间外的用户活动）。 ○ 异常的网络流量模式（如意外的高流量，或意外类型的流量等）。 ○ 攻击迹象，如试图横向移动网络，或运行特权升级软件。
• 我们不可能给出一份合适指标的通用清单，因为这些指标在检测恶意活动方面的作用截然不同，具体取决于典型攻击者的行为与组织网络和信息系统正常运作之间的关系。	
• 应积极主动地调查、评估利用这些不太直接的安全事件指标来提高网络和信息系统安全的机会，并在可行的情况下实施如技术可能性、成本效益等。	
• 要通过不太直接的安全事件指标成功地探测攻击事件，可能取决于识别与可能的攻击者行为相匹配的网络事件组合，因此，需要具备一种分析和评估能力，以确定检测到的事件的安全意义。	
• 在设计支持提供基本服务的网络和信息系统期间，应当尽可能考虑主动发现安全事件	
D）最大限度地降低网络安全事件对提供基本服务的影响，包括在必要的情况下恢复这些服务	
D.1 响应与恢复规划	目前已制定定义明确且经过测试的事件管理程序，确保系统或服务出现故障时基本服务的持续性。 此外，还开展了缓解活动，以抑制或限制损害造成的影响
D.2 经验教训	当发生事件时，必须采取措施了解其根本原因，并确保采取适当的补救措施

说明：

响应与恢复规划：

- 事件总会发生。一旦发生，各组织应做好应对准备，并尽可能建立相关机制，最大限度地降低对基本服务的影响。
- 在组织整体风险管理方法的实施过程中，应当确定所需的相关机制。
- 例如，DDoS 保护、保护电源、关键系统冗余、限制数据或服务指令的访问速率、关键数据备份或手动故障切换流程。

经验教训：

- 如果确实发生了某个事件，组织必须要吸取经验教训，弄明白事件发生的原因，并采取适当的措施，防止事件再次发生。
- 改进的目的应当是解决根本原因，或试图识别系统问题，而不仅是解决一个非常狭隘的问题。
- 例如，解决组织的整体补丁管理流程，而不仅是应用特定的缺失的补丁

构建 BRIDGES

BRIDGES 缩略语又一次被成功地用于帮助企业加强安防措施。但是，这次 BRIDGES 缩略语被用于保护重要的企业信息系统。

企业背景

在向深度数字化的业务运营模式转变的过程中，企业越来越普遍地寻求通过分析大量信息来提升企业的机会。其结果是，企业正在寻求识别趋势或改进内部业务流程的方法。

例如，一家大型零售商希望更好地了解顾客的习惯和趋势。通过更好地了解顾客的习惯、需求和期望，其能够完善内部流程，帮助提升顾客体验。此外，其还能抓住机会，吸引顾客购物，如果没有这种干预，顾客可能永远也不会发现这些产品（例如，将产品放在顾客的视线范围内，或在货架末端进行促销）。

为了迎接数字化革命，很多零售商设法利用机器人流程自动化（RPA）或机器学习（ML）来对大量的数据进行整理、合理化或分析。

这些单独的数据集就像一块块拼图，一旦拼凑起来，就能为公司提供极为有用的顾客趋势图。

因此，支持信息系统成了极其宝贵的商业资产。然而，这种价值往往在信息系统遭到损害或无法使用时才能得到重视或理解。

想一想，如果信息系统损害了其中包含的数据的质量和完整性，会对零售商的营销团队造成什么样的潜在影响：

内部数据不一致=外部数据质量差！

这些保护不力（但重要）的信息系统开始对营销团队的能力产生影响，进而开始影响业务。

因此，您必须与每个业务部门联系，了解哪些信息系统对它们的正常业务运营至关重要。

风险与复原力概况

既然您对企业依赖的信息系统有了更深入地了解，您是否知晓信息系统的机密性、完整性或可用性受到损害会给企业带来哪些潜在的影响呢？

- 您是否分析了与每个信息系统相关的潜在影响？
- 零售商无法从以下平台获得信息会造成什么样的潜在影响？
  - 库存管理解决方案（IMS）；
  - 客户关系管理（CRM）平台；
  - 会计信息系统（AIS）。

识别与隔绝

依旧需要确认每个信息系统所涉及的所有资产（谨记，信息系统是一整套收集、存储和处理数据，以及提供信息、知识和数据产品的组件），并确定相关安全控制措施，降低风险及最大限度地减少不必要的连接和访问。

探测异常情况

对于严重依赖 VoIP 系统的客服中心，您是否考虑过要降低给这些信息系统带来的风险，需要考虑哪些探测安全因素来应对已知的 VoIP 风险、威胁和漏洞？这些风险、威胁和漏洞如下。

- 机密性和隐私性——漏洞：
  - 交换机默认密码漏洞；
  - 典型的窃听器漏洞；
  - 地址解析协议（ARP）缓存中毒和 ARP 泛滥；
  - 网页服务器界面；
  - IP 电话网络掩码漏洞；
  - 扩展 IP 地址映射漏洞。
- 完整性——威胁载体：
  - 入侵：入侵者可能伪装成合法用户，访问交换机的操作端口；
  - 不安全状态：在某些时候，交换机处于不安全的状态，可能易受到攻击。
- 完整性——攻击媒介：
  - 动态主机配置协议（DHCP）服务器插入攻击；
  - 简单文件传输协议（TFTP）服务器插入攻击。
- 可用性和拒绝服务——攻击媒介：
  - CPU 资源消耗攻击，无须任何账户信息；
  - 默认密码漏洞；
  - 可利用的软件缺陷；
  - 账户锁定漏洞。

治理过程

如果将企业想象成一个复杂的道路系统，就会有无数个司机操作不同的交通工具。为降低风险，每位司机都要了解交通规则和程序，安全地操作自己所驾驶的车辆。

因此，就像英国政府和其交通部规定的规则一样，每位司机都需要了解这些规则，并遵循适当的程序，以便在英国道路上安全驾驶。

为确保每位司机都能够在英国道路上合法驾驶，他们必须证明自己能够熟练驾驶（通过理论和实践驾驶考试），并熟悉"道路法规"（见图 8-5 和图 8-6）。

- 行人规则（第 1 条至第 35 条）
  行人规则，包括总则、横穿马路、十字路口和需要格外小心的情况。

- 第 19 条规则
- 斑马线
  让车辆有充足的时间看到您并在您过马路前停下来。路面湿滑的情况下，车辆所需的时间更长。等对向的车辆停下来，道路无车辆后再通过马路。谨记，行人过马路时车辆不一定会停下来。观察两侧车况，并注意倾听，防止司机或骑行者未注意到您，试图从停下的车辆旁超车通过。

图 8-5　第 19 条规则——斑马线有信号灯

- 道路使用（第 159 条至第 203 条）
  道路使用规则，包括总则、超车、路口、环岛（第 184 条至第 190 条）、人行横道和倒车。
- 第 184 条规则
  驶近环岛时，注意所有可获得的信息，包括引导您驶入正确车道的交通标志、信号灯和车道标线。您应当：
  - 在所有阶段使用后视镜—信号—操作；
  - 尽早决定驶出哪个出口；
  - 发出适当的信号，计算信号灯的时间，不要迷惑其他的道路使用者；
  - 驶入正确的车道；
  - 根据交通状况调整车速和位置；
  - 注意周围所有道路使用者的速度和位置。
- 第 185 条规则
  到达环岛时，您应当：
  - 让行右侧驶入的车辆，标志牌、道路标线或信号灯另有指示的除外；
  - 查看道路标线，确认驶入环岛是否可以不让行。如果可以，继续驶入，但事先应注意右侧车辆和行人情况；
  - 注意环岛上的其他道路使用者，注意，他们可能没有正确地打信号灯，或根本就没有打信号灯；

- 出发前向前看，确保前方车辆已经驶离。

图 8-6　第 185 条规则——环岛的正确程序

如果某组织未能就驾驶规则和程序对其员工进行记录、沟通和教育，那么无论是蓄意的鲁莽行为还是意外行为，车祸都在情理之中。

评估安全控制措施

切记，所实施的安防措施必须与所感知的风险相称，并且必须确保制定一项适当的稽查计划，确保信息安全系统得到适当的保护。

对于涉及更敏感、优先级更高的系统或涉及合规性计划的资产，这种安全控制措施并不需要那么健全。但是，即便如此，仍需要对这些措施进行评估，确保仍能有效地降低风险并提供复原力。

生存和运营

哪些信息系统虽然不被视为"任务关键"，但可能影响企业的标准业务，进而给企业带来不利影响？您如何确保它们能够"生存和运营"？

您是否考虑过，如果重要的业务信息系统受到损害或不可用，可能会对您的企业造成什么样的影响？

您的团队是否做好充分的准备，应对必然出现的问题？

您的团队如何快速识别可能影响这些信息系统的事件，并做出反应，以最大限度地减少干扰和影响？

对于老化或过时的信息系统，您是否考虑过在部件无法使用时应当使用的应急计划？

您知道何处可以获得这些替换部件吗？还能免费获得这些部件吗？

在出现问题的情况下，为确保最大限度地减少给商业计划带来的干扰，您应制订什么样的应急计划？

对于老化或过时的信息系统，您是否开展了风险评估，并将发现结果和潜在的缓解方案告知高级管理层？

在发生灾难（如新冠疫情）的情况下，您的工作人员还能访问这些信息系统吗？

当这些信息系统无法被访问或运行时，您考虑使用哪种替代措施来继续开展业务？

所确定的涉及应急/灾难恢复措施的风险是否已记录在案、传达给高级管理层，并仍处于组织的风险偏好范围内？

残酷的现实

2020 年 9 月 23 日，特斯拉汽车公司的一个信息系统出现故障，导致特斯拉车主被锁在车外大约一小时，其间配套的移动应用程序也无法使用。

所有这些混乱是不合格的应用程序接口（API）导致的。受影响的应用程序接口是信息系统中支持特斯拉移动应用程序的重要部分，对于特斯拉车主控制车辆的众多功能至关重要。

应用程序接口等组件的重要性被低估了。因此，它们获得的安防措施不及组织可能为支持硬件（如安全配置）或软件应用程序（如 OWASP 十大网页应用安全风险）提供的安防措施。然而，与硬件和软件应用程序一样，应用程序接口也需要进行管理，检测并减少其漏洞。

2019 年十大应用程序接口安全风险

1. 对象级别授权失效

应用程序接口往往会暴露处理对象标识符的端点，从而产生广泛的攻击面级别的访问控制问题。在每个使用用户输入访问数据源的功能中，都应检查对象级别的授权。

2. 用户身份验证失效

若身份验证机构实施不当，攻击者会趁机损坏身份验证令牌，或者利用实施缺陷暂时或永久地假冒其他用户的身份。破坏系统识别客户/用户的能力会损害整个应用程序接口的安全性。

3. 数据过度暴露

展望通用实现，开发人员倾向于暴露所有的对象属性，不考虑其个体的敏感性，而是依赖客户端在向用户显示数据前执行数据过滤操作。

4. 缺乏资源和速率限制

应用程序接口对客户/用户可能请求的资源大小或数量不做任何限制。这不仅会影响应用程序接口服务器的性能，导致拒绝服务，还会增加身份验证失效（如暴力）的可能性。

5. 功能级别授权失效

如果复杂的访问控制政策拥有不同的层次结构、分组和角色，并且行政功能和常规功能之间的界线不明，往往会导致身份验证失效。攻击者能够利用这些问题，获取其他用户的资源和/或行政功能。

6. 大量赋值

将客户端提供的数据（如 JSON）与数据模型绑定，而不根据白名单进行适当的属性过滤，通常会导致大量赋值。无论是猜测对象属性、探索应用程序接口的其他端点、阅读文档，还是在请求有效载荷时提供额外的对象属性，攻击者都能借机修改他们不应修改的对象属性。

7. 安全配置错误

安全配置错误通常是默认配置不安全、配置不完整或临时、开放云存储、错误配置 HTTP 标头、不必要的 HTTP 方法、许可的跨域资源共享（CORS）和包含敏感信息的冗长错误信息造成的。

8. 注入

在指令或查询过程中，将不信任的数据发送给解释程序时会发生 SQL、NoSQL、命令注入等注入漏洞。攻击者的恶意数据能够欺骗解释程序，在未经适当授权的情况下，执行非预期命令或访问数据。

9. 资产管理不当

相较于传统的网页应用程序，应用程序接口往往会暴露更多的端点，因此适当更新文档就变得十分重要。合理的主机和部署的应用程序接口版本库存也在缓解应用程序接口版本过时及调试端点暴露等问题方面发挥着重要的作用。

10. 日志记录和监测不足

日志记录和监测不足，加之未与事件响应整合或整合无效，都可能让攻击者进一步攻击系统，保持存在感，转向更多系统，以篡改、提取或销毁数据。大多数漏洞研究表明，如果发现漏洞的时间超过 200 天，则该漏洞通常是由外部而非通过内部流程或监测发现的。

重要启示

- 安防措施不得仅限于关键数据资产（如合规性），也应当扩充到保护任何可能影响企业的信息系统上。
- 信息系统是一套用于收集、存储和处理数据并提供信息、知识和数字产品的集成组件。
- 随着越来越多的企业进行数字化革命，对信息系统的依赖性也与日俱增，从而为高效的业务运营提供支持。
- 企业通常不了解或不重视业务信息系统的价值。例如，在客服中心，VoIP 系统通常只被视为一种与客户进行沟通的电话系统。然而，直到这种通过 IP 连接的系统出现问题，其才能理解该系统在企业的重要性。
- 信息就像拼图碎片。信息系统就像拼图盒，也很像拼图游戏，有些更加复杂（碎片比其他的多），不同碎片在帮助拼出真实的画面方面很重要。
- 犯罪分子会借机窃取拼图盒中的拼图碎片。想想员工的电子邮箱收件箱中可能包含多少拼图碎片。
- 企业必须了解企业的重要业务系统是什么及这些系统受到损坏或不可用时可能带来什么样的潜在影响。
- 因此，企业信息系统的使用和维护需要制定明确、成文的规则。
- 由于这些信息系统被认为十分重要，因此必须采取相称的保护措施和稽查措施，确保它们得到充分的保护。

当这些信息系统发生故障或出现问题时，您需要做好准备，确保最大限度地减少干扰并降低风险。

第九章

物理安全

我不欲战,画地而守之,敌不得与我战者,乖其所之也。

——《孙子兵法》

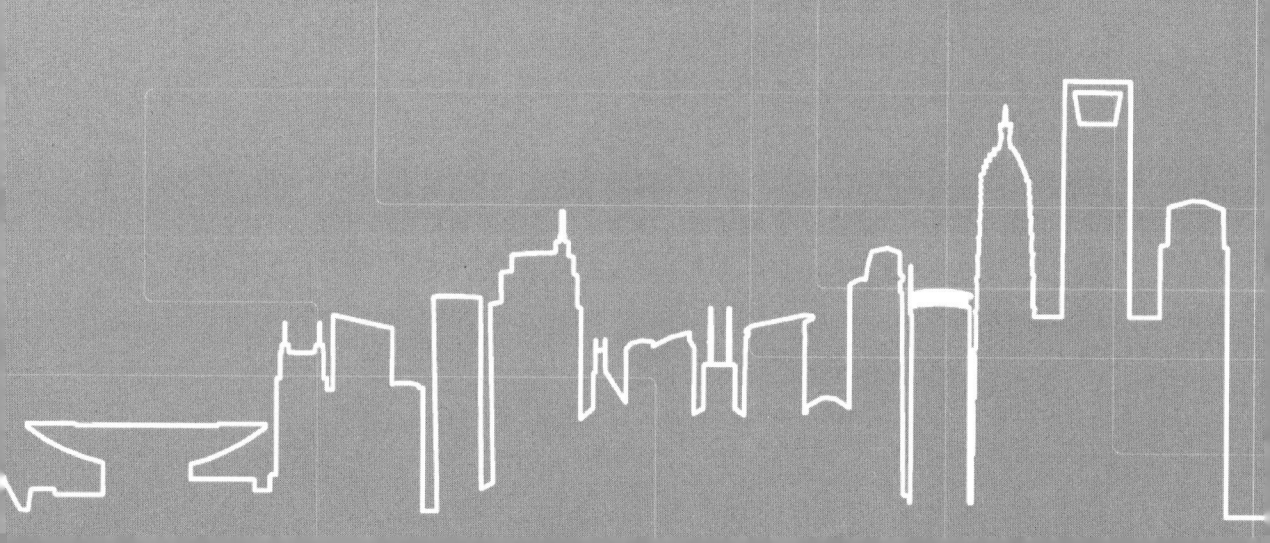

引言

业界对何为富有成效的物理安全策略往往存在误解,个人可能将富有成效的物理安全比作监狱的物理安全(外围的标志就是高墙耸立)。然而,正如您看到的《孙子兵法》所述,反其道而行之能够提供富有成效的物理安全防御措施。

您需要建立相应的层级,再逐层展开(就像剥洋葱一样),才能找到资产。越接近保护的资产,层级会越厚,最终便产生了 5D 防御层级(见图 9-1)。

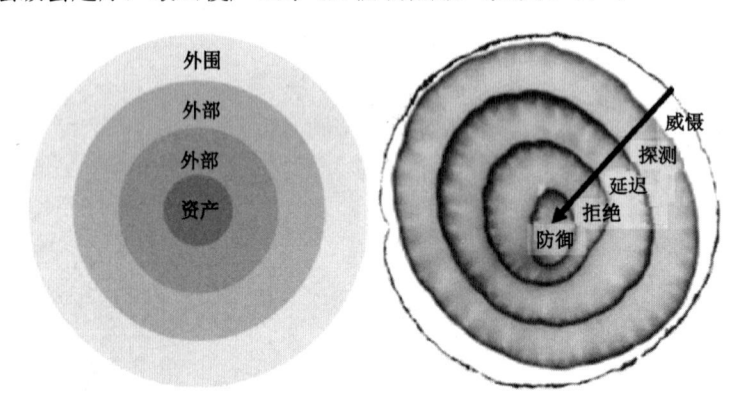

图 9-1 5D 防御层级

纵深防御(见图 9-2):物理措施只是安防的一个方面,需要人员、文件处理、通信和计算机安全等全面支持。要对安全风险进行合理的管理,就必须找到最富有成效(最具成本效益)的方法,汇总各个领域的措施来应对特定的威胁。最重要的是要提供良好的物理保护,最好从一开始就将这些措施纳入每个场所或建筑物中。

每个防御层都是孤立的但又与后续层级相辅相成,这意味着机会主义攻击者向内渗透时,防御层就会逐渐变得更强大。

如果您将防御设施建造成监狱的样子,其实就是向攻击者宣传里面有贵重的东西。谨记,监狱的目的是防止罪犯越狱——这与安防领域的安防目标恰恰相反。

您应当评估每一层的完整性和有效性,相应地保护您最宝贵的企业资产。

如果攻击者在网络空间无法未经授权访问您的贵重/关键的企业资产,他们还会设法通过社会工程进入您的物理环境,试图找到未经授权访问贵重/关键的企业资产的潜在机会。

并非每个攻击者渗透到您的物理环境都是为了窃取数据或破坏您的 IT 系统。在很多情况下,入侵成功造成的影响可能会导致数据丢失或资产受损;然而,这可能并不是攻击者的直接意图。

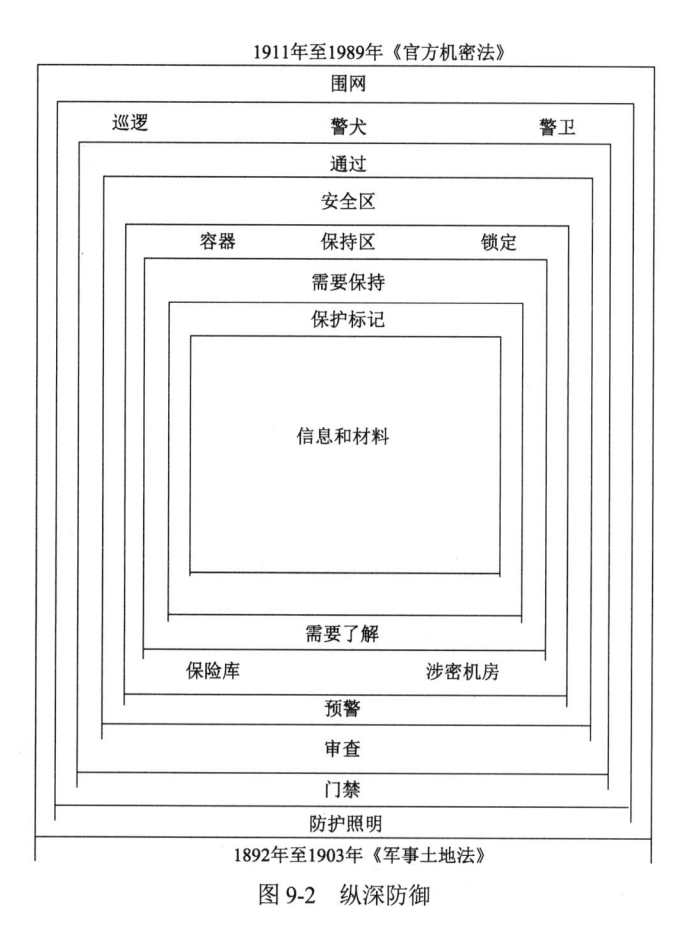

```
                1911年至1989年《官方机密法》
                        围网
        巡逻          警犬              警卫
                        通过
                       安全区
            容器       保持区       锁定
                      需要保持
                     保护标记
                     
                     信息和材料
                     
                      需要了解
            保险库              涉密机房
                        预警
                        审查
                        门禁
                       防护照明
                1892年至1903年《军事土地法》
```

图 9-2 纵深防御

谨记，对于机会主义攻击者而言，很多重要的企业资产在本质上就十分宝贵且具有吸引力（V&A），而富有成效的纵深防御物理安全方法将有助于减少他们将这些企业资产变成武器的机会。

还有一种威胁是自然灾害，企业的物理安全措施的设计应当能够减小这些自然灾害的影响。因此，您所面临的威胁可以分为两种：传统威胁和非传统威胁。

在军事领域，我们将使用 TESSOC 缩略语来确定这些威胁载体（见表 9-1）。

表 9-1 TESSOC 缩略语

传统威胁	非传统威胁
恐怖主义（Terrorism） 间谍活动（Espionage） 蓄意破坏（Sabotage） 颠覆（Subversion）	其他威胁： • 调查记者 • 知内情者：意外 • 自然灾害 犯罪活动： • 有组织犯罪 • 偷盗 • 黑客 • 知内情者：恶意

在评估防御层减弱这些威胁的能力及对业务运营的影响后,您能更好地确保企业物理安全措施始终是有效的。

然而,富有成效的物理安全措施面临的最大威胁仍是对该措施的实施或维护负有责任的授权人士。

谨记,如果方便了员工,也就是方便了攻击者。不要以为采取了物理安全措施,就能保证物理安全措施始终有效,除非对这些措施进行监管。

敞开的防盗门本身没有安全价值可言!

军事矩阵模型

在英国皇家空军警局,物理安全是安防的一个重要部分,也是英国皇家空军驻地反情报人员(见图9-3)的职责之一。

学科
威胁
《官方机密法》
安全原则
恐怖主义
打击恐怖主义
公共军事事件
武器、弹药和爆炸物安全
武器管控
CI调查
CI问询和实践
自杀、倾向与手势
物理安全
风险管理
保护标记文件管控
登记程序
检查与集合
安全锁维护
刑事安全记录办公室
放弃与豁免
安全稽查
计算机安全
通信安全TEMPEST
逮捕权
证据
《空军法》(1955年)
《刑事损害法》(1971年)
搜查
犯罪现场调查
指纹
举报违法行为
录音采访
证人采访
实际演练

图9-3 英国皇家空军警局反情报课程

可惜，在父亲突然去世后，我的反情报课程中的物理安全一课被迫中断，因此我错失了一周的培训课。然而，我却得到了参加该门课程的同事和导师的大力支持，他们牺牲自己的业务时间，帮我补上了缺失一周的课。我自己也使用最低基线测量矩阵（MBMM）（见图 9-4）完成了物理安全评估并参观了警察科学发展科（PSDB）［之后先后更名为内政部科学发展处（HOSDB）、科技应用中心（CAST）和国防科技实验室（Dstl）］，了解了每台安全设备是如何通过测试和评分进入安全设备认可产品（SEAP）目录［类似于国家基础设施保护中心（CPNI）的安全设备目录］的。

专用建筑保存的大型设备的最低基线测量矩阵

顶级机密	L	M	S	H	VH
强制性——第一部分	1	1	1	1	1
强制性——第三部分	2	2	2	2	2
强制性——第四部分和第五部分	6	6	7	7	7
额外——任意部分	9	11	11	14	18
总计	18	20	21	24	28
机密	L	M	S	H	VH
强制性——第一部分	1	1	1	1	1
强制性——第三部分	2	2	2	2	2
强制性——第四部分和第五部分	4	4	5	5	6
额外——任意部分	7	9	9	12	15
总计	14	16	17	20	24
保密	L	M	S	H	VH
强制性——第一部分	1	1	1	1	1
强制性——第三部分	2	2	2	2	2
强制性——第四部分和第五部分	3	3	3	3	3
额外——任意部分	4	5	7	9	13
总计	10	11	13	15	19
受限	L	M	S	H	VH
强制性——第一部分	1	1	1	1	1
强制性——第三部分	1	1	1	1	1
额外——任意部分	—	—	1	2	3
总计	2	2	3	4	5

图 9-4　最低基线测量矩阵评分矩阵

现在，军事训练课程中总会有至少一个角色，我的反情报课程也不例外。参观警察科学发展科那天，是物理安全导师（内德·佛兰德斯）开着一辆白色小巴带我们去的。

一到达警察科学发展科，内德就要求我们从小巴的后窗观察外面，同时将小巴倒进停车位。当他小心翼翼地倒车时，车上一片寂静。

突然，亚卡（学生戏剧演员）大声喊道："哇！"

内德立即踩下刹车，大家的心都开始狂跳。紧接着，亚卡继续唱道："我要去巴巴多斯！"

小巴上的人，除内德外，立刻大笑起来。这为我们这次愉快而丰富多彩的参观之旅奠定了基调。

我们发现，每个项目都是按照对暴力攻击的抵御能力进行分级和评分的，其中有些项目也依赖其他项目（如涉密机房的评分取决于墙壁、天花板、地板、门框、门和锁定系统）。如果涉密机房安装的锁比较劣质或无法使用，则涉密机房的评分就会受到影响（见图 9-5）。

措施			载荷	备注
第一部分——容器/外壳				
1.	容器/外壳			
	a.	四级	4	
	b.	三级	3	
	c.	二级	2	
	d.	一级	1	
小计（ss1）=a、b、c或d				
2.	锁			
	a.	四级	4	
	b.	三级	3	
	c.	二级	2	
	d.	一级	1	
小计（ss2）=a、b、c或d				
区域分数（s1）=ss1×ss2			数值相乘	

措施			载荷	
第二部分区——房间				
3.	房间			
	a.	保险库	4	
	b.	保险库	3	
	c.	涉密机房	1	
	d.	密室	0	
小计（ss3）=a、b、c或d				
4.	门锁			
	a.	四级	4	
	b.	四级	3	
	c.	三级	2	
	d.	二级	1	
	e.	一级	0	
小计（ss4）=a、b、c、d或e				

图 9-5　最低基线测量矩阵——涉密机房分级

仔细想想，这个概念似乎十分有道理。哪种最富有成效呢？无照明环境下的二级围栏？还是提供十米宽泛光照明区的安全照明？以 ABC 公司的数据中心为例。

1. 第一部分——容器/外壳

他们选择将服务器安放在二级安全笼内，安全笼配备一把三级锁（见图 9-6）。

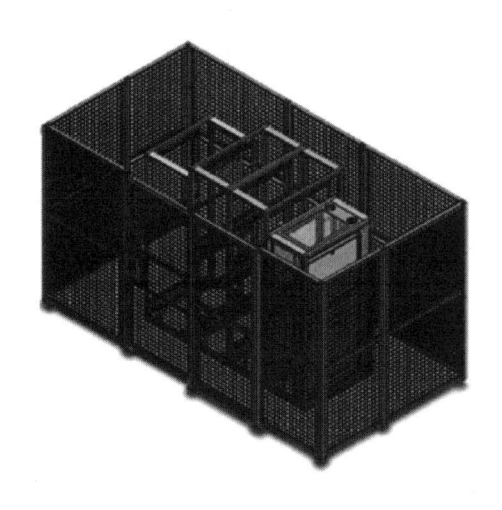

图 9-6　二级安全笼

- （ss1）二级容器=2 分。
- （ss2）二级锁=2 分。
- 第一部分总计=4 分（ss1×ss2）。

2. 第二部分——房间

安全笼放置在标准的 A 类涉密机房内，并配备一把三级锁。

- （ss3）涉密机房=1 分。
- （ss4）三级锁=2 分。
- 第二部分总计=2 分（ss3×ss4）。

3. 第三部分——建筑

涉密机房位于三级建筑内。

- 第三部分=3 分。

4. 第四部分——出入管控

对进入建筑的人员实行一级出入管控措施并对陪同的访客实行管控。

- （ss6）一级出入管控=1 分。
- （ss7）陪同出入=3 分。
- 第四部分总计=4 分（ss6＋ss7）。

从第一部分到第四部分（这些措施仍然有效的情况下），如果 ABC 公司数据中心仅采用这些基本的物理建筑基础设施，则评分已达到 13 分。

然后，第五部分和第六部分的辅助外部措施能够轻易地加强 5D 的其他要素。

5. 第五部分——警卫和入侵检测系统

ABC 公司实行不定期内部巡逻和警报系统。

- （ss8）不定期内部巡逻=4 分。
- （ss9）二级入侵检测系统=3 分。
- 第五部分总计=7 分（ss8 + ss9）。

6. 第六部分——安全系统

数据中心大楼位于内部分割区。

- （ss10）二级栅栏=2 分。
- （ss11）出入管控=1 分。
- （ss12）无随机进口和（或）出口搜查=0 分。
- （ss13）外围入侵检测系统（PIDS）=2 分。
- （ss14）适当的标准闭路电视（CCTV）=2 分。
- （ss15）适当的安全照明=2 分。
- 第六部分总计=8 分（ss10×ss11+ss12 + ss13 + ss14 + ss15）。

7. 第七部分——外围

ABC 公司不希望人们注意到公司内部存放了贵重资产，因此最大限度地减少了外围防御措施。

- （ss16）一级栅栏=1 分。
- （ss17）无出入管控=0 分。
- （ss18）无进口或出口搜查=0 分。
- （ss19）无外围入侵检测系统=0 分。
- （ss20）无标准闭路电视=0 分。
- （ss21）无适当的安全照明=0 分。
- 第七部分总计=0 分（ss16×ss17 + ss18 + ss19 + ss20 + ss21）。

评分结果如表 9-2 所示。

表 9-2 评分结果

强制性	评分	机密资产	重大威胁
第一部分和（或）第二部分，加上第三部分	9 分	8 分	
第四部分加上第五部分	11 分	5 分	
其他			
任意部分	8 分	4 分	
总计	28 分	17 分	

防御、拒绝、延迟、探测和威慑

从上述能够看到，ABC 公司数据中心的评分超过了保护等级为机密级别且威胁级别为重大的资产所需的要求。

企业的物理安全措施必须与企业资产的感知价值相称。虽然您可能没有机密资产，但您可能对企业也具有同等的价值［例如，这些信息或材料受到损害很可能给基本业务运营（如行业控制系统）的有效性带来严重损害］。

此外，您可能拥有与个人或财务数据有关的信息系统和数据存储，而这些个人或财务数据可能被视为机密信息。

当您考虑引入任何新的或额外的物理安全措施时，必须已经列好行动要求。这将确保在向供应商询价时，您能收到满足您物理安全需求的解决方案。

行动要求

并非所有的物理安全解决方案都是相同的。因此，在选择这些防御解决方案时，必须确保其有效地满足您的需求。

通过向每个潜在供应商提供详细的一级和二级行动要求（OR），就可以向供应商明确、详细地描述您试图降低的风险及您想要的规范要求。

因此，明确地定义行动要求是确保供应商提供同类解决方案，满足您特定需求的重要方法。

例如，在安装闭路电视时需要考虑以下许多因素，并将其纳入闭路电视解决方案：

- 您需要识别面部特征吗？
- 您需要低照明性能吗？
- 您需要在夜间识别颜色吗？
- 您对图像保存的要求是什么？
- 您需要能够读取车辆注册号吗？

在参观警察科学发展科设施期间，我们了解了"ROTAKIN"（见图 9-7）及在闭路电视能力评估期间 ROTAKIN 的使用方法。

然而，从那时起，闭路电视技术不断进步，"ROTAKIN"已被"NORMAN"（国家作战要求人体模型）所取代（见图 9-8）。

图 9-7　ROTAKIN   图 9-8　NORMAN

行动要求的闭路电视模板

为确保所有潜在供应商都能提供符合您确切规格和需求的估价,行动要求模板必须是一个您可以利用的特殊资源。

这样,您便能够根据面临的风险,对安全需求做出清晰、深思熟虑和高层次的说明。下面为进一步阅读材料。

《行动要求指南》:安全评估和有效实施所依据的准则。

一级行动要求如表 9-3 所示。

表 9-3　一级行动要求

问题声明	利益相关者	风险评估	成功标准
定义问题	位置	活动	观察目的	目标速度
行动问题	监测人员?	监测时间?	监测地点?	响应
系统要求	警戒功能	显示屏	记录	导出/存档
管理问题	约束条件	法律问题	维护	资源

二级行动要求

二级行动要求是一级行动要求的延续,更详细地关注每个关切领域及其可能的解决方案。

二级行动要求调查了所建议的每个解决方案,并在一级行动要求的基础上进行扩展。此外,它们还考虑了可能的解决方案的功能、关切点、操作员界面、风险分析和性能要求。

整个行动要求生产系统流程图如图 9-9 所示。

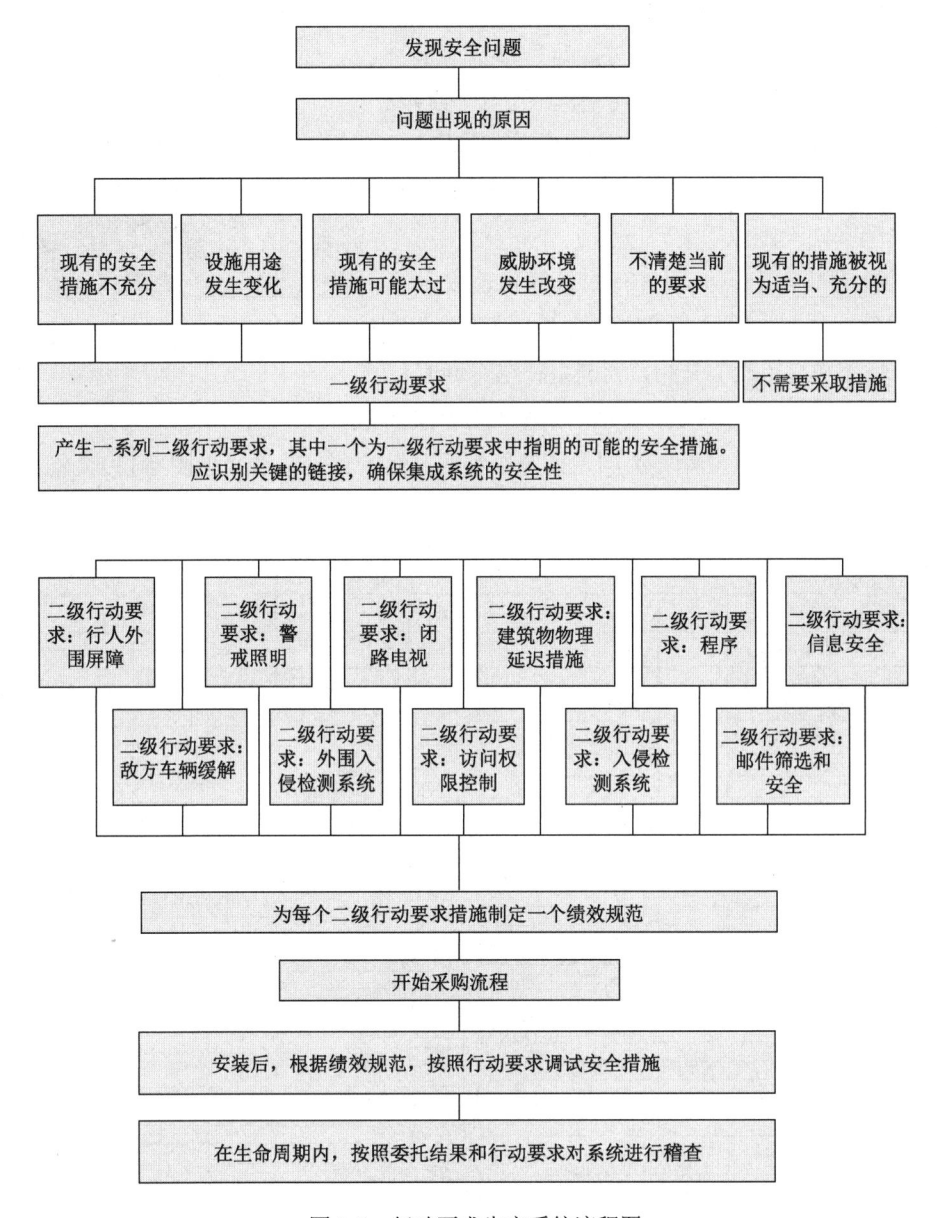

图 9-9　行动要求生产系统流程图

军事比较

围栏线勘测

在我担任英国皇家空军利明基地反情报员期间，基地指挥官委派我对围栏进行审查。

基地指挥官担心，围栏已无法满足空军基地角色的变化情况。英国皇家空军利明基地成立于1939年，以前曾是狂风F3基地（见图9-10）。自从我在那里执行警犬训练职责以来（1995年至1997年），其物理安全基础设施似乎没有改变。

虽然警犬被认为是一项富有成效的物理安全措施（评分8分），但从英国政府的"变革方案"和各种"战略防御审查"开始，英国皇家空军利明基地的角色发生了改变，英国皇家空军警犬分队被解散。

图9-10 英国皇家空军利明基地狂风F3

因此，从第五部分开始，英国皇家空军利明基地的评分极低（见图9-11）。然而，该基地的角色再次发生改变，承担起支持部署行动的电信任务。

措施		载荷	备注
第五部分——警卫和入侵检测系统			
8.	警卫：		
	a. 后卫	10	
	b. 警犬	8	
	c. 定期内部巡逻	5	
	d. 非定期内部巡逻	4	4
	e. 外部巡逻	3	
	f. 驻地/站点警卫	2	
	g. 来访警卫	1	
	h. 无	0	
小计（ss8）=[（a、b、c或d*）+（e或f）*]或g*或h			4
*=如果使用。如果其他警卫或巡逻没有得分，则驻地/站点警卫才会得分。			
9.	入侵检测系统		
	a. 四级	5	
	b. 三级	4	
	c. 二级	3	
	d. 一级	1	
	e. 无	0	0
小计（ss9）=a、b、或c			
该部分得分（s5）=ss8+ss9		NB.Add	4

措施		载荷	备注
第六部分——立即分散、停车、存储区			
10.	围栏		
	a. 四级	4	
	b. 三级	3	
	c. 二级	2	
	d. 一级	1	
	e. 无	0	0
小计（ss10）=a、b、c、d或e			
11.	出入管控		
	a. 是	1	
	b. 否	0	0
小计（ss10）=a或b			

评分：4+3=7（第五部分至第七部分）

措施		载荷	备注
12.	随机进出搜查		
	a. 是	1	
	b. 否	0	0
小计（ss12）=a或b			
13.	外围入侵检测系统：		
	a. 是	2	
	b. 否	0	0
小计（ss13）=a或b			
14.	闭路电视（符合适当的标准）		
	a. 是	2	
	b. 否	0	0
小计（ss14）=a或b			
15.	照明（符合适当标准）		
	a. 是	2	
	b. 否	0	0
小计（ss15）=a或b			
区域评分（s6）=（ss10×ss11）+ss12+ss13+ss14+ss15			0

措施		载荷	备注
第七部分——外围			
16.	围栏		
	a. 四级	4	
	b. 三级	3	
	c. 二级	2	
	d. 一级	1	1
	e. 无	0	
小计（ss15）=a、b、c、d或e			1
17.	出入管控		
	a. 是	1	1
	b. 否	0	
小计（ss17）=a或b			1
18.	随机出入搜查		
	a. 是	1	1
	b. 否	0	
小计（ss18）=a或b			1
19.	外围入侵检测系统		
	a. 是	2	
	b. 否	0	0
小计（ss19）=a或b			
20.	闭路电视（符合适当的标准）		
	a. 是	2	
	b. 否	0	0
小计（ss20）=a或b			
21	照明（符合适当标准）		
	a. 是	2	
	b. 否	0	0
小计（ss20）=a或b			
小计（s7）=(ss16×ss17)+ss19+ss20+ss21			3
区域评分（s7）总分为第一部分至第七部分之和			

图9-11 最低基线测量矩阵——第五部分至第七部分

基地指挥官非常担心并希望通过投资来改进物理安全措施。

正如您所见，基地的"威慑、探测和延迟"层非常薄弱，需要依赖建筑基础设施提供的物理安全措施。

因此，基地指挥官要求我对整个围栏执行物理安全调查，以确定将现有的围栏升级为二级围栏（见图 9-12）所需的条件，然后提交一份报告供其审议。

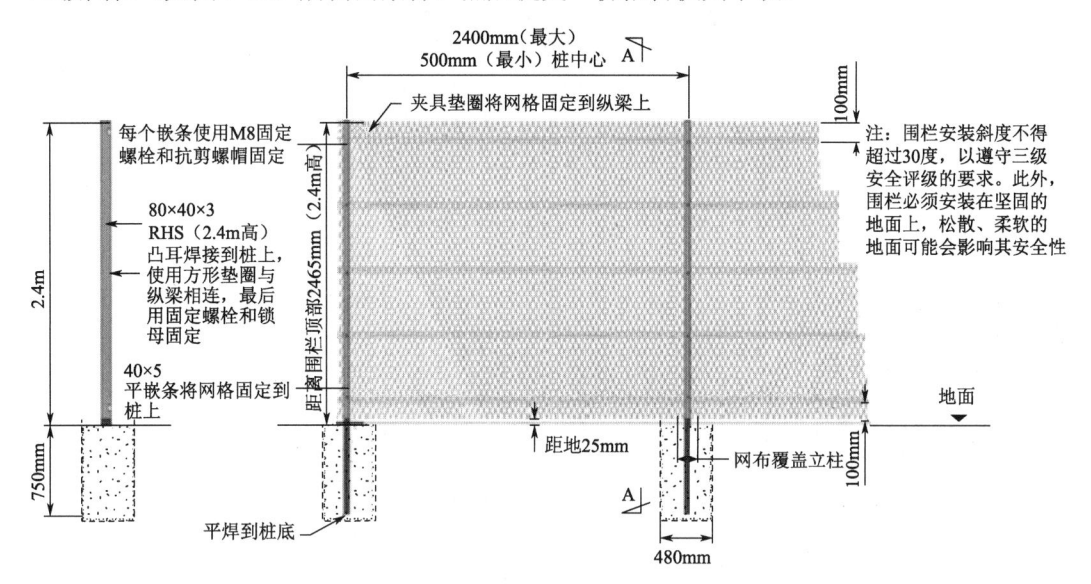

图 9-12 二级围栏示意图

尽管我认为有更好的方法来改善物理安全措施，但还是同意对整个围栏进行勘测。

在一名英国皇家空军警察同事（卡尔）的陪同下，我们开始勘测整个基地的外围，包括 GPS 测绘并对围栏的不同部分进行分类：

- 绿色=接近二级围栏；
- 琥珀色=一级划定；
- 红色=无安全价值。

谨记，围栏的很多延伸线都完好无损（见图 9-13 和图 9-14）。

图 9-13 二级围栏（注意防攀爬部件朝外部分）

图 9-14　二级围栏（在背景内）

然而，在交通不便的地区，围栏未得到维护，已完全坍塌或杂草丛生（见图 9-15 和图 9-16）。

当大自然破坏了围栏作为屏障的有效性时，入侵者穿过围栏时会被遮挡，或可以利用树木作为攀爬围栏的工具（见图 9-17），因此这些围栏只能评为一级（划分边界）。

图 9-15　自然损坏的围栏（椭圆圈出部分）（1）

图 9-16　自然损坏的围栏（椭圆圈出部分）（2）

调查结束后，我们确定了所有需要改进或更换的围栏区域，预计费用将在 100 万英镑到 150 万英镑之间。

图 9-17　树木损坏的围栏（椭圆圈出部分）

此外，在评估这些改进措施的投资回报和相称性时，考虑入侵者只多耽误 10 分钟（在最低基线测量矩阵上只额外多得 1 分），基地指挥官认为有更好的改进物理安全的投资方式。

因此，基地指挥官决定将投资更好地用在调查其他的措施上，以在英国皇家空军基地创建安全区（见图 9-18）。

图 9-18　内部安全区

切勿认为，施工团队能够理解安全要求。因此，对于涉及物理安全要素的建设项目，您必须在它的规划阶段就参与，这一点至关重要。

最好的例子就是我对涉密机房施工工作进行物理安全监督。我们告诉施工队在建房时使用煤渣砌块的厚度砌墙。然而，正如您在图 9-19 和图 9-20 中所见，对此有不同的解释。

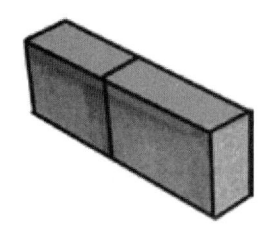

图 9-19　煤渣砌块布局 1　　　　　图 9-20　煤渣砌块布局 2

好了，建筑工人开始施工。他们采用 1 号布局，但是墙体建到约 3 英尺高时，他们遇到了一个大问题：这面墙如何支撑高安全等级的门和门框的重量（见图 9-21）？

图 9-21 三级高安全性门

他们有以下方案。

方案 1：将已完成的所有墙体推倒重建。

方案 2：再建造一个煤渣砌块墙壁，以达到所需的墙体厚度，使其成为一个安全的房间。

虽然这两个方案都需要额外的费用和时间，但方案 2 更好。

需要注意的一点是，不能假设工程师了解应当如何正确地建造或实施基础设施。在审查围栏时，我们在附近的运输场就遇到了这样的错误（见图 9-22）。

图 9-22 运输场

- 护栏立柱的朝向是否正确？
- 防攀爬保护装置旨在阻止入侵者闯入还是阻止入侵者冲出运输场？
- 木栅栏是否会助攻入侵者，从而降低其周边栅栏的效果？

闭路电视安全性调查

我参加反情报行动期间，还有一个例子发生在我被派往英国皇家空军乌斯河畔林顿基地期间。当时，我们负责对英国皇家空军辅助基地——英国皇家空军丘奇芬顿基地进行安防监督（见图 9-23）。

图 9-23　英国皇家空军丘奇芬顿基地大门

英国皇家空军基地警察/基地安全官（SSyO）担心，闭路电视系统老化，不适合使用，甚至不符合 1998 年的《数据保护法》（2018 年 5 月 25 日替换为欧盟《通用数据保护条例》）的法律要求。

前任反情报处处长已经对闭路电视系统进行了物理安全审查，并估计改进费用在 2 万英镑至 3 万英镑之间。

然而，在审查这项调查工作时，没有任何一级行动要求或二级行动要求的完成记录，因此，三家供应商的报价似乎"空口无凭"。

我别无选择，只能从头开始，首先联系主要利益相关者，完成最初的一级行动要求（见图 9-24）。

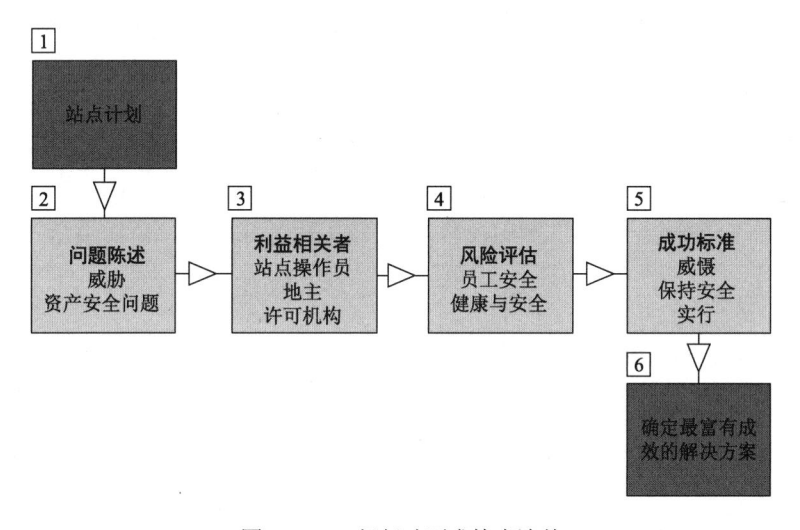

图 9-24　一级行动要求检查清单

在完成一级行动要求后，我就可以更好地完成二级行动要求（见图 9-25）。在完成这些辅助文件并获得主要利益相关者的批准，认为这些是需要解决的需求后，我就可以与英国政府的安全服务小组（SSG）进行沟通了。

接下来，安全服务小组的一名代表将访问英国皇家空军丘奇芬顿基地，对闭路电视系统进行全面的安全检查。

图 9-25　二级行动要求检查清单

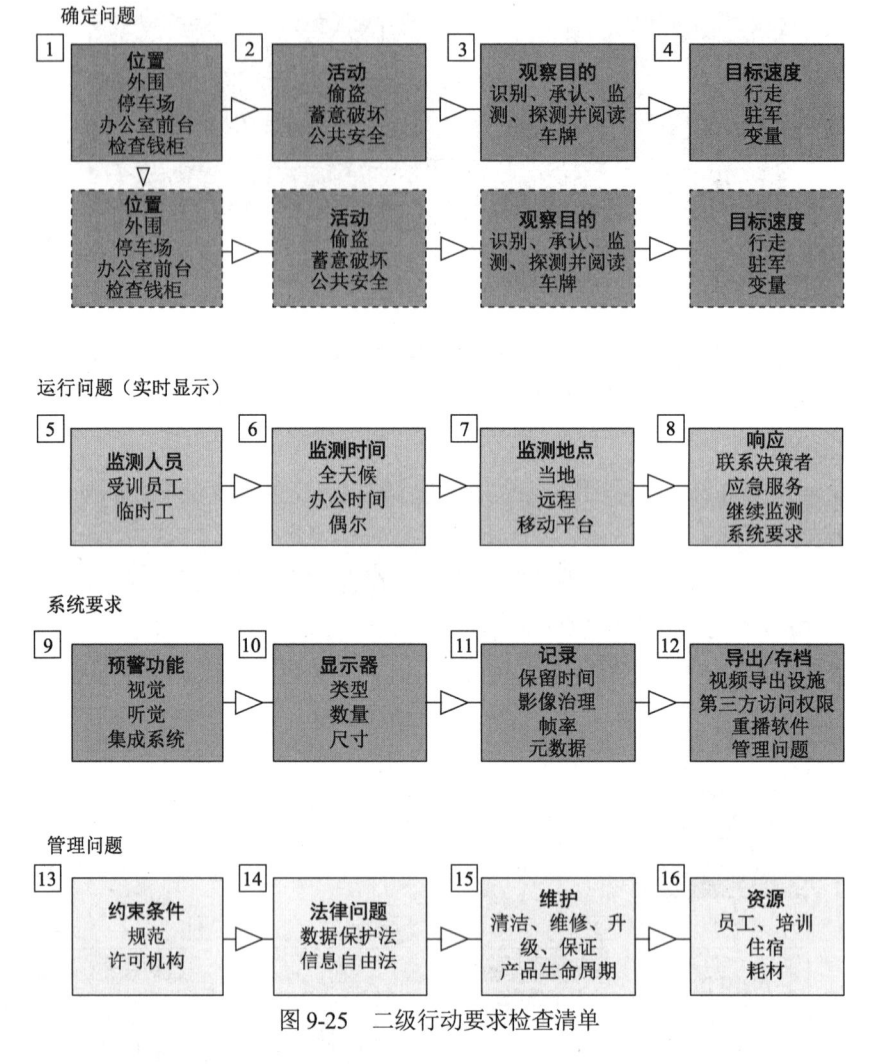

在这次闭路电视现场调查后，安全服务小组的报告证实了我的猜测。闭路电视完全不匹配，也不符合数据保护法的要求，且更换/升级闭路电视系统的费用比之前的估价高出 10 万英镑（12 万英镑至 13 万英镑）。

正如您所见，通过适当的调查，主要利益相关者对具体情况及成本影响有了更好的了解。在这一审查及相应评估的基础上，主要利益相关者可以就其最佳行动原因做出明智的决定。

- 决定停用现有的闭路电视（符合法律要求），避免因实施"符合用途"的新闭路电视系统产生不相称的费用。
- 大家认为投资 2 万英镑至 3 万英镑对现有系统进行升级是不合适的（既不合法，又不符合目的），这是一笔不划算的投资。

我希望这个例子有助于说明行动要求的价值。因此，您应该考虑行动要求范例在帮助您评估实体安全需求的其他方面所能带来的好处：

- 流程图；
- 行人外围障碍；
- 减少敌方车辆（HVM）；
- 安全照明；
- 闭路电视监控系统；
- 外围入侵检测系统（PIDS）；
- 建筑物物理延迟措施；
- 出入控制；
- 入侵检测系统（IDS）；
- 信息安全（INFOSEC）；
- 邮件筛选和安全；
- 程序；
- 警卫室。

防止杂散发射的远程通信电子材料（TEMPEST）

外围物理安全变得日益重要的一个领域是，您通过 IT 系统处理阴极射线管（CRT）显示器或液晶显示器（LCD）上显示的高度敏感的信息。

通过基本的设备，机会主义攻击者就能拦截这些电磁辐射。在军事领域，这种威胁称为 TEMPEST 威胁，也被称为 Van Eck phreaking（以 Wim Van Eck 对计算机显示器辐射安全风险的最初技术分析命名），剑桥大学于 2003 年发布的一份技术报告（*Compromising emanations: eavesdropping risks of computer displays*）对此进行了详细阐述。

通过这种攻击方式，攻击者甚至不需要进入 1～4 层就能窃取这些敏感数据。图 9-26 是剑桥大学在距离显示器 3 米处截获的图像示例。

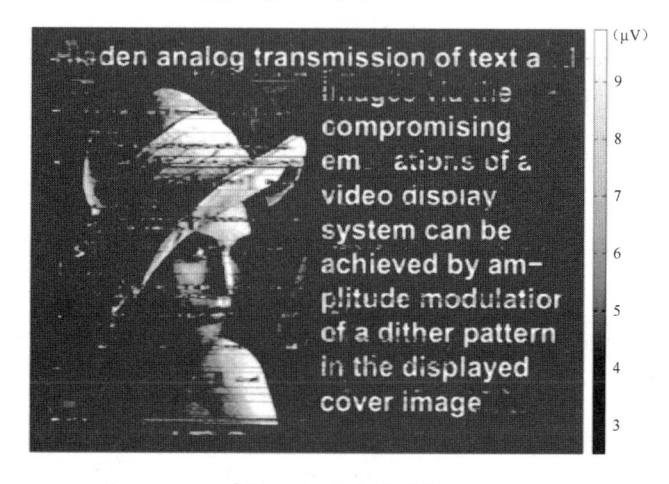

图 9-26　截获的图像

因此，当通报极其敏感的情况时，应确定可以采取哪些措施来阻止此类信息泄露，从而完成计划。

如果这些信息落入不法分子之手，可能会造成严重后果，尽管发生这种情况的可能性极低，但其造成的潜在影响太大。

因此，在无法使用技术防范措施的情况下，我们将临时增加五级至七级的物理安全措施。这些措施包括：

- 禁止在大楼和房间内使用电子设备；
- 随机出入搜查；
- 在安全的内部院落进行汇报；
- 增加内部巡逻；
- 增加外部巡逻。

所有这些措施的目的都是加强 5D 防御，防止未经授权泄露极其敏感的信息。

构建 BRIDGES

在一家英国大型银行被另一家英国大型银行收购后，在节约成本的决策过程中，BRIDGES 缩略语发挥了巨大的作用。

企业背景

英国银行必须确保任何业务（涉及处理客户的敏感数据）都得到相应的保护，免受已知威胁的影响。

然而，为节省开支，英国银行决定取消五级至七级的物理安全措施，仅在一级至四级对一些最敏感的数据处理设施采取一套精简的应对措施。

这是一个基于风险的知情决定，还是一个考虑成本节约后做出的决定？

风险与复原力概况

众所周知，银行对犯罪分子来说是一个极具价值和吸引力的目标。攻击者总是试图未经授权进入银行。例如，2013 年，一个有组织犯罪团队试图潜入巴克莱银行和桑坦德银行，放置一个恶意设备（KVM 交换机），希望未经授权进入银行系统，窃取约 125 万英镑。

此外，该设施所在地区的入室盗窃、偷窃和毒品犯罪率较高（见图 9-27）。

因此，物理安全措施必须能够防范以下类型的物理安全威胁：

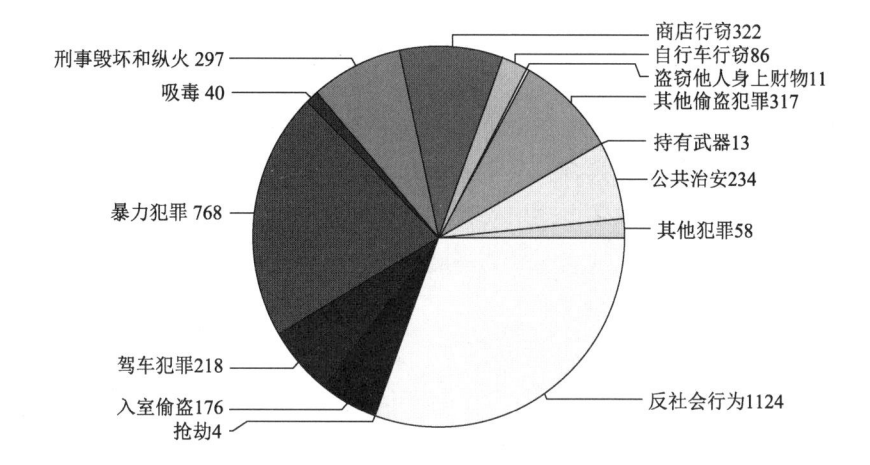

图 9-27 犯罪统计数据（2019 年 8 月至 2020 年 7 月）（单位：起）

- 恐怖主义；
- 流氓员工；
- 态度随意；
- 资产和区域无人看管；
- 秘密技术窃听；
- 社会工程学；
- 未经授权使用丢失/被盗的感应卡；
- 强行进入；
- 盗窃和入室盗窃；
- 使用克隆感应卡；
- 蓄意破坏；
- 破坏。

识别与隔绝

敏感数据处理设施安置在一座大型建筑内多人居住的大院内（见图 9-28），里面有多个内部业务部门。

图 9-28 英国银行总部设施

该建筑位于银行内部建筑群内，由两个人值守出入口，出入口还设置了障碍物，随机进行出入搜查。

建筑群内有一条直通路和几个停车位，由闭路电视监控，同时频繁进行内部巡逻。此外，主楼有两个主要出入口（只有一个出入口有人接待）。

只有授权人员才能通过电子自动出入管制系统和感应读卡器进入大楼。内部区域根据个人出入管控准则进行限制。敏感区域需辅助使用个人识别码（PIN）。

探测异常情况

随着物理安全措施减少，银行日益依赖员工的诚实和警戒能力来探测是否存在未经授权访问的情况和恶意设备。

员工信任他人或乐于挑战他人是人之常情，因此"社会工程"成为犯罪分子有利可图的攻击面。

当在相对安全的商业场所内工作并设立了各种物理访问控制屏障时，人们会变得过于自信。这就造成了一种错觉：里面发生的任何事情都已经获得授权。

治理过程

为削减成本，企业决定不再设立负责下列事项的高级物理安全人员：
- 物理安全管理；
- 策略；
- 战术交付；
- 项目管理；
- 系统管理；
- 团队发展；
- 事件管理和演习；
- 与执法部门和国家反恐安全办公室（NaCTSO）互动协作；
- 为所有同事和安全团队提供培训，提高他们的意识；
- 物理安全稽查和评估；
- 作战交付；
- 供应商管理；
- 担任员工的第一联络人；
- 威胁、风险分析和评估；
- 营业时间外事件响应。

评估安全控制措施

如果审视这些超过要求的角色和职责，就会发现该企业显然忽视了确保一系列物理安全措施有效性的重要性。

- 谁来"监督警察"？

如果安全小组成员决定更改或禁用物理安全系统配置［如禁用或更改"捕人陷阱"的重量限制（见图9-29）；允许两人持一张感应卡进入设施］。

图 9-29　捕人陷阱

生存和运营

本次审查期间，被终止的一个职位恰好是负责实施和监督物理安全事件响应与灾难恢复演习的人员。

亲身经历让我意识到曾接受过物理安全事件处理培训的人员的内在价值。如果未开展有效的培训，企业就会增加与员工应对物理安全事件相关的风险。这也被称为 4F 应对措施：

- 战斗：变得具有攻击性。
- 飞行：逃跑或逃离现场。
- 冻结：无法动弹或做出选择。
- 奉承：为避免冲突，立即采取行动讨好对方。

当箭在弦上时，银行有多大把握让员工做出有效的反应？

残酷的现实

2014 年 3 月，英国莫里森超市的恶意员工（高级 IT 稽查员）使用恶意 U 盘，未经授权下载了近 10 万名超市员工的个人数据。

南非邮政银行的不法员工窃取了主加密密钥，导致了约 320 万美元（超过 25000 笔）的欺诈交易，银行花费约 5800 万美元更换了约 1200 万张客户支付卡。

虽然我并不知晓这些企业在事件发生时采取了哪些具体的物理安全措施，但有些物理安全措施可以提供额外的防御效果。

例如，通过监测员工的访问权限，并辅以额外的物理安全措施，如随机出入搜查（尤其是在价值较高/敏感度更高的区域）能否威慑、防御或检测这些恶意员工？

毫无疑问，管理和确保这些措施得到有效实施的成本很可能大大低于这些企业受到的潜在影响。

谨记，机会主义攻击者看重的可能是一项技术的"黑市"转售价，而非设备内数据的价值。

波耐蒙研究所对"笔记本电脑被盗成本"的调查结果（见图 9-30）表明，设备的商业价值远远高于设备本身的成本。

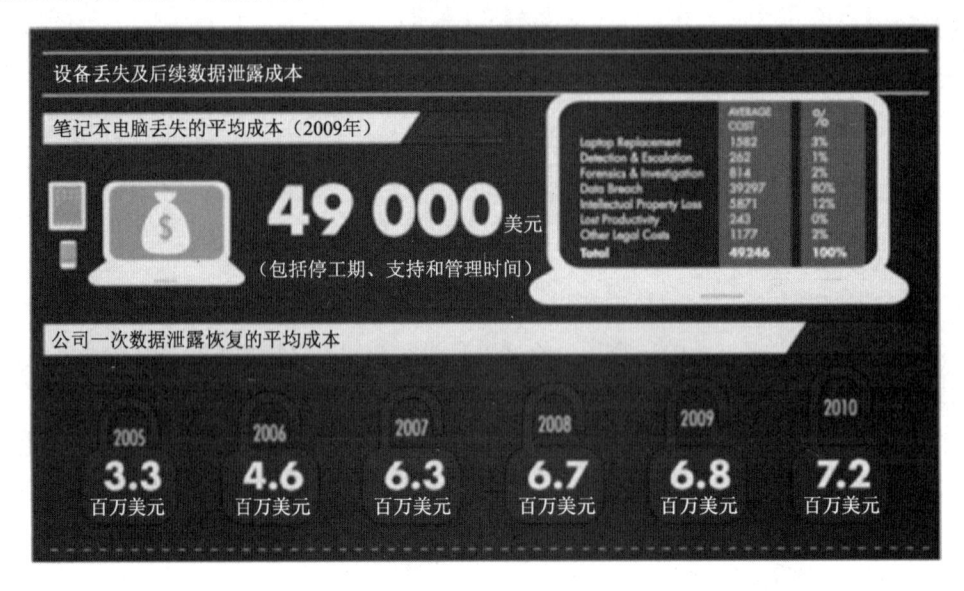

图 9-30　笔记本电脑被盗的成本

如果您正考虑实施成本节约措施，并且认为精简物理安全操作可能比较简单，我建议您事先考虑一次 BRIDGES 评估。

您可能会对自己的发现感到震惊。

重要启示

- 物理安全是富有成效的物理安全策略的重要组成部分。
- 您的方法需要应用分层防御层，以支持 5D 防御。

- 富有成效的安防策略有助于企业降低与传统、非传统威胁载体相关的风险。
- 防御层需要根据受保护的企业资产的感知价值提供适当的防御级别。
- 防御层能够单独发挥作用,且越接近宝贵的资产,其防御能力越强。
- 最低基线测量矩阵实现了对现有防御层的简明、一致的评估。
- 行动要求可确保任何供应商的工程投标都是基于明确的需求的,从而消除了"空口无凭"的报价。每个供应商将获得相同的报价规格。
- 如果经证明采购的解决方案不合适,则"行动要求"可减少物理安全投资被误导的可能性。
- 如果坚定的攻击者无法通过网络空间入侵您的系统,他们就会寻找机会利用物理环境中的漏洞。
- 随着企业逐渐接受内部流程的数字化革命,对新技术的依赖性也日益增加。这些新技术具有内在的价值,对机会主义攻击者的吸引力与日俱增。他们可能对所包含的数据不感兴趣,只关心潜在的"黑市"转售价值。
- 笔记本电脑/移动设备失窃的价值远远大于购买替代设备产生的费用。

第十章

工业系统安防

现在,所有人,无论是朋友还是敌人,都承认红军能够胜任艰巨的任务。但在六年前,在战前时期,情况并非如此。

众所周知,著名的外国记者和很多公认的国外军事权威人士一再表示,严重怀疑红军的能力:其武器装备差,缺乏适当的指挥人员,士气低落,虽然可能适合开展防御工作,但对进攻毫无用处。如果遭到德军打击,红军就像"泥足巨人"一样崩溃。

不仅德国,法国、英国和美国也有这种说法。现在,我们可以说,战争有力地驳斥了这些言论,并证明这些言论毫无根据、荒谬无比。

战争证明,红军不是"泥足巨人",而是一支一流的现代化军队,拥有最先进的武器装备和最富有经验的指挥官,并且士气高昂、战斗素质较高。

约瑟夫·斯大林

引言

约瑟夫·斯大林在斯大林选区选民会议上发表讲话时承认，配备最先进的武器装备对其在第二次世界大战期间取得胜利至关重要。

配套制造被认为是战争中的一个关键过程。这同样适用于现代企业。如果您依赖第三方供应商提供对您的持续业务运营至关重要的商品和服务，那么您的制造业供应商也就是您的关键供应商。

因此，您应当定期与这些供应商接洽，确保它们对系统进行充分的管理，保护系统不受损害，并确保系统保持复原力。

例如，Croda International PLC 等大型制造业企业正试图寻求数字化转型，并向个人护理行业提供原料，那么：

- 在考虑安全性和复原力的情况下，如何进行管理？
- 这会对 B2B 客户产生什么影响？
- 如果制造 IT 系统遭到破坏，将对 B2B 客户产生什么影响？
  - 违反诚信——原料制造不正确。
  - 可用性——无法提供订购的原料。

您可能没有考虑到这一点，但除了健康和安全，制造业还为其他大型企业提供基本服务[供应链的关键环节（见图 10-1）]，其正日益成为国家支持的或有组织的犯罪团伙（如勒索软件）的可行目标。

图 10-1 制造业供应链

因此，制造商及其客户必须了解这一威胁，并有效地管理与下一次工业革命相关的风险。

工业革命

世界制造业经历了三次重大的工业革命，第一次工业革命始于 18 世纪，现在这一行业正步入第四次革命（又称"工业 4.0"）。

- 第一次工业革命——1765 年

在煤炭大量开采和机械化的推动下，工业开始取代农业，成为社会经济的支柱。
  - 蒸汽机的发明加速了制造业的发展。
  - 铁路大大加速了世界经济的发展。

- 第二次工业革命——1870 年

新能源（电力、天然气和石油）的发现推动了新一波技术进步。在这一阶段，我们看到各种技术进步的发明（如内燃机、汽车、飞机等）。
  - 迄今为止，这被认为是该行业最重要的时期。

- 第三次工业革命——1969 年

您能猜到这场革命的推动因素吗？是的，您猜对了——另一种能源的创造：核能！在这一时期，电子、电信和信息技术系统逐渐兴起，为太空探险和生物技术等打开了大门。

- 第四次工业革命——今天

现在，在技术呈指数级增长的推动下（见图 10-2），根据摩尔定律，制造业企业正设法彻底改变经营方式。利用智能化、虚拟化和数字化的优势，它们能够提高运营效率，并整合整个工厂的系统。

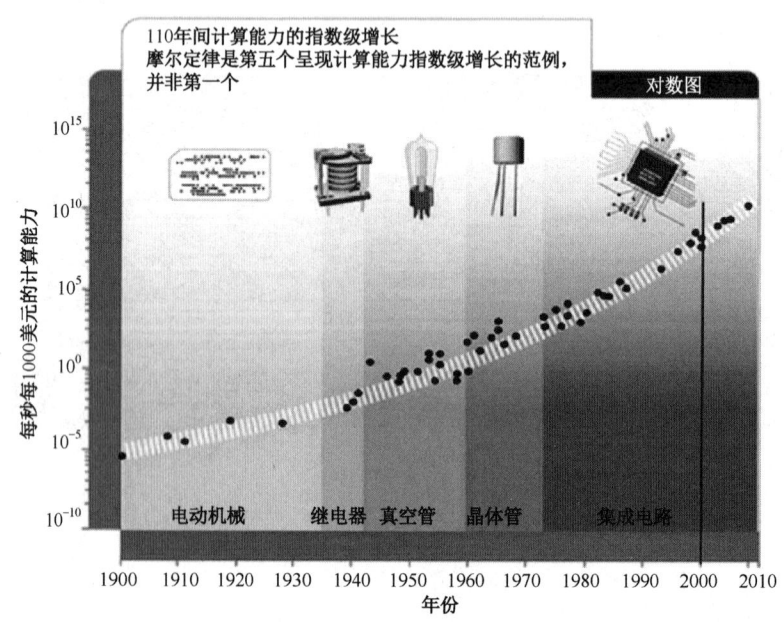

图 10-2 技术估计增长额

摩尔定律

这是美国工程师戈登·摩尔在 1965 年做出的预测，即每块硅芯片上的晶体管数每 18 个月翻一番。

随着接受新技术的企业和消费者呈指数级增长，网络犯罪业出现了快速增长（见图 10-3）。

由于技术提高了数据处理能力，犯罪分子调整策略，借助这些新技术处理、存储或传输大量数据以获利。

图 10-3　网络犯罪金钱损失趋势

因此，考虑第四次工业革命的关键 IT 系统遭到破坏可能造成的潜在损害，必须确保这些新技术获得相应的保护。

军事比较

军事卫星业务虽然不属于制造业，但也依赖连续或批量处理来保持卫星的正常运行。在英国皇家空军奥坎格基地（见图 10-4）任职期间，我深刻地体会到基地的支持性 IT 系统和网络需要精心管理与维护。

由于支持卫星运行的 IT 系统至关重要，因此军方一直十分重视维护其安全性、可操作性和复原力。而这些系统都需要接受严格的变更管理、风险评估和优先排序。

图 10-4　英国皇家空军奥坎格基地

首先要确保充分了解资产的所有信息（如确定所有的网络连接、授权硬件和软件、经批准的功能/端口/协议/服务、数据类型、数据/通信流和第三方）。对于任何视为关键、备用和冗余的资产/业务，必须根据正式能力和应急规划的结果建立支持服务。

在此基础上，根据每个系统组件对卫星运行的重要性进行分类，并正式分配具体的角色和职责，以确保建立适当的安全保障，实施综合深度防御安全策略。

这种全面策略包括定期风险评估和审查，确保及时发现降低已查明风险所需的额外资源。这些风险管理做法还涉及适当签订性能/负载测试和渗透测试协议，确保最大限度地降低对卫星运行的影响。

作为一项高度专业化的业务，您可以想象，并非所有的工作都能由"内部"工程团队完成，因此在很大程度上需要依赖第三方供应商。因此，这些供应商必须遵守严格的管理规定，包括严格的合同条款，必须保持安防做法的有效性，并实行全面的风险评估，确保这些供应商不会在工作环境下实施不安全/不可靠的工作方法。

我的职责是确保物理安全纵深防御措施（在这一地点及其他卫星地点）的有效性，以及团队训练有素，以便能够应对和处理任何可能影响全天候运营的安全事件。物理安全架构与普渡模型安全架构相似，具体如下。

- 主区域
  - 五级：企业网络
    从技术上讲，企业网络并非卫星运行环境的一部分，但它与卫星运行环境相连。
  - 四级：企业资源规划系统
    企业资源规划（ERP）系统负责管理卫星运行的相关商业活动。它支持卫星运行所需的管理业务。
    DMZ 是卫星运行系统与操作技术（OT）系统之间的连接区；这一区域是两个环境之间的缓冲区。
- 卫星运行区
  - 三级：卫星运行系统

三级系统只管理生产预期产品的生产工作流。
- 二级：控制系统

二级系统监督、监测并控制物理流程。
- 一级：智慧型设备

一级系统检测并影响物理流程。
- 零级：物理流程

零级系统界定了实际的物理流程。

如图 10-5 所示，普渡模型安全架构的设计意图与英国皇家空军奥坎格基地辅助卫星点的物理安全架构设计概念具有相似性。

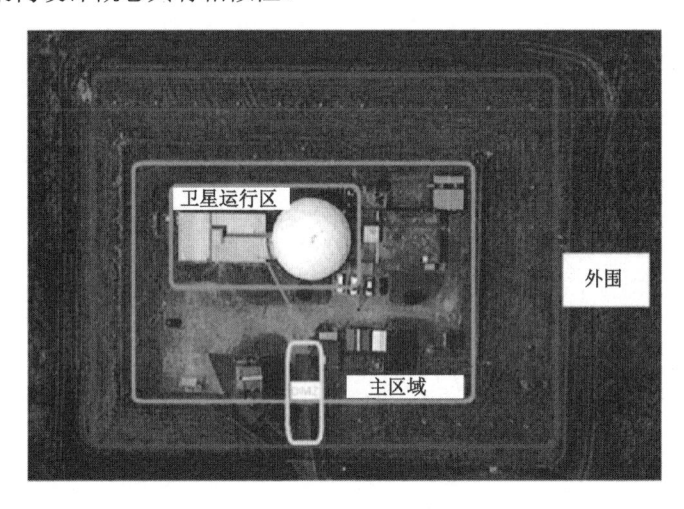

图 10-5　辅助卫星点的物理安全架构设计

在此期间，我们进行了一次全面的实际演练，分层防御有助于我们有效地应对一次模拟恐怖袭击。在袭击过程中，简易爆炸装置（IED）被引爆，在等待当地紧急服务部门（警察、消防和救护车）期间，我被任命为"Silver 指挥官"，负责监督即时行动演习，确保生命得到保护、现场处于控制之下及证据得到保存，同时最大限度地减少对关键行动的影响。

事实证明，这次演习收获颇丰，有助于确认联合应急服务团队的合作能力，确保组织做好适当的准备，能够发现和分析相关情况，控制、消除攻击并迅速恢复。

此次演习模拟了攻击者知晓该设施是目标，但不知道该设施的哪些部分对提供关键服务至关重要的情况。

因此，在毗邻最关键行动区的建筑物内模拟了两次大型爆炸。这包括安全可靠地使用烟火、烟雾机和碎片，以便提供逼真的"震慑"模拟（见图 10-6）。

图 10-6　爆炸后的影响

响应小组的反应必须能够抑制局势发展，尽量减少对关键服务的干扰和影响，确保在整个事件过程中继续安全、有效地提供重要的军事卫星通信服务。

- 安全事件有多少种？
- 您是否考虑过各种威胁（包括传统威胁和非传统威胁）？
- 您是否考虑过恐怖袭击给产品开发和生产环境造成的影响？

创造您的安全环境

与支持军事卫星运行的网络和系统一样，制造业对可用性也提出了较高的要求，即这些系统必须能够永久使用（无论发生什么情况）。

高可用性依赖高级冗余和容错，以及富有成效的应急规划/响应来保证正常运行。

制造业往往有以下两种工业系统控制模式。

- 传统模式

传统模式在传统制造业中比较常见（见图 10-7），如拥有长期工业厂房的企业（如生产销往各行各业的特殊化学品），以及企业高管只关注操作系统给企业带来的利润的企业。

图 10-7　传统制造工厂

在这样的运营模式中，支持网络和架构往往位于独立的局域网（LAN），没有任何外部连接，只需要进行最低限度的升级和维护。这些环境往往倾向于以最少的投资和最低限度的安全措施来维持资产的运行。

在大多数情况下，IT运营团队对交付和支持正常的业务系统信心满满，但认为工业系统有点神秘。因此，由于工业系统对企业的重要性，他们采用最小化的方法来确保成本保持在最低水平，以及降低引起安全中断的风险。

在这类模式中，支持系统往往是完全孤立的，并逐渐达到（或超过）寿命，故障转移措施几乎没有，风险和安全管理也只是象征性地做做样子。

他们的口头禅是不坏就不修。

- 先进模式

这种模式下，制造商已经开始欣然接受创新技术，以改进产品或生产流程。

很多制造商都认为将销售支持系统迁移到云端就是接受新技术。但是，其工业系统仍使用"更加安全"的传统模式。

真正先进的制造业模式是企业开始认识到使用创新技术逐渐取代一些传统的工业系统，以增强企业竞争力并提高工业系统所带来的价值。

正在考虑或采用先进制造工厂设备（见图10-8）的企业逐渐意识到了下列先进技术的价值。

图 10-8　先进制药厂

自主机器人：新一代自动化系统借助信息技术将工业机器人与控制系统相连。新型机器人和自动化系统配备了传感器与标准化接口，已经在很多流程中作为补充劳动力使用（甚至取代劳动力）。这样，制造商能够以最低的成本小规模地生产产品，并提供提高质量的能力。

综合计算材料工程（ICME）：在产品生产前，创建产品的计算机模型并模拟计算机模型的性能，而不是制造和测试多个物理原型，这样工程师和设计师能够更好、更快、以更少的成本开发产品。

数字化制造：虚拟化技术可用于生成一个完整的数字工厂，模拟整个生产流程。此外，数字模拟能够帮助工程师优化工厂布局，识别并自动纠正生产流程中每个步骤的缺陷，同时对产品质量和产量进行建模。整个装配线能够以相对较低的成本复制到不同的地点。

工业互联网和灵活自动化：制造硬件能够连接在一起，便于机器相互通信，并根据传感器产生的数据自动调整生产过程。制造硬件能够"看到"整个供应链。

增材制造：增材制造俗称 3D 打印，以数字模型为基础，通过持续沉积薄层材料来创造三维物体。这种工艺已应用于某些行业的原型制造，包括航空航天、汽车零件和基本消费品。未来，这些工艺有望用于制造小批量实心材质的产品，如无接缝的空心球。

确定基线

与富有成效的安防方法大致相同，您需要首先了解企业背景（如，持续生产到底有多重要？时间安排中是否包含可接受的生产率降低或停工期？制造业未来的愿景是什么？），了解感知的威胁和初始风险（见图 10-9），并根据支持资产在制造业中的重要作用对资产进行识别和分类。

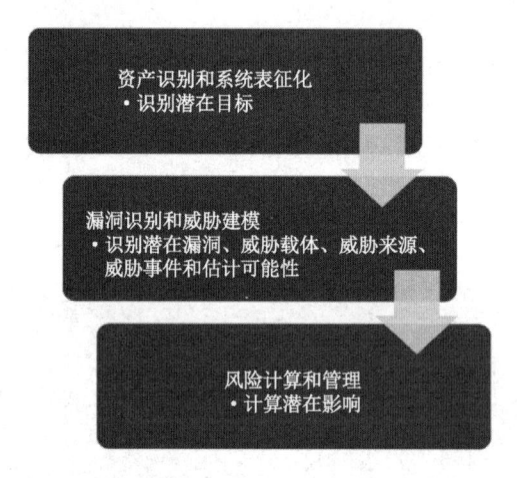

图 10-9　工业控制系统风险步骤

工业控制系统普渡模型描述了识别所有主要相互依存关系及工业控制系统环境中所有主要组成部分之间的交互运作情况的价值。如图 10-10 所示，这些都是按照区域和级别分类的。

无论企业的某个制造步骤是采用传统模式还是先进模式，或是两种组合，也无论企业是或不是国家关键的基础设施企业，我认为您都认同工业控制系统是企业的重要组成部分。

因此，如果您认为这对企业至关重要，难道您不想确保它得到良好的维护，避免受到伤害吗？您可以将它想象为汽车的制动系统。

- 您会忽视汽车的制动系统吗？
- 您了解制动系统的价值吗？
- 您是否希望保护制动系统不被篡改，从而保护企业免受伤害？
- 如果制动液变质或受到污染，您会担心吗？

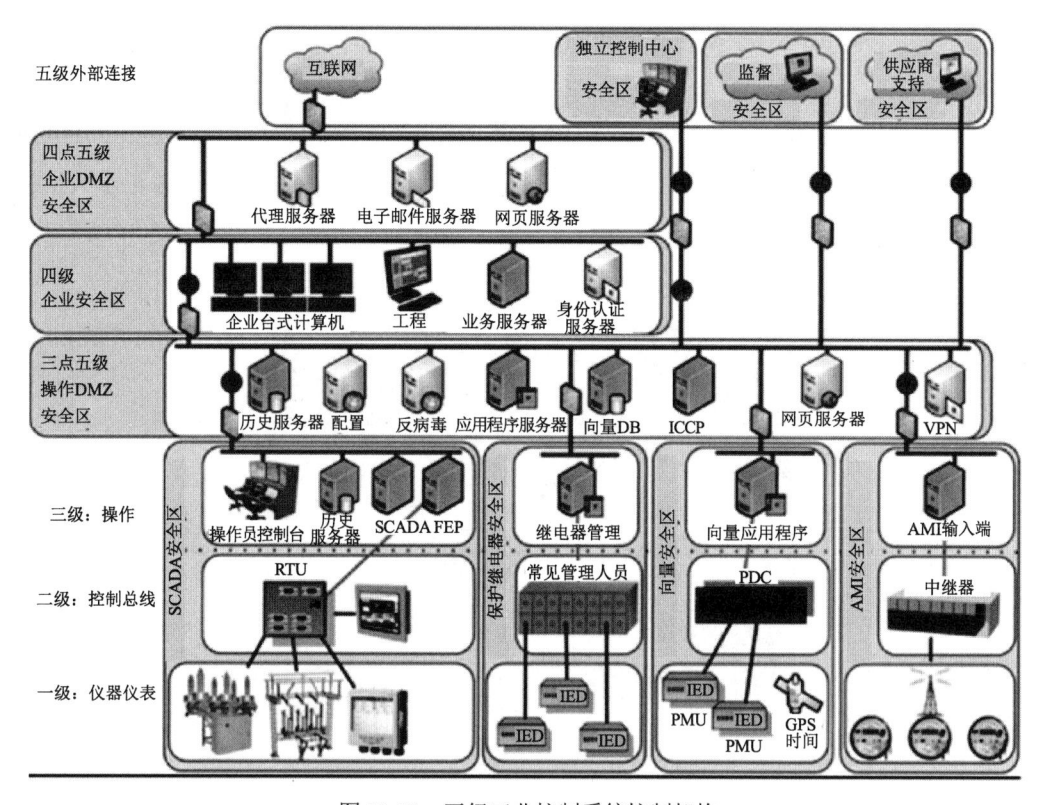

图 10-10　五级工业控制系统控制架构

- 是否需要检查制动管路的腐蚀情况？
- 如何在制动盘和制动片磨损前更换它们，从而管理它们的生命周期？

如果您能认识到保护车辆制动系统的价值（见图 10-11），为什么不考虑为工业控制系统环境提供相同的保护呢？

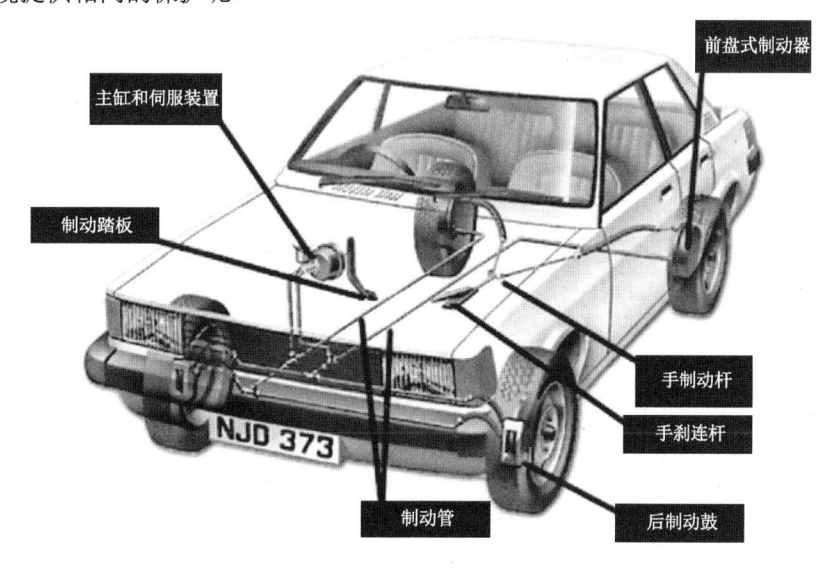

图 10-11　双制动系统

就像维护汽车一样，您也需要定期检查系统是否被篡改、磨损和老化，并监测其寿命是否终止。

此外，您应当确保只有经过批准的工作人员才能操作（或维护）制动系统。

就像拥有一辆汽车一样，您应当向所有的工作人员提供一本参考手册，并记录其维护/更换时间表（见图10-12）。

图10-12　车主手册和维护记录

这有助于人们了解并遵守职责相关的规则和程序，并接受适当的培训，确保他们能够安全可靠地完成自己的任务。

此外，您应当针对工业控制系统业务实施适当的安防标准。例如，您可以选择以下行业控制措施规定的对策：

- IEC 62443-4-2:2019《工业自动化和控制系统的安全》第4.2部分：IACS部件的技术安全要求；
- NIST SP 800-82《工业控制系统安全指南》；
- API标准1164《管道SCADA安全（第2版）》；
- 澳大利亚标准AS 7770《铁路网络安全》；
- NIST IR 8183（第1次修订）《网络安全框架（第1.1版）制造业概况》；
- CNSSI第1253号第2版《国家安全系统的安全分类和控制选择》。

如果您是制造企业的董事或其他高级业务决策者，或者该类企业产品的客户，您应当确保自己清楚地了解与工业控制系统有关的风险。

为有效地实现这一目标，您需要确保实施以下措施（见图10-13）：

- 对资产库存、网络图、通信流程图、数据流图等资产进行识别和分类，并记录所连接的系统。
- 已确定并分析了各种威胁。
- 制定明确的安全目标并予以记录。

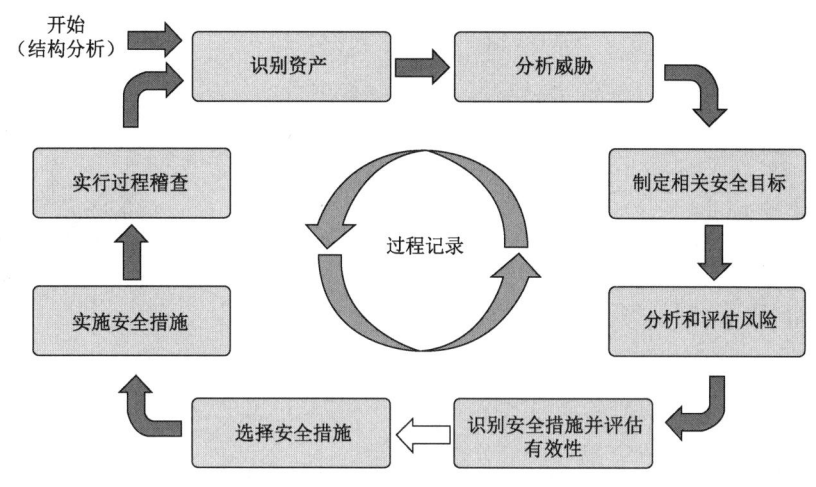

图 10-13 工业控制系统 PDCA 模型

- 分析并定期审查/重新评估各项风险。
- 已确定各项对策,并定期评估其有效性。

无论您的工业控制系统环境是否具有站点到站点连接或互联网连接,您都需要确保所采取的措施能提供相称的防御措施——从虚拟和物理两个角度提供深度保护。

如果不这样做,就会增加机会主义攻击者利用未知漏洞的风险,例如:

- 如果您邀请专业工程师进行维护,您是否关闭了他们的远程访问权限?
- 如果由企业 IT 团队执行远程任务,他们是否终止了工业控制系统与企业环境之间的连接(前后经过了正式的防火墙变更流程)?
- 在独立的局域网中,企业可能更有信心将攻击面降至最小。但是,如果有组织犯罪或国家支持的犯罪团伙能够渗透到物理环境中怎么办?
- 犯罪分子能够未经授权进入相关场所[如模仿专业工程师、克隆射频识别(RFID)或通过近场通信(NFC)遥测门禁卡等](见图 10-14 和图 10-15)怎么办?

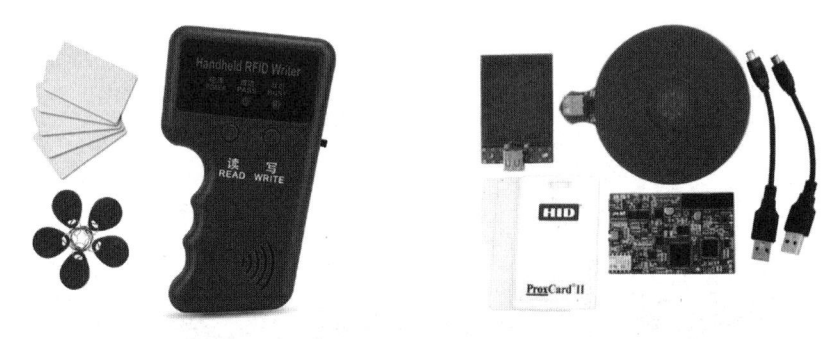

图 10-14 手持 RFID 复印机　　　　图 10-15 Proxmark3 套件

- 倘若他们是"跟随"工业现场工人获得的授权访问凭证呢?
- 如果故意让经过授权的工业现场工人拾取恶意 U 盘,将 U 盘插入独立的局域网,情况又会如何呢?

- 如果一名工业现场工人因网络连接不便而自建了一个"恶意接入点"（见图10-16），情况又会如何呢？

谨记，即使是在军事领域，也没有所谓的百分百的安全。威胁无处不在，因此需要采取适当的对策，将风险降至可接受的风险容忍度/偏好内。

该方法也适用于任何一种工业环境，因为这些环境最可能是企业最宝贵的资产，需要获得相应的保护，避免机会主义攻击者的攻击。

图 10-16　WiFi 菠萝

您只需阅读最新的威胁文章和报告（见图 10-17），就能更好地了解企业当前面临的威胁。

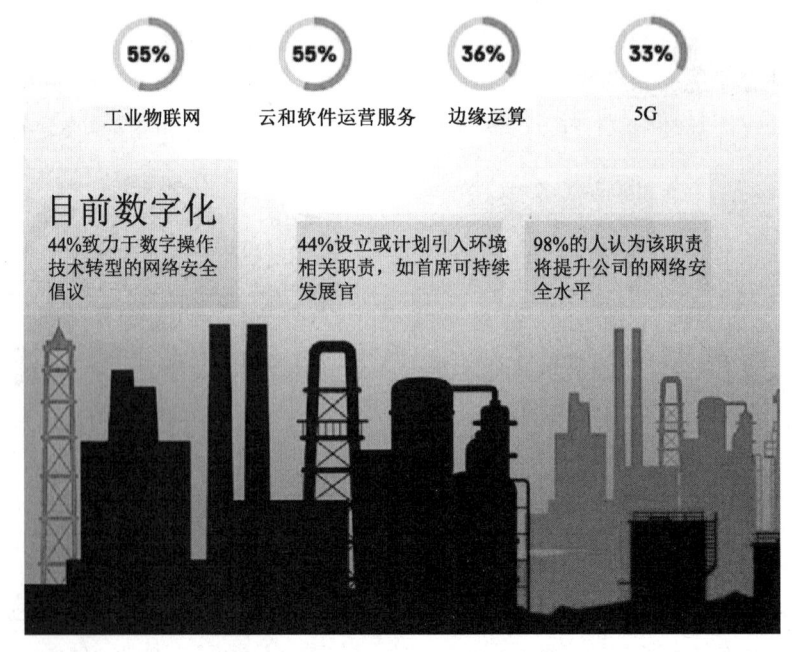

图 10-17　2020 年工业网络安全状况

构建 BRIDGES

就像制动系统在机动车安全运行方面及保护机动车车主和其他道路使用者方面的重要性一样，工业控制系统环境对企业及企业的客户/合作伙伴同样重要。

因此，了解其重要性并确保对其进行适当的管理至关重要。BRIDGES 缩略语也可用于对企业该部分进行细分。

企业背景

化学制造是英国十三个国家关键基础设施类型之一，这些国家关键基础设施必须满足最低水平的监管要求，才有助于清楚地概述这些企业的背景。这些国家关键基础设施类型如下。

- 化学品
- 民用核能
- 通信
- 国防
- 应急服务
  - 警察
  - 救护车
  - 消防服务
  - 海岸警卫队
- 能源
- 财务
- 食物
- 政府
- 健康
- 太空
- 交通
- 水

英国政府将国家关键基础设施组织定义为：基础设施的关键要素（资产、设施、系统、网络、流程、操作及起到促进作用的基本工人），其丢失或受损可能导致（考虑重大的经济或社会影响）对基本服务的可用性、完整性或交付（包括损害后可能导致重大生命损失或人员伤亡的服务）产生重大的不利影响；和/或对国家安全、国防或国家运作产生重大影响。

倘若您并非这些行业中的一员或不在英国呢？

在欧盟，自 2018 年 5 月 13 日起，欧盟运营的国家关键基础设施实体都需要调整到与 NIS 指令保持一致，NIS 指令的罚款金额也与《通用数据保护条例》规定的罚款相当。

美国也紧跟其后，采用类似措施。2018 年 11 月 16 日，特朗普总统签署《2018 年网络安全与基础设施安全机构法》，使之成为法律。此外，美国联邦调查局（FBI）和私营部门成员合作建立了 InfraGard，帮助保护美国的关键基础设施。

然而，如果您的企业所在国家并未制定对国家关键基础设施的监管要求，或您的企业并非这些企业类型中的一个，您的关键利益相关者仍然极有可能就制造加工业对企业及客户的重要性发表自己的看法。

因此，与这些利益相关者进行接触极为重要，这样您才能了解他们的观点。这对于确保每个战略都与企业观点保持一致尤为重要。

风险与复原力概况

在评估工业控制系统环境的风险时，您需要考虑以下主题领域。

- **威胁源**：这是指引发事件的人或事。不同于威胁行为者，这包括非人类事件（自然灾害）及没有恶意的意外行动。
- **目标**：这是指受威胁源影响的人或资产（有时也称为资产）。
- **漏洞**：这是指为威胁源提供机会，以影响目标的条件（又称弱点）。
- **威胁载体**：这是指威胁源获取漏洞的路径。
- **威胁事件**：这是指影响目标的事件。
- **概率**：这是对威胁事件可能成功影响目标的可能性的预测。

接下来的两个主题领域通常被认为是相同的，但在工业控制系统环境中，最好能够识别各个领域的独特特征。

- **后果**：这是威胁事件的直接结果。例如，因果关系导致系统运行超出预期目的（服务/运行中断、停电、爆炸、危险废物泄漏、任意代码执行等）。
- **影响**：这是后果对企业、第三方、经营、收入、环境等的影响程度。

在工业控制系统风险评估期间，您应当考虑图 10-18 所示的各个阶段。

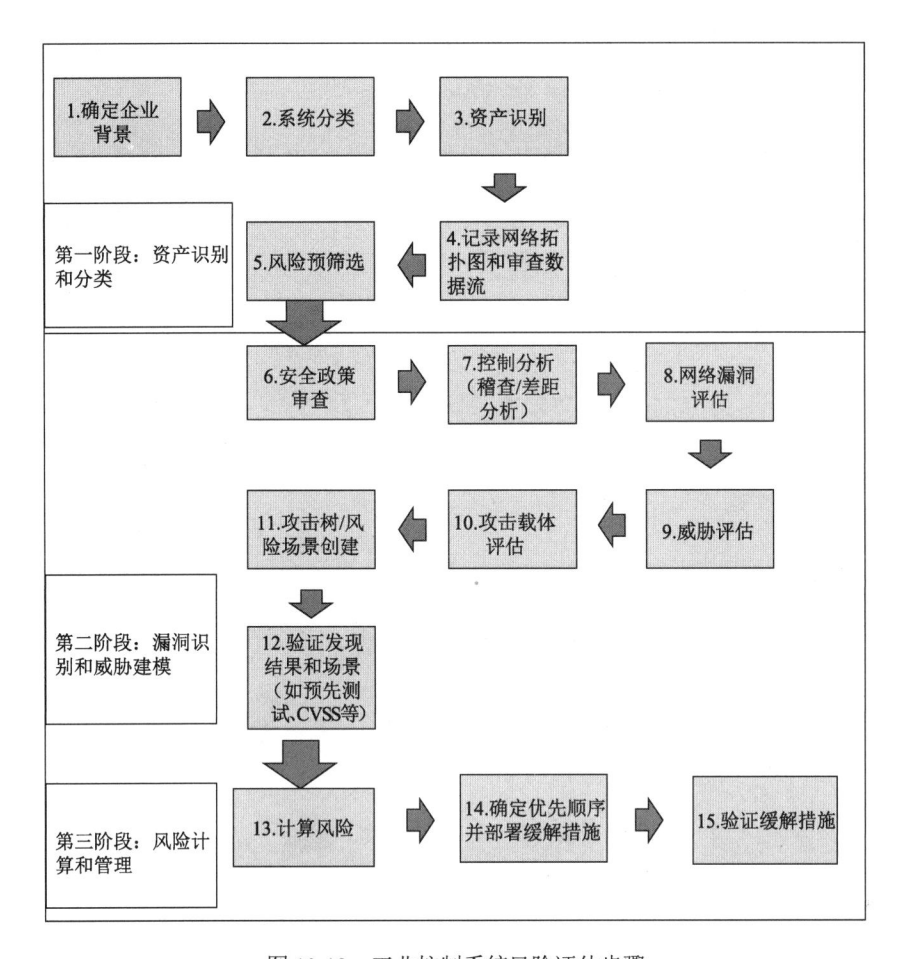

图 10-18　工业控制系统风险评估步骤

识别与隔绝

必须在资产库存、网络图和数据流图中识别、分类并记录所有的工业控制系统资产，以表明孤立环境之间的联系和清晰的界线（见图 10-19）。

探测异常情况

在了解到企业背景及支持工业控制系统环境的资产后，您就可以将这些信息反馈到监测流程中，确保团队能够快速发现工业控制系统环境中的异常活动或有影响的事件。

任何监测活动都应当最大限度地减少对正常运营的干扰。与工业控制系统站点管理人员联系后，您就能就监测做法达成一致，从而提供与企业相一致的安全监督等级。

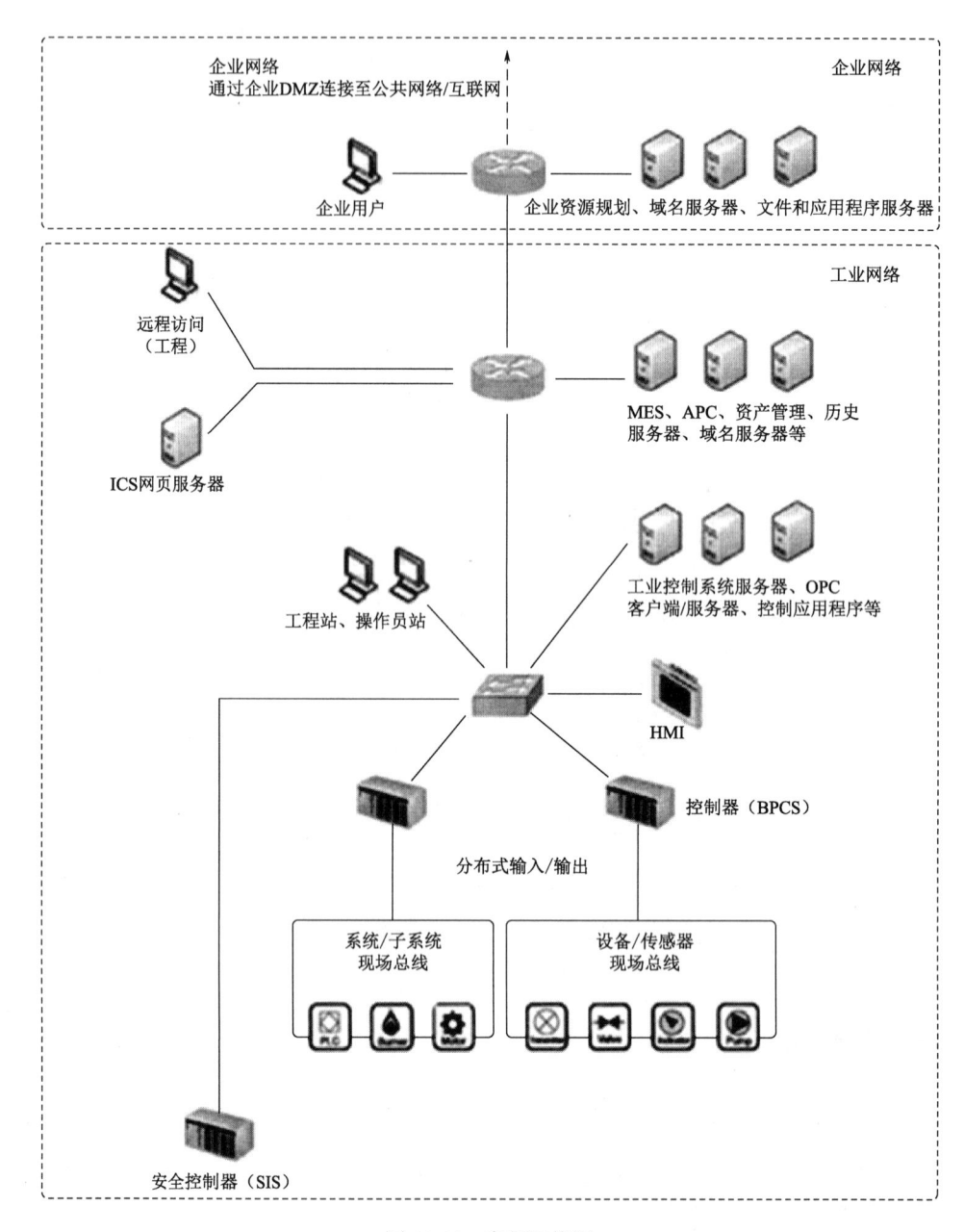

图 10-19　高级网络图

治理过程

任何事情都不应听之任之，因此所有的工作人员都应当了解其特定角色适用的规则（政策和流程），并且新入职者应当接受全面的入职程序（包括安全熟悉/意识培训），并定期接受进修/在职安全意识培训。

如果员工的非恶意活动威胁到了工业控制系统运行的安全性，则应对其采取进一步措施，提醒他们注意行为的严重性，并传达企业希望避免这种行为的消息。从本质上来讲，您需要根据所犯错误的严重性或重复性来确定升级水平，具体如下。

（1）警告：值班主管级别。
（2）告诫：站点管理员级别。
（3）报告：资深管理层级别。

应对所有的事件和事故进行调查，如果认为这些行为是蓄意行为或重复行为（升级到三级以上），则将接受纪律处分。

评估安全控制措施

在评估安全控制措施是否有效时，您需要采用人工和自动相结合的方法。人工（稽查）过程应当包括一个商定的时间表，将文件审查、流程观察和访谈相结合，确定内部流程的有效性，并根据感知的成熟度进行评分（见图10-20）。

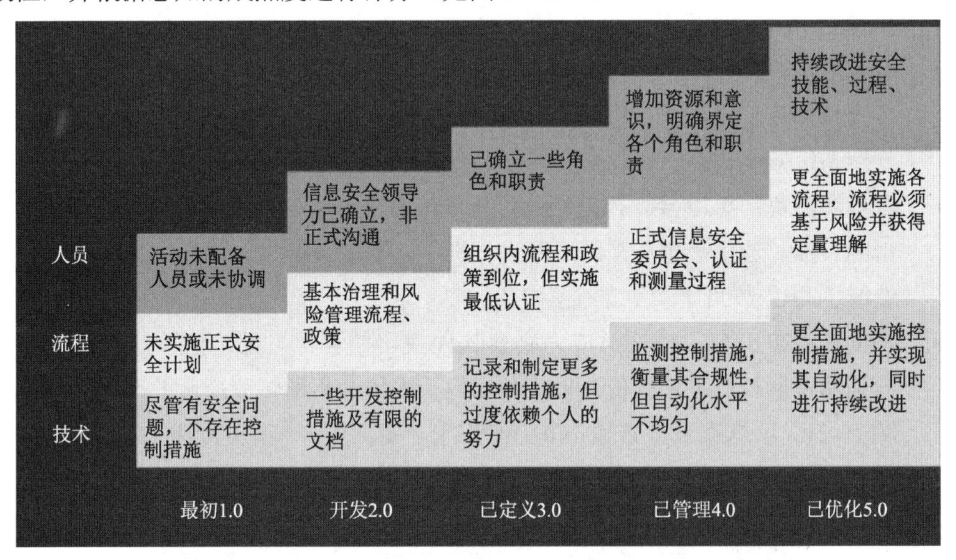

图 10-20　成熟度水平

几种自动安全工具有助于您即时衡量安全控制措施是否有效。然而，这些工具应当视为对人工评估的补充。

生存和运营

事情总会出错，因此必须了解这类事件的影响，并制订计划，减少这类事件的影响。在决定采取哪些应急措施时，必须衡量各种情况发生时的潜在成本。

- 您的团队需要多长时间来识别、应对、抑制特定事件并从中恢复？
- 工业控制系统环境无法运行的时间是多久？
  - 您是否应当考虑主动故障转移（异步故障转移、弹性单机、主动-被动或热备用）等冗余事件？
  - 在有影响力的事件或事故后，您是否有能力在另一个工业控制系统环境下弥补生产活动的损失？

残酷的现实

在过去几年里，勒索软件攻击事件不断增加，这多多少少给工业控制系统环境带来了影响，而这一切都是因为企业对这类事件的准备工作做得不够充分。

- **本田**：2017 年，本田在日本的工业控制系统工厂遭受了勒索软件（WannaCry）的网络攻击，被迫暂时停产，而这款软件曾在前一个月袭击了全球数十万台计算机。2020 年，本田再次受到勒索软件（Snake）攻击的影响。
- **台积电（TSMC）**：2018 年，在 MS17-10 安全警报发布近 18 个月后，该企业一个未修复补丁的系统（并连接到工业控制系统网络）感染了 WannaCry 勒索软件，导致系统瘫痪。据说此次停产导致发货延迟，给企业造成了约 2.5 亿美元的损失。
- **挪威海德鲁**：2019 年，挪威铝业巨头挪威海德鲁成为勒索软件（LockerGoga）攻击的目标，迫使该企业采用纸笔进行操作，不依赖技术。这次攻击给挪威海德鲁造成了高达 7500 万美元的损失。
- **特斯拉**：2020 年，特斯拉成为勒索软件攻击的目标。犯罪分子打算使用一名俄罗斯籍特斯拉员工的身份，以该公司位于内华达州斯帕克斯市的工厂为目标（见图 10-21）。这家工厂占地 190 万平方米，主要生产汽车电池和储能装置。

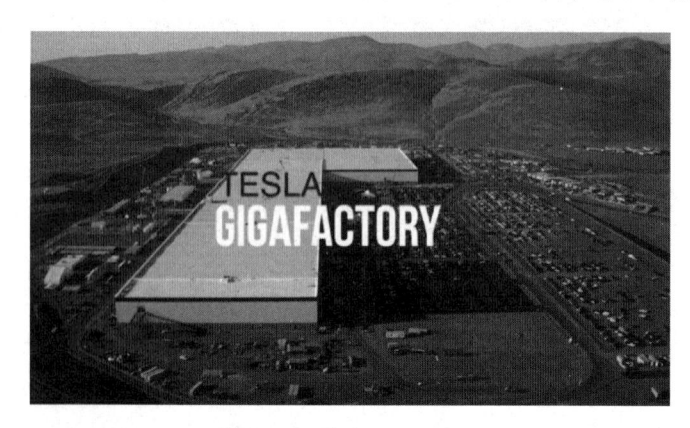

图 10-21　特斯拉千兆工厂

然而，特斯拉公司制定了一份有效的安防计划，这份富有成效的安防计划让内部人员向企业报告了这次事件，使企业避免了这次有针对性的攻击。

这清楚地表明利用"人类通信网"来警告企业潜在有害的事态发展的价值。

重要启示

- 定义工业控制系统安防策略应遵循三条规则：
  - 相信没有什么是完全安全的。
  - 所有的软件都可能遭到黑客攻击。
  - 攻击者会寻找一切机会发动攻击。
- 如图 10-22 所示，富有成效的工业控制系统安防计划不能局限于纯粹以 IT 为中心的方法。

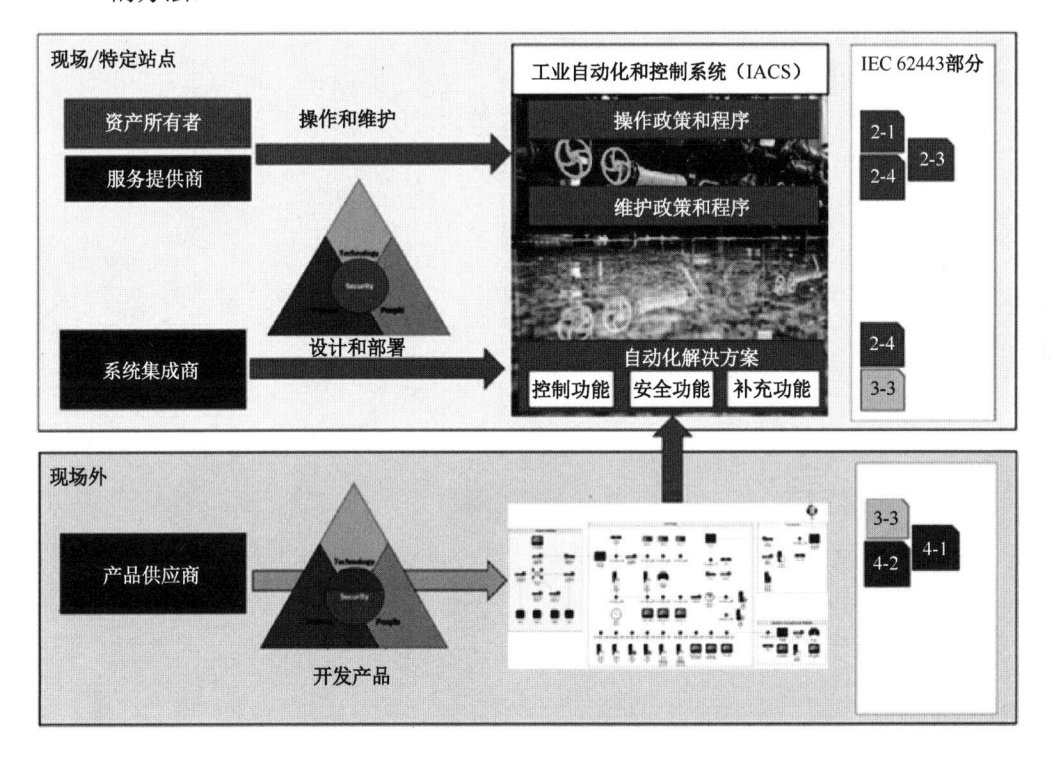

图 10-22　IEC 62443 安防整体概念

- 预防/保护对策必须与所识别的风险相称。
- 了解潜在的攻击路径及各种后果极为重要。
- 应当根据定义的区域和级别，构建工业控制系统环境，并严格控制访问和变更操作，同时进行风险评估。

- 工业控制系统运行的威胁是真实存在的，因此需要设置比大多数企业商业环境更高的安防标准。
- 很多工业控制系统的参考资料和安全标准有助于帮助确定工业控制系统基准。
- 即使最强大的防御系统也可能被意志坚定、国家支持或技术高超的攻击者攻破（并且可能发生意外情况）。因此，企业需要做好准备，快速识别有影响力的事件，并制定适当的应急计划，确保能够继续运营，或迅速恢复到接近正常的运营状态。
- 正如第二次世界大战期间约瑟夫·斯大林承认制造业对苏联取得成功所发挥的重要作用一样，时至今日，情况依然如此。最近，英国陆军投资1600万英镑建造的六轮全驱装甲车"FUCHS"就印证了这一点。"FUCHS"被改装成一个受保护的平台，用于执行化学、放射与核调查和侦察任务。

第十一章

确保供应链的安全

可以说，补给线对于一支军队的重要性如同心脏对人的生命。

就像是对战者发现敌方的目标是取其性命，而自己的警卫却出现差错，最终不得不被敌方牵着鼻子走，忙于躲避敌方的突袭。这时指挥官由于通信突然遭到威胁，无法判断消息的真伪，如果坚持自己的全部计划，将自己的部队拆分成多个或少数几个支队，在尚未做好准备及明知失败会导致整个军队被摧毁或投降的情况下，与力量薄弱的敌方作战，将是幸运的。

G.F.R 亨德森上校

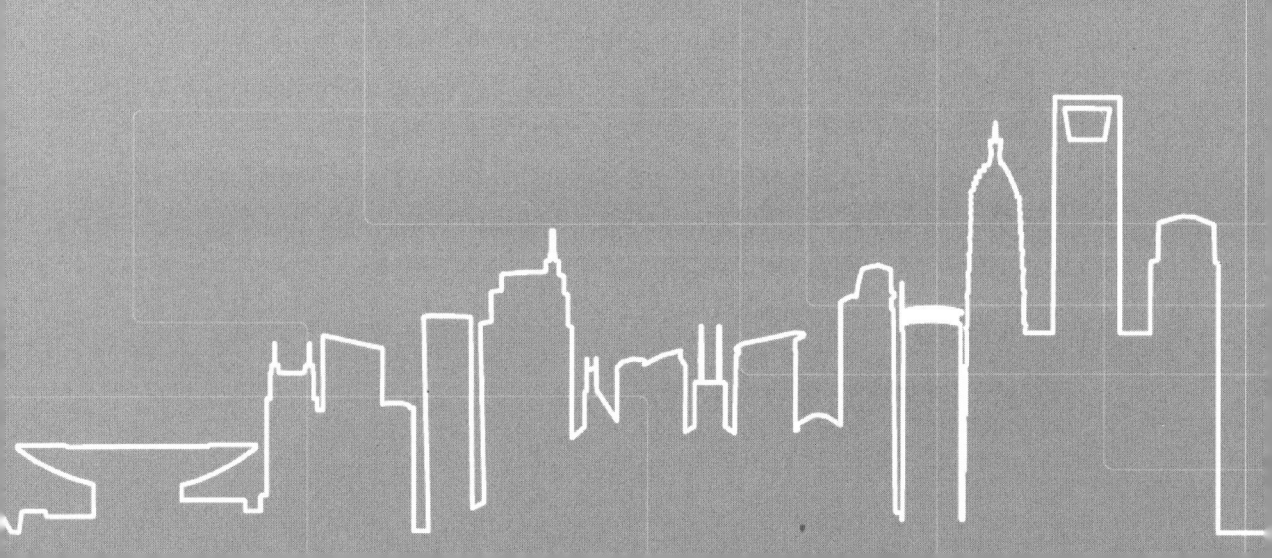

引言

《国防安全手册》(JSP 440)将资产定义为某组织或企业拥有或使用的有形或无形的有价之物。

它们可以是文件和信息,或者建筑、设备、贵重物品或现金等物资,也可以是操作系统或人员。

虽然企业可能没有这些资产,但供应商可能给企业带来这种有价之物,因此企业应当对这些有价之物进行识别、分类和管理,确保这些服务在企业的风险容忍度范围内获得相应的保护。

越来越多的报告表明,供应链遭受的威胁日益增多,因此保证企业所依赖的供应商不会成为"供应链中最薄弱的环节"比以往任何时候都更为重要。

试想一下,如果企业已针对所有内部系统和流程制定并实施了一套强大的安防措施,却因为某供应商的失误而功亏一篑会是什么样子。

作为一家支持技术革命的企业,您可能需要通过供应商为专业业务运营提供支持,或可能通过合适的供应商来减轻资源负担和成本。

然而,将服务或运营责任外包给供应商,并不意味着您可以放手,不用理睬所购买服务和运营的有效性与安全性。

外包只是将这些服务或运营转移出去,是一种处理风险或满足业务需求的手段。因此,应当谨慎地做出外包服务或运营的决定,将其视为内部服务或运营的延伸。

TechTarget 将供应链风险管理(SCRM)定义为组织帮助识别、监测、探测和缓解给供应链持续性与营利性带来的威胁的协调行动。

此外,它还推荐了以下关键的最佳做法。

(1)实现供应商风险管理流程(SRM)的自动化,以收集、分析和管理供应商信息。

(2)分析时考虑供应商的表现,以获得关于潜在财务问题的深刻见解。

(3)查明出现问题的危险信号,并使用技术实现早期检测自动化。

(4)将供应链风险管理平台与采购和供应链管理(SCM)软件系统整合起来,这些软件包括支出可见性、电子采购、采购付款、合同管理与合规性软件。

(5)提供相关仪表盘,跟踪并报告供应风险指标,允许执行团队实时观察风险因素。

在利用以下十条安防原则保护企业内部服务和运营的同时,企业也应当通过这十条安防原则对供应商进行风险管理,具体如下。

1. 业务调整

安全是业务推动者。它能够促进高效、有效地提供服务。

- 如果供应商被视为业务推动者,它是否被人所知、所了解?

2. 董事会驱动的风险

风险管理是关键,应当从董事会层面积极推动。评估将确定潜在的威胁、漏洞和适当的控制措施,能够将给人员、信息和基础设施带来的风险降至可接受的水平。该过程将充分考虑相关的法定义务和保护措施。
- 您是否定期对外包服务和运营进行风险评估?
- 供应商的风险是否记录在案并定期审查?

3. 风险所有权

责任机构承担所管辖实体的安全风险及该实体对共享风险的影响。
- 企业内部是否有专人负责管理供应商的风险,并在必要时上报风险?

4. 相称性

按照所评估的风险,相应地对实体的人员、信息和资产提供安全措施。
- 是否根据供应商提供的服务和运营对企业的重要性来对供应商进行分类?
- 是否根据供应商对企业的重要性采取安全措施?

5. 安全文化

态度和行为是实现高度安全的基础。正确的安全文化、合理的期望及有效的训练对企业至关重要。
- 供应商是否符合或超出了您的安全期望?

6. 团队合作

安全工作人人有责。发展并促进积极的安全文化对安全成果至关重要。
- 您是否分派了供应商关系经理来促成合作?

7. 行动周期

行动、评估和学习这一周期是应对安全事件所必需的。
- 您和供应商是否共享了从已发生的活动/事件中吸取的或从安全事件场景培训中学到的教训?

8. 可靠的保护

安防应当反映企业最广泛的安全目标，确保企业最敏感的资产获得可靠的保护。
- 您是否合理地保证安全措施符合您的期望？

9. 透明度

安全必须是业务推动者，安全框架应当能够促进公司的透明度和开放性，以及在适当的情况下通过数字服务高效、有效地提供服务。
- 您的供应商是否定期免费分享关键绩效指标（KPI）和关键风险指标（KRI）？

10. 政策和程序

应制定报告、管理和解决安全事件的政策和程序。如果系统出现故障或个人行为不当，应采取适当的措施。
- 供应商是否建立了全面的文件集？

第三方服务、开发、生产，甚至资产管理已成为很多企业正常的经营要素。

究其原因是第三方能够提供专业的技能和设备，且相比较之下成本更低。

随着外包服务和运营的增加，为实现业务流程的无缝、高效流动，企业暴露的技术系统、信息和其他高价值资产日益增多。

富有成效的供应链风险管理计划旨在识别涉及供应商行动、与供应商建立关系及持续管理这些相互依存关系的风险。

所有这一切都应当得到适当的管理，确保采取适当的安防措施，实现由外部实体管理和交付的外包服务与资产的持续稳定性。

从本质上来讲，富有成效的供应链风险管理的四个主要目标如下：
（1）识别供应商的依存关系，并划分其优先顺序。
（2）管理与供应商相关的风险。
（3）正式确定与外包服务和运营之间的约束关系。
（4）按照所有的合同规范（包括安防合同规范），监测和管理供应商的表现。

强化供应链环节

供应链管理首先要识别相关风险并进行管理。

首先，应明确企业将哪些服务的责任转让给供应商。如果未事先明确这一点，就难以保证采取相称的安防措施，投入适当的精力和资源实现自己的目标。

问问自己：
- 您是否了解各供应商的承包服务和运营的敏感性？

- 您是否了解承包服务和运营期间供应商管理（或访问）的信息或资产的价值？
- 您了解这些承包服务和运营（机密性、完整性、可用性、认证、不可否认性）受到损害后对企业造成的潜在影响吗？
- 您是否已根据供应商提供的承包服务和运营的重要性，制定了一份供应商优先级列表？
- 您是否识别了与供应商相关的具体风险？
- 您在合同（主要承包商和分包商）中列入了哪些安防要求？

您应考虑正式确定、记录供应链风险管理计划及就该计划达成一致的好处。通过对供应商进行分组和概述（基于其对企业的风险），您可以更好地调整供应链风险管理计划，确保该措施反映企业对相关风险的看法。

在确立企业供应商的"风险等级"后，就可以开始尽力理解供应链的每个环节，控制较为薄弱的环节（见图11-1）。

图 11-1　控制供应商关系

问问自己：
- 您能轻易地识别无法持续符合您安防期望的供应商吗？
- 您所在的企业是否存在风险较高的单点故障？
    - 单一或专业的供应商。
    - 支撑企业关键资产的供应商。
- 您的供应商是否了解所提供服务和运营的安防职责？
- 您是否向供应商（及任何分包商）提供了明确的指导，说明对它们的期望？
    - 向每个供应商提供最低安防要求信息，且这些要求合乎情理、相称、可实现。
    - 这需要与供应商风险评估的结果进行比较。
- 最低安防要求是否已嵌入采购过程？
    - 确保所有的合同协议包括安防规定（如有必要），且潜在供应商可以证明其能够符合企业的预期标准。
- 您是否与供应商之间建立了积极的工作关系，确保与供应商之间关系和谐？
    - 明确向供应商解释安全风险。
    - 在供应链内分享安防信息，以更好地了解和预测新出现的安全攻击。
    - 如果发生安全事件，双方将在必要的情况下展开合作，最大限度地降低安全事件给企业或更广泛的供应链带来的潜在影响。

在控制供应商的基础上，企业必须将适当的保证活动整合到供应链风险管理中。

问问自己：
- 您的合同是否包含以下安防条款？
    - 上报安全性能，并遵守风险管理政策和程序。
    - 稽查权。

- 在必要的情况下，证明官方安全认证（如 SOC2、ISO 27001、PCI DSS 等）、外部稽查、渗透测试时间表等保证要求的合理性。
- 您是否使用关键绩效指标和关键风险指标监测供应链？
- 您是否对每个发现结果或吸取的教训进行跟进？
- 您是否鼓励供应链中的良好安全行为？

事实证明，供应链如同 IT 环境一样极富变化，并在整个合作期间不断发展、变化。因此，您应当确保企业的供应链风险管理计划激励并支持对安防工作的持续改进和维护。

问问自己：

- 您是否会主动激励供应商持续改进其安全态势，并与其积极合作？
- 您是否考虑过分享外部对数字足迹侦察结果的好处？
- 您是否会与供应商积极合作，确保其重视并理解您的最低期望？
- 您是否同意包含 SMART（具体性、可衡量性、可行性、现实性和时限性）在内的补救活动？
- 您的供应商管理活动是否已嵌入风险管理实践中，以确保上报每个性能问题、事件或报告故障并进行风险评估？

供应链攻击载体

供应链遭受的攻击不断演变，因此必须随时了解针对供应链各个环节的最新攻击方法。以下给出供应链攻击类型的简短介绍，但也应当考虑欺诈、偷盗和内部人员等其他威胁。

- 跳岛攻击（见图 11-2）：这种攻击因美国在第二次世界大战期间对日本采取的岛屿作战策略而得名。美国军队逐步从战略上夺取轴心国本土外较小岛屿的控制权，而不是进行正面攻击。这是一种当时被称为"跳岛攻击"的技巧。

这种攻击主要是攻击脆弱的合作伙伴网络，而不是直接攻击主要实体，破坏公司的网络防御系统。

攻击者通过渗透规模小、安全性低的合作伙伴，在互联网络中站稳脚跟，然后利用两家公司之间的关系，获取较大公司的宝贵数据。

- 横向移动攻击（见图 11-3）：指网络攻击者在获得最初的访问权限后，试图渗透到网络搜索敏感数据和其他价值较高的资产。进入网络后，攻击者暗中行事，保持长期存在，并使用各种工具获得越来越高的特权。

横向移动攻击已成为区分当今高级长期威胁（APT）和过去简单网络攻击的主要手段。一旦攻击者获得端点的最初访问权限（如通过钓鱼攻击或恶意软件感染），攻击者就会冒充合法用户，在网络的多个系统间移动，直至达成自己的目标。达成这一目标必须收集多个系统和账户的信息，以此获得凭证，提高特权并最终获得所识别的有效载荷的访问权限。

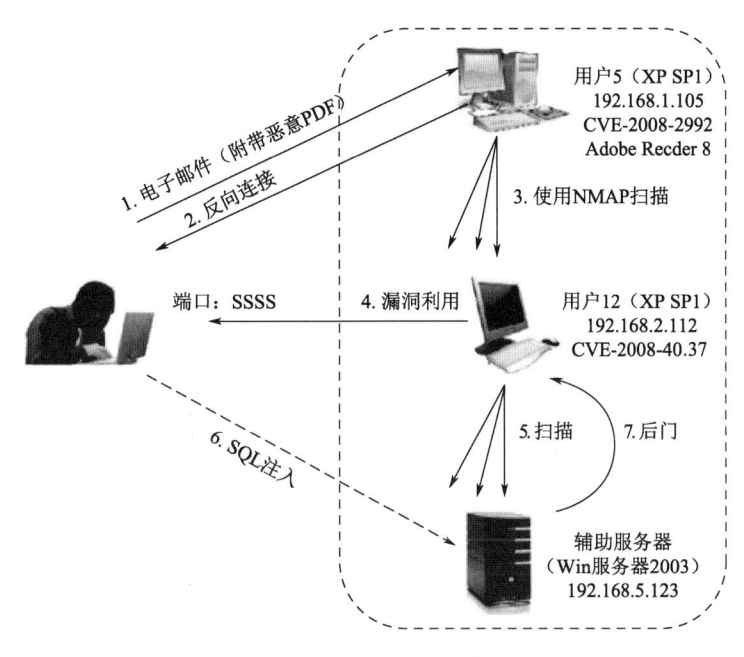

图 11-2　跳岛攻击

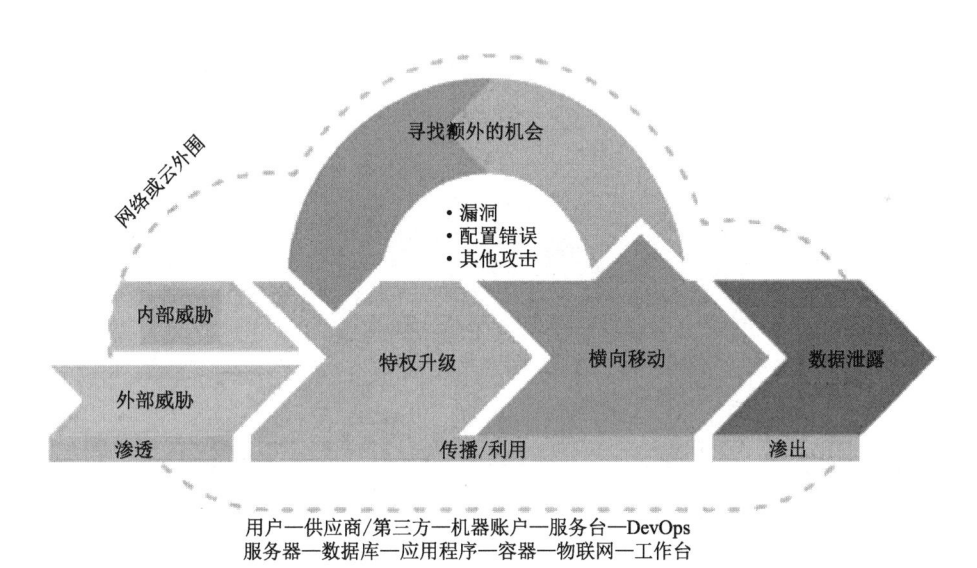

图 11-3　横向移动攻击

- 软件供应链攻击（见图 11-4）：在这种形式的攻击中，攻击者绕开传统的网络防御系统，破坏软件和传输过程。最终通过一次攻击，成功、隐蔽地暗中破坏大量计算机，以获得较高的回报。

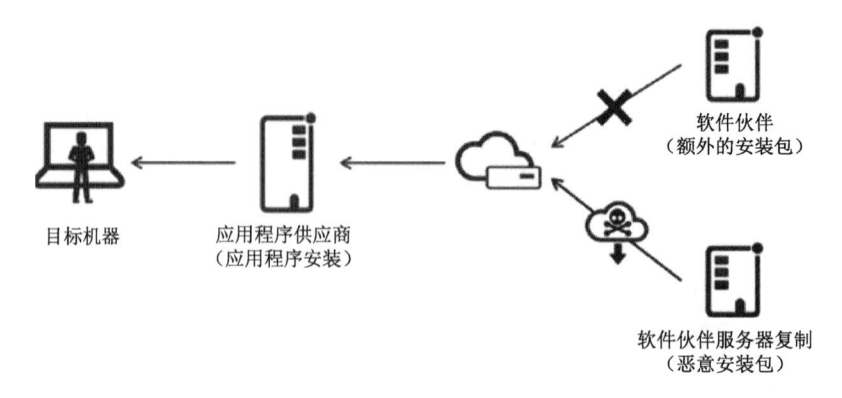

图 11-4　软件供应链攻击

- 水坑攻击（见图 11-5）：在这种网络攻击中，知名公司的合法或广受欢迎的网站成为攻击的重点。机会主义攻击者潜伏到合法网站，然后让恶意软件感染这些网站，使目标更易受到攻击。这些合法网站是目标受害者经常访问的。

攻击者调查与网站相关的漏洞，并通过 JavaScript 或 HTML 注入到恶意编程代码中。然后，代码将目标群体重新定向到恶意软件或恶意广告的各个网站。恶意软件就可以在访问被入侵的网站时感染机器。

大多数用户在浏览网页时都会在不知情的情况下提供跟踪信息。跟踪信息提供了目标受害者群体的网络行为模式。它还间接为攻击者提供浏览、云服务访问和组织安全策略的信息。

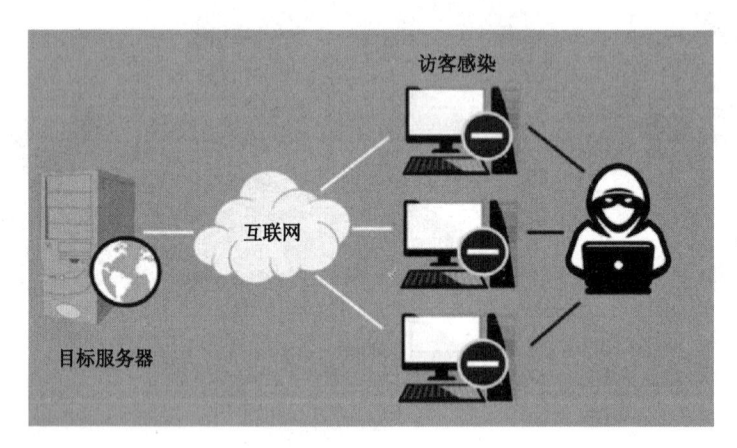

图 11-5　水坑攻击

- 第三方数据存储攻击（见图 11-6）：是指企业将综合数据存储、数据处理和信息中介外包给第三方组织，然后，攻击者针对第三方数据存储中的漏洞，将包含的敏感数据外泄。这类数据不仅限于个人数据，还包括企业结构、财务健康、策略、风险暴露、高调并购相关的信息。

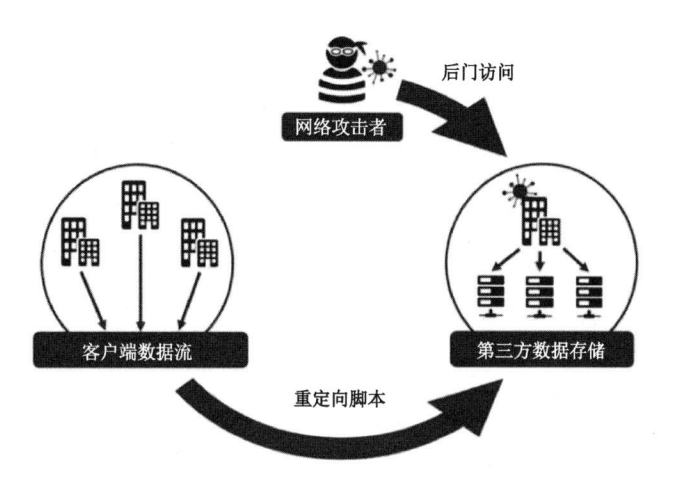

图 11-6　第三方数据存储攻击

评估供应链安全环节

英国国家网络安全中心（NCSC）提供了一些有益于理解的良好/不良的做法的例子（见表 11-1），帮您进行比较。

表 11-1　NCSC 良好/不良的做法例子

良好	不良
您**了解**供应商可能给企业、企业广泛的供应链及所提供的产品和服务带来的风险。您了解供应商所掌握信息的敏感性及它们所支持的项目的价值	您对供应商可能给企业、企业广泛的供应链及所提供的产品和服务带来的风险**了解甚少**。您不知道它们持有哪些数据，也不知道它们支持的项目的价值
全面了解您的供应链，包括分包商	只了解自己的直接供应商，对任何分包商的了解都很有限，或一无所知
了解供应商的安全安排，并定期与它们接触，确认它们继续有效地管理合同风险	对供应链的安全状况一无所知，但认为它们可能没有问题。未能对这一状况进行审查
对供应链进行控制；行使稽查权和/或要求供应商上报，以提供安全保证，确保一切运行良好。稽查要求不会是您与供应商的首次互动	对供应链控制不力，忽略分包工作，未能行使稽查权，也不上报。在通常情况下，安全团队与供应商首次接触是在事件发生后进行稽查时
根据您对风险及必要的保护措施的评估结果，**为供应商设定最低的安全要求**，告诉它们合同的预期结果	**未设定最低安全要求**，任由供应商自己做决定，即使它们可能不具备安全意识，不了解需要什么或者如何有效地开展工作；或设定最低要求，但与风险评估结果不一致——这可能会使您的许多供应商无法达到安全要求
根据特定合同的评估风险，**区分所需的保护级别**。确保这些保护措施合乎情理、相称并可实现	为所有的供应商制定相称的"统一"方法，不考虑合同内容和所评估的风险。不能确保控制措施的合理性与可实现性——可能导致供应商不与您竞争合同
要求企业将在各种情况下视为必要的**保护措施传达到整个供应链**。检查并确保其已落实	将安全性交给直接供应商管理，但不强制要求和/或检查是否落实
履行自己的供应商职责（并在缺乏指导时向客户提出质疑）。向下传达客户的要求，并上报	忽视供应商的责任，或忽视无客户指导的情况。未能向下传达要求和/或未能上报

续表

良好	不良
为应对事件的供应商提供一些指导和支持。交流经验教训，使供应链中的其他人避免"已知问题"	不向供应商提供事件支持。不采取行动，或未发现"已知问题"可能影响供应链中的其他环节，也未警告他人这些问题——可能会导致更大的干扰，且很多供应商已遇到"已知问题"
提高供应商的网络意识。主动分享最佳实践，提高标准。鼓励供应商订阅免费的 CISP 威胁情报服务，以便更好地了解潜在威胁	预计供应商会预料到发生网络攻击，很少或根本不提供支持或建议，无论供应商是否有安全意识和能力
在保证措施中添加最低安全要求（如 Cyber Essentials Plus、稽查和渗透测试）。这些为供应商安全措施的有效性提供了独立视角	未能将保证措施嵌入安全要求中，信任供应商会做正确的事情——无论它们是否有足够的知识或经验来了解对它们的期望
监测所实施的安全措施的有效性。根据从事件中吸取的教训、活动反馈或从供应商那里了解的问题信息，做好准备修改或取消无效的控制措施	未能监测安全措施的有效性。不听取反馈意见。不愿意做出改变，即使有支持证据
与供应商建立伙伴关系。如果供应商将供应链安全方法作为自己的方法，成功的可能性会比简单地遵守要求大得多	未经协商就下达要求
让供应商从一开始就考虑安全问题，比传统的产品保证活动更早开始讨论安全问题	只将安全问题视为产品保证问题
向供应商解释实现所需安全要求的好处：这些将满足合规性要求，或为供应商提供赢得其他合同的潜力	只告诉供应商要做什么，却不说明其好处：一些供应商可能不愿意参加合同竞标
考虑如何让需要合法但临时/偶尔和/或受限访问的供应商能够这样做，而不必遵守您对供应商的最低安全要求。记录这些约定程序，并对各方展开培训	对这类情况不做任何规定，或要求它们满足您的安全要求（即使理由不充分），或置之不理，让它们自行安排（希望这样做没有问题）
必要时，开发通用的合同工件（风险评估和自我评估安全问卷），为合同签订过程提供支持，并让供应商将这些工件分发给分包商。将这些分享给您的供应商，并对所有的员工开展培训	几乎不对合同签订过程发表任何建议，或不提供建议，由供应商自行解决——并且不了解这样做对整个供应链安全保证的影响
要求在适当的时间对这些工件进行审查，如合同续签时、发生重大变化或应对重大事件时	担心最初的合同，但对后续合同续签兴趣不大或没有兴趣：未能发现可能出现的变化/问题
确保安全考虑因素是合同竞争过程中的一个组成部分，并确保它们能够影响供应商的选择。 要求供应商提供适当的安全状况及能够在合同竞争阶段满足最低安全要求的能力证明；或许在最初发布合同广告时，要求对供应商满足法律要求和监管要求的能力提供基本保证，但在竞争范围缩小到几个首选投标人时，要求获得更多的细节。 确保不会给潜在供应商造成不必要的工作量——尤其是在合同签订的早期阶段、在有很多的投标人时	仅在合同签订结束时担心安全问题——这些考虑因素对您选择供应商几乎没有影响。 要求获得比自己需要、能够处理或使用的信息更多的信息：在潜在供应商几乎没有机会赢得合同的情况下，可能给它们带来不必要的工作量。在供应商不以此为由竞争合同时大吃一惊
在使用自我评估安全问卷协助合同签订过程时，确保这与您制定的最低安全要求相匹配，并尽可能地减少供应商的工作量。只有当供应商已进入合同签订的后期阶段，并且属于少数几个考虑签订合同的供应商时，才需要获得更详细的信息	重新使用您认为可能有用的目前基于 ISO 27001 制作的调查问卷，并让供应商填写，即使该问卷与您所使用的最低安全控制措施（Cyber Essentials 或网络安全十大步骤）不符。未考虑这给供应商带来的工作量，也不考虑您的要求是否适用于合同竞争阶段

续表

良好	不良
给供应商留出充足的时间，以达成预期的安全改进目标：制定风险标准，管理这一过渡过程（要求供应商提供一份安全改进计划，说明所要达成的进度），并规定何时进行了检查及何时应当进行检查	设定不切实际的截止日期，或未设定明确、一致的风险标准，以便为确定哪些供应商无法在约定时间框架内做出改进提供依据。这可能意味着，您无法与这类供应商合作——可能导致供应商能力下降和选择减少
承认供应商现有的安全认证或之前/现在拥有的合同许可，允许它们再次使用这些证据证明其符合您的最低安全要求。但要开展适当的调查，确认情况确实如此	不考虑任何既定的安全认证或合同许可，要求供应商遵守您的最低安全要求。这可能会给供应商带来不必要的工作和成本，损害这些关系
预计所有的供应商将达到 Cyber Essentials 体系要求。但是要知道，某些供应商，即使是已获得 ISO 27001 等安全认证的供应商，可能会认为难以达到方案要求。然而，如果由于某种原因无法达到方案要求，您应当设法了解供应商采取哪些措施来管理这些风险，如通过替代业务流程或弥补安全控制措施。您应当检查确认这些是否合适	预计所有的供应商将达到 Cyber Essentials 体系要求，但采取了简单明了的方法，不考虑特殊情况。不承认任何困难，并拒绝将合同授予那些认为难以达到 Cyber Essentials 体系要求的供应商，从而进一步削弱自己的能力，减少可选的供应商
将企业选定的最低安全要求映射到常见的商业安全方案，以帮助供应商重复使用证据，并帮助客户评估等效性。这还有助于供应商证明与国际方案的一致性	不提供任何支持，期望供应商进行筹划：可能会增加工作量，导致不一致性——可能削弱客户对所提供证据的信任
监测并继续改进流程，中断或改进不相称、无效或不合理的流程	保持不相称、无效或不合理的流程不变。未听取一致、合理的改进要求

监测供应链能够确保通过日常评估和监测，查明和跟踪可能直接影响企业的每种变化情况。这有助于及时对这些变化进行风险评估，将对企业的影响降至最低。

关键绩效指标或关键风险指标、事件、事故或稽查发现结果可能导致风险评估升级。

NIST SP 800-161《联邦信息系统和组织供应链风险管理实践》全面概述了对供应链监测的建议（见图 11-7）。

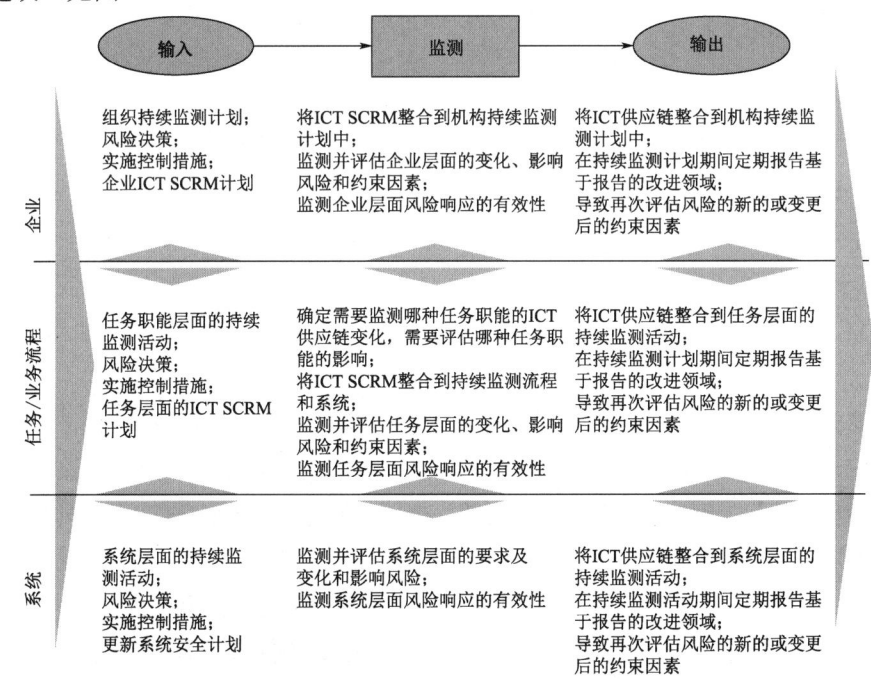

图 11-7 供应链监测

富有成效的供应链管理计划应将重点放在限制与四个方面相关的供应链风险上（见图 11-8）。

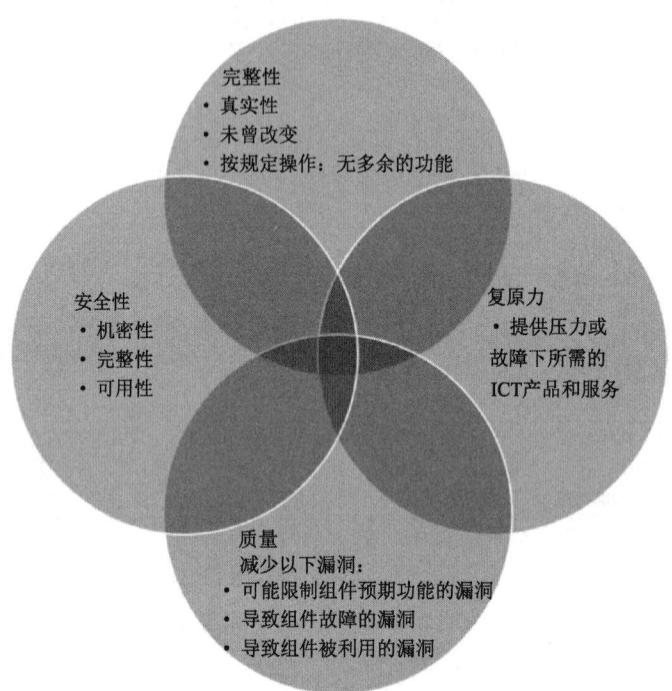

完整性
- 真实性
- 未曾改变
- 按规定操作：无多余的功能

安全性
- 机密性
- 完整性
- 可用性

复原力
- 提供压力或故障下所需的 ICT 产品和服务

质量
减少以下漏洞：
- 可能限制组件预期功能的漏洞
- 导致组件故障的漏洞
- 导致组件被利用的漏洞

图 11-8　供应链风险管理计划的重点

构建 BRIDGES

下面再次使用 BRIDGES 缩略语来深入探讨特定的供应链场景。

企业背景

为了采用数字模型，企业决定研究通过向云迁移来增强其支持 IT 基础设施架构的可能性。为此，其必须要了解不同云模型之间的差异：

- **基础设施即服务（IaaS）**：是指通过互联网提供虚拟化计算资源的云计算系统。
- **平台即服务（PaaS）**：一种云计算模型，为客户提供开发、运行和管理应用程序的完整平台（硬件、软件和基础设施）。这样降低了构建和维护内部平台的成本、复杂性和不灵活性。
- **软件即服务（SaaS）**：一种软件交付方法，允许从连接互联网的任何设备和网页浏览器上访问数据。在这种基于网页的模型中，软件供应商负责托管和维护服务器、数据库及应用程序所用的代码。

风险与复原力概况

这能够降低对这些数字资产提供支持的人员、流程和技术的可见性（又称抽象性），具体取决于所选择的云模型方案。

云服务提供商（CSP）的可见性降低，使得风险评估日益困难，且每种云模型都有自己的累积风险等级（见图11-9）。

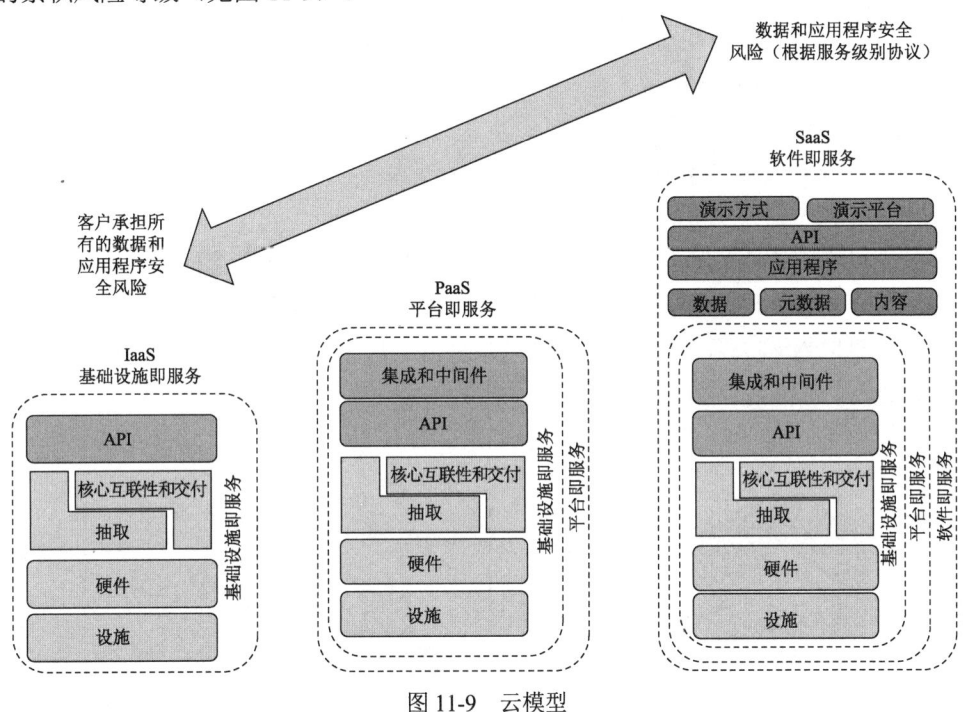

图 11-9 云模型

每种模型都有几种可能增加企业风险的因素，具体如下。

- 基础设施即服务：
  - 跨境法律要求。
  - 多租户和/或隔离故障。
  - 既定的技术安全措施缺乏透明度。
  - 缺乏灾难恢复或备份规划。
  - 安防措施的有效性。
  - 缺乏安全的处置做法。
  - "离岸"基础设施的数量。
  - 虚拟机安全维护的熟练度。
  - 云服务提供商身份验证措施的稳健性。
- 平台即服务：
  - 应用程序与云服务提供商能力之间不一致。

- 面向服务的架构库被损坏。
- 在平台即服务环境下开发的应用程序（原件和备份）不可用。
- 软件即服务：
  - 数据所有权无效。
  - 数据擦除/处置程序不安全。
  - 软件开发生命周期（SDLC）可见性较低。
  - 身份和访问管理（IAM）实践不安全。
  - 缺乏退出策略。
  - 应用程序广泛暴露。
  - 版本管理实践不当。
  - 浏览器不安全。

在识别供应链各环节所面临的风险时，必须了解其安全文化和流程成熟度。因此，通过对面向公众的数字足迹进行一定程度的侦察，您能够判断供应商对自己资产的管理是否有效，是否足以为您提供一个如供应链安全记分卡（见图11-10）之类的起始基准。

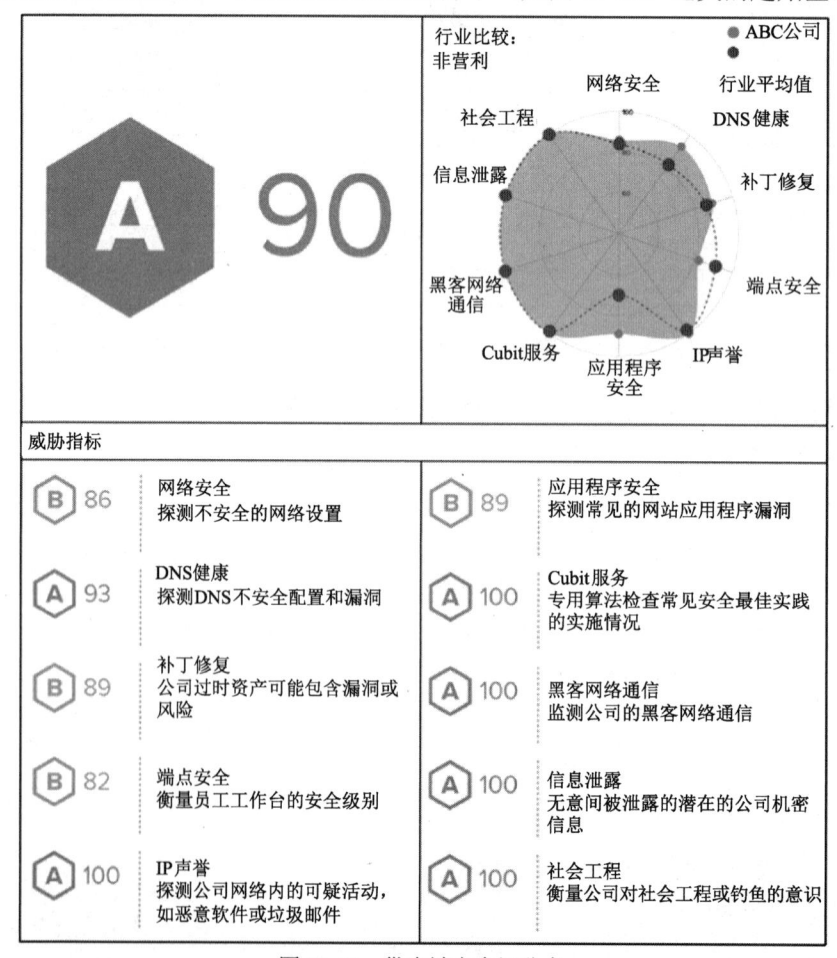

B 86	网络安全 探测不安全的网络设置	B 89	应用程序安全 探测常见的网站应用程序漏洞
A 93	DNS健康 探测DNS不安全配置和漏洞	A 100	Cubit服务 专用算法检查常见安全最佳实践的实施情况
B 89	补丁修复 公司过时资产可能包含漏洞或风险	A 100	黑客网络通信 监测公司的黑客网络通信
B 82	端点安全 衡量员工工作台的安全级别	A 100	信息泄露 无意间被泄露的潜在的公司机密信息
A 100	IP声誉 探测公司网络内的可疑活动，如恶意软件或垃圾邮件	A 100	社会工程 衡量公司对社会工程或钓鱼的意识

图11-10　供应链安全记分卡

探测异常情况

在确定企业风险基线水平后，必须继续通过定期安全稽查和安全指标审查，按比例监测供应商。例如，月度安全指标报告的重大变化或遗漏可能表明内部流程发生了变化，从而增加了企业所面临的风险（见图11-11）。

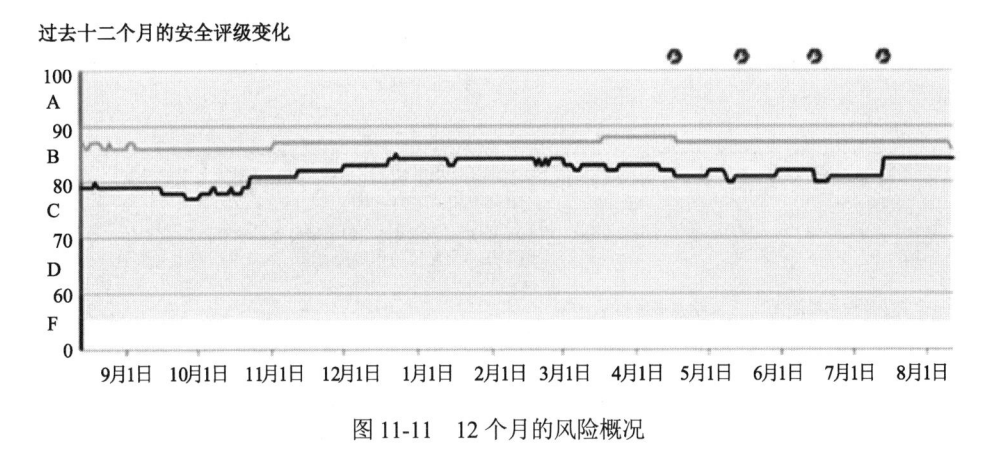

图 11-11　12 个月的风险概况

治理过程

企业需要根据风险水平，对供应链各环节进行管理。供应链环节越多，就越要考虑供应链风险管理统一平台的潜在优势。企业也可通过一系列电子表格对小供应链进行管理。然而，在考虑这一方案时，必须考虑手动创建摘要仪表板所花费的时间和资源成本。

沟通是对供应链进行有效管理，确保供应链支持十条安防原则（尤其是业务调整、团队合作和透明度）的关键。

评估安全控制措施

企业可根据供应链环节的关键性，定期与供应商联系，要求供应商填写一份安全基线问卷（见图11-12）。

ID	控制领域	评估结果	结论
35	在云部署服务期间分包商托管、存储或处理客户的数据均要得到管理，并且分包商的位置是指定的	信息系统和安全	观察结果：由于缺乏证据或文件，评估人员无法根据公开信息验证下列内容。 Sample Cloud供应商是否确立了正规化程序，对云部署服务期间分包商托管、存储和处理客户数据进行管理。 Sample Cloud供应商是否维持了一份支持云部署服务的分包商正式问卷，是否已识别和指定了分包商的位置，以确保遵守法律和监管要求。 注：在评估程序中，评估人员提到ISO 27001、PCI DSS、FEDRAMP和SOC 2二类认证并未公开提供给评估人员研究，但是Sample Cloud供应商已在网站上公布它们已获得上述各种标准和框架的认证。	未确定
40	确立了事件预警阈值	信息系统和安全	观察结果：由于缺乏证据或文件，评估人员无法根据公开信息验证下列内容。 Sample Cloud供应商已根据所发现的事件，确立了系统和工具上配置的预定义阈值，这些系统和工具用于生成预警和通知。 注：在评估程序中，评估人员提到ISO 27001、PCI DSS、FEDRAMP和SOC 2二类认证并未公开提供给评估人员研究，但是Sample Cloud供应商已在网站上公布它们已获得上述各种标准和框架的认证。	未确定
66	确定并明确表达组织风险容忍度	信息系统和安全	观察结果：由于缺乏证据或文件，评估人员无法根据公开信息验证下列内容。 Sample Cloud供应商的企业级风险管理策略包括已界定的风险偏好。 注：在评估程序中，评估人员提到ISO 27001、PCI DSS、FEDRAMP和SOC 2二类认证并未公开提供给评估人员研究，但是Sample Cloud供应商已在网站上公布它们已获得上述各种标准和框架的认证。	未确定

图 11-12　供应链安全基线问卷

应当审查和分析问卷结果，（在认为适当的情况下）提出后续问题或进行现场稽查，并将结果用于加快企业风险登记和风险管理实践。

生存和运营

将服务或运营外包出去时，请勿忘记供应链对企业持续运营能力的作用，以防出现问题，干扰这些外包要素。

企业是否了解供应商的安全事件实践的成熟度（见图 11-13）或它们所实施的应急计划，以及供应商多久测试一次能力，以确保它们能"生存和运营"。

人们在看到全球疫情给企业造成的影响后,才意识到供应链的"生存和运营"能力有多么重要。与此同时,供应链需要从以提高效率为主转变为以提高复原力为核心。

第一阶段:准备
- 第一步 对组织开展关键性评估
- 第二步 在真实场景和排练的支持下,开展网络安全威胁分析
- 第三步 考虑人员、流程、技术和信息的影响
- 第四步 创建一个适当的控制框架
- 第五步 审核网络安全事件响应的准备状态

第二阶段:响应
- 第一步 识别网络安全事件
- 第二步 定义目标并调查情况
- 第三步 采取适当的措施
- 第四步 恢复系统、数据和连接性

第三阶段:跟踪
- 第一步 更全面地调查事件
- 第二步 将事件报告给利益相关者
- 第三步 制定事件后审查
- 第四步 沟通并依赖吸取的经验教训
- 第五步 更新关键信息、控制措施和流程
- 第六步 执行趋势分析

图 11-13　CREST 网络安全事件成熟度评估

军事比较

在阿富汗(坎大哈和巴斯营地)反情报外勤小组执行任务期间,最重要的工作就是保护供应链(见图 11-14)。

图 11-14　保护供应链

在阿富汗这样的"内陆"国，供应链日渐重要。叛乱分子深知，如果他们能够干扰或阻止空中或陆地补给，就能严重影响军事行动。此外，他们将这些补给看作一种潜在的机会，将他们用作"骡子"运送恶意有效载荷或未经授权访问军事基地。

我最后一次参加反情报外勤小组的行程就是作为部队保护联队的一员前往巴斯营地。军方领导人吸取之前的教训，战略性地将这一作战基地设在一个与世隔绝、地势平坦的地区，以最大限度地发挥防御作用。因此，该基地的占地面积在几年内扩大了四倍。

我被派到该基地期间，该基地的规模相当于英国的雷丁市，拥有约 30000 名人员和大量的任务关键设备，为其他部署行动提供必要的支持。它甚至成为很多电视纪录片的主题。

正如您所想象的，为大约 30000 名人员及其设备提供后勤支持是一项艰巨的任务，仅靠空中供应链是无法完成的。因此，很多补给都是通过陆路运来的。然而，由于主要海港只有两条主要线路，这些补给船很容易成为机会主义犯罪分子和叛乱分子的目标。

虽然享受有限的私人武装护送服务，但当地国家运输车队驾驶人员经常会成为小型武器（RPG、AK47、RPK 等）攻击的目标（见图 11-15）。

通常，那些被视为日益重要的补给将接受强化的安防措施（见图 11-16）。

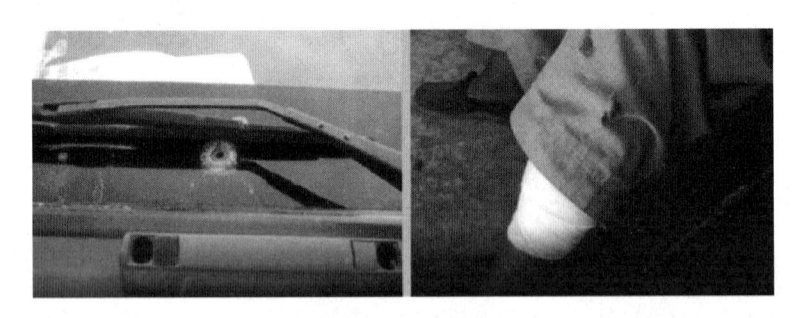

图 11-15　车队司机伤亡情况

图 11-16　供应链车队

反情报外勤小组的部分职责是创建一个情报网，分析情报，以及应对和访谈/调查任何与供应链有关的事件或事故。

在为期六个月的考察结束后，我们共提交了600多份情报报告，大部分报告与供应链事件/事故相关，从蓄意行为到意外或粗心活动（见图11-17），这些活动增加了基地内资产的风险。

图11-17　危险载荷

我在巴斯营地的反情报外勤小组的经历可以再写一本书了。没有任何两起事件是相同的，供应链所遭受的威胁类型也是五花八门的。从叛乱分子在非饮用水罐车上放置简易爆炸装置（IED），到送货司机试图走私违禁物品，再到送货司机的无辜行为显得可疑并引起恐慌，不一而足。

我还记得几起令人不解的事件。第一起是在送货司机的驾驶室发现了空弹药箱和一块烧焦的木块（见图11-18）。

图11-18　烧焦的木块

在对该事件进行调查后，我们很快了解到送货司机是完全无辜的，这体现了阿富汗重型货车（HGV）司机的实事求是和解决问题的思维过程。被丢弃的空弹药箱恰好与纸板上打孔的直径相同，送货司机可将它们用作临时垫圈，而木块有双重作用——冲压块和便携式炉子的底座，因为他们经常要在路上度过2~3个月，在拖车下方过夜。

第二起事件与一个外部巡逻队有关，其与在距离主入口 2 千米处（毗邻主要出入口）的临时村落等候的司机进行联络。

这是一次联合情报巡逻（美国海军陆战队和英国皇家空军警局），目的是调查关于该地区紧张局势和愤怒情绪加剧的报道。一到达目的地，双方决定由美国海军陆战队执行任务，英国皇家空军警局则按照当地人的意愿与他们交涉。

这种方法产生了两种截然相反的结果：美国海军陆战队汇报称无可报告的事情，一切皆好；然而，通过反情报外勤小组主动与当地居民接触，并建立了牢固的信任关系，反情报外勤小组获得了人们策划抗议活动的情报。

有传言说，联合军队要去"焚坑"，销毁《古兰经》，这激怒了当地人。

如您想象，最终的情报报告产生了完全相反的影响。然而，由于反情报外勤小组的努力，基地安排了进一步的"情感与理智"干预措施，避免这类事情发生。

在为期六个月的考察结束后，我全面了解了主动安防措施的积极作用。

残酷的现实

根据 Sonatype 发布的《2020 年软件供应链状态报告》，"新一代"供应链攻击激增 430%。

2020 年，媒体关于著名网络攻击的报道较多，其中最重要的是对 Blackbaud 的勒索软件攻击，这次攻击对数百家机构产生了影响。

Blackbaud 最先发布了新闻稿，似乎其避开了勒索软件的攻击，客户的敏感数据也未遭到泄露。然而，据后来的报道，事件远非如此，其向犯罪分子支付了赎金，取回了数据。这几乎与优步的首席信息安全官（CISO）在勒索软件攻击中采取的方法如出一辙，这也导致了他被捕。

如今，由于允许勒索软件攻击事件的发生，Blackbaud 收到了几起集体诉讼。

尽管 Tyler Technologies 提供了勒索软件生存指南（见图 11-19），但还是遭受了勒索软件攻击。攻击发生几天后，一些客户注意到了可疑的登录情况，并且网络和服务器上存在恶意远程访问木马的情况。然而，最初的通知（见图 11-20）还是未说明这次网络攻击的严重性。

其他例子包括：多个 Zen 客户因路由与核心网问题引发的故障而受到影响；Maharashtra Energy 公司发生停电事故，其表示不排除外部势力恶意破坏的可能性。

勒索软件生存指南

头条新闻中我们总能够看到勒索软件的身影。勒索软件攻击正在升级。企业必须采取适当的控制措施，才能保护企业免受攻击。

但是，只有防御策略还远远不够。企业必须做好准备，暗中应对勒索软件并从中生存下来。本生存指南有助于企业了解防御信息及做好准备应对攻击。

在本生存指南中，您将学到：
- 勒索软件攻击和典型的交付渠道剖析
- 如何保护企业免受勒索软件攻击
- 勒索软件事件响应准备要点

图 11-19　Tyler Technologies 勒索软件生存指南

Tyler安全事件响应信息

图 11-20　Tyler Technologies 安全事件通知

重要启示

- 必须承认风险管理在富有成效的供应链管理方面的重要性。
- 供应链安全事件后果应当纳入企业的风险策略中。
- 供应链风险策略应当确定决策、风险偏好、目标、方法和程序。
- 需要了解供应链内的每个环节,对其关键性进行排序,并实施适当的稽查计划。
- 需要查明供应链的风险(实际风险和潜在风险)。
- 应当预测这些风险的概率。
- 应当分析这类事件的后果(如期望值、风险关系、事件、响应、后果等)。
- 应使用后果分析结果对所查明的风险进行优先级排序。
- 应当设计相称的应对措施,列出可能的备选方案,并确定最佳方案。
- 每个补救计划应当包括通报稽查结果、职责分配、员工培训、界定程序等。
- 应当对供应商进行监测,并定期接收和审查关键绩效指标或关键风险指标。
- 必要时,应当制定适当的响应计划,帮助管理风险。
- 控制响应应当在风险登记册更新内容中有所体现。

第十二章

开发人类防火墙

切希尔的不拘礼节适合与其经历相同的人,他们的经历消除了战前划分空军的许多阶级壁垒。

例如:

一天前到达林顿基地的一名年轻无线电报员正爬上准备出发的卡车时,他突然感觉到切希尔搂住了他的肩膀。"祝你好运,威尔逊。"在通往机场的路上,这位无线电报员很是疑惑,"这位指挥官是怎么知道我的名字的?"

或者:

"你好,雷德。"我不知道他竟然知道我的名字。"听说你今天晚上有几个问题,你想过来聊聊吗?"这是我有史以来见过的最和善、最体贴的中队长。我需要帮助和建议,而他正好已经准备好。

他与地勤人员之间的融洽关系成为传奇。"他会让人们做任何事情。如果一个周六的早上,他走进一个分队,那里的飞行员正准备飞往约克郡,要求他分派八名志愿者,那么他就能得到很多志愿者。"他始终认为,与地勤人员交谈比与"其他人员"交谈更能了解飞机。发动机台的机械师早已习惯切希尔爬到他的身边,询问他在做什么,为什么要这么做。圣诞节那天,两位雷达机械师正在检查一个远程分散装置:

平安夜小酌几杯后呼吸一下新鲜空气似乎也是一个不错的想法。

我听说有人在检查飞机,但并未注意,以为是另一名机械师。但事实上,他是切希尔空军中校,他祝我们"圣诞快乐",跟我们聊了几句,还建议我们"今天就到此为止,回去吃圣诞大餐"。事实上,在那个圣诞节的早上,他确实在各个分散点转了一下,和每个人都聊了几句。

引言

内部威胁日益成为安全事件和数据丢失的主要原因。在十三个行业的基准抽样中（见图12-1），内部威胁的平均成本确认为1145万美元（相当于过去两年增长了47%，这一数字相当惊人）。

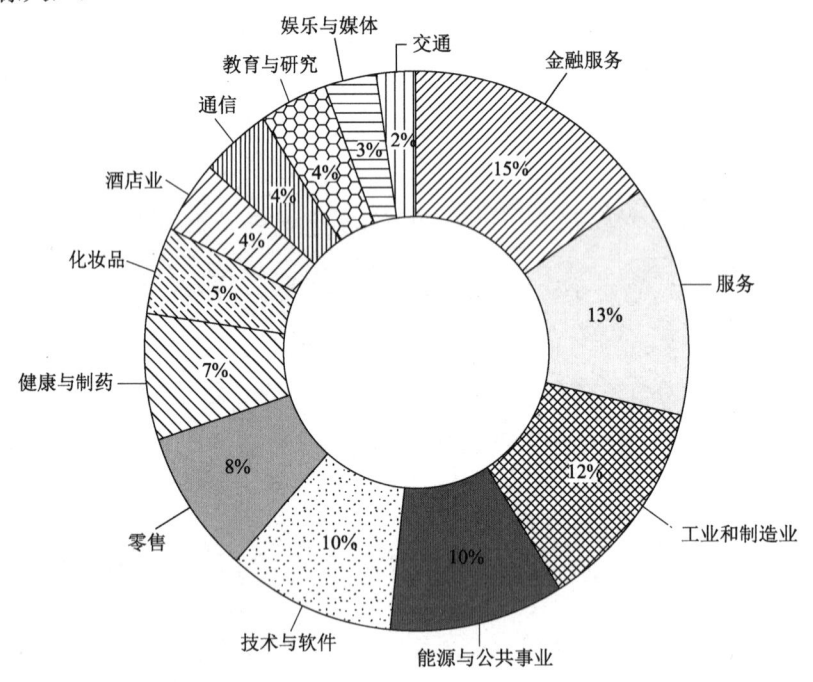

图12-1 参与企业所在行业（共204家企业）

如果企业欣然接受新的数字技术，就必须对这些新技术对用户的潜在影响进行风险评估。这些技术能否被安全、可靠地使用，取决于企业员工的构成和能力。

正是这种人员能力差距为犯罪分子提供了可乘之机。谨记，虽然企业会面临恶意内部人员带来的威胁，但并非所有的员工都会不顾一切采取行动来损害数字系统或正在处理的敏感数据。

95%的网络安全漏洞都是人为错误导致的。

因此，您应当考虑"人类防火墙"的复杂性，以及如何才能进行最安全的配置，确保它们与安防计划的其他组成部分一样富有成效（见图12-2）。

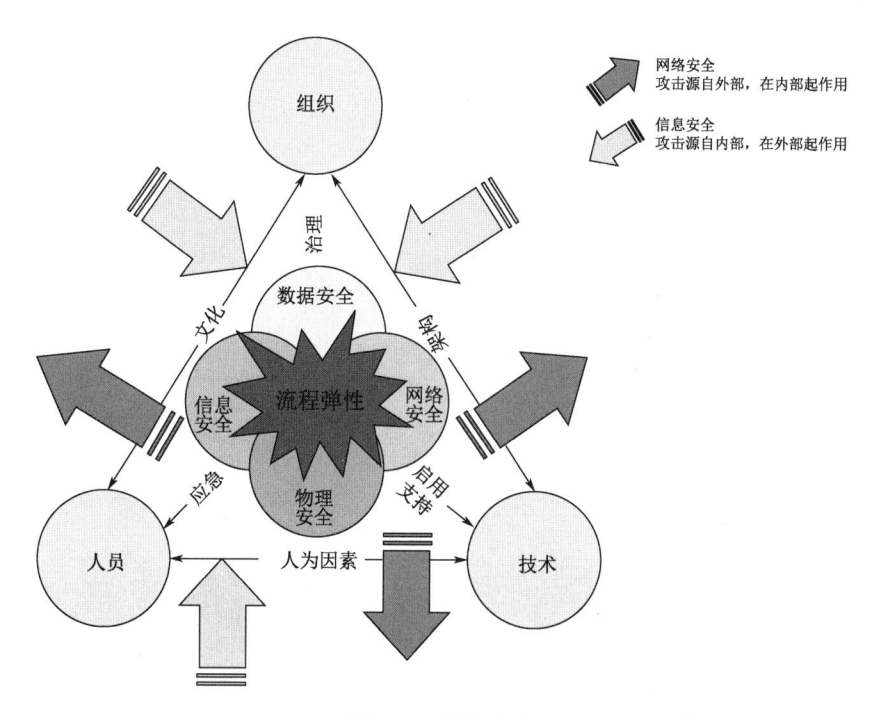

图 12-2　整体安防

既然内部威胁对企业造成如此巨大的影响，为什么企业采取的措施与将该风险降低至可接受范围内所需采取的措施之间仍有如此巨大的差距呢？

人类防火墙

建立富有成效的"人类防火墙"远不止制定一套政策和程序，以及期望每个人了解并遵守这些规则。

信息安全研究所将"人类防火墙"（见图 12-3）定义为：一组员工承诺遵循最佳实践，防止并报告任何数据泄露或可疑活动。

图 12-3　人类防火墙

致力于构建防火墙的员工越多，防火墙就越强大。

谨记，人类防火墙不同于"安全卫士"，安全卫士更注重教育和意识。然而，人类防火墙也能够包括安全卫士。

这一目标的一个主要部分是了解员工的基本情况、员工在企业担任的角色及他们使用的 IT 软件和硬件资产。

从本质上来讲，"人类防火墙"可以被视为给开放式系统互联模型（见图 12-4）和纵深防御模型（见图 12-5）增加了额外的保护层次。

人类层	10	规则	政府 法律、条例、执法、官样文章
	9	规则	行政 管理、公司政策和监督
	8	用户	用户 实施、数据分析
托管层	7	数据	应用 应用网络流程
	6	数据	表示 数据表示和加密
	5	数据	会话 主机间通信
	4	细分	传输 端对端连接与可靠性
媒介层	3	数据包	网络 路径选择与IP（逻辑定址）
	2	框架	数据链路 MAC和LLC（物理寻址）
	1	传输服务	物理 媒介、信号和二进制传输

图 12-4　十层开放式系统互联模型

开发这些额外层次的核心是与员工进行互动和双向交流。这更符合心理学的特点（而非安全学），因为一个愿意参与的志愿者远比十个有压力（顺从）的人更有效。

"安防"计划要富有成效，就必须开发一个"安全配置"的人类组件网络。

这些将成为您的"耳目"扩展网络，帮您发现并报告可疑活动，同时帮您监督企业运营情况。

安防心理学

我们经常听到风险管理、利益相关者沟通、治理、安全文化及政策和程序与有效建立富有成效的"人类防火墙"联系在一起。

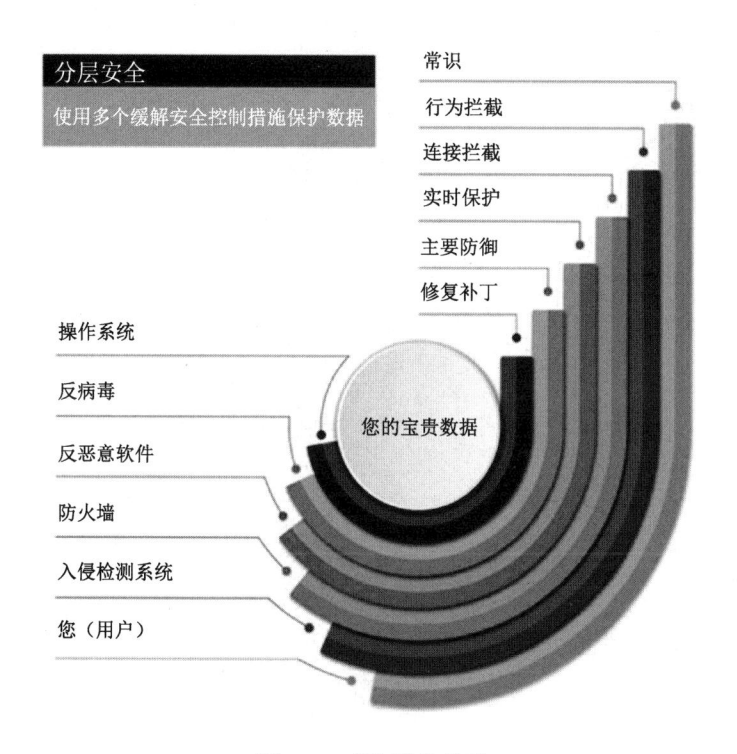

图 12-5　纵深防御模型

然而，要做到这一点，您需要了解并欣然接受需求层次（见图 12-6）。

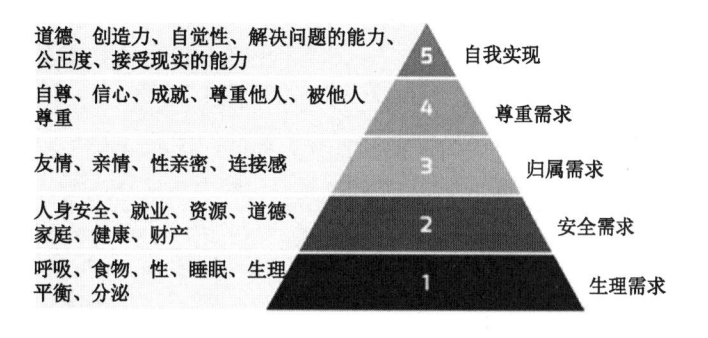

图 12-6　马斯洛需求层次理论

制定政策和程序并接受年度安全意识培训后，您只是进入了企业和员工需求层次的最底层［一层和二层（基本需求）］。

要真正地融入"人身因素"，就应当与员工建立联系，将"安防"变成一种更加个性化的方法。开始与各种业务部门及部门人员互动，建立双向沟通渠道。

这包括马斯洛需求层次理论的高层次（见图 12-7），具体如下。

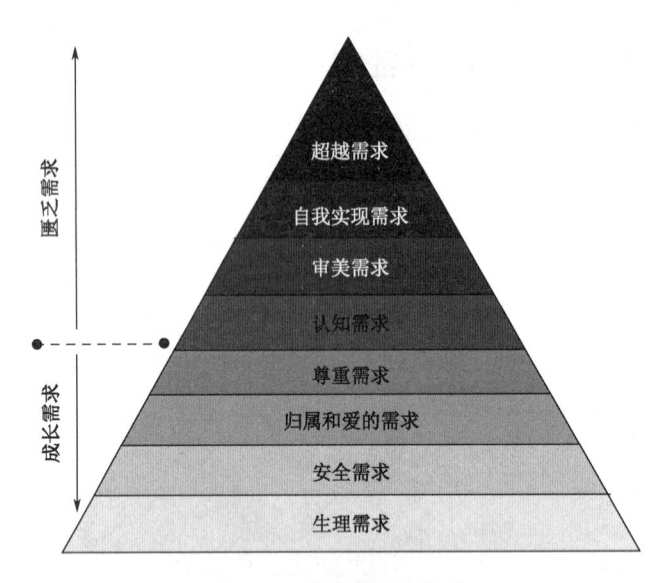

图 12-7　马斯洛动机模型

> （1）**生理需求**：空气、食物、饮料、住所、温暖、性、睡眠等。
> （2）**安全需求**：受到保护、安全、秩序、法律、稳定、免受恐惧。
> （3）**归属和爱的需求**：友谊、亲密、信任和认可、爱和被爱。归属，是成为某个群体（家庭、朋友、工作）的一员。
> （4）**尊重需求**：马斯洛将其分为两类，即尊重自己（尊严、成就、掌握、独立）和追求名誉或受他人尊重（如地位、声望）。
> （5）**认知需求**：知识和理解、好奇心、探索、意义和可预测性需求。
> （6）**审美需求**：欣赏和寻找美、平衡、形式等。
> （7）**自我实现需求**：实现自己的潜能，自我实现感，追求个人成长和高峰体验；渴望"成为万能人"。

新技术对人类的影响日益增加，因此调整方法，解决所面临的困难，而不是仅期望政策和程序适用于所有人。

随着技术使用频率的增加，人们对新应用程序（均需要个人登录名和密码）的关注和接受时间越来越短，终端用户的人口构成也越来越多样化，开发一种以人为本的"安防"策略比以往任何时候都要重要。

要做到这一点，就必须采用一个适应性强、灵活的模型，邀请更多的人参与，并不断寻找机会对模型进行改进。

最佳方法就是在全企业范围内建立一个安全委员会，让来自企业各个领域的代表参加并有机会反馈本部门可能面临的任何问题。

开发"人类防火墙"旨在最大限度地降低企业面临的风险，因此必须确保这些防火墙得到安全配置。

配置"人类防火墙"

正如您应当为"技术防火墙"制定适当的政策和规则集一样，该原则也适用于"人类防火墙"。

单一的配置标准可能不适合应用于所有人员资产。因此，配置必须能够灵活调整，以适应不同的品牌（角色）、型号（职责）、版本号（年龄）等。

驾驶人员的安全与企业"安防"有很多相似之处。人们认为，年轻一代更加鲁莽，喜欢冒险，而老年人则在努力适应技术进步（见图12-8）。

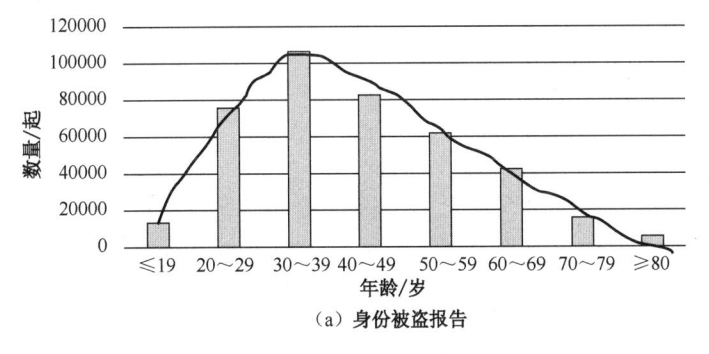

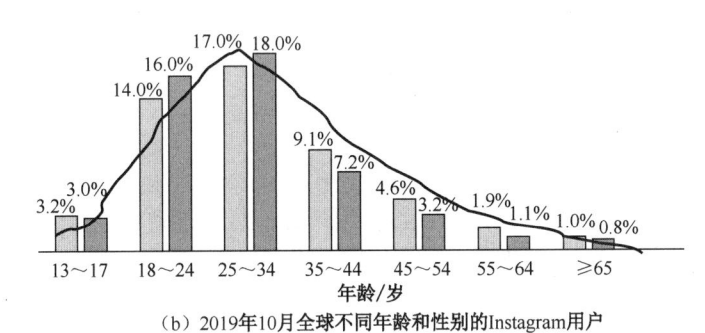

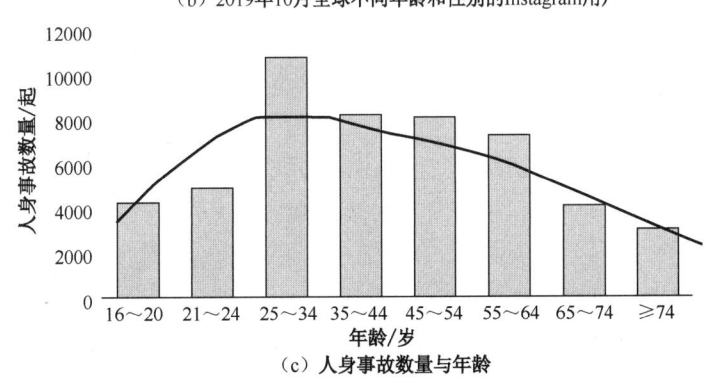

（a）身份被盗报告

（b）2019年10月全球不同年龄和性别的Instagram用户

（c）人身事故数量与年龄

图 12-8 风险人口统计

因此，为确保应用程序处于合适的安全配置状态，必须为大量的人口定制、调整该方法。此外，必须与大量人群互动，了解配置对大多数人群是否仍然有效。

企业确保"人类防火墙"得到安全配置的方法必须能够适应不断变化的趋势及外部的影响。

据报道,越来越多的年轻一代开始欣然接受技术革命,因此对人们乐意在网上分享个人数据的做法采取了近乎放任的态度。

相反,很多老年人难以适应技术的快速进步(见图12-9)。

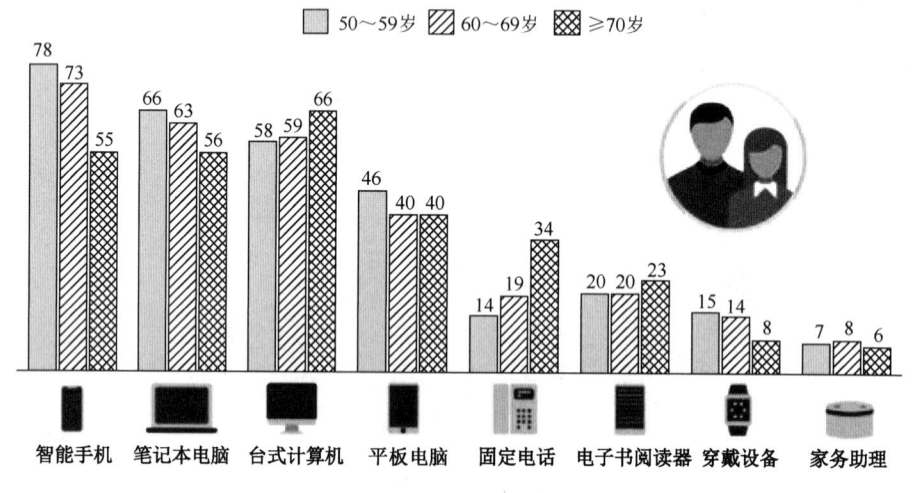

图12-9 各个年龄的设备拥有率(%)

销售安防

构建富有成效的"人类防火墙"就像推销产品一样;消费者需要认同这一概念,了解这一概念给自己及企业带来的好处。

"销售话术"需要符合观众的需要,而传统的开发和交付模式不再有效。

毫无疑问,虽然作为一名安全专业人士,您具备制作安全意识文稿的知识,但您有充足的时间和所需的开发技能、软件来制作最新、发人深省、专业的材料,并传递给广大受众吗?

这并不是说要完全摒弃传统做法,而是说,传统做法作为一种低效的模式,应仅由关键利益相关者或担任关键角色和职责的人执行,传统做法与他们的角色相关。

谨记,"安防"是每个人的责任,因此,为了让您的生活更加轻松,并获得即时可用的专业资料,请考虑外包安全意识解决方案。

对这种解决方案进行大量投入能够让您从"批量生产"的安全意识库中受益,并能够根据自己的需要进行选择和实施。例如,如果您担心移动设备是否安全、数据隐私或钓鱼攻击,那您就可以随时获取各种形式的这些资源,具体形式如下。

- 交互式培训模块,如图12-10所示。

图 12-10　KnowBe4 网站的培训模块

- 游戏，如图 12-11 所示。

图 12-11　KnowBe4 网站的游戏

- 视频，如图 12-12 所示。

图 12-12　KnowBe4 网站的视频

- 海报和插图，如图 12-13 所示。

图 12-13　KnowBe4 网站的海报和插图

- 简讯，如图 12-14 所示。

图 12-14　KnowBe4 网站的简讯

- 评估，如图 12-15 所示。

图 12-15　KnowBe4 网站的评估

企业拥有"懂安全"的最终用户的数量越多，机会主义攻击者就越难下手。

开发富有成效的"人类防火墙"的主要目的是让最终用户感觉自己为保护宝贵的企业资产做出了积极的贡献。

与健康和安全倡议一样，要使"人类防火墙"与最终用户息息相关，就需要团队合作，高级管理层和部门经理要鼓励与支持安全卫士，以促进跨部门安全文化的宣传。

鼓励最终用户成为企业的"耳目"，支持团队内部的良好做法，并上报任何有害或恶意活动。

军事比较

反情报工作中最重要的工作就是让人们感受到自己为保护任务关键资产和运营做出了积极的贡献。

因此，"感情和理智"就是确保反情报工作有效性的关键因素，而向服务人员收集信息（可分析得到可执行的情报）被视为富有成效的"安防"的关键。

在执行本土任务期间，我们承担了一个更类似于内政部特别部门和情报部门的角色，因此，该部门也称为英国皇家空军警局政治处。

在反情报区域行动中，为提高我们的能力，我们必须参加额外培训，这些培训经证明对本土和海外反情报行动都十分有用。

在培训期间，我们参加了内政部二级情报来源处理程序课程（肯特郡警局），以确保我们能够以安全、可靠、合法的方式收集情报；还与西南区域情报小组（RIC）一起接受内政部批准的反恐（政治部）培训。

迄今为止，情报来源处理程序课程是我参加过的最愉快、内容最丰富的培训课程。课程包括一些前端理论培训及之后的实践内容。在实践阶段，我们被分成两个小组，通过几个实际场景来考验我们对这些理论的理解和应用。

我与一名英国交警搭档，我的第一个场景是与潜在的情报"线人"初次接触。这完全超出了我的舒适区。

最初的接触遭遇了敌对反应，我的同事立即对潜在情报"线人"产生了反感。不过，最终我们还是说服了他，气氛开始缓和下来。

我们打算第二天在保证安全的前提下跟踪这一潜在情报"线人"。然而，课程导师告诉我们，该区域将部署便衣警察，扮演罪犯，破坏我们的干预行动。

想到这里，当天晚上，我们决定为第二天早上的会议进行侦察和规划。我们被分配到肯特郡梅德斯通东北地区。那天晚上，我们试图为后续干预寻找一些合适的见面地点。

在侦察过程中，我们确定了自认为比较合适的场地，因此将见面地点安排在花园中心的一家咖啡厅（为打破一些障碍）。届时，同事将拿着旅游传单向"线人"问路。在这个过程中，他会打开旅游传单，露出一张纸条，吩咐"线人"在马路对面的火葬场停车场等着我们（见图 12-16）。这样能够让我们前往合适的位置，确定"线人"是否被便衣警察跟踪。

图 12-16 梅德斯通

虽然我们认为这个主意相当不错，但事情并未按预期方向发展。第二天早上，在打电话确认安排之后，我把同事送到花园中心的前面，然后在花园中心的后面等着。

十来分钟后，同事怒气冲冲地回到车上。我询问发生了什么，他说"线人"故意阻挠，坐在离咖啡厅入口最远的一张桌子上。咖啡店里坐满了人，这意味着要继续问路，就必须要忽视其他人，走过去向"线人"询问旅游信息，这一行为十分可疑。

因此，（在进入咖啡店）他看到后，愤怒地穿过咖啡店，将旅游传单强行扔到"线人"桌子上，愤怒地喊道："给你！"

当然，"线人"完全不知道旅游传单里还有一张纸条，所以几分钟后，我接到"线人"的一通电话，语气非常愤怒。

接下来，我们开车去接"线人"，在把他捆上车后，我们迅速驶向火葬场。

但这也不容易。我从花园中心左转出来，驶入环形路口，又回到对面的火葬场。到达火葬场后，我看到进入火葬场的车排成了一条长龙（当时正好在举行仪式）。

我快速改变计划，继续沿着公路前行，绕过下一个环岛后又回到了花园中心。于是，我们决定在停车场的一个安静的角落交谈。现在，必须要高度警觉，因为我们认为有便衣警察想让"线人"置于危险之地。

走到停车场的尽头时，旁边有一家人工洗车场。没想到，就在我们找地方停车的时候，这家洗车场的一名工人看也不看，径直从我们面前走了过去，害得我紧急刹车。

嘭！就这样，我的心跳开始加速，心里想着：

- 是便衣警察吗？
- 我们的身份暴露了吗？
- 我们的"线人"安全吗？

在高度紧张和呼吸加快下，我迅速停车，等待着我认为接下来必定会发生的不可避免的升级事件。

几分钟过去了，什么也没有发生（虚惊一场）。我们开始冷静下来，决定继续与"线人"聊天。

这为第二天的第二次计划干预奠定了基础，但这一次干预又事与愿违。

不过，我从这门课程中学到的经验教训对于其他反情报行动十分宝贵，有助于我在后来的英国皇家空军警局职业生涯（海内外）中培养"人际交往能力"。

我想到了以下三个例子。

（1）受命调查欧洲比利时举行的一次北约演习期间发生的事件。休息期间，一名英国皇家空军低级士兵在当地小镇参加社交活动，晚上结束后，他独自离开，决定乘"出租车"返回住所。然而，行程开始后不久，"出租车"就从主街拐到了一条小街道。这时，四名身份不明的男子正在等"出租车"。

出租车停下后，四名男子配合默契，持刀抢劫了这名英国皇家空军低级士兵。

巧合的是，在前一次演习中，英国皇家空军的另一名士兵也发生了相同的遭遇。我受命进行一次实况调查，确定这次事件是否是针对北约演习及其人员的一次精心策划的袭击事件。

在面谈过程中，英国皇家空军的这名低级士兵详细讲述了这一事件的前因后果。原来，这名士兵上了一辆他认为（但无法确认）正确的出租车，这辆车就停在他经常光顾的酒吧外面。然而，在确定进一步细节时，他突然意识到可能上了一辆假出租车。

因此，这项任务非常重要。它能够确定这次抢劫事件属于有组织犯罪，而不是针对北约演习的。

由于这次事件，实施了一项缓解措施，即要求所有部署人员上报行程安全，并知悉外交和联邦事务部（FCO）提出的旅行建议：如果您乘坐出租车，请乘坐有执照的正规出租车或预订的小型出租车。我们建议您不要在街上叫出租车，也不要乘坐未招手而停下的出租车。

（2）作为安全情况汇报小组的一员，受命对被伊朗政府扣留15天的15名英国皇家海军和皇家陆战队成员进行实况调查访谈。

这次任务是编写一份全面的安全报告，详细说明任何可能危及军事行动、个人或其家人的潜在事件。

（3）接收有关香烟走私活动的重要情报。

在完成中部地区的反情报行动任务后，我返回英国皇家空军北约克郡基地反情报行动组。

一天下午，在执行日常反情报行动期间，我接到一个来自大门警卫指挥官的电话。他称有一名民众想和一名英国皇家空军警局成员交谈。我立刻下楼与此人见面，经过初步交谈，我决定最好带他去英国皇家空军警局飞行队进行进一步面谈。

事实证明，我在中部地区的经历又一次发挥了积极的作用。这个人向我提供了一些重要情报。这是他无意中听到的一段话，牵涉到三名英国皇家空军服役人员向英国走私香烟。

然而，在设法建立富有成效的"人类防火墙"时，必须牢记这是一个双向的过程，而且必须根据当地的实际情况进行适当的应用。

我记得有一次，我觉得有必要采取一些额外措施，这是英国皇家空军警局中队（不了解当时的情况）所期望的。当时英国皇家空军正在筹备一次公共军事活动（PME），包括在当地大教堂为一名英国皇家空军军官和基地指挥官的一位密友举行葬礼。

考虑当地的情况（这也是我的心声），我不顾中队准尉的指示，向上司（英国皇家空军警局飞行队指挥官）申请批准为这次活动提供额外的安全措施。

葬礼一切顺利，但是您可能想象得到，中队准尉听到我违背他不准提供额外安全措施的指示，肯定不高兴。

然而，事实证明，这些行动都是正确的决定，因为在第二天早上，行政联队的指挥官因为我上司未向敏感的 PME 提供额外支持而打算训斥他。

幸运的是，上司拿着基地指挥官那天上午发给我的感谢信，为自己辩护，避免了上级的训斥。

根据我在英国皇家空军的亲身经历，我体验到了在发展"人类防火墙"方面给予适当投入所能带来的巨大回报和益处。

然而，这不仅是制定一套成文的政策和程序，还需要采取"自上而下"和"自下而上"的方法，让最终用户适当地参与进来，让他们感觉到自己能够积极促进企业的防御工作，让他们了解每个规则的意图和原因，并定期提醒他们了解这些规则和程序（持续参与、沟通和培训安全意识）。

内部威胁对于军队来说无时不在，因此军方继续对该问题进行研究，继续对该问题进行报道，每年花费军方 6000 万英镑。

构建 BRIDGES

在开发"人类防火墙"时，很多部门都在积极促进企业的防御工作。下面将通过 BRIDGES 缩略语着重介绍高风险的业务部门。

企业已发现需要对内部软件开发团队进行评估，确保为其提供适当级别的保护措施，保护所开发软件不会受到攻击。

企业背景

作为一家拥有内部软件开发团队的企业，必须要确保内部开发的软件/应用程序包含安全要求。

风险与复原力概况

运行环境包含可能增加企业风险的漏洞,因此不得采用新软件/应用程序。

如果无法根据企业的需求修复这些漏洞,则高级管理层应当参与风险评估过程,确保企业能够针对每个遗留风险做出明智的决定。

如果企业需要采用易受攻击的软件/应用程序,则应当有缓解措施,并实施最合适的方法,将风险降至企业的风险偏好范围内。

识别与隔绝

企业如果要引入安全的开发实践,就必须确定各种软件的开发责任,确保开发、测试和生产环境中已确定的环境与责任分离的情况。

此外,应当制定几套正式的软件开发标准,并允许所有的软件开发人员参与标准制定过程,确保他们感受到自己做出的贡献,同时有机会提出建议和反馈。

安全的软件开发标准应当明确软件开发过程中必须要遵循的步骤,例如:

- 编码实践。
- 输入验证。
- 输出编码。
- 身份验证和密码管理。
- 会话管理。
- 门禁控制。
- 加密做法。
- 错误处理和日志记录。
- 数据保护。
- 通信安全。
- 系统配置。
- 数据库安全。
- 文件管理。
- 内存管理。
- 开发周期。
- 代码质量。
- 公开源代码。

探测异常情况

您应当确保企业已建立了一套流程，确保在整个生命周期内都将安全因素考虑在内。这就需要进行独立的监督，杜绝"自己批改作业"的做法，或将该做法的风险降至可接受的范围内。

在项目启动后，应当将安全故事和相关验收标准添加到开发团队的待办事项中。

在生命周期的开发和测试阶段，可能会在不同的检查点发现这些故事和标准，但这些必须在开发阶段结束进入生产阶段前予以实施（或进行风险评估和验收）。

思考一下使用下列自动代码分析和漏洞扫描工具的益处。

自动代码分析工具：

- Raxis。
- RIPS 技术。
- PVS-视频。
- Kiuwan。
- Embold。

漏洞扫描工具：

- Burp Suite。
- OWASP Zed Attack Proxy（ZAP）。
- WhiteHat Security。
- Veracode。
- Checkmarx。

治理过程

企业必须要制定一项计划，保证定期提醒软件开发人员注意安全开发操作，并鼓励他们参加安全软件开发教育活动等，例如：OWASP（一家非营利性组织）、SecureFlag Open Platform（一个培训平台）。

团队应当制定一个层次结构，让所有的软件开发人员了解各自的职责。此外，设立可识别的管理角色，以确保软件开发人员遵循安全开发实践，（在需要时）将问题上报，接受风险评估。

评估安全控制措施

在制定"SecDevOps 标准"后，必须确保可独立对所嵌入的控制措施进行评估，确保该标准得到持续遵守，并且"生产中"的软件/应用程序应当接受独立软件/应用程序测试人员的定期测试。这些软件/应用程序的测试工具如下：

- Synopsys。
- Checkmarx。
- Micro Focus。
- Veracode。
- WhiteHat Security。

生存和运营

企业必须时刻警惕可能出错的问题，并为此类事件做好准备。企业应具备识别、快速应对和抑制可能被证明具有高风险或为攻击者提供机会的活动或事件的能力，这对企业的安全运营至关重要。

建立"人类防火墙"是生存和运营的关键部分，拥有"耳目"来帮助企业监测内部流程，可能会给企业带来危害。

企业应当鼓励"人类防火墙"监测自己的内部流程，并报告任何严肃或蓄意危险的做法。此外，企业的"人类防火墙"能够为部门、角色和职责可能适用的应急计划提供宝贵意见。

残酷的现实

波耐蒙研究所发布的《2020年内部威胁成本研究全球报告》指出，内部威胁的成本因事件类型而截然不同。

- 估计费用为：每起事件307111美元至871686美元。

即便如此，虽然97%的IT领导者担心"内部威胁"，据称这是"不能忽视的最大网络风险"且内部人员相关事件的百分比日益增加（见图12-17），但企业和行业的关注点与为降低这一威胁所做的投资之间似乎存在差距。

在"内部威胁"成为现实后，企业才开始考虑改进"人类防火墙"开发活动。

理查德·布兰森爵士曾说过一句很贴切的话，这句话对开发一个富有成效的"人类防火墙"发挥了很大的作用：为员工提供培训会让员工离开，优待员工才能让他们留下来。

Thrive Global 最近发表的一篇文章便以这句话开篇，接着便解释称员工是企业最大的资产，对员工的投资是企业最大的投资。

除意外或疏忽行为给企业带来的损害外，员工的生活中还会发生很多事情，可能影响他们实施蓄意和恶意行为，例如：

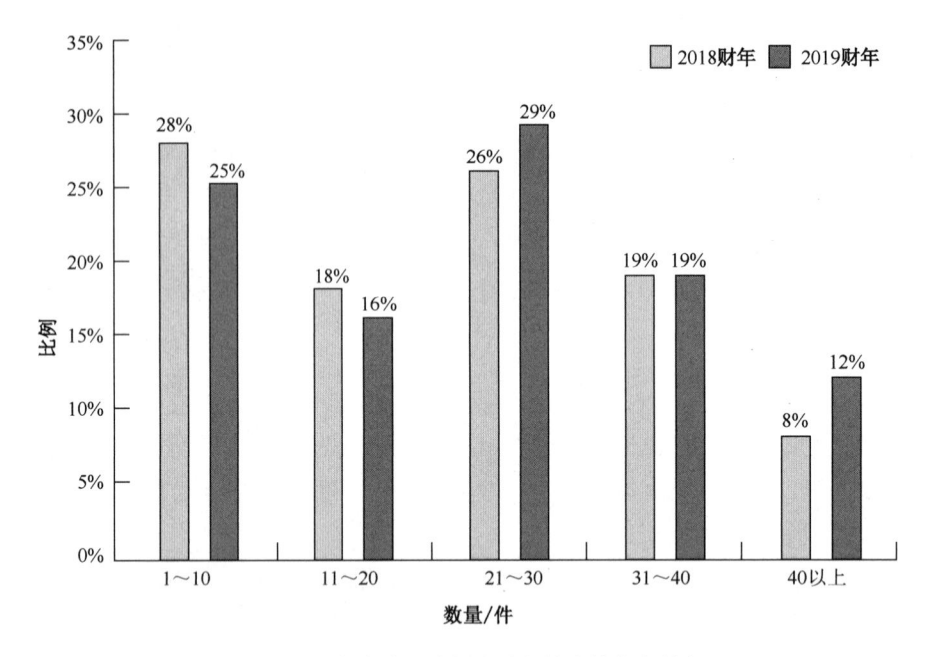

图 12-17 每家企业内部人员相关事件发生频率

- 债务。
- 贪婪。
- 不满。
- 勒索。
- 赌博。
- 贿赂。

因此，面对可能影响员工（或许是忠诚、受信任的员工）实施故意行为的一系列外部因素，富有成效的"人类防火墙"就变得越来越重要。

例如，如果您深究英国莫里森超市数据泄露背后的信息，就会发现是一名心怀不满的高级内部稽查员滥用职权，泄露了大约 100000 名超市员工的信息。

其实，这并不是一个孤立的例子，我相信这类事件足以写成一本主题为"内部风险/威胁"的书，其中包含大量的例子。

然而，我想讲一个关于"人类防火墙"有效地防止一家成功的美国技术公司泄露大量数据的真实例子。

一名俄罗斯的犯罪分子曾策划利用特斯拉超级工厂的一名员工发送勒索软件，损害辅助 IT 基础设施（见图 12-18）。

这名参与此次攻击的员工将收到 100 万美元的报酬（最初报酬为 50 万美元）。即便有如此丰厚的条件，这名员工也一口回绝，并向特斯拉官方报告了这一事件。

这是一个精彩的故事，里面包含了现代间谍/犯罪小说电影中的兴奋和刺激。

图 12-18　特斯拉超级工厂

重要启示

- 开发一套富有成效的"人类防火墙"与采取技术型安防措施同样重要（如果不是更重要的话）。
- 富有成效的"人类防火墙"需要采用"自上而下"和"自下而上"的方法，鼓励所有员工积极参与。
- "人类防火墙"策略应当支持员工的自我实现意识。
- 该策略应当由企业广泛代表参与，不得仅局限于 IT 代表。
- 富有成效的"人类防火墙"需要团队合作，每个人都要齐心协力，鼓励在组织内部建立一种良好的安全文化。
- 该策略应当支持对正式培训和认识进行持续投资，确保大家都了解相关规则和程序。
- 有效的"人类防火墙"策略需要主动参与，不是只制定及发布几条政策和程序就可以了。
- 应当鼓励员工积极参与企业资产保护工作，并提供反馈，对规则和程序进行改进。
- 双向沟通是策略取得成功的关键，应确保各个部门的员工积极参与。
- 高级管理层需要支持该项目，应确保拥有相关资料，保证人人都对此有基本的了解。

第十三章

严格的访问限制

因此，如今的指挥官必须保证所领导的部队始终明白自己应该做什么及如何让自己的行动符合更大计划的要求。我一直认为，在战斗之前，整个指挥系统都要了解计划的要点，并最终传达给普通士兵。部队必须知道指挥官如何作战及在战斗中所发挥的作用；这些信息必须以口头的方式说明，因为口头语言比书面文字更具有感染力。

然后，当战斗取得胜利，部队看到战斗的进展如指挥官所描述的那样时，其就会对最高指挥官有更大的信心。

这种自信是无价的。

《战争随想》军事评论员、记者

引言

利德尔·哈特上校在为一家企业的数字解决方案制定严格的访问限制时说过的这句话从未如此真实过:每次向更广泛的受众提供登录屏幕时,就好比派兵打仗,而互联网就是这个战场。

因此,每个人必须了解严格访问限制的重要性,也要了解安全的访问凭证管理做法如何协助数字型企业打好这场战役。

正如哈特所言,光靠书面文字(政策)无法做到这一点,必须将这一点有效地传达给所有获得访问权限的人、授予访问权限的人或访问系统管理的负责人。

要做到安全的访问管理,须团队集体合作。

背景

NIST 给出了几个访问控制的定义,以下是其中几个定义。

NIST SP 800-12《信息安全入门(第 1 版)》:访问控制指授予或拒绝获得和使用信息与相关的信息处理服务,以及进入特定的物理设施(如联邦建筑、军事机构、边境口岸入口等)这些特定要求的过程。

NIST SP 800-113《SSL VPN 指南》:访问控制指按照细分类别(如按照用户、小组和资源)允许或限制访问应用程序的过程。

NIST SP 800-47《互联信息技术系统安全指南》:访问控制指只将信息技术系统资源权限授予授权用户、计划、过程或其他系统的过程。

NIST SP 800-57 第二部分《密钥管理建议》:访问控制涉及如何授权、控制并验证对加密设备或应用程序的访问权限,以请求、生成、处理、分发、存储、使用和/或销毁密钥材料。应当包括使用验证器,如密码、个人识别码(PIN)和硬件令牌。例如,在 PKI 密码应用程序中,应说明基于角色和身份的认证与授权及令牌的使用方法。

另外,Techopedia 将访问控制定义为:限制系统或物理资源或虚拟资源访问权限的一种方式。在计算领域,访问控制是向用户授予系统、资源或信息访问权限和特定特权的过程。在访问控制系统领域,用户必须出示凭证才能获准访问。在物理系统领域,这些凭证形式多样,但不能传输的凭证最为安全。

所有这些定义都要求限制和管理授权人士对系统、应用程序、建筑、房间等的访问权限。

然而,这似乎十分简单,但安全访问管理是当今数字企业面临的一个大问题,因此,犯罪分子逐渐将它当成一个成功的攻击载体。

为什么?简言之,这是因为它依赖安全配置和管理后台操作(如活动目录和用户访问管理),以及消费者/用户的安全密码管理。

面对现实吧！安全访问管理可能变得难以管理，并可能成为消费者/用户的阻碍。然后，会影响他们的体验，进而影响数字界面的便利性和可用性。而解决这个问题的过程，会让数字界面变得日益脆弱，成为潜在的攻击载体。

依赖敏感信息的数字应用程序的数量越多，对当今犯罪分子的吸引力就越大。此外，数字界面和网页/云应用程序的数量越多，消费者/用户就越难记住访问凭证。

消费者和最终用户越来越难以记住难度较大的访问凭证（如密码、PIN、安全问题答案等），因此他们要么在多次登录中重复使用"强度密码"创建序列密码（如 P@ssword1、P@ssword2、P@ssword3 等），要么使用容易记忆的密码。

NIST SP 800-63B《数字身份指南：身份验证和生命周期管理》提供了以下密码指南。

- 长度：密码长度的最低要求在很大程度上取决于所应对的威胁模式。攻击者猜测密码登录网站的在线攻击模式能够通过限制尝试登录次数来解决。

例如：《支付卡行业数据安全标准》要求密码最少为七个字符。

- 复杂度：为了增加用户密码的猜测难度，通常使用组合规则。然而，研究表明，用户能够预测出组合规则。因此，消费者/最终用户在进行安全密码管理过程中所面临的困难是当今犯罪分子最青睐的攻击载体。

字符组合：①小写字母；②大写字母；③数字；④符号（特殊字符）。

图 13-1 显示了所选密码之间的差异。

8个字符	
①	①+②
密码：breached	密码：Breached
密码强度：非常弱	密码强度：非常弱
8 个字符，包含：√小写字母 ×大写字母 ×数字 ×符号	8 个字符，包含：√小写字母 √大写字母 ×数字 ×符号
密码破解时间：0.67 秒　评论：该密码的强度似大门敞开。您的密码为字典单词，密码强度非常弱。	密码破解时间：1.34 秒　评论：该密码的强度似大门敞开。您的密码为字典单词，密码强度非常弱。
我们不会保存您的密码，即使保存，也不会知晓您的密码是什么。	我们不会保存您的密码，即使保存，也不会知晓您的密码是什么。
①+②+③	①+②+③+④
密码：8reacheD	密码：8re&cheD
密码强度：非常弱	密码强度：非常强
8 个字符，包含：√小写字母 √大写字母 √数字 ×符号	8 个字符，包含：√小写字母 √大写字母 √数字 √符号
密码破解时间：2.69 秒　评论：该密码的强度似大门敞开。您的密码为字典单词，密码强度非常弱。	密码破解时间：43 年　评论：太棒了，您的密码像诺克斯堡一样牢固。
我们不会保存您的密码，即使保存，也不会知晓您的密码是什么。	我们不会保存您的密码，即使保存，也不会知晓您的密码是什么。

图 13-1　密码比较

随机①-④

密码：**3c;JhGT:**	
密码强度：非常强	
8个字符，包含：	√小写字母 √大写字母 √数字 √符号
密码破解时间：237年	评论：太棒了，您的密码像诺克斯堡一样牢固。
我们不会保存您的密码，即使保存，也不会知晓您的密码是什么。	

15个字符

①

密码：**protectivesecurity**	
密码强度：非常弱	
18个字符，包含：	√小写字母 ×大写字母 ×数字 ×符号
密码破解时间：84.79秒	评论：该密码的强度似大门敞开。您的密码只包含一个字典单词和一个常见密码，密码强度较弱。
我们不会保存您的密码，即使保存，也不会知晓您的密码是什么。	

①+②

密码：**Protectivesecurity**	
密码强度：弱	
18个字符，包含：	√小写字母 √大写字母 ×数字 ×符号
密码破解时间：2.83分	评论：该密码的强度似锁带钥匙一般。您的密码只包含一个字典单词和一个常见密码，密码强度较弱。
我们不会保存您的密码，即使保存，也不会知晓您的密码是什么。	

①+②+③

密码：**Protectivesecurit7**	
密码强度：非常强	
18个字符，包含：	√小写字母 √大写字母 √数字 ×符号
密码破解时间：145年	评论：太棒了，您的密码像诺克斯堡一样牢固。
我们不会保存您的密码，即使保存，也不会知晓您的密码是什么。	

①+②+③+④

密码：**Protective$ecurit7**	
密码强度：非常强	
18个字符，包含：	√小写字母 √大写字母 √数字 √符号
密码破解时间：290年	评论：太棒了，您的密码像诺克斯堡一样牢固。
我们不会保存您的密码，即使保存，也不会知晓您的密码是什么。	

随机①-④

密码：**2zHRPevu29&utuh**	
密码强度：非常强	
15个字符，包含：	√小写字母 √大写字母 √数字 √符号
密码破解时间：1000万亿年	评论：太棒了，您的密码像诺克斯堡一样牢固。
我们不会保存您的密码，即使保存，也不会知晓您的密码是什么。	

图13-1 密码比较（续）

简单的密码很容易被破解（见图13-2）。

密码：Password1
密码强度：非常弱
9个字符，包含： √小写字母 √大写字母 √数字 ✕符号
密码破解时间：0秒　评论：该密码的强度似锁带钥匙一般。您的密码只包含一个字典单词和一个常见密码，密码强度较弱。
我们不会保存您的密码，即使保存，也不会知晓您的密码是什么。

图13-2　登录密码强度测试

如果重新使用强密码，一旦密码被破解，那么使用相同密码的其他应用程序就会被入侵。

注：通过have i been pwned网站，您能检查自己的在线账户是否被入侵（见图13-3）。

图13-3　have i been pwned网站

抵御门口的敌人

想象一下，企业环境就像一个部署好的作战基地一样（很像巴斯营地）。

您的企业位于敌对环境中，而敌人就驻扎在企业边界内，与友军难以区分（见图13-4）。

图 13-4　敌人就在门口？

企业仍需要继续经营，因此资产需要从恶劣环境中出入，同时还要防止敌人未经授权访问企业环境和宝贵资产。

因此，确保实现和维持严格的访问限制是富有成效的安防策略的重要组成部分，而这需要强大的后台和前台操作。

确保后台操作安全

我不想区分逻辑访问控制管理和物理访问控制管理，因为两者的原则是相同的：有效地使用访问控制系统，防止未经授权访问企业资产，同时允许对经批准且有合法的业务需求的个人的访问权限进行管理。

这就要求建立一个富有成效的"看门人"流程（后台操作），对访问控制系统进行管理和监测，同时确保只针对授权个人（前台操作）制定"密钥"（密码、感应卡等）和额外的身份验证要求［如多因素身份验证（MFA）］。

有效的后台操作需要通过成文政策和程序确定下来，并且所有的负责人都需要了解如何将这些政策和程序应用到自己的角色中，为后台操作提供支持。

后台操作旨在严格限制访问企业的敏感资产，监测其有效性，并应对异常活动。

账户管理

根据对企业任务/职能的合法支持来确定和选择账户类型，并指派账户管理人员，以确保建立小组和角色成员资格的条件（包括授权用户的具体条件），以及确保所有的访问权限都获得正式批准。

账户管理人员负责创建、启动、修改、禁用和删除实时账户，以及积极监测账户使用情况（主动而非被动）。

部门经理应与账户管理人员合作，确保账户不用时（如终止/转让）被禁用，并基于严格的"需要知道或访问标准"授予访问权限。

只能通过有效授权（如唯一ID、指定密码/PIN/生物识别、感应卡等）并根据界定的企业任务/职能，出于预期目的，才能访问这些资产。

为确保将访问权限分配给个人，应当建立稽查跟踪计划，并且特权用户账户的使用应严格限于特定的企业任务/职能。

对于可以通过标准访问权限完成的职责，避免使用特权账户。访问权限应当以"最少特权"原则为基础。

给雇主带来便利的同时也会给机会主义攻击者带来便利。

对于逻辑访问和物理访问，应当根据经批准的授权严格执行访问限制。

应严格监测员工、消费者、供应商等人的所有访问权限，以快速识别潜在的恶意活动，例如：

- 未能成功的访问企图/登录：最终用户遇到困难或其他糟糕的事情，如强力攻击企图。
- 系统使用/滥用：借助灭火器撑开物理门禁障碍；用户在正常时间以外或意外地点登录。这些行动是否被认为是可接受的或意料之中的？这些行动对于最终用户的角色是否是不寻常的？
- 远程访问：这对于最终用户来说是这样的吗？
- 无线接入：这是通过无线方式访问的授权设备吗？
- 移动设备：这是授权移动设备吗？
- 外部信息系统的使用：这些活动是否符合您对最终用户的期望？

所有的最终用户都应接受（符合其角色的）适当水平的培训，确保他们都能了解自己在保护访问权限方面所发挥的重要作用（作为主要保管人）、企业对他们的期望，以及他们如何报告可疑活动或访问凭证（密钥）可能丢失/损坏。

无论是自动逻辑访问控制系统（如活动目录）还是物理电子自动出入管制系统（EAACS），都必须对日志进行定期抽样审查，以便主动识别潜在的异常活动、访问凭证受损或最终用户特权滥用情况。

日志应当明确识别单个访问尝试，以在发生入侵或泄露的情况下轻松查明根本原因或罪魁祸首。因此，您的访问控制（物理和逻辑）系统日志应配合闭路电视（CCTV）监控和时间同步技术一起工作（例如，所有监控系统的物理访问、逻辑访问和CTTV的时间保持一致）。

- 如何方便、快捷地识别异常物理访问活动或规避物理访问控制的恶意尝试？
- 您是否主动监控物理和逻辑访问控制系统的访问日志？
- 您是否完全依赖逻辑访问控制系统来执行访问限制？
- 您是否了解（物理和逻辑）访问控制系统日志在帮助企业识别异常情况方面的价值？

- 您多久对（物理和逻辑）访问控制系统日志稽查一次？
  - 定期采样？
  - 活动/事件后稽查跟踪？
    - 谁可能做什么及在何时做什么？

前台操作

在与后台操作部门协调合作的过程中，任何被视为获准授权访问的个人都应承担共同的责任，确保"大门钥匙"始终受到保护，以及认识到它们是犯罪分子的目标这一事实。

因此，必须根据企业的访问控制政策和程序，生成和使用安全密钥（认证协议）。这就是我所说的"前台操作"（见图13-5），例如：

- 访问凭证管理。
- 最终用户账户管理。
- 最终用户设备管理。
- 最终用户可接受使用。
- 窃听管理。

图 13-5　前台操作

当今的犯罪分子认识到，大多数企业都信任员工，因此不太可能将重点放在监控"可信资产"上。因此，这些"可信资产"被视为犯罪分子可用于规避或破坏企业防御工作的机会主义攻击载体。

犯罪分子发现，人类行为为他们提供了利用不良习惯的独特机会，例如：

- 诱使员工点击恶意链接或下载有害软件。
- 因粗心大意，未经授权访问敏感数据，如在公共场所进行敏感谈话和在公共场所访问移动设备上的敏感数据。

- 在维持安全、耐用密钥方面粗心大意或存在困难,从而允许他们授权访问贵重的企业资产。
- 经由不安全的网络环境访问敏感数据。
- 未意识到在社交媒体网站上公布太多个人数据或敏感数据的危险,这些数据(就像拼图的碎片)会被犯罪分子收集,拼凑在一起。
- 过度信任他人和帮助他人,导致他们绕过访问控制措施,实现未经授权访问。

面对现实吧,大多数人都不喜欢挑战他人或不信任他人。

这正是犯罪分子利用社会工程学会取得成功,以及社会工程学被视为企业安全链条中最薄弱的一环的原因。

事实上,在确保严格的访问限制方面拥有可靠、强大的前台操作与拥有富有成效的后台操作同样重要,而且显然需要对后台和前台应用"三支柱"方法(见图13-6)。

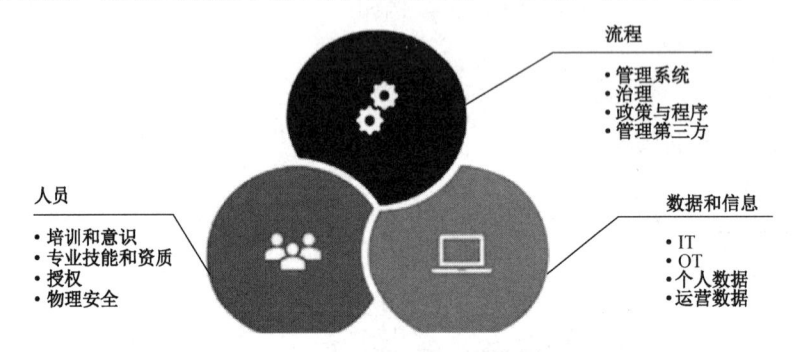

图 13-6 DNV-GL 三支柱

如果不投入时间和资源来确定前台操作的具体风险,以及采取适当的缓解控制措施将这些风险降至可接受的容忍度范围内,并与后台操作搭配使用,仅仅期望前台操作高效、有效地运行就达到目的是不可能的。

例如,如果您接触销售团队或高级管理层后就会发现,他们在乘坐公共交通时有开展工作的需要,因此他们被俯视的风险就会增加。不过,只需要投入相对较少的时间和资源,通过一些安全意识培训及为移动设备采购隐私保护屏幕(见图 13-7)就能降低这种风险。

此外,前台操作还面临一个困难是如何管理自己的访问凭证。企业坚持执行严格的访问凭证管理要求,往往无益于解决该问题。例如,密码必须满足严格的标准:

- 长字符串:15 个字符或以上。
- 必须包含:大写字母、小写字母、数字、符号(特殊字符)。
- 必须经常更换密码:每三十个日历日(20 个工作日)更换一次。
- 请勿使用之前的密码:**不得使用之前使用过的四个密码。**
- 不得将密码写下来。
- 密码不得使用常见的易于破解的密码(见图 13-8)。

图 13-7　隐私保护屏幕

位置	密码	用户数量	破解时间	暴露时间
1.↑(2)	123456	2543285	不到1秒	23597311
2↑(3)	123456789	961435	不到1秒	7870694
3.(new)	picture1	371612	3小时	11190
4.↑(5)	password	360467	不到1秒	3759315
5↑(6)	12345678	322187	不到1秒	2944615
6.↑(17)	111111	230507	不到1秒	3124368
7.↑(18)	123123	189327	不到1秒	2238694
8.↓(1)	12345	188268	不到1秒	2389787
9.↑(11)	1234567890	171724	不到1秒	2264884
10.(new)	senha	167728	10秒	8213

图 13-8　常见的易于破解的密码

因此，当最终用户费劲地记住并管理所有的访问凭证（通常超过 40 个）时，他们最终会建立密码链：

- 创建令人难忘的相应的字符串。
- 多次登录时重复使用相同"强度"的密码。
- 创建容易泄露的简单密码。

作为企业，您需要实现前台操作与"恶劣环境"的交互，提供机会将这些接口作为"骡子"，帮助传递恶意有效载荷，或作为未经授权访问内部密室的通道。

为何不考虑通过下列方式降低这些风险呢？

- 调整访问凭证要求（根据 NIST 指南）或向前台操作提供支持性技术解决方案（如密码管理器）。
- 提供额外的保护措施。
- 为人员提供适当水平的培训，帮助他们为前台操作做出更有效的贡献。

双因素/多因素/强客户身份验证

前台操作的一个增强功能是使用额外的访问保护层,即要求用户使用其他方法进行身份验证:

(1) 您知道的东西(如密码、PIN 等)。

(2) 您拥有的东西(如令牌、智能卡等)。

(3) 您的身份信息(如扫描指纹、视网膜等)。

通过采用两个或两个以上的这些要求来满足双因素身份验证(2FA)、多因素身份验证(MFA)或强客户身份验证(SCA),就增加了机会主义攻击者遇到的障碍。他们不仅需要破解密码,还需要破解其他身份验证要素。

对于通过钓鱼邮件破解的用户名和密码,不允许未经授权访问账户。

注: 尽管有几个社交媒体账户提供(非默认提供)增强型身份验证模式(见图 13-9),但很多用户/消费者认为使用进一步的身份验证很麻烦,不方便,因此并未采用这一方案。

然而,谨记这是一个平衡不便与风险或威胁的案例。如果您重视其中的数据,就应该多宣传多层访问控制措施带来的价值和好处。

- 如果对用户而言比较简单、方便,那么可能对于机会主义攻击者而言也是比较简单、方便的。

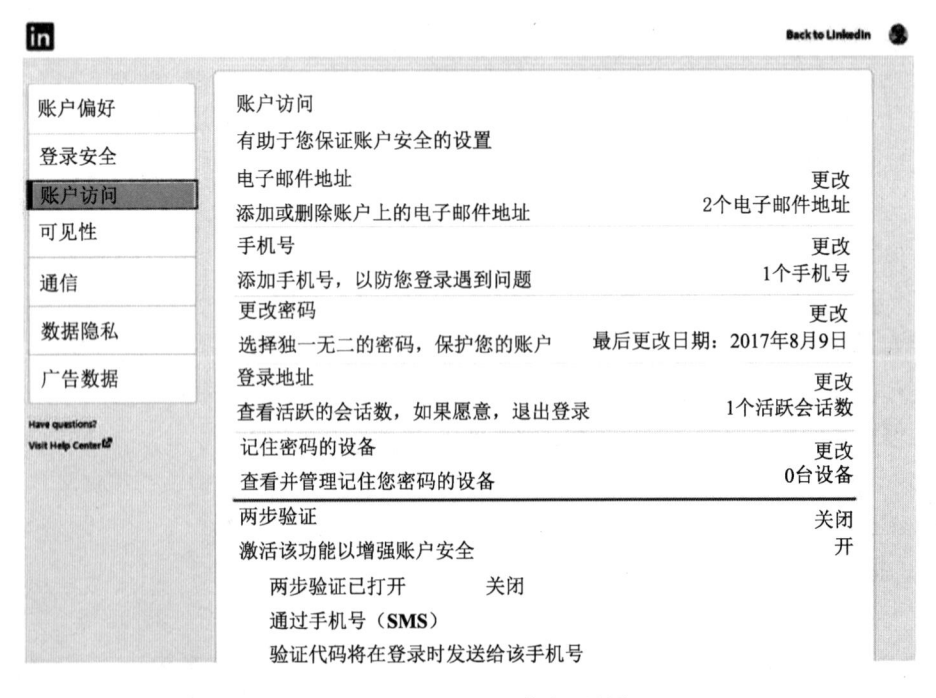

图 13-9 LinkedIn 两步验证设置

军事比较

我曾在英国皇家空军警局服役 22 年，直接参与或负责监督执行严格的访问限制，尤其是（在英国政府颁布《应变缩编计划》前）控制英国皇家空军下面几家机构的访问权限：

- 英国皇家空军布莱兹诺顿基地。
- 英国皇家空军马汉姆基地。
- 英国皇家空军利明基地。
- 英国皇家空军奥坎格基地。
- 英国皇家空军北爱尔兰阿达高夫基地。
- 英国皇家空军乌斯河畔林顿基地。
- 阿曼皇家空军迈里特基地。

无论是控制机构正门还是内部出入口或停机坪出入口的访问权限，所采用的原则都是一样的。确保能够识别个人（英国皇家空军表 1250/MOD 90 身份证）并授权该人访问该环境（如访问控制列表、"PIT"标签交换等）。

如果我每次使用"先生，请不要将您的级别与我的权威相混淆！"这句话都能获得一英镑，我将会成为一个非常富有的人。

因此，我有无数个故事来讲述富有成效的访问限制的价值，包括我撰写的关于支付卡安全的书《PCI DSS：综合数据安全标准指南》中提到的巴斯营地发生的事件（潜在自杀式炸弹袭击者、当地居民被卷入围栏等）。

然而，与其专注于复述相同的故事，我将专注于我作为反情报员的第一个角色。期间，我不仅要监督主要出入口，还要在基地内部维护严格的访问限制。

这可通过各种安全级别的建筑、房间和容器实现。

如果需要保留包含敏感数据资产的硬复制媒介，则需要做到安全，并将其提供给合法需要访问数据的人。

为此，我负责管理和维护一大片 4 号 Manifoil 暗码锁（MCL，见图 13-10 和图 13-11）及其容器。

作为 Manifoil 暗码锁的保管人，我负责保养和维修门锁、定期更换密码，并确定有效的恢复出厂设置过程（以防授权用户忘记密码组合）。

现在，应用程序和系统的数量不断增加，针对每个应用程序和系统，您都需要记住一个唯一的访问代码或密码，但这些容器中有些很少有人访问。

图 13-10　4 号 Manifoil 暗码锁

图 13-11　使用 Manifoil 暗码锁

需要输入一个唯一密码组合（##-##-##和后两个数字位数分别相加作为第四个数字，如 21-32-43-57）才能获取这些安全柜的内容。但是，这些密码组合既不能太过简单，易于猜中，也须易于记忆。

因此，根据战斗代码的概念（BATCO 方格，见图 13-12），我会在门锁附近的墙壁上张贴一张表格（见图 13-13）作为密码组合提示。

```
EDITION NO.819                    PAGE NO.21                        COPY NO.001
PERIOD OF USE:              FROM                  TO
```

2	3	4	5	6	7	0	0	1	2	3	4	5	6	7	8	9	CH	·
O	F	T	R	H	X	VU	PS	OZ	BX	IQ	ME	KG	DF	YH	RA	JL	WN	TC
X	O	X	J	D	T	CF	VG	SK	YL	IA	RJ	EB	ZP	WU	NH	QD	DT	XM
I	P	H	C	V	A	NT	RZ	OC	FK	PQ	NH	YS	LX	GE	VJ	MU	IW	DB
Y	V	F	L	N	H	YA	KM	BN	EX	ZO	RS	DW	HU	QC	JT	PV	LI	GF
D	Z	Z	Y	W	W	XV	EN	SF	AT	BG	MZ	QO	PY	HW	UI	JD	LR	KC
H	W	J	B	I	K	HY	AF	ZP	MT	XI	JG	DN	QB	LR	OE	KU	CW	SV
U	E	W	T	J	I	VX	GF	LS	OT	MW	CP	DE	QR	KA	YN	UZ	BH	U
J	I	C	N	C	S	CJ	TM	DZ	QY	BK	WO	UG	SR	EH	IX	LP	AN	FV
K	G	N	U	P	G	PW	KN	HF	EY	ZU	TR	OC	BA	SG	XL	ID	JQ	VM
N	X	O	K	L	L	DY	TH	WR	XU	SF	BL	OM	PQ	CZ	GJ	KE	AN	VI
S	S	V	W	K	R	QZ	XN	LK	HR	JP	CY	AE	IS	OW	UT	FV	DM	BG
M	R	Q	Z	B	D	JF	EH	NT	DS	MR	AC	WY	UG	VX	OQ	LI	PB	ZK
T	A	M	H	R	Q	LE	QI	BK	TY	WA	NC	MU	JG	XR	DZ	HP	VT	SO
L	B	K	S	T	P	NQ	GC	FI	YZ	BJ	RM	WP	TL	DX	VH	ES	UO	AK
R	Y	D	Q	E	E	OM	ED	GX	IF	RW	YT	QN	UA	JL	BH	KS	PV	ZC
C	D	P	G	O	Y	LS	JN	OG	IE	BX	WD	CH	ZY	UP	FN	QA	RT	VK
A	C	G	D	S	J	JZ	GV	LW	YF	EN	MD	PX	TC	BQ	UH	IK	RO	SA
E	N	E	O	M	Z	UM	ZR	BO	EW	SH	IT	AD	YX	PN	QJ	VK	LF	CG
G	L	R	P	Y	M	UY	QF	XO	TE	LI	MV	WP	NK	IG	SD	RC	ZB	HA
P	K	Y	A	U	C	AC	UW	FD	VS	KZ	PY	QB	GI	LT	RO	HE	NX	MJ
B	H	I	M	Z	N	JN	VH	KA	UI	ZW	EO	SP	BQ	XM	RF	LD	TY	GC
Q	M	U	I	X	E	RX	CJ	BI	UM	WA	OQ	YT	DS	GP	VN	FH	IZ	EK
F	Q	B	X	G	F	DA	ZS	HF	QX	TN	WG	VY	IE	UP	BO	CR	LM	KJ
V	U	S	V	F	U	QX	OC	MU	DS	NF	EA	IT	YV	ZL	JP	BH	WR	KG
W	J	A	E	A	V	CE	MD	AU	QS	VX	JO	PY	RK	FN	IG	HW	TB	ZL
X	T	L	F	W	O	TN	OZ	FV	EC	JM	HB	GR	AS	WX	PL	KU	OQ	IY

	8	9	3	5	1	6		0	1	2	3	4	5	6	7	8	9
2	E	G	M	V	L	P	4	73	31	21	14	43	81	01	90	42	89
4		O		W	A	H	1	40	36	64	32	63	15	98	74	44	47
9		S	F	C		B	J	5	37	70	57	48	07	62	02	99	39	76
3		T	R	N	Q	K	2	30	34	03	75	52	51	60	92	49	58
7			X	U	Z	Y	I	9	50	13	35	17	04	23	69	78	72	24

H I X V	A L U D	C F R N	S Q Y O	T B J W	K P	M E	G
2 3 4 3	4 3 4 3	3 3 4 2	2 2 3 3	4 4 2 3	4 4	2 3	4

图 13-12　BATCO 方格

这些安全容器仅用于存储敏感数据，禁止用于其他目的（隔离用途），即安全存储中队团队的酒吧资金。

根据部队保密官（USyO）/支队安全官（BSyO）提供的访问控制清单，对这些安全容器的访问严格受限。除定期更换密码组合外，当有人的访问权限被取消（如角色变更、终止等）或疑似入侵时，应当立即更改密码。

由于使用相同的原则，您能够轻易地创建和记住安全的身份验证数据，不必将密码写下来。

例如，您可使用难忘的图片或标识毫不费力地创建和记住安全密码（见图13-14）。

为了给履行这些职责做准备，我们在为期十周的驻地反情报培训课程中添加了这一内容，也添加了拆卸和重组这些复杂锁具的内容。然而，由于父亲的突然去世，我错过了这一阶段的培训。幸运的是，导师周末抽出一些时间对我进行一对一指导。我最终掌握了如何操作 Manifoil 暗码锁及关于重组/拆卸锁的实际评估知识（见图13-15）。

	A	B	C	D	E	F	G	H	I	J	K	L	M
N	0	9	5	5	2	4	4	1	7	8	3	6	5	3	8
O	8	1	2	7	5	6	9	0	3	4	2	8	7
P	1	6	2	8	7	5	3	9	0	4	5	6	9
Q	4	6	8	1	5	9	7	0	3	2	4	0	9
R	2	4	0	9	3	5	7	6	8	1	7	8	1
S	3	5	8	7	1	9	0	6	2	4	9	1	6
T	0	3	4	9	1	2	7	6	8	5	5	3	1
U	3	8	4	2	7	0	1	5	9	6	7	9	3
V	4	8	2	3	9	6	0	1	5	7	6	4	5
W	3	7	5	6	9	2	1	8	0	4	9	0	6
X	0	8	1	6	3	4	5	0	2	7	5	7	9	3
Y	9	5	6	3	7	2	1	4	8	0	3	0	9
Z	1	7	6	9	8	3	5	2	4	0	4	5	0

```
S E C U R E
3 4 5 3 2 4

L O C K E D
3 8 5 5 4 2
```

图13-13　Manifoil 暗码锁方格

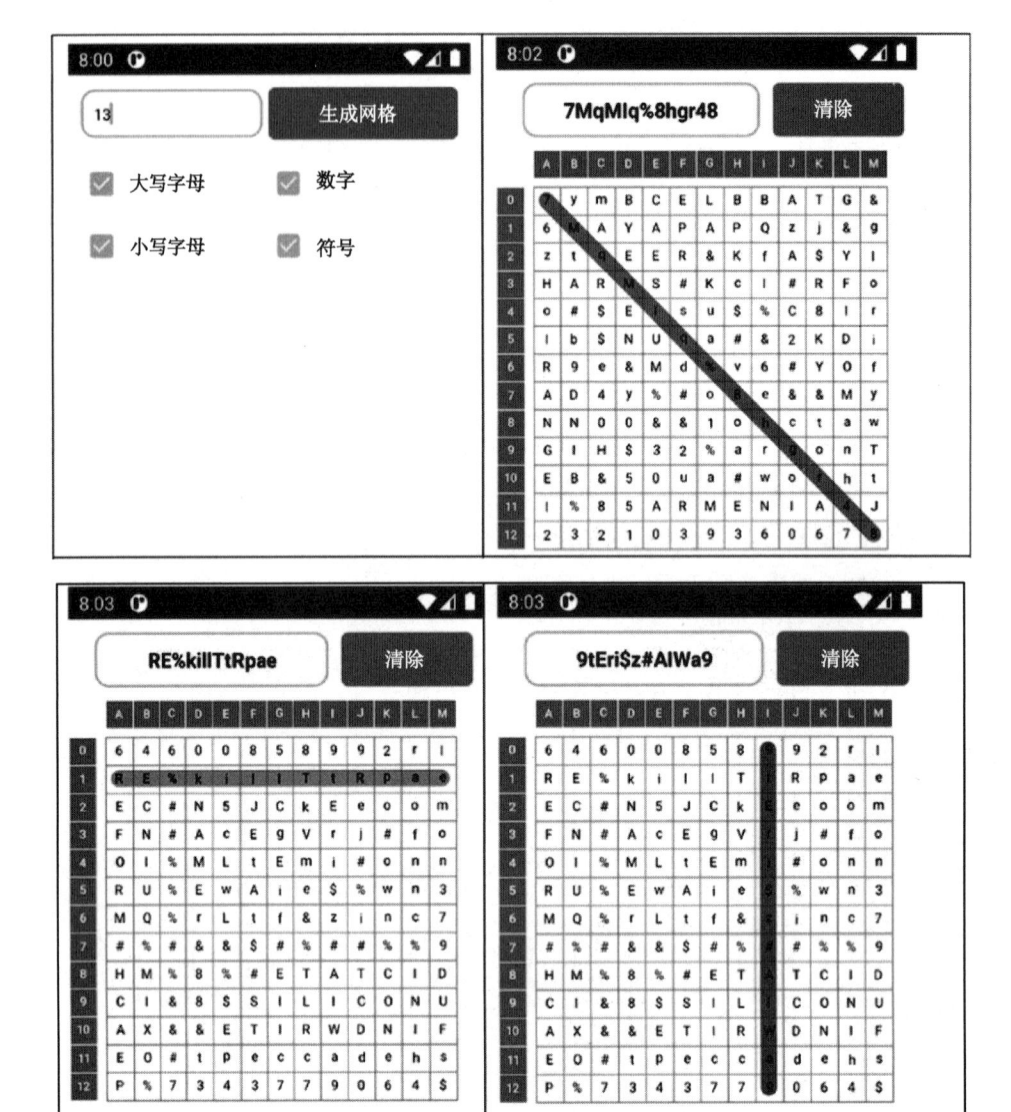

图 13-14 网格锁应用

图 13-15 Manifoil 暗码锁维护

我吸取了很多关于 Manifoil 暗码锁物业管理的教训，这些教训直接用于加强严格的访问限制要求，帮助保护有价值的企业资产。

构建 BRIDGES

为展示严格的访问限制的价值，我现在用 BRIDGES 缩略语来表述特定业务领域。

企业背景

ABC 公司成立了一支销售团队，其是公司盈利能力的重要组成部分。可以想象，销售团队的主要职责之一是与客户进行广泛的交流，并交流他们的个人信息。

因此，企业要确保销售团队的安全、可靠和值得信赖，就要确保降低该部分业务泄露客户个人数据的风险。

风险与复原力概况

经证明，销售团队尤其擅长处理客户关系，但先前未将安全文化视为一种风险。在审查销售业务后发现前台操作存在一些问题，这反过来又会显著地影响后台操作。

例如，审查发现销售团队对前台 IT 资产的访问控制权限的态度比较散漫。
- 为了方便，他们甚至在联网的企业 IT 系统中共享访问凭证。
- 企业的 IT 系统通常处于"未上锁"的状态，同时也无人监管，但有客户（陌生人）在场。
- 他们经常让客户单独待一段时间，期间支付卡设备和企业 IT 系统的访问权限不受控。
- 允许机会主义陌生人在键盘和企业 IT 系统之间放置一个秘密的硬件键盘记录器（见图 13-16）（捕捉每个按键），以规避任何访问限制控制措施。

图 13-16　硬件键盘记录器

识别与隔绝

企业需要确保所有的销售团队均接受安全意识培训，了解限制访问支付卡设备和企业 IT 系统的要求，以及不严格限制授权人员访问权限所带来的风险。

在不需要的情况下，企业应将支付卡设备和企业 IT 系统隔离并存放起来。要做到这一点很容易，只需要将企业 IT 系统转移到场外即可，如销售台下面（见图 13-17）。

图 13-17　台下 IT 工作站机架

探测异常情况

在建立了严格的访问限制控制措施后，就需要通过后台操作和销售经理对每个异常活动或违反这些缓解控制措施的行为进行监控。

治理过程

应确立相关的角色和职责，包括严格的访问限制要求。应通过安全意识培训、政策和程序，定期将这些角色和职责传达给销售团队成员。

如果销售团队成员不遵守公司规则，就需要对此进行调查，并调查违规个人的犯罪意图或对规则的理解。

如果没有证据表明存在恶意、蓄意或犯罪意图，个人应当接受入职培训。然而，在发现证据后，应考虑采取纪律处分。

评估安全控制措施

应进行独立的定期审查，确保所有的缓解访问限制控制措施保持有效，以及销售团队运营的预期风险保持在企业的风险偏好范围内。

生存和运营

很多成功的企业领导者熟知，顺境时接受现实，逆境时未雨绸缪。

具有前瞻性思维的领导者认可这一说法，并认可在发生这类事件时制定应急计划的必要性。这与访问限制并无不同；后台操作和前台操作不会总是一帆风顺的，齿轮有时也会脱节或错位。

做好应对这类事件的准备，能够最大限度地减少对企业的影响。如果电子邮件或最终用户账户受到威胁，会造成什么损失？

- 未经授权访问是否会导致账户被进一步入侵？
- 入侵账户是否允许攻击者在网络上横向移动？
- 攻击者会不会利用入侵账户为自己提供更多的可信度，从而发动更多的攻击，造成更大的损失？
- 企业制定了哪些应急计划来限制这种损害？
- 如何快速识别并应对最终用户账户被入侵或用户权限擅自升级的情况？

残酷的现实

很多历史事件都印证了即使是最强大的防御系统，也会因访问控制措施不当而遭到入侵。

以曾被形容为一座坚不可摧的堡垒的君士坦丁堡市的陷落为例。尽管这座城市部署了一系列坚不可摧的物理防御层，但经过数百年的多次围攻失败，进攻者最终利用最薄弱的环节——入口/城门，攻陷了这座城市。

最近发生的最引人注目的前台操作受损事件就是 The North Face 遭到的网络攻击。攻击者利用其他数据泄露事件中泄露的客户凭证对 The North Face 的客户登录（又称凭证填充）进行攻击，导致该企业基于网络的运营被破坏。

当客户在多个账户中重复使用相同的访问凭证（前台操作）时，攻击者就能利用这些凭证入侵他们的 The North Face 登录界面。因此，The North Face 的后台操作不得不启动"操作"活动，并重置所有客户的登录信息。

我就曾亲身经历过这样的事情。如果当时企业能够倾听我的担忧，就可以避免这件事。当时我刚到一家企业工作不久，这家企业刚刚迁移到微软基于云的 Office 365。

我惊讶地发现，它允许最终用户从世界任何地方的任何设备访问他们的账户，只依赖唯一的用户 ID（例如，没有附带条件访问、多因素身份验证等）。然而，当我向 IT 运营总监和首席信息官说明我的担忧时，他们基本上都是严厉申斥，毫不含糊地告诉我，这不是风险，而是业务便利问题而已，犯罪分子不会对攻击这样的 B2B 企业感兴趣。

显然，他们没有考虑安全过渡到使用 Office 365 的风险和所需额外的缓解成本，也不愿意重新征求董事会成员的批准。

在将业务转移到 Office 365 上时，他们在最初的业务论证中忽视或遗漏了一些额外的风险，因此需要投入额外成本来降低这些风险。

您也许猜到接下来发生了什么；该过程为机会主义犯罪分子提供了方便！

七个月后，三名员工收到来自一个 B2B 客户的恶意电子邮件。该邮件要求紧急查看附件，并点击链接访问。在点击链接后，就会出现 Office 365 登录页面（见图 13-18），最终用户将输入 Office 365 凭证。

图 13-18　Office 365 登录页面

这封邮件来自客户被入侵的电子邮件账户，Office 365 登录页面链接是恶意链接。在三个收件人中，两个人忽略了这封邮件，而第三个人则将这封恶意邮件转发给手下的初级助理（而这名助理恰好是最初忽略这封邮件的两个人中的一个），告诉他："你处理吧，我太忙了！"

初级助理点击链接，在恶意 Office 365 登录页面输入了访问凭证，然后点击"登录"按钮。随后他看到了一个错误页面，于是就不再登录，继续手头的其他工作。

在整整三十天后，在初级助理退出 Office 365 账户不到五分钟后，一名身份不明人员未经授权登录该账户（IP 地址来自尼日利亚），并利用企业电子邮件账户中的大量信息，在大约一个小时内发送了很多恶意的 Office 365 电子邮件。

大约一个小时后，他退出登录，然后又有一人登录，IP 地址为英国伦敦。这次活动在当晚持续了约 4 个小时（攻击者甚至回复了期间收到的每封电子邮件），最后一共发送了 500 多封恶意电子邮件。

在发现该事件后，企业立即采取应对措施，找到了可能收到这封电子邮件的企业员工，锁定了他们的账户，要求重新设置密码。然而，这些恶意邮件的发送对象并不仅限于企业员工，因此必须向所有外部收件人发送电子邮件，确保他们了解事情的来龙去脉。

由于这次事件被视为企业的"虚惊事件"，因此其决定升级最终用户账户，启用附带条件访问权限。

因此，所有的访问权限仅限于已登记的设备，以防最终用户的访问凭证泄露后出现未经授权访问的行为。此外，一旦实施，用户将看到一个公司定制的登录页面（见图 13-19）。

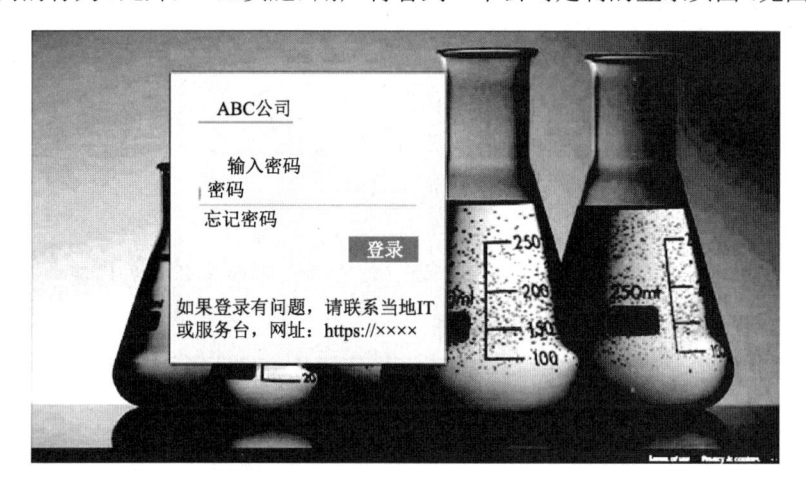

图 13-19　Office 365 定制登录页面

然而，事情并未结束。升级所有的账户花费了相当长的时间，而且 Office 365 被设置成了不同微软企业应用程序之间进行单点登录的模式。结果，一些董事会成员发现更改账户密码或无法重复使用"安全密码"给他们带来了极大的不便。

在实施附带条件访问权限前大约一周，一名出纳从不同媒介收到了几封声称是三名董事会成员发来的信函。

这些信函称有一张约 5 万美元的紧急发票需要立即支付。然而，在其中一封信函中，身份不明的攻击者将收件人的姓氏都写错了，直呼其名。这让出纳起了疑心，于是给所谓的发件人打了一通电话。

当然，这又是一个被不法分子用来骗取付款的外泄账户。在发现这一问题后，出纳立刻联系了我，向我发出警报。

在采取了应对措施，将事件抑制住之后，随后的调查结果显示，董事会成员中无人记得曾收过当时的邮件，也无人记得自己的账户曾被入侵，而且访问日志也不足以确定入侵的时间。

不过，我们可以肯定，这些高级管理层不受访问限制规则的约束，可暗中操作账户。

攻击者甚至认定我的角色是一种威胁，趁机在高级管理层的电子邮件账户中创建了一条规则，即如果收到我的邮件，将自动移动到垃圾箱中。

又一个可以避免的"虚惊事件"！

重要启示

- 严格的访问控制是纵深防御模式的重要组成部分。
- 后台操作和前台操作相结合才能称为一个有效的访问控制程序。
- 后台操作和前台操作相辅相成，相互统一。
- 访问限制应遵守严格的角色或业务要求。
- 访问限制应当设定一定程度的不便利条件。
- 您的访问控制程序应当贯彻最小特权原则。
- 特权访问应仅用于特定要求。
    - 如果工作职责可以通过标准访问级别完成，则应使用这些账户。
- 后台操作应能够主动监测异常活动。
- 前台操作是一个富有成效的额外防御层。但是，需要了解可接受的内容及如何将账户遇到的困难或异常活动上报。
- 最终用户应当接受风险教育，学习如何改进账户访问凭证管理。
- 访问控制措施发生变动的，应当进行风险评估。
- 企业领导者应当考虑采取措施对前台操作提供安全管理协助所带来的好处。

第十四章

建设复原力

在行动期间,舰艇连队响应号召,连续奋战了二十五天。每个人都经历了可怕的值班事件、攻击压力、无休止的设备故障及非值班期间事情的不确定性。

他们不断接受表扬和劝说,当然,如果一切平静下来,他们也会得到一切皆好的保证——他们信赖这种保证。但在攻击后的第一时间,领导方式必须更加直接。

撤离和生存都需要更坚定、更响亮的领导风格。指挥方式并不单一。指挥必须适应形势变化。

雷恩指挥官
马岛战争,1982 年

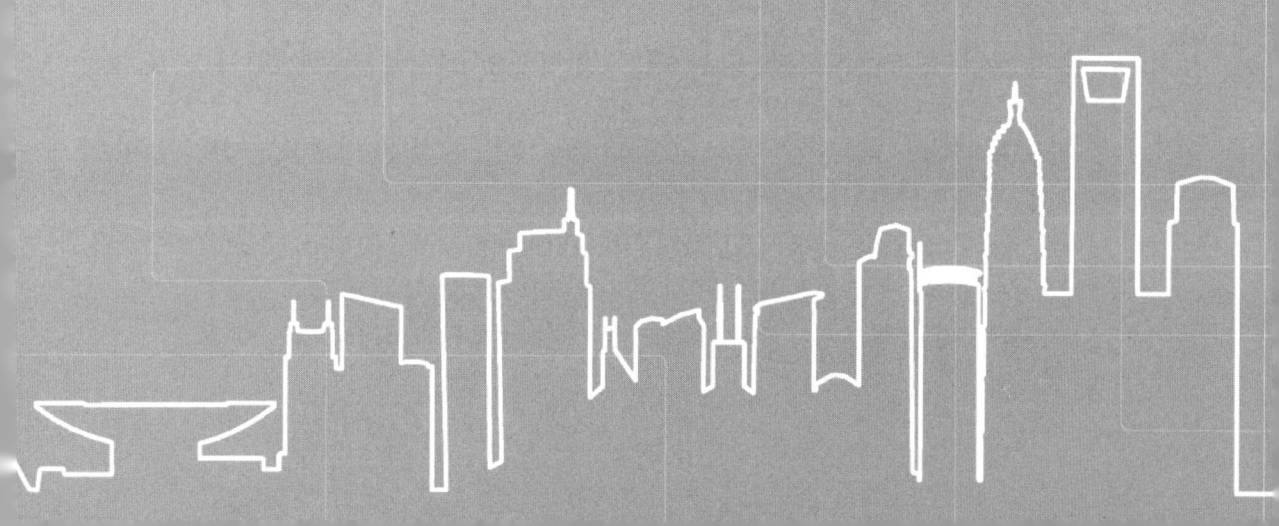

引言

雷恩指挥官的描述清楚地表明了马岛战争期间所需的复原力。复原力应当纳入富有成效的安防策略,以确保企业任务或目标需要复原力时能够将复原力纳入安防策略。

现在,很多新法规都纳入了确保企业和数据处理操作具有复原力的需求。

欧盟《通用数据保护条例》第 32 条

在考虑了最新水平、实施成本、处理的性质、处理的范围、处理的语境与目的,以及处理给自然人权利与自由带来的伤害可能性和严重性之后,控制者和处理者应当采取包括但不限于如下的适当技术与组织措施,以便保证和风险相称的安全水平:

(1)个人数据的匿名化和加密。
(2)数据系统保持持续的保密性、完整性、可用性及复原力的能力。
(3)在发生物理事故或者技术事故的情况下,存储有用信息和及时获取个人信息的能力。
(4)定期对测试、访问、评估技术性措施及组织性措施的有效性进行处理,力求确保处理过程的安全性。

英国金融行为监管局

英格兰银行(本行)、英国审慎监管局(PRA)和英国金融行为监管局(FCA)就加强金融服务行业运营复原力的新要求发布了共同政策摘要和协调咨询文件(CP)。

《网络与信息系统安全指令》(欧盟 NIS 指令)第 13 条

操作风险是银行和金融市场基础设施部门审慎监管与监督的重要组成部分。它涵盖所有业务,包括网络和信息系统的安全性、完整性与复原力。

有关这些系统的要求已在一些欧盟法案中做了规定,这些要求往往超过本指令的规定,其中包括:

- 关于信贷机构活动准入及信贷机构和投资公司审慎监管的规则,以及关于信贷机构和投资公司审慎要求的规则,其中包括有关运营风险的要求。
- 金融工具市场规则,其中包括对投资公司和受监管市场的风险评估要求。

- 关于场外衍生品、中央交易对手和交易存储库的规则，其中包括有关中央交易对手和交易存储库运营风险的要求。
- 关于改进欧盟证券结算和中央证券存管的规则，其中包括有关运营风险的要求。

此外，事件通知要求是金融部门正常监管做法的一部分，通常被纳入监管手册中。成员国在使用特别法时应考虑这些规则和要求。

《欧盟网络安全法》第 4 条

ENISA 应支持整个欧盟的能力建设和准备工作，协助欧盟各机构、机关、办公室和成员国，以及公共和私营利益相关方加强对网络与信息系统的保护，发展和提高网络复原力与应对能力，并发展网络安全领域的技能和能力。

美国安防顾问计划

美国安防顾问计划的主要任务是积极主动地与联邦、州、敌方、部落和领地政府的任务合作伙伴，以及私营部门利益相关者社区成员合作，通过以下五个任务领域保护关键基础设施：

- 通过"协助访问""基础设施调查工具""快速调查工具" "地区复原力评估计划"，规划、协调并对国家重要的基础设施开展安全与复原力调查和评估。
- 规划和开展外联活动，为重要基础设施所有者和运营者、社区团体和宗教组织提供获取重要基础设施安全和复原力资源、培训与信息的途径。
- 支持国家特殊安全活动（NSSE）和特殊活动评估等级（SEAR）一级、二级活动，如"超级碗"、总统就职典礼，以及民主党和共和党全国代表大会。
- 在事件发生期间及发生后，充当联邦和地区政府官员与私营部门基础设施所有人和运营者之间的联络人。
- 协调并支持简易爆炸装置意识和风险缓解培训，以及 CISA 网络安全处的评估和资源。

澳大利亚安防政策框架：信息安全

在生命周期内各个阶段确保 ICT 系统的安全性。
ICT 系统是指用于处理、存储或交流信息的一套硬件和软件及系统运行管理框架。
根据核心要求的规定，各实体必须确保其运营或外包的每个 ICT 系统的安全运行，并在系统生命周期的所有阶段管理相关的安全风险。

这种方法将提高政府所依赖的 ICT 系统（及相关组件）的可信度和复原力，保护信息不受损害，并确保澳大利亚政府运营的安全和持续交付。

新西兰安防要求

- 审查业务连续性管理计划

您可借助审查对政策、计划和流程进行评估，以确保它们适当有效并确定需要改进的领域。审查类型包括：稽查；自我评估；质量保证活动；供应商表现审查；管理审查；根据业务连续性角色和职责进行绩效评估。

您在审查过程中提出的建议应以提高复原力为重点。

- 整合业务连续性计划

业务连续性不仅仅是制定计划而已。它是一个通过切实可行的步骤提高复原力，以及主动将任何因素导致的干扰的影响降至最低的过程。

企业要想取得成功，业务连续性管理就不能孤立存在。您必须将企业计划与保护企业运营（如健康和安全、应急管理、信息管理和风险管理）的其他团队的响应过程相结合。如果您能将这些功能整合起来，就能增强企业的复原力。

随着越来越多的法律法规提到并对复原力做出要求，必须了解和认识复原力是什么及建设复原力涉及哪些方面。

什么是复原力？

"复原力"一词有很多定义，以下只是其中一部分。

- **剑桥辞典**：复原力指出现问题后能够快速恢复到以前良好状态的品质。
- **Youmatter（企业复原力）**：企业复原力是一个业务术语，包括危机管理和业务连续性，并代表企业快速适应和应对各类风险，如自然灾害、网络攻击、供应链中断等的能力。
- **NIST（业务复原力）**：业务复原力指系统在运营过程中抵御、吸收、恢复或适应可能造成伤害、破坏或导致执行任务相关职能的能力丧失的能力。
- **NIST（网络复原力）**：网络复原力指对使用网络资源或由网络资源支持的系统进行预测、承受、恢复和适应不利条件、压力、攻击的能力。
- **NIST（业务复原力）**：业务复原力指计算基础设施能够提供持续的业务运行能力（具有很强的抗干扰能力并能够在受损后以降级模式运行），在发生故障时能够快速恢复，并能进行拓展，满足快速或不可预测的需求。

尽管这些定义各不相同，但有共同之处：做好准备，保护企业的宝贵资产，确保在发生不利事件时，企业能够继续开展业务，并快速应对重大事件，迅速恢复。

建设复原力涉及哪些方面？

信息安全、网络安全和物理安全计划将涵盖建设复原力的很多内容。然而，复原力要素要求将重点更多地放在关键或业务必要的服务/资产交付上来，因为这些服务/资产的机密性、完整性或可用性一旦遭到破坏，就会给企业和其他第三方（如客户、第三方客户、政府等）带来重大影响。

借助 CERT 1.2 版本的复原力成熟度模型（CRMM），将复原力划分为不同的组成部分（见图 14-1），这一点非常有帮助。

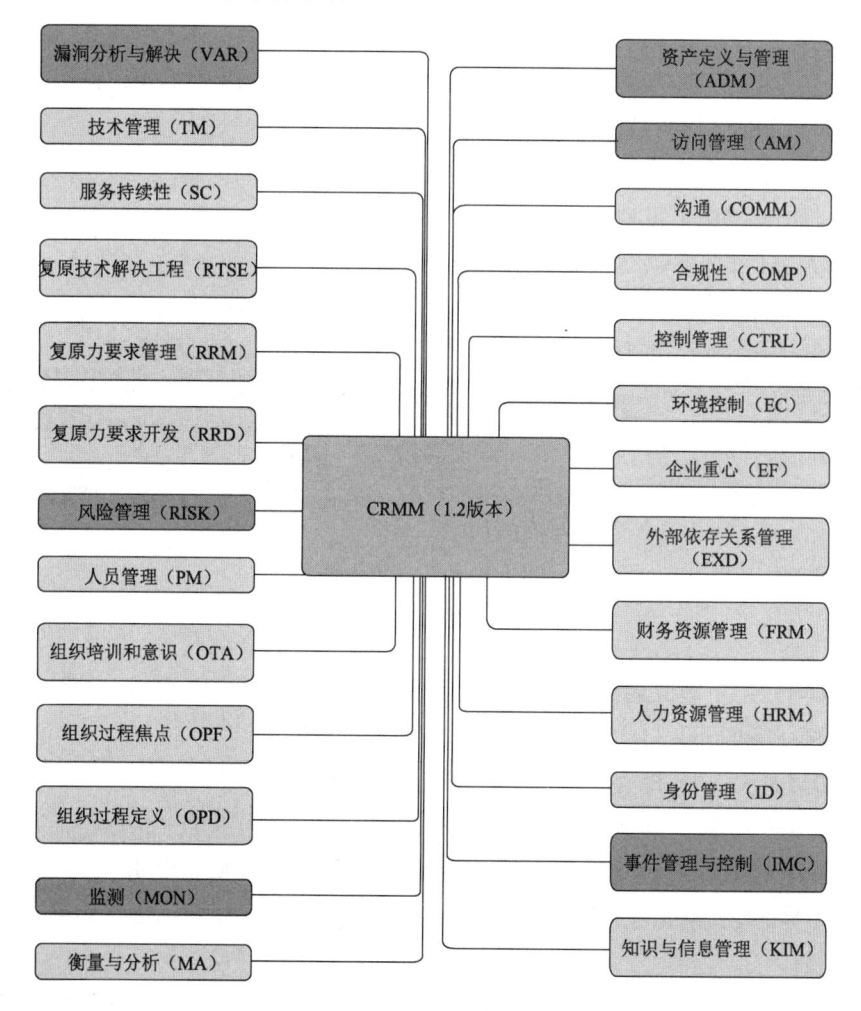

图 14-1　1.2 版本的 CRMM 概述

复原力的基石

从图 14-1 中可以看到，富有成效的复原力计划由很多部分组成。我从中选择六个部分（见图 14-3），建议您首先关注这几个部分。

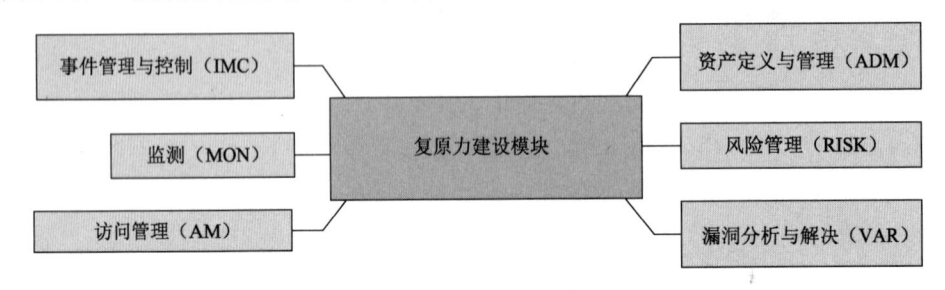

图 14-2 复原力的基石

资产定义与管理（ADM）

复原力的基石应当是识别、了解、记录和管理企业资产。其目标是根据资产的重要性或对重要/关键企业运营的潜在影响对资产进行分类。

只有了解风险和重要事项，才能有针对性地应用安防控制措施。

- 安防控制措施不得被视为大于受损资产的潜在成本。

因此，ADM 部分有以下三个主要领域（见图 14-3）。

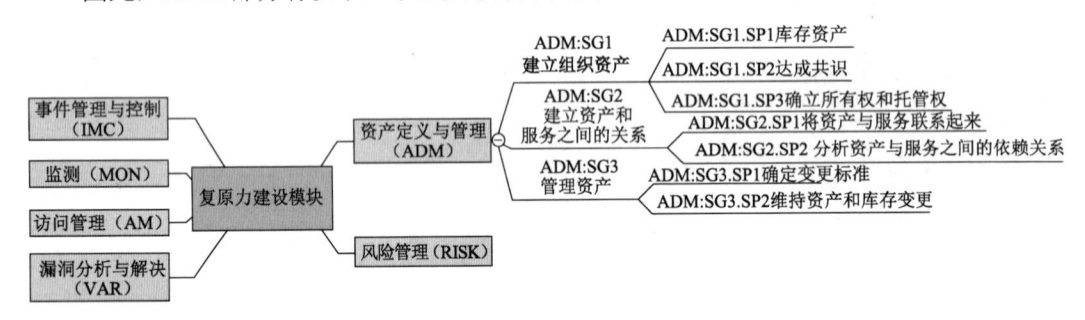

图 14-3 CRMM——ADM

（1）**ADM:SG1 建立组织资产**。确定组织资产（人员、信息、技术和设施），并确定这些资产的权力和责任。

- **ADM:SG1.SP1 库存资产**。确定并清点组织资产。
- **ADM:SG1.SP2 达成共识**。就资产的定义达成共识，并相互传达。
- **ADM:SG1.SP3 确立所有权和托管权**。确定资产的职权和责任。

（2）**ADM:SG2 建立资产和服务之间的关系**。建立资产及资产所支持的服务之间的关系并进行审查。

- **ADM:SG2.SP1 将资产与服务联系起来**。将资产与其所支持的服务联系起来。

- **ADM:SG2.SP2 分析资产与服务之间的依赖关系**。识别资产支持超过一种服务的情况，并进行分析。

（3）**ADM:SG3 管理资产**。管理资产的生命周期。
- **ADM:SG3.SP1 确定变更标准**。制定表明资产或资产与服务之间关系发生变化的标准，并维持该标准。
- **ADM:SG3.SP2 维护资产和库存变更**。根据情况对资产变动进行管理。

风险管理（RISK）

一旦完成第一步，了解并认识到应对突发事件及从突发事件中恢复所需的资产后，就需要识别、分析和应对可能给资产支持的运营和服务交付产生不利影响的风险。风险管理包含以下六个主要领域（见图 14-4）。

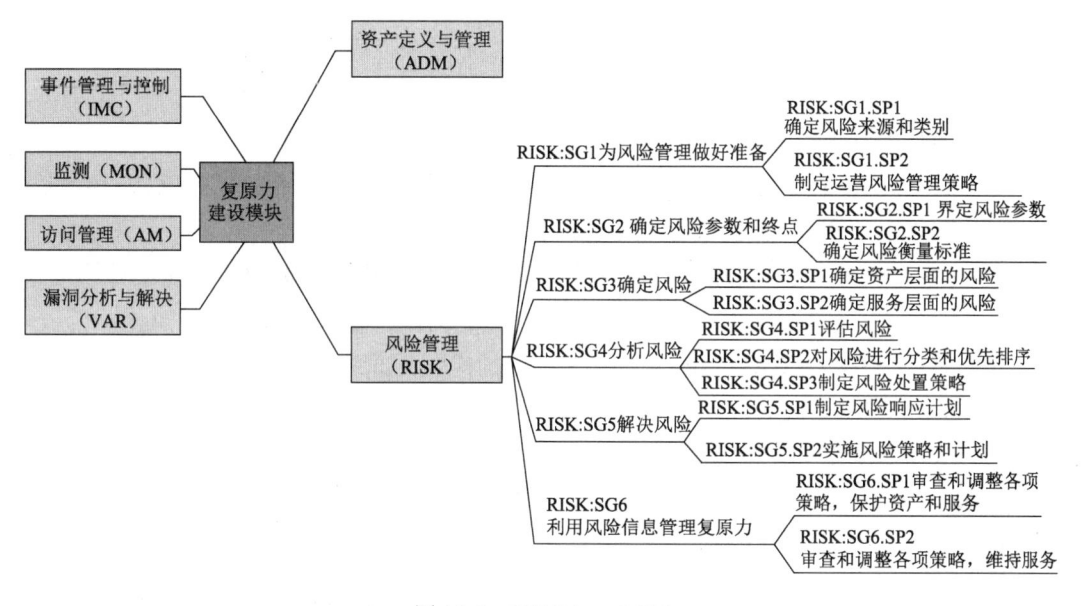

图 14-4 CRMM——RISK

（1）**RISK:SG1 为风险管理做好准备**。企业制定并维护一项识别、分析和应对运营风险的策略。
- **RISK:SG1.SP1 确定风险来源和类别**。确定资产和服务的风险来源及企业相关风险类别。
- **RISK:SG1.SP2 制定运营风险管理策略**。制定并维护与战略目标相关的运营风险管理策略。

（2）**RISK:SG2 确定风险参数和终点**。确定并记录企业的风险偏好和容忍度，并确定风险管理活动的重点。
- **RISK:SG2.SP1 界定风险参数**。界定企业的风险参数。
- **RISK:SG2.SP2 确定风险衡量标准**。制定风险对企业影响的衡量标准。

（3）**RISK:SG3 确定风险**。确定企业的运营风险。
- **RISK:SG3.SP1 确定资产层面的风险**。确定影响支持服务的资产的运营风险。

- **RISK:SG3.SP2 确定服务层面的风险。** 确定可能影响服务的运营风险。

（4）**RISK:SG4 分析风险。** 企业分析每个风险，以确定优先级和重要性。
- **RISK:SG4.SP1 评估风险。** 根据风险容忍度和标准对风险进行评估，并对风险的潜在影响进行表征。
- **RISK:SG4.SP2 对风险进行分类和优先排序。** 根据风险参数，对风险进行分类和优先排序。
- **RISK:SG4.SP3 制定风险处置策略。** 制定并保持对每个已识别风险的处置策略。可能的风险处置包括避免、接受、监测、研究/威慑、转让和缓解。

（5）**RISK:SG5 解决风险。** 企业解决已识别资产和服务的风险，防止受到干扰。
- **RISK:SG5.SP1 制定风险响应计划。** 制定风险响应计划。
- **RISK:SG5.SP2 实施风险策略和计划。** 实施并监控风险策略和响应计划。

（6）**RISK:SG6 利用风险信息管理复原力。** 企业利用风险流程中收集和获取的信息，改进运营复原力管理系统。
- **RISK:SG6.SP1 审查和调整各项策略，保护资产和服务。** 根据风险信息，对旨在保护资产和服务免受风险的策略进行评估与更新。
- **RISK:SG6.SP2 审查和调整各项策略，维持服务。** 根据风险信息，制定维持策略，确保服务的持续提供，并按要求对各项计划进行评估和更新。

风险是一个持续的过程，由于可能会发现新的问题，如漏洞分析与解决期间发现新的漏洞，应定期对风险进行审查和更新。

任何风险活动都应跟踪风险处置控制措施前的风险评级（固有），以及应用所选风险处置控制措施后的风险评级变化（残余）。

漏洞分析与解决（VAR）

从本质上来讲，运营复原力极具动态性，为确保支持资产能够不中断地持续运营，必须积极主动地进行漏洞分析与解决。

漏洞分析与解决流程旨在识别、分析和管理企业的运营环境，确保在漏洞影响企业运营之前及时对其进行补救。

漏洞分析与解决包含以下四个主要领域（见图 14-5）。

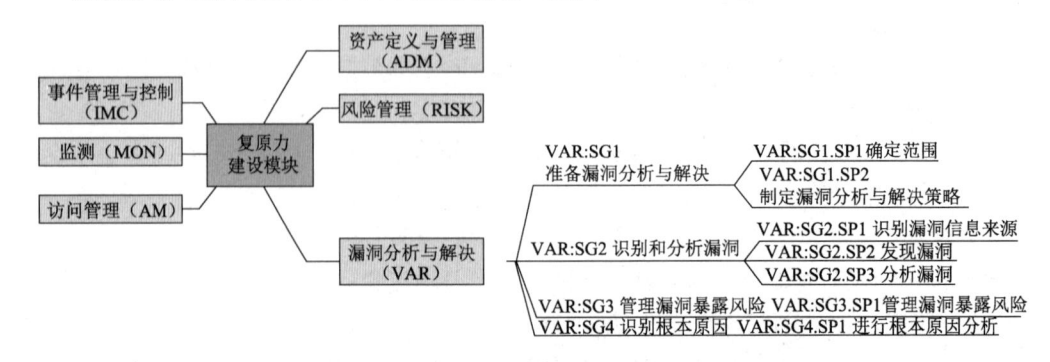

图 14-5 CRMM——VAR

（1）**VAR:SG1 准备漏洞分析与解决**。漏洞分析与解决活动要富有成效，企业就必须做好充分的准备，确保就识别、分析和适当补救漏洞的策略达成一致，并记录在漏洞管理计划中。

- **VAR:SG1.SP1 确定范围**。确定检查其漏洞的资产和运营环境。
- **VAR:SG1.SP2 制定漏洞分析与解决策略**。制定并维护运营漏洞分析与解决策略。

（2）**VAR:SG2 识别和分析漏洞**。企业建立并维护一个识别和分析漏洞的流程。

- **VAR:SG2.SP1 识别漏洞信息来源**。确定漏洞信息来源。
- **VAR:SG2.SP2 发现漏洞**。确立主动发现漏洞的流程。
- **VAR:SG2.SP3 分析漏洞**。分析相关漏洞，以确定是否必须减少或消除这些漏洞。

（3）**VAR:SG3 管理漏洞暴露风险**。企业为有效管理已识别漏洞的潜在暴露限制制定策略。

（4）**VAR:SG4 识别根本原因**。企业应检查已发现漏洞的根本原因，以改进漏洞分析与解决流程，降低企业风险。

- **VAR:SG4.SP1 进行根本原因分析**。对已识别的漏洞进行审查，以确定根本原因并解决相关问题。

我经常看到这样的企业，它们定期对整个企业的漏洞分析与解决流程进行扫描，但很少或根本不对扫描结果进行分析。

因此，企业"只见树木不见森林"，企业只知道已经发现了几千/几百个关键/高级别漏洞。

遗憾的是，如果不了解与已识别漏洞相关的资产背景，就无法了解其产生的影响，从而无法确定工作的优先次序。这最终只是一场数字游戏而已。

- 这可能令人沮丧，因为企业每个月对漏洞未采取任何措施。

访问管理（AM）

在对资产进行识别和分类，同时有效地管理与这些资产相关的风险和漏洞后，这些资产的访问权限必须严格限制在有合法业务需求的人员范围内。

获准访问的人员和第三方数量越多，这些账户中其中一个账户的漏洞就越有可能被攻击者利用，从而达到破坏资产的目的。

因此，访问管理必须能够有效地控制这种访问权限。

访问管理包含下列一个主要领域，由四个子域组成（见图 14-6）。

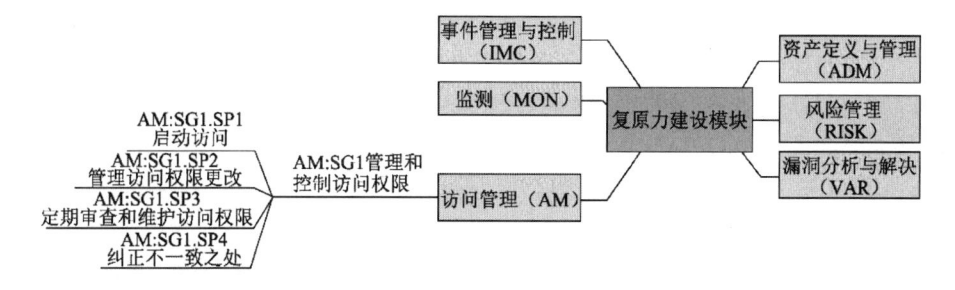

图 14-6 CRMM——AM

AM:SG1 管理和控制访问权限。严格管理和控制已识别资产的访问权限,以确保访问权限与个人的工作职责,以及资产的业务与复原力要求相称。

- **AM:SG1.SP1 启动访问**。根据复原力要求和适当的审批,确定适当的组织资产访问权限。
- **AM:SG1.SP2 管理访问权限更改**。在资产、角色和复原力要求发生变化后,对访问权限更改进行管理。
- **AM:SG1.SP3 定期审查和维护访问权限**。定期进行审查,以确定访问权限是否过于严格。
- **AM:SG1.SP4 纠正不一致之处**。纠正过于严格或不适当的访问权限。

访问管理领域要求对授予和及时删除过度的访问权限进行安全管理。攻击者将设法利用管理不善的访问账户,并寻找机会使用特权用户账户或升级特权,以使其具备"高级用户"的能力。

因此,必须严格控制授权账户,以便监测(MON)小组更容易发现异常或恶意账户活动。

监测(MON)

在确定上述早期领域并在其发展成熟之后,主动监测有助于确保及时收集、记录和分发/报告正常和异常活动。

在监测领域,我们希望能够快速、高效地识别企业内部发生的可疑、异常或恶意活动,并确保立即对此类事件/事故进行调查,以确保将影响运营复原力管理系统的干扰降至最低。

监测由两个主要领域组成(见图14-7)。

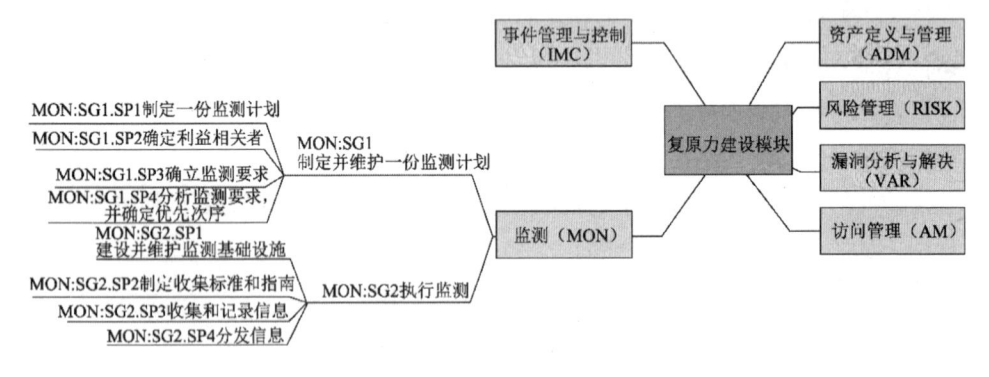

图14-7 CRMM——MON

(1)**MON:SG1 制定并维护一份监测计划**。企业将制定并维护一份识别、记录、收集和报告重要复原力信息的计划。

- **MON:SG1.SP1 制定一份监测计划**。制定并维护一份识别、收集和分发监测信息的计划。
- **MON:SG1.SP2 确定利益相关者**。识别依赖从监测过程中收集信息的组织和外部实体。

- **MON:SG1.SP3 确立监测要求。**确立对运营复原力管理流程进行监测的要求。
- **MON:SG1.SP4 分析监测要求,并确定优先次序。**分析监测要求,并确定优先次序,以确保这些要求得到满足。

(2) **MON:SG2 执行监测。**企业制定一个监测流程,并在企业内部执行。
- **MON:SG2.SP1 建设并维护监测基础设施。**建设并维护符合监测要求的监测基础设施。
- **MON:SG2.SP2 制定收集标准和指南。**针对信息收集和数据管理,制定相关标准和参数。
- **MON:SG2.SP3 收集和记录信息。**收集和记录与运营复原力管理系统有关的信息。
- **MON:SG2.SP4 分发信息。**将所收集和记录的信息分发给适当的利益相关者。

将监测流程想象成一个安全瞭望塔(见图 14-8 至图 14-10),企业希望对物业进行高层次概述,以便有效地识别可能影响企业运营能力的活动。

图 14-8　英国皇家空军布鲁根基地的数字图像

图 14-9　英国皇家空军布鲁根基地的瞭望塔

从监控英国皇家空军布鲁根基地快速反应飞机(QRA)安全地点的瞭望塔的数字图像中可以看到,高层瞭望塔可以 360°全方位俯瞰快速反应飞机的位置,并能看到更广泛的基础设施。

图 14-10 监控出入路线

因此，它们能够监控更远地方的情况，能够发现除快速反应飞机之外发生的可疑或恶意活动。这样，它们就能通知驻地快速反应部队（QRF）对任何此类活动进行调查和拦截，并在其影响相关行动之前进行抑制。

事件管理与控制（IMC）

前述领域的成果，加上适度和适当的侦察安全控制措施的实施，为支持快速反应部队（事件响应）提供了基本要素。

这有助于确保企业建立富有成效的流程，快速识别和分析事件、检测事故并确定最合适的响应方法，从而最大限度地减少对企业运营的潜在影响/损害。

事件管理与控制由五个主要领域组成（见图 14-11）。

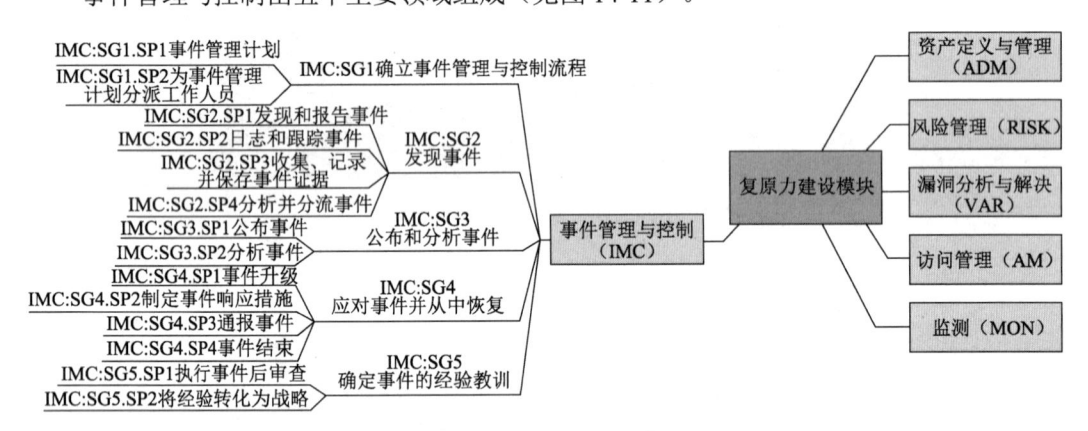

图 14-11 CRMM——IMC

（1）**IMC:SG1 确立事件管理与控制流程**。制定一套富有成效、成功的快速反应部队流程是风险职能的一部分，它有助于确保识别、分析、响应 IMC 运营并从中吸取经验教训，将事件/事故可能造成的潜在影响/损害降至最低。

- **IMC:SG1.SP1 事件管理计划**。为制定和实施企业的事件管理与控制流程进行规划。

- **IMC:SG1.SP2 为事件管理计划分派工作人员**。确定并向事件管理计划指派工作人员。

（2）IMC:SG2 发现事件。起因可能是一件小事，但很快就会聚合成更大的事情。因此，企业必须确立并保持探测、报告和分析事件的能力。

- **IMC:SG2.SP1 发现和报告事件**。发现并报告事件。
- **IMC:SG2.SP2 日志和跟踪事件**。事件从开始到处置都会被记录和跟踪。
- **IMC:SG2.SP3 收集、记录并保存事件证据**。确立并管理事件证据的收集、记录和保存流程。
- **IMC:SG2.SP4 分析并分流事件**。对事件进行分析和分流，以支持事件解决和公布。

（3）IMC:SG3 公布和分析事件。即使是一个看似无关紧要的事件，也需要进行调查，以确保它是良性事件还是需要公布的大事件，从而保证它能够得到适当的处理和应对。

- **IMC:SG3.SP1 公布事件**。应按照既定标准公布事件。
- **IMC:SG3.SP2 分析事件**。对事件进行分析，为制定适当的事件应对措施提供支持。

（4）IMC:SG4 应对事件并从中恢复。企业应制定有效的流程，确保企业具备适当的能力来应对各类事件，并从中恢复，从而立即限制和抑制事件的发展；制定并实施适当的应对措施，尽量减少事件的持续时间，从而减少事件可能造成的影响和破坏。

- **IMC:SG4.SP1 事件升级**。将事件上报给利益相关者，征求其意见并加以解决。
- **IMC:SG4.SP2 制定事件响应措施**。为公布的事件制定并实施一项应对措施，防止或限制给企业带来的影响。
- **IMC:SG4.SP3 通报事件**。制定一项将事件通报给相关利益相关方的计划及管理正在进行的事件通报流程。
- **IMC:SG4.SP4 事件结束**。企业在采取相关措施后，事件结束。

（5）IMC:SG5 确定事件的经验教训。企业成功备份和恢复运营并不意味着"大功告成"。企业必须对事件进行反思，找到需要改进的地方，从而加强和完善事件响应计划。这将转化为一项旨在完善企业策略，以保护和维持企业宝贵的资产与运营的战略。

- **IMC:SG5.SP1 执行事件后审查**。执行事件后审查，以确定潜在原因。
- **IMC:SG5.SP2 将经验转化为战略**。对从事件管理中吸取的经验教训进行分析，并转化为改进措施。

您可能希望通过响应测试与渗透测试策略（蓝队与红队测试）的整合，和/或使用CREST渗透测试成熟度评估（PTMA）工具（见图14-12）来评估事件响应流程的成熟度。

正如人体的神经系统一样，复原力需融入整个企业内部才能充分保护企业的"重要器官"。

然而，与人体不同的是，在商业环境中，复原力需要在整个企业内部进行调整，使其成为一种常规活动，而不是当作一种合规工作。

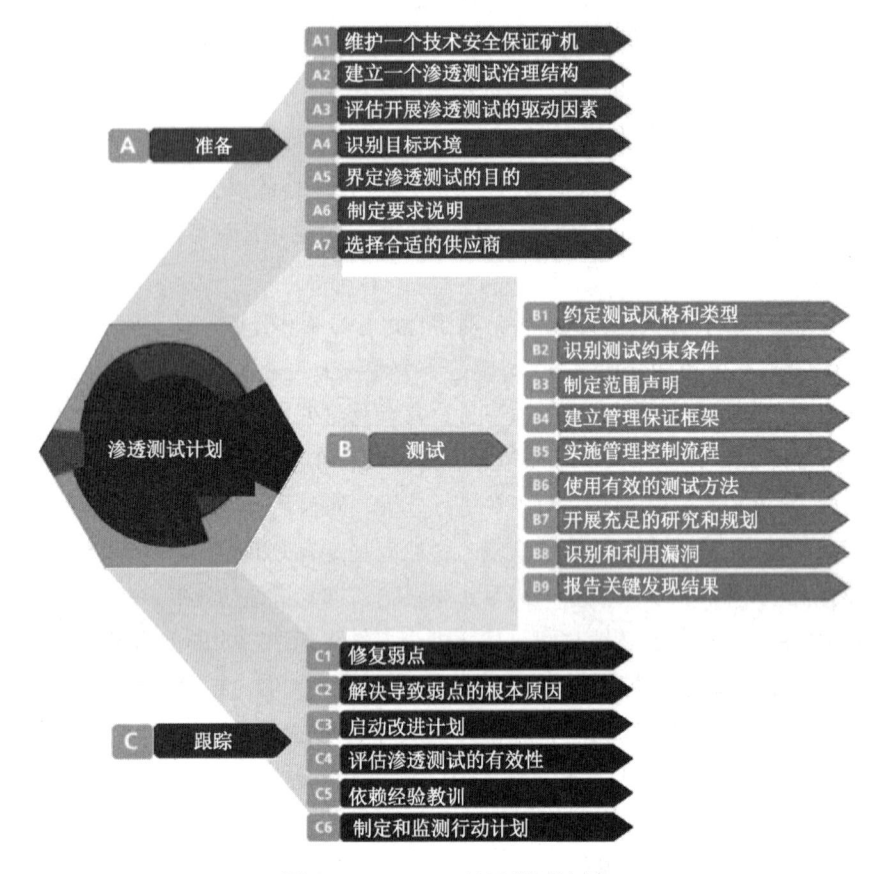

A 准备
- A1 维护一个技术安全保证矿机
- A2 建立一个渗透测试治理结构
- A3 评估开展渗透测试的驱动因素
- A4 识别目标环境
- A5 界定渗透测试的目的
- A6 制定要求说明
- A7 选择合适的供应商

B 测试（渗透测试计划）
- B1 约定测试风格和类型
- B2 识别测试约束条件
- B3 制定范围声明
- B4 建立管理保证框架
- B5 实施管理控制流程
- B6 使用有效的测试方法
- B7 开展充足的研究和规划
- B8 识别和利用漏洞
- B9 报告关键发现结果

C 跟踪
- C1 修复弱点
- C2 解决导致弱点的根本原因
- C3 启动改进计划
- C4 评估渗透测试的有效性
- C5 依赖经验教训
- C6 制定和监测行动计划

图 14-12　CREST 渗透测试计划

越来越多的数字企业不再认可不具备事件复原力的企业。企业也正在逐步摒弃以下术语：

- "**它发生了！"
- "真是出乎意料！"
- "这种事情时有发生！"
- "是我们的第三方供应商出现了问题！"（注：现在这是一项共同责任。）

军事比较

在写这本书，尤其是本章时，我意识到自己在军营的训练和独特的经历（只有军旅生活才能获得的）提高了我的复原能力。

22 年来，我一直在提供安防服务，因此对"复原力"一词有了更深刻的理解。

军队善于吸取过去的经验教训，并开展适当的培训，确保任何可能面临此类活动的人们都知道如何看待这种情况，并为其做好充分的准备。

所有针对众多事件/事故的广泛培训都能确保个人为其他突发事件做更好的准备，并对此保持警惕。

作为警犬训练员，即使是持续训练（CT）和夜间训练，也是为了让我能够制定一个更富有成效的解决方法，从而迅速适应各种情况和条件。

22岁时，我被选中代表英国皇家空军布莱兹诺顿基地警犬分队参加英国宪兵司令警犬选拔赛。这次比赛并非单纯一天的评估（年度警犬效率），而是由英国皇家空军警犬小组排名前二十二的警犬参加的持续一周的日间和夜间评估，包括：

- 警犬和设备检查；
- 计时体能测试（警犬和警犬训练员）；
- 服从与障碍；
- 两起犯罪袭击和逮捕；
- 味觉测试；
- 飞机库（无照明）搜查；
- 四吨位测试。

因此，经验丰富的高级军士（SNCO）和初级军士（JNCO）提供了大量的预备训练，尽可能帮我和杰克［我的德国牧羊犬（GSD）］提高竞争力。

要说这次经历让人紧张不已，绝非夸张。虽然预备训练发挥了一定的作用，但事实证明，在夜间的四吨位测试期间，预备训练的作用十分有限。

为参加这次测试，我们开展训练，但是训练内容并未覆盖我即将面对的所有的场景。每支参赛警犬队都会被带到一个荒芜的机场，等着参加测试。然而，每支参赛警犬队被点名后就不会回来，所以（在回到住处前）你根本不知道每支参赛警犬队的表现如何。

测试场景是在一片土地上巡逻，并保护三辆四吨重的军用卡车。这些卡车呈三角形停放，彼此相距约75米至100米（见图14-13）。

图14-13 四吨位测试

测试到深夜才开始，持续20分钟。这段时间，每支警犬队必须设法阻止或发现入侵者。入侵者的目标是设法进出环境，在一辆车上放置简易爆炸装置（IED）后悄悄离开。

这是我一生中最费体力和脑力的20分钟。在这20分钟里，我要不断地进行风险评估，同时利用风向快速巡逻，不时趴在地上（试图借助微弱的光线勾勒出入侵者的轮廓），还要不定期巡逻，确保为这三辆车提供充分的保护。

- 如果你只关注两辆军用卡车间的道路，那么第三辆军用卡车是否处于易受攻击的境地？
- 如果去检查第三辆军用卡车，那么另外两辆卡车是否处于易受攻击的境地？

现实中会是以下三种结果之一：

（1）您发现了入侵者。

（2）您听到一声长长的哨声：入侵者成功进出该区域，未被发现。

（3）您听到三声哨声：时间到，您已成功阻止入侵者进入该区域。

测试结束后，您将筋疲力尽。如果并非第一个结果，虽然自己会感到沮丧，但只要听到长长的哨声，就会感到些许轻松——这预示着这场煎熬的结束。

今年，在 22 支参赛的警犬队中，只有 4 支成功发现入侵者［其中一支在入侵者（放置简易爆炸装置后）离开该区域时被入侵者绊倒］。剩下 18 支参赛警犬队（包括我）都不幸听到了那声令人生畏的长长哨声。

然而，虽然遇到了挫折，心情低落，但在一周评估结束后，我的表现仍排在第六位。在选拔赛最后一天，最后六名选手将一决高下。

我首次参加的英国宪兵司令警犬选拔赛结束后，名次有所上升，最终获得第五名。

幸运的是，第二年，杰克表现出色，又被选中参加比赛。这一年，我们势如破竹，到比赛的最后一天时，已取得了第一名的好成绩。

这一次，四吨位测试堪称完美。即使是面对极其棘手的风中嗅觉测试，我们的表现也异于常人。在风中嗅觉测试中，每位参赛选手都要搜查英国皇家空军赛尔斯顿废弃机场，找到其中躲藏的一名入侵者。这次测试旨在利用警犬强大的嗅觉能力和风力，发现并逮捕藏匿的入侵者。

在进行测试之前，曾有一些关于早期参与者经历的可怕传说，包括警犬被放走后会失去味觉，有一只警犬竟然向入侵者藏身的相反方向跑去。

在巡逻/清场时，当警犬嗅到入侵者的气味时，警犬训练员必须走到气味锥的位置，停下来转向入侵者的方向，并大声喊出挑战，然后放出警犬，让它顺着气味追赶，冲向并攻击藏匿的入侵者。

我首先测试了风向，然后用一个 DKP2 膨化瓶（见图 14-14）和漂白土测试及确认盛行风的风向。

当盛行风吹过右耳时，我穿过草地开始巡逻（见图 14-15）。每段巡逻结束，我都会转身，慢走 10 米，重新测试风向，然后开始下一段返程巡逻（风向为左耳方向）。

图 14-14　DKP2 膨化瓶

如此反复，直到入侵者被赶走或发现，或者草地被认为是安全的。

图 14-15　风觉区

出发后，就在我顺风寻味刚走到一半时（杰克跟在我的左侧），杰克突然抬起鼻子，把我向右前方拉去，绳子都拽直了。显然，它在空气中嗅到了什么。我又朝着气味锥走了两三步，然后紧紧抓住杰克的皮项圈，大声说出挑战：

空军，立定，举起手来！站住，举起手来！站住，否则我就放狗了！

等了几秒钟后（让入侵者现身投降），我解开杰克的牵狗绳。它以迅雷不及掩耳之势飞奔了大约 75 米，然后放慢速度停了下来。我的心跳开始加速，屏住呼吸，因为杰克已经找不到入侵者的气味了（以前从未遇到过这种情况！）——我的心沉了下去！

- 我是否误解了它的暗示？
- 我放开它的时间是否太早了？
- 为了给杰克一个更好的机会，我是否应该继续巡逻，这样才能深入到气味锥中？

所有这些问题开始在脑海中闪现，我努力地扫视地平线，希望找到入侵者的藏身之处——或许，我妄想将入侵者的藏身之处传达给杰克。

杰克已经开始在机场中央绕圈（绕了整整一圈），鼻子伸得很长很长，脖子也伸到空中。突然，它又全力冲刺了 100 米左右。这时我松了一口气，看到入侵者从草丛中突然站了起来，然后杰克（一只 45 千克重的 GSD）以大约 30 英里/小时的速度奔跑，以每英寸 120 磅（1 磅≈0.45 千克）的力度咬住了入侵者的右臂。我从未像现在这样欣喜，如释重负。

测试结束后，裁判们立刻来到机场中央测试风向。在这里，他们发现气味锥被扰乱成一个漩涡，杰克显然已经发现这一点，设法跟着漩涡气味回到了气味锥中。

此外，在这一周内，我还在夜间清理了一间完全无照明的 C 类飞机库（见图 14-16）。

夏夜午夜过后，我正等着去机库内寻找藏匿的入侵者。机库外被昏暗的路灯照亮，而内部却截然不同，光线变化让机库看起来就像一个黑洞。

每位参赛者有 40 分钟对机库进行自由搜查，设法找到并拘留藏匿的入侵者。

很快到我了，当裁判示意开始时，我和杰克走近机库正门，步入黑暗的深处。

图 14-16　C 类飞机库

我紧紧抓住杰克的皮项圈,解开它的牵引绳,发出了挑战的第一部分。杰克立刻变得兴奋起来,开始狂吠,并突然扑向我,试图挣脱我的牵制。我喊出挑战的第一句话("空军,举起手来!")的声音和杰克兴奋的叫声回荡在机库寂静的空气中。

我停顿了一下,让回声消散,然后喊出挑战的下一句("举起手来,出来!"),之后停了一下,再次让回声和杰克的叫声消散。

终于到了第三次挑战("举起手来,否则我就放狗了!"),在等待 30 秒(让藏匿的入侵者有时间暴露自己并投降)后,我撒手让杰克冲入黑暗中。

现在,杰克的优势更为明显,它凭借自己超强的听力和嗅觉,在漆黑的机库内四处乱窜,而我则在机库内缓慢挪步(尽量不发出太大的声音或撞到任何东西),紧跟杰克的脚步声、吠叫声及它在机库办公舱一侧跳起的声音(它想告诉我它发现了什么)。

黑暗中,我隐约看到杰克的身影,重新给杰克系上巡逻绳索,然后朝杰克示意的方向望去,打开手电筒,大声喊道:"出来!举起手来!"

手电筒本来应该照亮藏匿的入侵者,但令我惊讶的是,手电筒光线范围内没有任何人。瞬间,我开始担心自己把事情搞砸了,但几秒钟后,远处的机库办公舱顶上冒出一个人头,入侵者的眼睛反射着手电筒光束。我深深地松了一口气,意识到杰克为我做了一件值得骄傲的事。它已经嗅到了入侵者的气味,它从办公室屋顶后方沿前缘跑回了前部。

这一周的努力让我成绩优异,等待着本周最后一天的比赛,并与其他前五名选手角逐服从和敏捷性测试(见图 14-17),以及双人犯罪攻击测试(见图 14-18)的冠军,从而敲定今年的名次。

图 14-17　敏捷性测试

图 14-18　双人犯罪攻击测试

　　能够响应和应对突发事件就是复原力的体现，而本周六无疑就是对我们复原力的考验。当 22 支参赛警犬队整齐划一地进入赛场时，我意识到今年的竞争比去年还要激烈。

　　周六烈日炎炎，对杰克这样毛发浓密的德国牧羊犬来说并不是适合比赛的天气。

　　俗话说，永远不要和孩子或动物打交道，当天我就体会到了这句话的含义。从一开始，杰克就表现得很抗拒，而参加比赛当天还是盛夏，更不利于它的发挥。

　　我们顺利通过了大部分服从测试，但在考验敏捷性的测试进行到四分之三时，我们遇到了一个组合障碍（跨轮胎和钻隧道）。

　　现在我要让杰克灵敏地坐在轮胎障碍物前。然后，我命令它跳过轮胎，我待在原地，而杰克穿过第二个隧道障碍。

　　我带杰克坐好，对它下令。"起。"（让它知道要穿过轮胎）然而，杰克却决定迅速跳过轮胎，穿过隧道。在我试图挽回（发出"坐下"的命令）时，它则向右走了过去，钻过赛场的绳索护栏走入人群中（一只在英国皇家空军警局工作的警犬竟能如此快速地通过人群，真是令人惊讶），径直坐在一位老太太面前。这位老太太一直坐在帆布折叠躺椅上，一边观看比赛，一边吃着诱人的冰淇淋！

　　我让自己镇定下来，掩盖住脸上的尴尬，让杰克回来，继续完成剩下的比赛。

　　结果，我的成绩不尽如人意，当天比赛结束时，我的成绩滑落到第五名，这是我第二次获得第五名。

　　此外，在阿富汗的两次反情报任务中，我亲身经历了国防部（MoD）为应对叛乱分子而对战术做出的调整，其目的是确保尽可能安全地继续开展基地外巡逻工作。

　　在进行驻地部队保护联队的第一次部署任务时，所有的基地外巡逻工作都是乘坐软皮路虎越野车（见图 14-19）、平茨高尔 6×6（见图 14-20）和路虎武器安装套件（WMIK）Mark 1（见图 14-21）完成的。

　　虽然这些巡逻车用途极广、重量轻、机动灵活且能力强，降低了巡逻地遭遇简易爆炸装置袭击的可能性，但也增加了发生此类事件时的潜在影响（见图 14-22）。

图 14-19　灵活的路虎越野车

图 14-20　平茨高尔 6×6

图 14-21　路虎 WMIK

（a）WMIK车辆被炸弹爆炸摧毁

（b）WMIK车辆在经过地雷后被摧毁

图 14-22　简易爆炸装置销毁后

因此，国防部迅速研制了重型装甲"獒犬"巡逻车（见图 14-23），从而彻底改变了巡逻车的性能。

虽然这些车一开始被认为是基地外巡逻的"规则改变者"，但人们很快就发现对这些车辆的巡逻能力太过于自信。巡逻人员宁愿使用该车辆探测设备，也不愿意在车辆的安全范围内手动清除潜在的简易爆炸装置。

图 14-23 "獒犬"巡逻车

原因是在发生爆炸后，虽然车内人员可能会幸存下来，但可能会因简易爆炸装置的爆炸威力而受到伤害，而且在修理期间，车辆很长一段时间都无法使用。事实上，高级指挥官曾不得不向部队下令，提醒其不要使用车辆清理要道。

再加上"獒犬"巡逻车的灵活性较差，这种巡逻车无法选择各种巡逻路线，而且"獒犬"运载人员较多，叛乱分子会在知晓"獒犬"必经之地后放置威力最大的简易爆炸装置，使得袭击成功。

因此，为应对巡逻车面临的不断变化的威胁，国防部开发引进了新型灵活巡逻车，如"猎狐犬"（见图 14-24）、"哈士奇"（见图 14-25）、"黑豹"（见图 14-26）。

图 14-24 "猎狐犬"巡逻车

图 14-25 "哈士奇"巡逻车

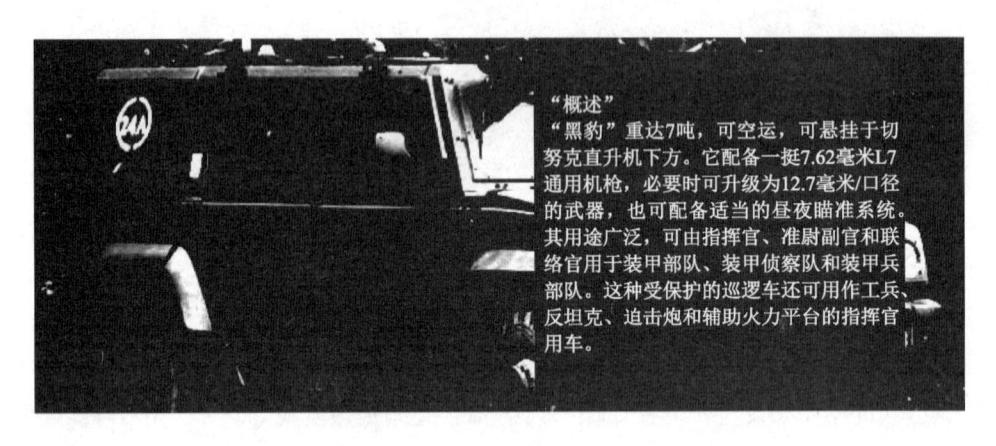

图 14-26 "黑豹"巡逻车

这清楚地表明，军队能够并愿意适应不断变化的威胁环境，确保继续为任务目标及海外行动提供支持。

从第二次世界大战中吸取的经验教训

从试图提高盟军联队飞机抵御敌方火力的过程中就可以看到正确进行资产管理的重要性。

在决定给飞机哪个部位增加装甲的同时，还要确保飞机的有效性和可操作性（增加装甲会导致飞机重量增加，而飞机起飞时携带重量有限，因此需要取得飞机、机组人员、弹药、燃料和装甲之间的平衡。装甲太多，就会导致一架超级安全的轰炸机无法携带任何炸弹），因此必须确保只采取最基本的增强措施，为飞机最关键的部件提供额外的防御能力。

最初的想法是根据返航飞机遭受的损伤进行分析（见图14-27）。

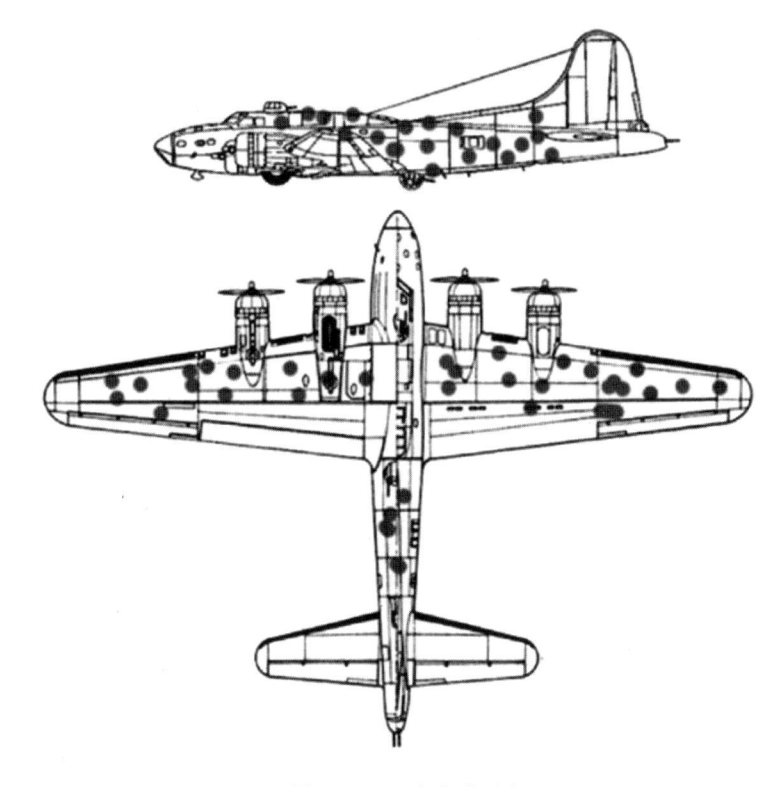

图14-27　飞机损伤分析

然而，数学家"亚伯拉罕·瓦尔德"的观察改变了为飞机及其机组人员提供适当保护的游戏规则。他发现，分析返航飞机的损伤无法正确地保证通过增加装甲来保护飞机最关键的部件。

他推测这些飞机能够继续飞行并安全着陆，这说明这些受损区域并未影响飞机的复原力，而那些不太幸运的飞机所遭受的损伤才是确定增加额外装甲位置的秘密所在。

然而，问题是大多数注定损坏的飞机最终会进入敌方领土或在海上失事。因此，他建议，在对增加装甲的位置进行风险评估时，应剔除幸存飞机受损区域，将重点放在飞机最关键和最脆弱的部件上（如发动机和燃油系统、驾驶舱、飞机襟翼等）。因此，风险评估方法改变意味着增加额外装甲的位置更加集中（见图 14-28），这与幸存飞机的受损区域完全不同。

采纳亚伯拉罕的建议，所需装甲减少，幸存飞机的数量也有所增加。

当您审视企业的数字业务时，是希望为企业关键资产提供适当级别的保护措施，还是试图给整个企业安装上盔甲？

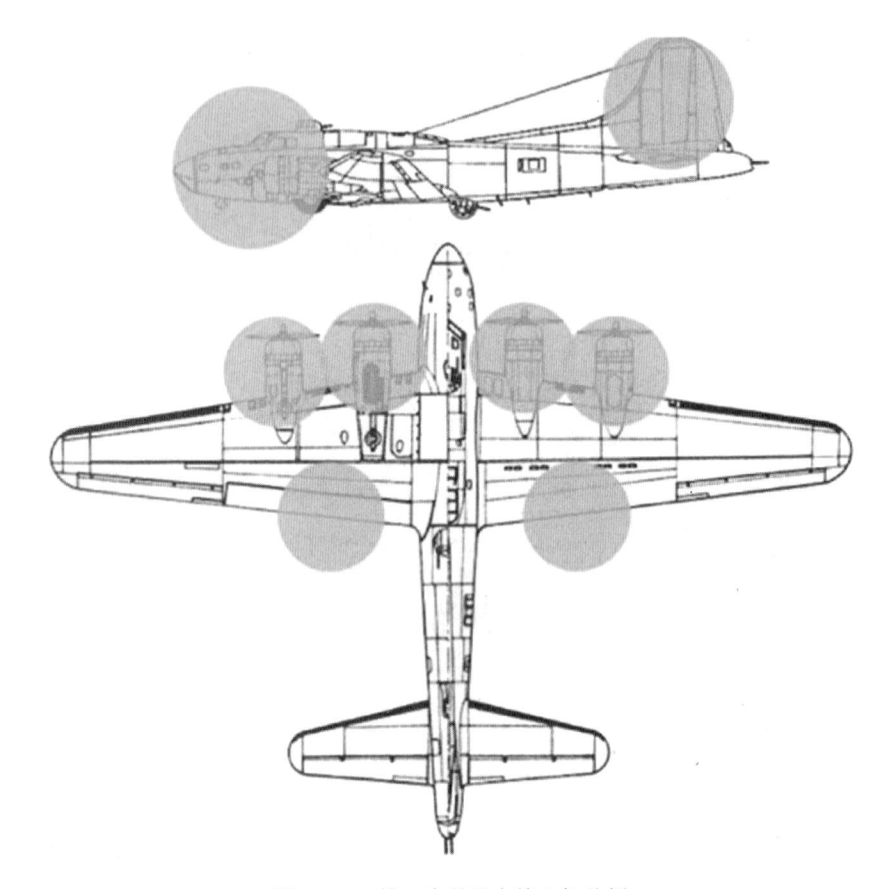

图 14-28 第二次世界大战飞机分析

构建 BRIDGES

BRIDGES 缩略语能够清楚地说明在企业内部植入复原力的价值，而我也将该缩略语应用到了英国金融服务业务运营中。

企业背景

作为一家英国金融服务企业，企业必须遵守英国金融行为监管局（FCA）的要求。其中一项要求就是建立运营复原力：确定重要的商业服务，这些商业服务如果中断，可能会对消费者或市场完整性造成损害，威胁企业的生存能力，或导致金融系统不稳定；为每项重要商业服务设定影响容忍度，量化其可容忍的最大干扰度；确定并记录支持其重要商业服务的人员、流程、技术、设施和信息；采取行动，在各种严重但可信的干扰场景下，仍能保持在其影响容忍度范围内。

因此，对于这类企业而言，建立运营复原力可能相当重要，如果做不到这一点，可能会导致巨大的财务和声誉损失。

风险与复原力概况

企业是否了解所面临的漏洞、威胁和影响，以及企业哪些部门最需要复原力？

如果复原力准备程度和实践不足，企业是否对风险进行了量化？

识别与隔绝

您是否已根据企业的复原力影响，对资产进行了识别和分类，是否有相关或关联资产会影响企业复原力建设工作的有效性？

是否对这些资产的相关威胁、漏洞和潜在影响进行了评估，您是否确信这符合企业的风险偏好和容忍度水平？

如果已识别的资产涉及第三方提供的服务或产品（另一种资产类型），您是否已向它们说明保持良好复原力的重要性，合同中是否涵盖了这一点？

探测异常情况

企业的监测能力是否反映了有效探测可能影响这些资产/流程复原力的正常活动？

治理过程

您的政策和程序是否包括建立弹性系统和运营的重要性，以及哪些业务需要将复原力嵌入 BAU 中？

评估安全控制措施

您的稽查流程是否包括需要复原力的业务资产、系统和运营？

您的稽查流程是否在复原力能力范围内传达了其安全控制措施？

生存和运营

如果这些"弹性"系统出错（毫无疑问会出现），您所认可的恢复点目标（RPO）和恢复时间目标（RTO）是什么，企业和监管机构能接受这些吗？

企业制定了哪些应急计划来确保企业已识别的资产能够快速、有效地"恢复",确保将影响降至最低?

残酷的现实

尽管英国的一些银行服务非常重要,但一些银行仍在"节衣缩食",或对支持性IT系统管理不善,这些机构似乎不了解这些IT系统对客户的重要性。

因此,越来越多的报道称,英国银行遭遇了长时间的故障,这严重影响了客户在紧急情况下使用这些服务的能力。

试想一下,如果几家英国银行要建立新的数字银行服务,那么这些都要依赖中央主机。现在,采购和维护主机是一笔不小的开支,任何一家银行都难以承受。

因此,它们将该职责外包给了专业的第三方供应商。但是,它们并未要求这台主机只能为它们提供服务,因此,第三方供应商也使用这台昂贵的主机支持其他银行的服务。

很快,多家银行都开始依赖第三方供应商的主机为客户提供数字服务。接下来,第三方供应商计划对服务器进行更新,但未联系银行客户,使得客户在系统更新对数字服务造成不利影响时无法对风险和潜在应急计划进行评估。

第三方供应商进行更新后,所有连接的银行服务开始停止工作。

紧接着,成千上万名银行客户无法完成在线银行服务,或者无法通过这些数字服务支付商品和服务费用,无比愤怒,但银行并不知晓。

当多家银行依赖同一家第三方供应商时,对银行客户数字服务会产生什么样的影响?如果这家关键的第三方供应商成为勒索软件攻击的受害者(如Travelex事件),会对这些服务产生什么潜在影响?您对关键第三方供应商的能力有多大信心(见图14-29)?

7家公司	Hitachi	Travelex	HP	NEC	Fujitsu	NTT DATA	IBM
	B 86	B 81	B 81	C 75	D 65	C 79	F 55
因素							
网络安全	89	67	74	71	58	77	50
DNS健康	100	52	83	62	54	68	48
补丁修复	90	94	64	61	71	48	48
端点安全	95	100	87	68	62	82	66
IP声誉	100	100	98	95	76	82	32
应用程序安全	60	81	63	79	61	70	66
Cubit评分	100	100	90	100	100	100	80
黑客网络通信	100	100	100	100	100	100	100
信息泄露	99	96	99	100	99	100	93
社会工程	99	97	99	100	99	100	98

评分记录 7天 30天 5个月 12个月

图14-29 外包银行关键服务

企业是否会遭遇类似的事件？如果会，企业为这类事件做了哪些准备？

重要启示

- 复原力是一个组织的业务运营从破坏性事件中"恢复"的能力。
- 复原能力必须与资产的预期价值和影响相称。
- 就像人体解剖学中的神经系统一样，复原力需要作为 BAU 活动嵌入业务中。
- 越来越多的法律和监管框架要求运营具备复原力。
- 复原力包括下列其他行业术语的许多组成部分：
  - 网络安全。
  - 信息安全。
  - 物理安全。
  - 风险管理。
  - 数据保护。
  - 合规性。
- 复原力要求团队合作精神和富有成效的领导力，以确保复原力的范围和期望得到支持，并能够实现和保持。
- CERT 创建了一个有用的复原力成熟度模型（CRMM）（1.2 版本）。
- 复原力成熟度模型确定了以下六个关键领域，作为运营复原力的基石：

（1）资产定义与管理（ADM）。
（2）风险管理（RISK）。
（3）漏洞分析与解决（VAR）。
（4）访问管理（AM）。
（5）监测（MON）。
（6）事件管理与控制（IMC）。

第十五章

安防投资回报率（ROI）展示

海湾部队建立一个专用广播站也同等重要。在建立广播站前，海湾部队的士兵们只能收听美国部队的节目及一个名叫巴格达·贝蒂的人在流行音乐唱片播放间隙从伊拉克首都和科威特一座不知名的大楼里播放的一些粗俗的宣传节目。

一开始我就清楚必须要有一个自己的广播站，这样才能让部队了解时事，我也可以不时地与他们通话。对我来说，广播站必不可少，但如何说服伦敦方面则是另一回事。

由于广播站是移动的，我们需要新的设备，这需要花费 50 万到 133 万英镑。在帕狄·海恩的帮助下，我整理出了一份广播站建设方案，提交给国防部。

汤姆·金（国防大臣）很快了解到我们的这一需求，对我的申请表示支持，但白厅并不了解广播站在大范围指挥方面的重要性。

我的印象是，反对者认为广播站没有必要，是一种浪费，他们不接受我的建议，认为他们不会在海湾停留较长时间，因此花费如此多的费用是不合理的。

最终，帕狄·海恩坚持的战线在国务大臣的支持下取得了胜利：普罗瑟罗的投资最终保全下来，新英国部队广播服务（BFBS）站也空运到我们这里——但这耗费了我们巨大的精力，这本来是可以避免的。

另一个我认为至关重要的通信媒介就是邮政。"Bluey"单张航空邮件(见图 15-1)是不折不扣的战争赢家。

图 15-1　Bluey

这些 Bluey 被免费发放给军人，给人一种温暖的感觉，至少政府免费给了一些东西。

Bluey 的优点是空间有限，很快就能写满，尤其是字体较大时。我自己每天都会给布里奇特写一封信，在整个活动期间，Bluey 的使用量出乎意料。

这笔费用很高，将近 200 万英镑，但对振奋士气的贡献是不可估量的。

有人或许会认为，作为一名英国军队指挥官，为确保该职位的高效性，我投入的时间和精力不成比例。

美国邮件遇到的问题很多。令诺曼·施瓦茨科普夫恼火的是，美国信件需要四五个星期才能寄到。而我们的邮局只需要四五天的时间就能收到信，我要竭尽全力保持这种服务效率。例如，英国似乎肯定会发生邮政罢工事件，所以帕狄·海恩在英国和德国军营安排了一套特殊分拣系统，这样部队的邮件就可以完全绕开民用邮局。

英国驻中东部队指挥官　彼得·德拉比利埃将军
1992 年

引言

作为一个既从振奋士气的企业中受益，又投资这类企业的人，我同意企业提供有限的投资回报率表面上带来的好处。

例如，在最后一次被派往阿富汗巴斯营地期间，我收到了女儿寄来的福利包裹，里面是一只"脏脏熊"吉祥物。

没过多久，反情报外勤小组同事（约翰）也收到了一个福利包裹（包含"黛西熊"），这样，"脏脏熊"和"黛西熊"一起开启了冒险之旅。

这些小熊为我们提供娱乐，让我们身心放松，同时也促进了部署人员与家人、朋友和家乡之间的沟通。

过去通过"Bluey"沟通的日子一去不复返，现在的部署人员都可以使用互联网设施了，社交媒体让小熊的冒险经历更具有互动性。

在振奋士气的服务或设施投资方面争取支持，与在安防服务或设施投资方面争取获得所需的财政支持，有许多相似之处。

很多企业领导者认为安防投入很高，但几乎看不到回报，投资回报率有限。

- 如果企业未受到入侵，未成为网络攻击的受害者或未遭受数据泄露，那么不断投资增强企业的防御能力又有何意义？

不过，从另一个角度来看，如果未对企业的防御投入充足的资金，企业成为网络攻击或数据泄露的受害者，面临潜在的财务和声誉损失，潜在成本又是多少？

- 386万美元——2020年全球数据泄露平均总成本。

但是，在数字商业领域，如果不能继续进行适当的投资，就会给威胁行动者提供时机，让其高枕无忧地发动攻击。然后，以此有利位置为出发点，他们会环顾四周，寻找最易受攻击的目标，从而让他们的努力获得最佳的投资回报率。

我们经常看到有关当今网络犯罪分子不断投资的报道，因此数字企业必须确定潜在的敌人利益，确保企业能够采取适当、适度的防御措施，以继续提供充足的5D防御模型（见图15-2）。

遗憾的是，不同于高级军官欣赏振奋士气给部队带来的好处，企业领导者可能不具备这样的知识和理解能力。

因此，您必须用商业语言及简明扼要的商业案例进行"电梯游说"。

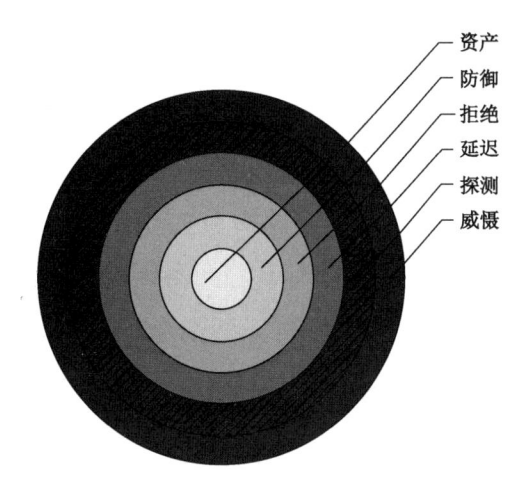

图 15-2　5D 防御模型

对于每项投资，您应努力说清楚企业的需求及投资回报率是多少。您应避免使用复杂的技术术语或冗长的理由。

不要指望决策者会了解技术或对其感兴趣（这正是他们付钱的目的），也不要指望他们有时间去阅读冗长的投资理由。

- 他们感兴趣的只是背景及"那又怎样？"的答案。

因此，使用 PCAN 缩略语有助于传达这一信息：

- 问题（Problem）。
- 原因（Cause）。
- 需要采取的行动（Action required）。
- 净收益（Net benefits）。

创建商业案例

谨记，您的关键利益相关者都非常忙碌，绝不会花费大量的时间阅读好几页文字。但是，您的目的是让他们认可并支持新的举措。

如果您能提供一份简单明了的企划案，详细说明背景知识，让他们据此做出明智的决定，了解企划案对现有的措施的好处和附加值，以及企划案有助于缓解哪些新出现的威胁，那么您更能获得他们的支持。

因此，如果希望获得关键利益相关者的支持，您可以考虑简洁地记录这些内容，并使用清晰/非技术型语言的商业写作模式，如一到两页的商业案例要点简述（见图 15-3）。

商业案例

日期：	
提交人员：	
职务/角色：	

INFORMATION SECURITY CENTURION

项目
用项目符号描述该项目/倡议旨在解决的问题或旨在缓解的风险。

历史
用项目符号描述当前形势和原因。

限制因素
列出可能妨碍该项目/倡议取得成功的因素，如需要贵重设备或专业团队成员等。

方法
列出要完成该项目/倡议需要采取哪些措施。

估计成本
预测该项目的估计成本。

利益
用项目符号列出该项目将给企业带来的好处。

图 15-3　简单的商业案例模板

让无形变有形

定期制定关键绩效指标（KPI）和关键风险指标（KRI）的做法往往不受重视，但极具价值。从本质上来讲，您从安全工具和稽查活动中导出数据，可以把这些工具和活动持续为企业带来的好处显现出来。

以车辆领域制动系统给驾驶人员带来的好处为例。每当驾驶人员踩下制动踏板，就能看到和感受到制动系统的作用。此外，当制动器开始磨损或无法正常运行时，驾驶人员就能辨别出制动系统性能差异及其所导致的风险。

当制动系统的磨损程度接近制造商规定的公差值时，自动感知器（通过制动系统警示灯）会提醒驾驶人员风险增加。这时，驾驶人员可调整驾驶方式，直至能够启动进一步调查并安排人员修理制动系统。

关键绩效指标和关键风险指标报告旨在帮助关键利益相关者了解已规避的威胁，以及采取缓解措施后依然存在的内在风险。

同样以开车为例。您可能拥有一个全面运行、有效的制动系统，但是这无法消除紧急刹车时增加的风险，以及调整制动方式以降低在冰雪道路或结冰路面驾驶时增加的风险。

您所提供的指标必须与企业相关，并提供相关背景，阐明所获得的好处，以及传达条件变化及采取额外的缓解措施的时间。

NIST 提供了几种有用的资源，为将无形变有形提供进一步指导。

军事比较

在英国皇家空军奥尔德格罗夫基地空运安全（ATSy）小组工作的两年，我负责对离开英国皇家空军基地的军用航班乘客（PAX）进行安检，并对通过贝尔法斯特国际机场转机的该基地的所有军人和平民乘客进行再次安检。

为获得空运安全职务的资格，所有被选人员都需在英国皇家空军警察学院参加一门为期五天的驻地课程（见图 15-4）。之后，我还要完成另外两门民事课程——其中一门课程的参与人员包括来自贝尔法斯特国际机场的军用航班乘客安检员工。

这次培训的主要目的是确保所有的空运安全人员均接受过适当水平的航空安全培训，并具备履行该专业职务所需的能力。

该小组人数不多，主要负责为驻地联合军种调度小组提供安全支持。

```
          学科
   英国皇家空军空运资产威胁
       空运安全日常操作
  设计和高风险航班空运安全操作
       危险空运货物运输
       保护标记物资移动
       石灰石移动程序
           搜查
          筛查设备
    圆满完成课程理论阶段,
        具备以下技能:
       使用手持金属探测仪
       使用金属探测拱门
       使用X光行李安检机
       乘客违规行为处置程序
```

图 15-4　空运安全培训

除被发现和没收的违禁资产,以及军用飞机起飞和抵达目的地时未出现任何安全问题外,这次培训和任务并没有什么真正的投资回报。

每个月末,小组长都会列出所审核的航班和乘客总数及查获的违禁品数量。然后,将这些清单提交给高级管理层。

这些指标被用于证明空运安全小组对英国皇家空军奥尔德格罗夫基地的安防工作的价值。

履行职责期间,有时需要长时间的等待,偶尔会突发些情况,我们的职责是确保突然涌入的乘客能够安全地接受审核,不会妨碍飞机起飞。

我们这个小团队紧密合作,经常玩一些小把戏,打发无聊的时间。其中一项活动就是我们自编的游戏。它无疑帮我们减少了轮班时的单调乏味。

在一次两人轮班期间,我和同事(戴维·谢帕德)决定打造自己版本的游戏:"笨蛋或沃尔多在哪里"。

早晚都是单人值班,因此游戏规则是夜班人员将(同事军人证上各种大小的)头像复印件藏在乘客安检和出发区。这样,开始安检就变得有趣多了,检查也更加彻底,因为你要设法在调度小组成员或乘客发现(更糟糕)前发现这张照片。

当时一切都很顺利,但周六上午,我跑步回来,未赶上第一班航班。虽然我及时打开了航站楼大门,开放了境外安检候机室,但因时间紧迫,未对乘客进行安检。

您或许不知道,最先到达机场准备乘机返回英国的是英国皇家空军警局指挥官(OC)(我的大老板!)。我设法让机务人员放慢登记手续的登记速度,而我则着急地在乘客安检区扫视了一圈,找回了前一天晚班同事放在乘客安检区的我的三张头像复印件。

呼! 避免了一场灾难,我本来是这么想的!

大多数英国皇家空军警局指挥官都十分严肃，让英国皇家空军警局人员感到恐惧。相信我，这位英国皇家空军警局指挥官绝对也是这种性格，我们经常能听到他在英国皇家空军警局总部办公室里大声发号施令。

因此，必须确保以最专业的精神和最严明的纪律履行职责。轮班开始时的一项任务就是检查金属探测拱门和 X 光机。

我没有时间做这些检查了！

在英国皇家空军警局指挥官到来之前，我打开了金属探测拱门和 X 光机。他的出现让我又恐惧又紧张。但是，如果能以专业的态度正确地完成工作，就不会有任何问题。

我彬彬有礼地接待了这位英国皇家空军指挥官，请他把口袋里的金属物品拿出来，将包放在 X 光机上，让他等我的指示，穿过金属探测拱门。

随即，我按动按钮，启动 X 光机传送带，处置这位指挥官的行李，突然传送带下方出现了一张 A2 大小的我的头像复印件（用胶带粘在上面）。这让我惊慌失措！

在进入 X 光行李安检区的扫描区之前，超大的照片已经传送过来。敏锐的老板已经看到传送带上粘着的东西。

他想确认自己看到的东西，等着这个可疑的东西从 X 光机的深处传送过来。等待过程中我假装自己什么也没有看到。我们等传送带转回来（我确信在等待的过程中，我的心跳和呼吸都停止了），揭开它那即将决定我必然命运的隐藏的宝藏。

幸运的是，在漫长地等待了超过 5 分钟后，X 光机救了我一命，宝藏并未出现在老板的面前。事实上，在英国皇家空军奥尔德格罗夫基地执行空运安全职责期间，这台 X 光机从未泄露过我大头贴的秘密。

虽然（我想起自己侥幸逃脱的故事后）这件事让谢帕德乐了好几个小时，但这次经历让我更加深刻地认识到确保今后早班开始前留出充足的时间进行所有的强制性启动检查的回报。

在英国皇家空军警局职业生涯的后半部分，在分派支持阿曼皇家空军迈里特基地行动、约克郡英国皇家爱斯科赛马会（英国皇家空军乌斯河畔林顿基地），甚至在巴斯营地航站楼候机、飞往塞浦路斯的路上（减压阶段），以及在为期六个月的反情报外勤小组部署结束时，我在空运安全团队中接受的训练和工作经历依然为我提供着额外的回报。

在我英国皇家空军警局生涯最后一次执行空运安全任务期间，我托运了行李，完成了乘客登机安检手续（由英国皇家空军警局空运安全小组处理），等待启程。

调度小组联合军种驻地二级准尉（WO2）切斯走到我跟前，问我能否协助处理部分晚到的乘客安检事宜。我在英国皇家空军奥尔德格罗夫基地空运安全小组就职时，切斯曾是调度小组的一名初级成员。这些乘客都是陪同旅行，需要乘坐这次航班。驻地空运安全小组已经离开，等待驻地空运安全小组返回可能会影响航班起飞时间。

当然，我很高兴帮助一位我曾经的英国皇家空军奥尔德格罗夫基地的同事。

事实上，这并不是这次冒险的终点，因为我开玩笑问他是否愿意等待其他解散的英国皇家空军警局同事，将航班推迟 24 小时。

当然，现在他已经是高级管理层了，不可能满足我的要求。不过，您应当谨慎对待自己的愿望。

大约 20 分钟后，切斯返回候机室，直视着我，带着诡异的笑容失望地摇了摇头，同时（小声地）对我嘀咕了几句脏话。

紧接着，切斯站在所有候机乘客（包括我的英国皇家空军警局同事）面前，宣布由于莱塞尼克营地大院内发生火灾（见图 15-5），浓烟遮住了跑道，为安全起见，飞机无法夜间起飞，航班将延误 24 小时！

图 15-5　阿富汗巴斯营地火灾

第二天晚上，我们将与"脏脏熊""黛西熊"和英国皇家空军警局同事一同登机前往塞浦路斯英国皇家空军阿克罗蒂里基地，享受这个放松和减压的机会，然后回家与朋友和家人团聚。

这是我在英国皇家空军警局职业生涯中的最后一次外海部署。

在最后一次海外部署之前，我决定离开英国皇家空军警局，在拉夫堡大学开始为期 4 年的安全管理研究生学习。

请相信我，在提供全天候反情报外勤小组能力的同时，兼顾学习和执行任务［利用一切业余时间做研究或每周利用一个上午在远征军研究院（EFI）打字以完成任务（希望不会被同事约翰打扰，因为他接到了应对突发事件的电话）］非常困难，也压力重重，但是最终获得硕士学位，将在英国皇家空军警局职业生涯中习得的技能及获得的经验进行转化也是非常值得的。

在离开英国皇家空军警局的两年内，我在二十二年职业生涯中获得的技能、经验和知识帮我获得了更多的行业认证，取得了 ISACA 认证信息安全经理（CISM）和风险与信息系统控制（CRISC）认证资格，并因 NCSC 认证网络专业人员（CCP）计划得到特许信息安全研究所（CIISec）的认可，获得信息风险顾问（SIRA）资深从业员认证。

构建 BRIDGES

在很多客户抱怨缺乏数字化产品之后，一家银行应对挑战，设法开发和实施新的数字化客户服务。我们将再次使用 BRIDGES 缩略语进行审查。

企业背景

不同于很多主流银行，这家银行在接受数字化革命方面进展缓慢，但现在银行领导层提出为客户提供数字移动银行应用程序的要求。

其希望在未来十二个月能够开发出设计精良、美观大方的应用程序，以提升客户的网上银行体验，并推出手机银行应用程序，供客户使用。

风险与复原力概况

作为一家传统的银行，这家银行几乎没有或根本没有工作人员具备构建手机银行应用程序的经验。而且，鉴于媒体有很多关于银行应用程序受攻击的报道（如一般的手机银行应用程序易受欺诈数据盗窃的影响），其不希望引入具有固有漏洞的新攻击面。

在安全退出手机银行应用程序后，其希望能从中受益，不希望遭受太多的不利影响，也不希望被视为可恶的易受攻击的银行（见图 15-6）。

因此，在该项目实施期间，其希望考虑以下安全目标：
（1）最大限度地降低攻击面。
（2）建立软件保护机制。
（3）确立安全的软件操作。
（4）建立有效的安全软件生命周期管理实践。

识别与隔绝

在深入了解实现数字化的复杂度和风险后，鉴于项目时间缩短，其最终决定选择商用货架产品（COTS）的银行应用程序，将应用程序开发工作外包出去，并采购一些云服务，为硬件提供支持。

图 15-6　易受攻击的银行

虽然大多数辅助移动应用程序和辅助硬件都外包出去了，但由于这是银行既有服务的延伸，仍需与现有的部分基础设施建立连接。

因此，必须确定和安全配置辅助硬件资产，并根据商定的软件开发框架安全开发软件。

探测异常情况

尽管项目将采用敏捷方法进行开发，但双方同意设立关键检查点，第三方供应商应在整个项目期间定期进行安全测试，并在检查点报告期间反馈每个问题。

此外，为确保安全成为项目的一个固有考虑因素，在移动应用程序上线前，必须对应用程序进行独立的渗透测试，并修复漏洞（高于风险偏好水平）。

高级管理层同意，为了消费者的安全，即使时间紧迫，在风险团队的一名高级成员正式签署该项目之前，手机银行应用程序也不得上线。

治理过程

虽然该项目使用的是商用现成的手机银行应用程序，而且大多数已外包出去，但银行仍决定将与内部资助的项目相同级别的监督和报告工作分配出去。

评估安全控制措施

在项目生命周期内，根据商定的行业安全软件开发和安全框架等，对项目进行定期评估，例如：
- 《支付卡行业数据安全标准》。
- 《支付卡行业软件安全框架》。
- OWASP《移动安全测试指南》（MSTG）。
- 卓越代码软件保证论坛（SAFECode）《安全软件基本实践》。

对结果进行审查和背景分析，并将其报告给定期检查点，供进一步审议和风险评估，且所有已查明的风险都将记录在风险登记册中。

生存和运营

此外，在项目开发过程中，主要利益相关者应考虑新移动应用程序受损带来的影响和应急计划。

例如，如果现有的主机（由第三方供应商管理）发生故障，导致无法处理和传输手机银行应用程序严重依赖的重要数据集，可以采取哪些应急措施？
- 是否需要审查和更新现有的服务级别协议（SLA），以反映涉及灾难恢复规划关键大型主机的恢复点目标（RPO）和恢复时间目标（RTO）？

可接受的手机银行应用程序无法使用的时间是多长？
- 对银行客户的潜在影响是什么？
- 相较于没有手机银行应用程序，手机银行中断对银行声誉造成的潜在损害是否更大？
- 这一关键主机资产的一次中断会影响哪些银行服务？

残酷的现实

外包的一个重要部分是了解第三方供应商所提供的服务的价值，并从我们的关键供应商那里获得适当的保证。

2020年5月，美国、加拿大、英国和荷兰的慈善机构、非营利组织、基金会和大学在一家大型知名供应商（Blackbaud）遭受勒索软件攻击后受到了严重影响。

据报道，在这次攻击中，供应商因遭受攻击给可能近200个组织和数百万人带来影响。

2020年5月，Blackbaud 遭受攻击，但避免了攻击者对所有数据资产进行加密。在攻击者成功提取部分数据之前，Blackbaud 并未告知客户遭受攻击一事，直到2020年7月才予以告知。

这次攻击后，为挽回名声并实现"持续运营"，Blackbaud 声称已向攻击者支付了赎金，其中一名客户（一个美国大学）还向攻击者支付了140万美元。

据估计，迄今为止，这次勒索软件攻击使 Blackbaud 损失了360万美元的赎金，并且 Blackbaud 还有至少23起集体诉讼正在审理中。

- Blackbaud 的客户是无辜的吗？
- 这些组织是否将 Blackbaud 确定为关键/重要供应商之一？
- 这些组织是否认为供应商采取了适当的防御措施？
- 这些组织是否对供应商开展了充分的尽职调查？
- 这些组织的第三方管理做法是否相称？
- 这些组织是否相信并依赖从 Blackbaud 网站上读到的内容（见图15-7）？

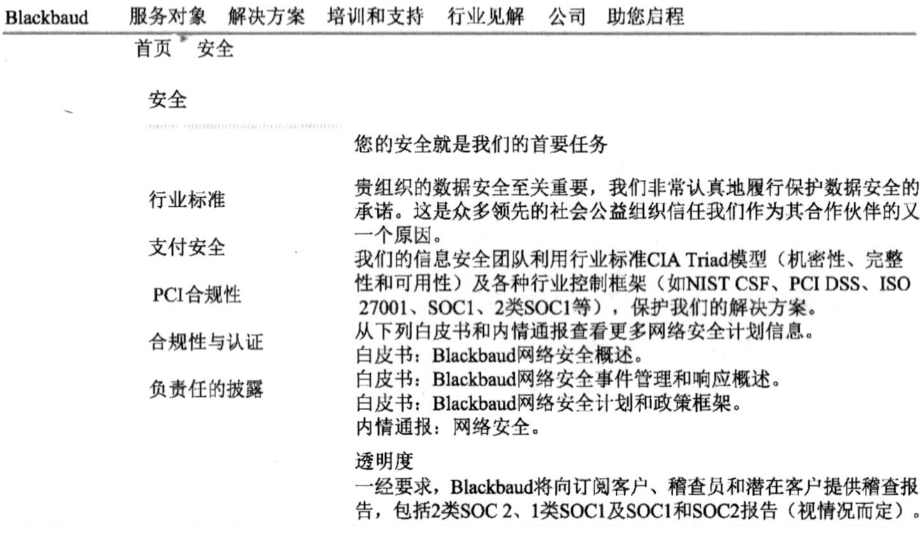

图15-7 Blackbaud 安全网页

重要启示

- 计算各种安防措施的潜在投资回报率可能非常困难。
- 可能需要很多年才能获得回报（或者可能永远无法实现）。
- 应结合风险管理过程中发现的每个新兴风险和威胁进行投资。
- 最难创造实际收益的投资回报率就是投资对某个组织的人力资产进行培训。

- 在为新的或强化的安防措施创建商业案例时，应从更广泛的角度确定可能需要的辅助投资，例如：
  - 实施或更改为新的安全解决方案。
  - 支持有效使用新解决方案所需的专业培训要求。
- 在安防领域，很多倡议对于高级管理层而言都是不可见的。因此，（在可能的情况下）您必须能够从新的安防措施中导出数据集，以帮助其直观地了解所产生的好处。
- 应将外包服务投资与其他安防措施同等对待，并定期进行关键风险指标和关键绩效指标报告。

缩略语中英文对照表

2FA	双因素身份验证
ACET	网络安全自动检查工具箱
ADC	区域破坏控制
ADM	资产定义与管理
AES	高级加密标准
AICPA	美国注册会计师协会
AIS	会计信息系统
ALE	年度损失敞口
AM	访问管理
AO	作战区
AP	接入点
API	应用程序接口
APT	高级长期威胁
ARP	地址解析协议
AS	认证服务器
ASLR	地址空间布局随机化
ASTy	空运安防
ATM	自动取款机
AV	防病毒
B2B	企业对企业

续表

BAU	照常营业
BBC	英国广播公司
BCP	业务连续性计划
BIA	业务影响评估
BIA	业务影响分析
BISOs	商业信息安全官
BMIS	信息安全商业模型
BNS	加拿大丰业银行
BSyO	支队安全官
BSyOs	分部安全官
C2M2	网络安全能力成熟度模型
CAA	民航局
CAST	科技应用中心
CAT	配置评估工具
CCI	控制关联标识符
CCP	认证网络专业人员
CCTV	闭路电视
CERT	计算机安全应急响应组
CI	反情报
CICA GAPP	加拿大特许专业会计师协会
CIFT	反情报外勤小组
CIISec	特许信息安全研究所
CIM	计算机安装管理人员

续表

CIO	首席信息官
CIS 20 CSC	互联网安全中心二十大关键安全控制措施
CISA	网络安全与基础设施安全局
CISO	首席信息安全官
CJIS	刑事司法信息服务部
CMDB	配置管理数据库
CNSSI	国家安全系统委员会
CompSy	计算机安全
CONTEST	英国政府反恐怖主义
COPPA	《儿童在线隐私保护法》
CORS	跨域资源共享
COTS	商用货架产品
CP	协调咨询文件
CPNI	国家基础设施保护中心
CRISC	风险与信息系统控制
CRL	证书吊销列表
CRM	客户关系管理
CRMM	复原力成熟度模型
CRT	阴极射线管
CSET	网络安全评估工具
CSF	网络安全框架
CSP	云服务提供商
CT	持续训练

续表

CVE	常见漏洞和风险
DEP	数据执行保护
DES	数据加密标准
DHCP	动态主机配置协议
DMZ	非军事区
DNS	域名服务器
DOB	作战基地
DODI	美国国防部指令
DOM	文档对象模型
DoS	拒绝服务
DPO	数据保护官
DRP	灾难恢复计划
DSP	数字服务提供商
Dstl	国防科技实验室
DTMF	双音多频
EAAC	电子自动访问控制
EAACS	电子自动出入管制系统
EAP	试验飞机计划
ECG	心电图
ECM	电子对抗措施
EFI	远征军研究所
EIS	执行信息系统
ERP	企业资源规划

续表

EU	欧盟
FBI	美国联邦调查局
FCA	英国金融行为监管局
FCO	联邦事务部
FIC	文件完整性检查
FTC	美国联邦贸易委员会
GDPR	《通用数据保护条例》
GIS	地理信息系统
GLBA	《格雷姆-里奇-比利雷法》
GPS	全球定位系统
GSD	德国牧羊犬
H&S	健康与安全
HGV	重型货车
HIDS	主机入侵检测系统
HIPAA	《健康保险携带和责任法案》
HOSDB	内政部科学发展处
HSE	健康安全局
HVM	减少敌方车辆
IaaS	基础设施即服务
IACS	工业自动化和控制系统
IAM	身份和访问管理
ICME	综合计算材料工程
ICO	信息专员办公室

续表

ICS	行业控制系统
ID/IP	入侵检测/入侵防护
IDEA	国际数据加密算法
IDS	入侵检测系统
IED	简易爆炸装置
IMC	事件管理与控制
IMS	库存管理解决方案
INFOSEC	信息安全
INGAA	美国州际天然气协会
IntRep	情报报告
ISACA	国际信息系统审计协会
ISO	国际标准化组织
IT	信息技术
ITCC	信息技术协调委员会
IVR	交互式语音应答
JNCO	初级军士
JRA	联合后方防守区
JSP 440	《联合军种出版物第 440 刊》
KAF	坎大哈机场
KPI	关键绩效指标
KRI	关键风险指标
KVM	键盘、视频和鼠标
LAN	局域网

续表

LCD	液晶显示器
LEF	损失事件频率
LP	监听哨
MBMM	最低基线测量矩阵
MD5	信息摘要 5
MDM	移动设备管理
MFA	多因素身份验证
MgtIS	管理信息系统
MI5	军情五处
MIS	制造信息系统
MITM	中间人攻击
ML	机器学习
MOD	国防部
MON	监测
MPS	恶意软件预防系统
NaCTSO	国家反恐安全办公室
NCSC	英国国家网络安全中心
NFC	近场通信
NIPS	网络入侵预防系统
NIRT	北爱尔兰再强化培训
NIS	网络与信息系统安全
NIST	美国国家标准与技术研究院
NIST SP	美国国家标准与技术研究院出版物

续表

缩略语	中文
NISTIR	美国国家标准与技术研究院跨部门报告
NSS	国家安全系统
NSSE	国家特殊安全活动
NVD	美国国家漏洞数据库
OC	指挥官
OC Police	飞行队指挥官
OECD	经济合作与发展组织
OP	观察哨
OR	行动要求
OSI	开放式系统互联
OT	操作技术
PaaS	平台即服务
PAX	乘客
PbD	隐私设计
PCI DSS	支付卡行业数据安全标准
PIDS	外围入侵检测系统
PII	个人可识别信息
PIN	个人识别号
PM	保护性标记
PME	公共军事活动
PMR	个人管理电台
PRA	英国审慎监管局
PSA	安防顾问

续表

PSDB	警察科学发展科
PSP	支付服务供应商
PTMA	渗透测试成熟度评估
QRA	快速反应飞机
QRF	快速反应部队
QSA	合格安全评估员
R&D	研发
R&R	休整与复原
RA	风险分析
RAT	远程访问木马
RBPS	风险性能标准
RDP	远程桌面协议
RFID	射频识别
RMF	风险管理框架
RoE	交战规则
ROI	投资回报率
RPA	机器人流程自动化
RPG	火箭榴弹
RPO	恢复点目标
RTO	恢复时间目标
SaaS	软件即服务
SCA	强客户身份验证
SCADA	数据采集与监视控制系统

SCAP	安全内容自动化协议
SCM	供应链管理
SCRM	供应链风险管理
SDLC	软件开发生命周期
SEAP	安全设备认可产品
SEAR	特殊活动评估等级
SIEM	安全信息和事件管理
SIRA	信息风险顾问
SIS	战略信息系统
SLA	服务级别协议
SMART	具体性、可衡量性、可行性、现实性和时限性
SNCO	高级军士
SOC	安全运营中心
SoGP	良好实践标准
SOP	标准操作规程
SOX	《萨班斯-奥克斯利法案》
SRM	供应商风险管理
SSEP	应急准备状态
SSG	安全服务小组
SSyO	基地安全官
SyOps	安全操作程序
TALCE	战术空运指挥单元
TCF	战术作战部队

续表

TEMPEST	防止杂散发射的远程通信电子材料
TESSOC	恐怖主义、间谍活动、蓄意破坏、颠覆、有组织犯罪
TFTP	简单文件传输协议
TIH	有毒吸入危害
TripleDES	三重数据加密标准
TSMC	台积电
TTP	战术、技术和程序
USyO	部队保密官
USyOs	单位安全官
V&A	宝贵且具有吸引力
VAR	漏洞分析与解决
VoIP	基于IP的语音传输
VRMMM	供应商风险管理成熟度模型
WMIK	武器安装套件
WO2	二级准尉
WWW	万维网

原书参考文献

企业背景

- Farkas, I. (2019). Zero Day, Zero Budget: Information Security Management Beyond Standards. 1st ed. Imre Farkas.
- Saïd El Aoufi (2011). Information security economics. Norwich: Tso.
- Miller, P. (2014). The digital renaissance of work: delivering digital workplaces fit for the future. Farnham, Surrey, England ; Burlington, Vt, USA: Gower.
- Murdoch, R. (2018). ROBOTIC PROCESS AUTOMATION: guide to building software robots, automate repetitive tasks.
- Mary Cecelia Lacity and Willcocks, L. (2018). Robotic process and cognitive automation: the next phase. Stratford-Upon-Avon, Warwickshire: Sb Publishing.
- King, R. (2018). Digital workforce: reduce costs and improve efficiency using robotic process automation. Erscheinungsort Nicht Ermittelbar, Rob King.
- Information Systems Audit and Control Association (2016). ISACA privacy principles and program management guide. Rolling Meadows, Ill.: Isaca.
- Aiken, M. (2016). The cyber effect: a pioneering cyberpsychologist explains how human behavior changes online. London: John Murray.
- Clark, N. and Nixon, C. (2015). Professional services marketing handbook: how to build relationships, grow your firm and become a client champion. London ; Philadelphia: Kogan Page.
- W Chan Kim and Renée Mauborgne (2015). Blue ocean strategy: How to create uncontested market space and make the competition irrelevant. Massachusetts: Harvard Business School Publishing Corporation.
- Mullins, L.J. (2007). Management and organisational behaviour (paperback and internet access card). Harlow: Pearson Education Limited.
- Managing successful projects with PRINCE2. (2009). London: Tso (The Stationary Office), Cop.

- Loginov, M. (2018). CISO: Defenders of the Cyber-Realm. 1st ed. Great Britain: Ascot Barclay Publishing.
- Bonney, B., Hayslip, G. and Stamper, M. (2016). CISO desk reference guide: a practical guide for CISOs. San Diego, Ca: Ciso Drg Joint Venture Pub.
- Bonney, B., Hayslip, G. and Stamper, M. (2018). CISO desk reference guide: a practical guide for CISOs. San Diego: Ciso Drg Joint Venture Publishing, Cop.
- Ferriss, T. (2011). Escape the 9-5, live anywhere and join the new rich. Vermilion.

风险管理

- Dehghantanha, A., Conti, M., Tooska Dargahi and Springerlink (Online Service (2018)). Cyber Threat Intelligence. Cham: Springer International Publishing.
- Borodzicz, E.P. (2005). Risk, crisis and security management. West Sussex, England; Hoboken, Nj: J. Wiley & Sons.
- Waters, D. (2015). Supply chain risk management: vulnerability and resilience in logistics. London: Kogan Page.
- Young, C.S. (2010). Metrics and methods for security risk management. Amsterdam; Boston: Syngress/Elsevier.
- Freund, J. and Jones, J. (2015). Measuring and managing information risk: a fair approach. Oxford: Elsevier, Cop.
- Slovic, P., Earthscan and Routledge (2014). The perception of risk. Abingdon, Oxon; New York: Earthscan From Routledge, Dr.
- Talbot, J. (2019). Security Risk Management: Aide-Memoire. 1st ed. Sydney, NSW, Australia: SERT Pty Ltd.
- (2016). Security and Risk Management: Critical Reflections and International Perspectives. 1st ed. London, UK: Centre for Security Failures Studies Publishing.
- Broder, J.F. and Tucker, E. (2012). Risk analysis and the security survey. Amsterdam; Waltham, Ma: Butterworth-Heinemann.
- Blyth, M. (2015). Risk and security management: protecting people and sites worldwide. Hoboken, N.J.: Wiley.
- Risk Scenarios: Using COBIT 5 for Risk. (2014). Isaca.
- Advanced persistent threats: how to manage the risk to your business. (2013). Isaca.

- Haber, M.J. and Hibbert, B. (2018). Asset attack vectors: building effective vulnerability management strategies to protect organizations. Berkeley, Ca: Apress.
- Haber, M.J. (2020). *IDENTITY ATTACK VECTORS: implementing aneffective identity and access management solution.* S.L.: Apress.
- Haber, M.J. and Hibbert, B. (2018). Privileged attack vectors: building effective cyber-defense strategies to protect organizations. New York, Ny: Distributed To The Book Trade Worldwide By Springer Science+Business Media.
- Hassan, N.A. and Rami Hijazi (2018). Open Source Intelligence Methods and Tools. Berkeley, Ca: Apress.

识别与隔绝

- American Institute of Certified Public Accountants (2018). Guide: SOC 2 reporting on an examination of controls at a service organization relevant to security, availability, processing integrity, confidentiality, or privacy. New York, N.Y.: American Institute of Certified Public Accountants.
- Information Systems Audit and Control Association (2014). IT control objectives for Sarbanes-Oxley: using COBIT 5 in the design and implementation of internal controls over financial reporting. Rolling Meadows, Il: Isaca.
- Ramos, M.J. (2008). The Sarbanes-Oxley section 404 implementation toolkit: practice aids for managers and auditors. Hoboken, N.J.: Wiley.
- Ross, R. (2013). Security and Privacy Controls for Federal Information Systems and Organizations (NIST SP 800-53, Revision 4). 1st ed. 50 Page Publications.
- Katzer, M.A. (2018). Securing Office 365: masterminding MDM and compliance in the cloud. Berkeley, California: Apress.
- Buchanan, W. (2017). Cryptography. Gistrup, Denmark: River Publishers.
- James, S. (2019). PRACTICAL CRYPTOGRAPHY IN PYTHON: learning correct cryptography by example.
- Haunts, S. (2019). Applied Cryptography in .NET and Azure Key Vault: A Practical Guide to Encryption in .NET and .NET Core. Berkeley, Ca: Apress.
- Vasantha Lakshmi and Springerlink (Online Service (2019)). Beginning Security with Microsoft Technologies: Protecting Office 365, Devices, and Data. Berkeley, Ca: Apress.

- Stouffer, K., Falco, J. and Scarfone, K. (2011). Guide to Industrial Control Systems (ICS) Security-Supervisory Control and Data Acquisition (SCADA) systems, Distributed Control Systems (DCS), and other control system configurations such as Programmable LogicControllers (PLC). S.L.] 50 Page Publ.
- Kobes, P. and Vde-Verlag Gmbh (2020). Guideline Industrial Security IEC 62443 is easy. Berlin Vde Verlag.
- Ginter, A. (2018). SCADA security: what's broken and how to fix it. Calgary: Abterra Technologies.
- Bodungen, C.E., Singer, B.L., Shbeeb, A., Hilt, S. and Wilhoit, K. (2017). Hacking exposed, industrial control systems: ICS and SCADA security secrets & solutions. New York ; Chicago ; San Francisco: McGraw Hill Education.
- Seaman, J. (2020). PCI DSS: an integrated data security standard guide. S.L.: Apress.
- Williams, B.R. and Chuvakin, A. (2012). PCI compliance: understand and implement effective PCI data security standard compliance. Waltham, Ma, USA: Elsevier/Syngress.
- Lacey, D. (2015). A Practical Guide to the Payment Card Industry Data Security Standard (PCI DSS). 1st ed. Illinois, United States:Isaca.
- Isaca (2013). Configuration Management: Using COBIT 5. Isaca.
- Information Systems Audit and Control Association (2014). Vendor management using COBIT 5. Rolling Meadows, Il: Isaca.
- Gilman, E. and Barth, D. (2017). Zero trust networks: building secure systems in untrusted networks. Sebastopol, Ca: O'Reilly Media.
- Gordon Fyodor Lyon (2008). Nmap network scanning: official Nmap project guide to network discovery and security scanning. Sunnyvale,Ca: Insecure.com, Llc.
- Hutchens, J. (2014). Kali Linux network scanning cookbook: over 90 hands-on recipes explaining how to leverage custom scripts and integrated tools in Kali Linux to effectively master network scanning. Birmingham, UK: Packt Publishing.
- Vacca, J.R. (2010). Network and system security. Burlington, Ma: Syngress/Elsevier.
- Knapp, E.D. and Joel Thomas Langill (2015). Industrial network security: securing critical infrastructure networks for smart grid, SCADA, and other industrial control systems. Waltham, Ma: Syngress.

- Anderson, R.J. (2008). Security engineering: a guide to building dependable distributed systems. Indianapolis, Ind.: Wiley.
- Baker, P.R. and Benny, D.J. (2016). The Complete Guide to Physical Security. Auerbach Publications.

探测异常情况

- Bejtlich, R. (2019). The practice of network security monitoring: understanding incident detection and response. Vancouver, B.C.: Langara College.
- Brown, S.A. and Brown, M. (2011). Ethical issues and security monitoring trends in global healthcare: technological advancements. Hershey, Pa: Medical Information Science Reference.
- Sanders, C. and Smith, J. (2014). Applied network security monitoring: collection, detection, and analysis. Amsterdam ; Boston: Syngress, An Imprint Of Elsevier.
- Andreĭ Miroshnikov (2018). Windows security monitoring: Scenarios and patterns. Indianapolis, In: John Wiley & Sons Inc.
- Liska, A. (2003). The practice of network security: deployment strategies for production environments. Upper Saddle River, Nj: Prentice Hall Ptr.
- Fry, C. and Nystrom, M. (2009). Security monitoring. Farnham: O'Reilly.
- Ghorbani, A.A., Lu, W. and Mahbod Tavallaee (2010). Network Intrusion Detection and Prevention: Concepts and Techniques. New York, Ny: Springer US.
- Flammini, F., Setola, R. and Giorgio Franceschetti (2016). Effective surveillance for homeland security: balancing technology and social issues. Boca Raton: Chapman & Hall/Crc.

治理过程

- Tricker, R.I. (2015). Corporate governance: principles, policies and practices. Oxford: Oxford Univ. Press.
- Information Systems Audit and Control Association (2017). Implementing a privacy protection program: using COBIT 5 enablers with the ISACA privacy principles. Rolling Meadows, Ill.: Isaca.

- Fay, J. (1999). Model security policies, plans, and procedures. Boston: Butterworth-Heinemann.
- King, N. and Anderson, N. (2002). Managing innovation and change: a critical guide for organizations. London: Thomson.
- Leron Zinatullin (2016). The psychology of information security: resolving conflicts between security compliance and human behaviour. Ely, Cambridgeshire: IT Governance Pub.
- Levit, A. (2019). Humanity works merging technologies and people for the workforce of the future. London, United Kingdom New York Kogan Page.
- Hayden, L. (2016). People-Centric Security: Transforming Your Enterprise Security Culture. 1st ed. New York, United States: McGraw Hill Education.
- Person, R. (2013). Balanced scorecards & operational dashboards with Microsoft Excel. Indianapolis, In: Wiley.
- Peter De Tender, Rendon, D., Erskine, S. and Springerlink (Online Service (2019). Pro Azure Governance and Security: A Comprehensive Guide to Azure Policy, Blueprints, Security Center, and Sentinel. Berkeley, Ca: Apress.

评估安全控制措施

- Mcnab, C. (2017). Network security assessment: know your network. Sebastopol, Ca: O'Reilly Media, Inc.
- Weidman, G. (2014). Penetration testing: a hands-on introduction to hacking. San Francisco: No Starch Press.
- Oakley, J.G. (2019). Professional Red Teaming Conducting Successful Cybersecurity Engagements. Berkeley, Ca: Apress.
- Deviant Ollam (2012). Practical lock picking: a physical penetration tester's training guide. Waltham, Ma: Syngress/Elsevier.
- Watson, G., Mason, A.G. and Ackroyd, R. (2014). Social engineering penetration testing: executing social engineering pen tests, assessments and defense. Amsterdam ; Boston: Syngress, An ImprintOf Elsevier.
- Daniel, C. (2012). Reader-Friendly Reports: A No-nonsense Guide to Effective Writing for MBAs, Consultants, and Other Professionals. McGraw-Hill.
- Sennewald, C.A. (2004). Security consulting. Oxford: Elsevier Butterworth-Heinemann.

- Sennewald, C.A. (2013). Security consulting. Boston: Butterworth-Heinemann.
- Bencie, L. (2014). Global security consulting: how to build a thriving international practice. Mountain Lake Park, Md: Mountain Lake Press.

生存和运营

- Conboy, N., Jan Van Bon and Stationery Office (Great Britain) (2017). Service rescue!: an implementation and improvement guide for incident management. Norwich: The Stationery Office.
- Thompson, E.C. (2018). *Cybersecurity Incident Response: how to contain, eradicate, and recover from incidents*. New York Apress.
- Niranjan Reddy (2019). Practical Cyber Forensics: An Incident-Based Approach to Forensic Investigations. New York Apress.

网络安全

- Dafydd Stuttard, Pinto, M. and Pauli, J.J. (2012). *The web application hacker's handbook: finding and exploiting security flaws*. Indianapolis, Ind.: John Wiley & Sons.
- Sullivan, B. and Liu, V. (2012). Web application security: a beginner's guide. New York: McGraw-Hill.
- Wear, S. (2018). BURP SUITE COOKBOOK: practical recipes to help you master web penetration testing with burp suite.
- Kim, P. (2015). The hacker playbook 2: practical guide to penetration testing. North Charleston, South Carolina: Secure Planet, Llc.
- Kim, P. (2018). The hacker playbook 3: practical guide to penetration testing. North Charleston, South Carolina: Secure Planet, Llc.
- Hacking: the Art of Exploitation. (2007). Erscheinungsort Nicht Ermittelbar: No Starch Press, US.
- Carey, M.J. and Jin, J. (2020). Tribe of hackers blue team: tribal knowledge from the best in defensive cybersecurity. Indianapolis, In: John Wiley & Sons, Inc.

- Jin, M.J. (2020). TRIBE OF HACKERS SECURITY LEADERS: tribal knowledge from the best in cybersecurity... leadership. S.L.: John Wiley & Sons.
- Carey, M.J. and Jin, J. (2019). Tribe of hackers Red Team: tribal knowledge from the best in offensive cybersecurity. Indianapolis, Indiana: John Wiley & Sons.
- Jin, M.J. (2020). TRIBE OF HACKERS SECURITY LEADERS: tribal knowledge from the best in cybersecurity... leadership. S.L.: John Wiley & Sons.
- Engebretson, P. (2013). The Basics of Hacking and Penetration Testing: Ethical Hacking and Penetration Testing Made Easy Ed. 2. Syngress.
- Franke, D. (2016). Cybersecurity basics: protect your organization by applying the fundamentals. Don Franke.
- Hayslip, G. (202AD). The Essential Guide to Cybersecurity for SMBs. 1st ed. San Diego: CISO DRG Publishing.
- Prabath Siriwardena (2020). Advanced API security: OAuth 2.0 and beyond. Berkeley, California: Apress.
- Oakley, J.G. (2020). Cybersecurity for space: protecting the final frontier. California: Apress.
- Copeland, M. (2011). Cyber Security on Azure an IT professional's guide to Microsoft Azure Security Center. New York, Ny Apress, Springer Science+ Business Media.
- Donaldson, S.E., Siegel, S.G., Williams, C.K. and Aslam, A. (2018). *Enterprise cybersecurity study guide: how to build a successful cyberdefense program against advanced threats*. Berkeley, California: Apress.
- Wilson, Y. and Abhishek Hingnikar (2019). Solving identity management in modern applications: demystifying OAuth 2.0, OpenID connect, and SAML 2.0. San Francisco, California: Apress.
- Parker, C. (2018). Firewalls Don't Stop Dragons A Step-by-Step Guide to Computer Security for Non-Techies. Berkeley, Ca: Apress.
- Waschke, M. (2017). *Personal cybersecurity: how to avoid and recover from cybercrime*. Bellingham, Washington: Apress.
- Oakley, J.G. (2019). Waging cyber war: technical challenges and operational constraints. Berkeley, California: Apress.

反恐行动

- Staniforth, A. and Police National Legal Database (2009). Blackstone's counter-terrorism handbook by Andrew Staniforth. Oxford: Oxford University Press.
- Corbin, J. (2002). Al-Qaeda: in search of the terror network that threatens the world. New York: Thunder Mouth Press/Nation Books.
- Dershowitz, A.M. (2008). Why Terrorism Works: Understanding the Threat, Responding to the Challenge. Yale University Press.
- Post, J.M. (2009). The mind of the terrorist: the psychology of terrorism from the IRA to al-Qaeda. New York: Palgrave Macmillan.
- Silke, A. (2011). The psychology of counter-terrorism. London ; New York: Routledge.
- Hoffman, B. and Ebrary, I. (2006). Inside terrorism. New York, N.Y. ; Chichester: Columbia University Press.
- Brigitte Lebens Nacos (2007). Mass-mediated terrorism: the central role of the media in terrorism and counterterrorism. Lanham, Md.: Rowman & Littlefield.
- Silke, A. (2004). Research on terrorism: trends, achievements & failures. London ; Portland, Or: Frank Cass.

犯罪

- Staniforth, A., Babak Akhgar and Police (2017). Blackstone's handbook of cyber crime investigation. Oxford, United Kingdom: Oxford University Press.
- Molan, M.T., Lanser, D. and Bloy, D. (2003). Modern criminal law. London ; Sydney ; Portland (Or.): Cavendish.
- Molan, M.T., Lanser, D. and Bloy, D. (2000). Bloy and Parry's principles of criminal law. London: Cavendish.
- Maguire, M., Morgan, R. and Reiner, R. (2007). The Oxford handbook of criminology. Oxford ; New York: Oxford University Press Inc.
- Card, R. (2008). Card Cross and Jones criminal law. London: Oxford University Press.

军事和战争

- Sunzi (2014). The art of war. New York: Black & White Classics.
- Antulio J Echevarria, II (2017). Military strategy: a very short introduction. New York: Oxford University Press.
- Black, J. (2020). Military Strategy: A Global History. Yale University Press.
- Proctor, I. (2014). The Royal Air Force in the Cold War, 1950-1970.Barnsley: Pen & Sword Aviation.
- Mick Haygarth (2019). From the Cold War to the War on Terror: the personal story of an RAF armourer and engineer from nuclear weapons to bomb disposal. Barnsley ; Havertown, Pa: FrontlineBooks.
- Annett, R. (2010). Lifeline in Helmand: RAF front-line air supply in Afghanistan - 1310 flight. Pen & Sword Books Ltd.
- Farrell, T., Frans P B Osinga and James Avery Russell (2013). Military adaptation in Afghanistan. Stanford (Calif.): Stanford Security Studies, Cop.
- T Robert Fowler (2016). Combat mission Kandahar: the Canadian experience in Afghanistan. Toronto: Dundurn.
- Silinsky, M. (2014). The Taliban: Afghanistan's most lethal insurgents. Santa Barbara, Ca: Praeger Security International.
- NATO military forces, strategy, structure and operational handbook. (2009). Washington DC Etc.: International Business Publications, USA, Cop.
- Morris, R. (2000). The biography of Leonard Cheshire, VC, OM. Viking.
- Davies, S. (2018). RAF POLICE-Snowdrop Humour. 1st ed. Independently Published.
- Davies, S.R. (1997). Fiat justitia: a history of the Royal Air Force Police. London: Minerva.
- Davies, S. (2017). Royal Air Force Police in the Line of Fire. Independently Published.
- Davies, Stephen R. (2017) RAF Police Whitecap Two- Five. Independently Published.
- Davies, S.R. (2008). Those bloomin' Snowdrops!: a lighthearted look at life in the RAF Police. Bognor Regis: Woodfield Pub.
- Davies, S. R. (2017). A Concise Global History of the RAF Police 1918-2018. Independently Published.
- Davies, S. (2006). RAF Police Dogs on Patrol: An Illustrated History of the Deployment of Dogs by the Royal Air Force. 1st ed. Bognor Regis: Woodfield Publishing.